Dr. Oetker
Kochen und Backen

Dr. Oetker
KOCHEN *und* BACKEN

Die Koch-Rezepte in diesem Buch sind –
wenn nicht anders angegeben –
für 4 Personen berechnet.

Seit Generationen haben Dr. Oetker-Bücher in den meisten deutschen Haushalten ihren festen Platz.

„Kochen und Backen" gehört zu jeder Grundausstattung.

Großmutter, Mutter und Tochter kochen und backen nach diesem bewährten Standardwerk – denn alle Rezepte gelingen mühelos.

Die anschauliche und übersichtliche Einführung gibt auch dem Ungeübten das Gefühl der Sicherheit. Die Kapitel sind farbig gegliedert und mit zahlreichen Illustrationen versehen.

In der Dr. Oetker-Versuchsküche wurden die vorhandenen klassischen Grundrezepte zeitgemäß überarbeitet und neue Rezepte dazuentwickelt, um den täglichen Speisezettel noch abwechslungsreicher zu gestalten.

Wir wünschen viel Freude mit dem neuen Buch und gutes Gelingen.

Inhalt

Kleine Ernährungslehre und Grundbegriffe der Küche

Die liebe Gewohnheit und was sie beim Essen bewirkt

Gesundheit ist alles. Ohne Gesundheit ist alles nichts. Aber leider führen unsere Ernährungsgewohnheiten oft geradewegs an der Gesundheit vorbei.

Dafür ein wichtiges Beispiel: In den letzten Jahrhunderten ernährte sich die mitteleuropäische Bevölkerung kohlenhydratreich und fettarm. Das blieb so bis in die fünfziger, sechziger Jahre unseres Jahrhunderts. Dann aber gab es plötzlich alles, was das Herz begehrte in bester Qualität. Nach der sogenannten Freßwelle, wo jeder - eingedenk der mageren Kriegs- und Nachkriegszeiten - alles konsumierte, dessen er habhaft wurde, überschwemmte uns die Edelfreßwelle. Beides trug dazu bei, daß sich der Bundesbürger den sprichwörtlichen Wohlstandsspeck anaß. Aus Überfluß. Die Menschen hatten sich auf sogenannte verfeinerte Lebensmittel umgestellt, aßen fettreich und ballaststoffarm.

Die Nahrungsmenge hatte sich im Vergleich zu den Jahrzehnten vorher nicht geändert, wohl aber die Zusammensetzung der Nahrung. Die meisten aßen noch so, als müßten sie wie Großvater und Großmutter körperliche Arbeit leisten. In Wirklichkeit aber ging mit der sogenannten Verfeinerung des Essens die Automation einher. Technik erleichterte die Arbeit in Haushalt und Beruf. Es wurde mehr Kopf- als Handarbeit geleistet. Das hätte auch zur Umstellung in der Nahrung führen müssen. Aber die Erfahrung lehrt, daß nichts schwerer ist, als seine Eßgewohnheiten umzustellen. Man blieb beim Alten und setzte Neues obendrauf. Man genoß zusätzlich und aß sich Speck und leider auch Krankheiten an, die mit Übergewicht und Fehlernährung einhergehen.

Ein paar Zahlen: Um 1900 waren 42% aller Erwerbstätigen Schwer- und Schwerstarbeiter, nur 18% Leichtarbeiter. 1966 waren von den Schwer- und Schwerstarbeitern nur noch 11% übriggeblieben. 62% der Bundesrepublikaner hatten leichte Arbeit zu verrichten. Sie saßen an Schreibtischen und Schaltpulten und aßen Nahrungsmengen wie ihre schwerstarbeitenden Großeltern. Das ist heute noch weitgehend so. Und der Hauptgrund dafür, daß rund 30 bis 50% der Bundesbürger übergewichtig sind. Ein Alarmsignal, das alle aufschrecken sollte, sie sich um das leibliche Wohl ihrer Familien kümmern.

Schon 1980 belegte die Deutsche Gesellschaft für Ernährung in ihrem

Bericht, daß die Energiezufuhr – also der Kalorienanteil in der Nahrung – bei erwachsenen Männern mit etwa 13810 Joule = 3300 Kalorien täglich um 700 Kalorien höher lag, als es wünschenswert war. Erwachsene Frauen hatten danach im Durchschnitt 10640 Joule = 2500 Kalorien und damit immer noch 300 Kalorien täglich zuviel Energie geladen. Das mußte auf die Dauer unweigerlich zu Übergewicht führen. Man machte Zucker, Fett und Alkohol - zu reichlich konsumiert - als die Verursacher dieses Übergewichtes aus.

Kein Wunder deshalb, daß oft die Zufuhr von essentiellen, d. h. lebensnotwendigen Wirkstoffen wie Vitamine (vor allem B_1 und B_2) Mineralstoffen und Spurenelementen (vor allem Calcium und Eisen) oft nur mangelhaft war. Kinder, Jugendliche, jüngere Frauen und ältere Menschen waren davon besonders betroffen. Was erhellt: Viele – zuviele – Bundesbürger ernähren sich falsch. Hauptsächlich durch zu hohe Energiezufuhr.

Die Folgen

Wenn auch unterstellt werden darf, daß der Verbrauch an verfeinerten und damit oft wirkstoffarmen Nahrungsmitteln zurückgegangen ist, daß die Menschen auf den Genuß von Obst, Gemüse und Getreideprodukten wie Vollkornbrot mit ihrem erheblichen Anteil an Wirk- und Ballaststoffen zurückgegriffen haben, so sind die Folgen der Überernährung der Jahre nach 1960 bei weitem nicht ausgeräumt. In vielen Fällen ist es auch nicht möglich. Denn oft haben Fehlernährung und Überernährung Krankheiten ausgelöst, die nicht mehr reparabel sind, wie z. B. arteriosklerotische Herz- und Gefäßerkrankungen, Zuckerkrankheit (Diabetes mellitus), Gicht, Lebererkrankungen, Erkrankungen der Galle, der Gelenke, der Wirbelsäule.

Die Übergewichtsrechnung

Übergewicht hat nur einen einzigen Grund: Man ißt zuviel. Die Folge: Der Körper setzt durch das erhöhte Angebot an Nahrung Fett an. Eine ganz einfache Berechnung belegt das: Wer täglich auch nur 100 Kalorien mehr zu sich nimmt, als er verbraucht, nimmt täglich etwa 10 g zu. Das wären in einem Jahr immerhin 3650 g, also gut 7 Pfund. Und um diese 100 Kalorien mehr zu erreichen, braucht man täglich nur einen guten Eßlöffel Öl zuviel ins Essen zu geben. Kleine Menge, große Wirkung.

Normal- und Idealgewicht

Sie lassen sich rasch errechnen. Normalgewicht ist das in kg, was Sie über einen Meter Körperlänge messen. 1,70 m lange Menschen haben also ein Normalgewicht von 70 kg. Um rechnerisch zum Idealgewicht zu gelangen, ziehen Männer 10% ab (bei unserem Beispiel sind das 63 kg) und Frauen 15 % (bei unserem Beispiel 59,5 kg). Manche Ernährungswissenschaftler nennen das Normalgewicht Sollgewicht und belassen es bei Männern dabei, finden aber ein 10 % geringeres Gewicht bei Frauen wünschenswert.

Gesund ernähren

Wer sich nun durch gesunde, abwechslungsreiche Mischkost aus Gemüse, Obst, Getreideprodukten, Milchprodukten, Eiern, Produkten von Schlachttieren und Fischen im vernünftigen Wechsel innerhalb seines täglichen Kalorienbedarfs ernährt, erleidet weder Mangel noch wird er übergewichtig. Und bleibt gesund. Vorausgesetzt, er schaltet Risikofaktoren aus. Die bestehen zum Beispiel im Rauchen, in Bewegungsarmut, im Mangel an frischer Luft, im erhöhten Alkoholkonsum und eben in der erhöhten Nahrungszufuhr.

Die Forderung der Zeit - und sie geht an alle Heranwachsenden und Erwachsenen: sich grundlegende Kenntnisse über Ernährung anzueignen, um ernährungsbedingte Krankheiten auszuschalten. Das gilt vor allem für jene, die für ihre Familie oder eine andere Gruppe kochen. Sie müssen über wünschenswerte Menge, Qualität – also Zusammensetzung der Nahrung – und Quantität Bescheid wissen. Dieses Wissen möchte dieses Buch vermitteln.

Grundlegend gesund ernährt

Kein Leben ohne Nahrungs- und Flüssigkeitszufuhr. Das ist eine Binsenweisheit. Denn ohne Essen kann niemand seine Körperfunktion aufrecht erhalten. Auch nicht ohne Trinken. Das hat seinen guten Grund. Durch Essen und Trinken werden nämlich erst die chemischen Reaktionen möglich, die sich ständig im menschlichen Organismus abspielen. Die dazu notwendige Energie entsteht durch die Verbrennung der dem Körper zugeführten Nährstoffe. Was bedeutet: Nur der ernährt sich gesund, der Energieaufnahme und -verbrauch einander anpaßt. Wer also zu wenig ißt, veranlaßt seinen Körper, auf Nahrungsreserven zurückzugreifen. Wer zuviel ißt, setzt Fettpolster an.

Energiebedarf

Energieverbrauch und Energiegehalt von Lebensmitteln werden in Kilojoule (kj) oder Kilokalorien (kcal) angegeben. Vereinfacht sagt man Joule und Kalorien. Die Kilokalorie ist ein Wärmemaß. Übersetzt ins Praktische: 1 Kilokalorie entspricht der Wärmemenge, die nötig ist, um 1 kg (1 l) Wasser um 1 Grad C zu erwärmen. Eine Kilokalorie = 4,186 (etwa 4,2) Kilojoule.

Sich vollwertig zu ernähren aber bedeutet: Die Nahrungsmenge muß stimmen, damit der Energiebedarf für den Betriebsstoffwechsel gedeckt wird. Und die Zusammensetzung der Nahrung muß stimmen, damit der Baustoffwechsel durch zugeführte Bau- und Wirkstoffe wie Eiweiß, Vitamine und Mineralien in Gang gehalten wird. Wichtig ist vor allem, daß der Mensch die seinem persönlichen Energiebedarf entsprechende Nahrungsmenge zu sich nimmt.

Grundumsatz plus Arbeitsumsatz = Gesamtenergiebedarf

Der menschliche Organismus braucht ständig Energie. Auch in Ruhestellung. Selbst wenn er schläft. Wir arbeiten zwar nicht, aber es arbeitet in uns. Nur verbrauchen wir weniger Energie. Weshalb Wissenschaftler unseren Energiebedarf in Grundumsatz (während der Ruhestellung) und Arbeitsumsatz eingeteilt haben. Grundumsatz ist also die Menge Energie die bei völliger Ruhestellung des Körpers nötig ist. Nur so funktioniert er und hält seine Temperatur. Abhängig ist die Höhe des Bedarfs davon, ob man Frau oder Mann ist, wieviel man wiegt und wie alt man ist. Auch von Körpergröße und Gesundheitszustand ist der Grundumsatz abhängig. Wichtig zu wissen, daß Kinder auf ihr Körpergewicht bezogen - einen Grundumsatz haben können, der mehr als doppelt so hoch sein kann als beim Erwachsenen. Faustregel für die Errechnung des Grundumsatzes beim Erwachsenen: Pro Stunde Ruhezeit 4,186 Joule = 1 Kalorie pro kg Körpergewicht. Nun kommt aber der Arbeitsumsatz hinzu. Denn jede körperliche Betätigung verbraucht Energie. Und dieser Energiebedarf wird Arbeitsumsatz genannt. Er richtet sich danach, wieviel, wie schwer und wie lange man arbeitet und wieviel Kalorien man dabei verbraucht. Beides zusammen ergibt dann den Gesamtenergiebedarf. Es gibt nun Faustregeln für die Berechnung des Gesamtenergiebedarfs, die die Sache eher komplizieren. Die einfachste Faustregel zur Berechnung des eigenen Kalorienbedarfs von Erwachsenen mit leichter körperlicher Tätigkeit ist diese: Idealgewicht X 32 = Kalorienbedarf. Beispiel: Liegt das Idealgewicht eines Mannes bei 68 kg, so braucht er in seiner Situation etwa 9200 Joule = 2200 Kalorien täglich. Für Kinder kann man keine Faustregel aufstellen, weil sie während des Wachstums im Verhältnis zu ihrem Alter mehr Nahrung aufnehmen. Daher gelten hier folgende Richtlinien:

kj bzw. kcal pro kg Körpergewicht		männlich	weiblich
Säuglinge	0 – 6 Monate	480 kj (115 kcal)	480 kj (115 kcal)
	7 – 12 Monate	420 kj (100 kcal)	440 kj (105 kcal)
Kleinstkinder	1 – 3 Jahre	355 kj (85 kcal)	375 kj (90 kcal)
Kleinkinder	4 – 6 Jahre	335 kj (80 kcal)	335 kj (80 kcal)
Schulkinder	7 – 9 Jahre	290 kj (70 kcal)	290 kj (70 kcal)
	10 – 12 Jahre	250 kj (60 kcal)	210 kj (50 kcal)
	13 – 14 Jahre	210 kj (50 kcal)	190 kj (45 kcal)
Jugendliche	15 – 18 Jahre	210 kj (50 kcal)	190 kj (45 kcal)

Normal- und Idealgewicht

Wie Sie ihr Normalgewicht und das Idealgewicht berechnen, haben wir schon gesagt (Seite 17).
Wer einmal sein Normalgewicht, vielleicht sogar sein Idealgewicht erreicht hat, sollte alles tun, es beizubehalten, um damit gesünder zu leben. Und damit jeder nachprüfen kann, was er ißt und vielleicht noch essen darf, haben wir für jede Portion Joule, Kalorien, Eiweiß-, Fett- und Kohlenhydratanteil angegeben.

Kennen Sie die Nährstoffe?

Wer sich richtig ernähren will, muß darüber etwas wissen. Denn nicht nur die Menge der Nahrungszufuhr ist wichtig, auch die Zusammensetzung der Nahrung ist von Bedeutung. Denken wir nur an Brot und Milch, Obst und Gemüse, Fleisch, Fisch und Eier. Alle diese Produkte enthalten sozusagen eine Mischung aus Nährstoffen, die insgesamt für die Funktion des menschlichen Organismus notwendig sind und bestimmte Aufgaben haben.

Es gibt zwei Nährstoffgruppen:

1. Die Hauptnährstoffe, die dem Körper Energie liefern. Das sind Eiweiß, Fett und Kohlenhydrate. Ihr Brennwert: 1 g Eiweiß hat 17 Joule = 4 Kalorien.
2. Die Wirk- und Reglerstoffe, ohne die der Körper nicht funktionieren könnte. Das sind Vitamine, Mineralstoffe, Spurenelemente und Wasser. Wäre noch zu sagen, daß tägliche Mindestmengen dieser Stoffe in der Nahrung enthalten sein müssen. Das ist aber in einer ausgewogenen Kost kein Problem. Interessant zu wissen, daß der Körper eines erwachsenen Menschen 60–70 % Wasser, 18 % Eiweiß, 10 % Fett, 4% Mineralstoffe und 1% Kohlenhydrate enthält.

Das unentbehrliche Eiweiß

Fett und Kohlenhydrate sind vor allem Energielieferanten. Eiweiß aber ist vor allem Baustoff. Und während Fette und Kohlenhydrate miteinander austauschbar sind, ist Eiweiß durch keinen anderen Nährstoff zu ersetzen. Wie bei Tieren und Pflanzen, so wird auch im menschlichen Organismus Eiweiß ständig auf- und abgebaut. Was bedeutet: Wir brauchen beim Aufbau während des Wachstums und zum Wiederaufbau zugrunde gegangener Zellen ständig Eiweiß. Da etwa 25 verschiedene Aminosäuren - das sind die kleinsten Eiweißbausteine - die Bausteine für das menschliche Eiweiß bilden, der Mensch aber zehn dieser Bausteine nicht selbst aufbauen kann, müssen diese essentiellen (d. h. lebensnotwendigen) Aminosäuren durch Nahrung dem Organismus zugeführt werden. Der Mensch muß aber immer soviel Eiweiß zu sich nehmen, daß nicht nur der Bedarf an diesen essentiellen Eiweißbausteinen gedeckt wird, sondern ausreichend Eiweiß

zum Aufbau und Ersatz von körpereigenem Eiweiß zur Verfügung steht. Der tägliche Eiweißbedarf beim Erwachsenen liegt bei 1 g pro kg Körpergewicht. Er steigt bei schwerer körperlicher Tätigkeit. **Wichtig:** Schwangere brauchen zusätzlich 10 g Eiweiß pro Tag mehr. Während der Stillzeit sollten es 5 g Eiweiß pro 100 g Still-Leistung mehr sein. Kinder brauchen täglich 1,5–2,2 g Eiweiß pro kg Körpergewicht, die kleineren Kinder haben den höheren Bedarf. Bei Jugendlichen und Menschen vom 65. Lebensjahr an ist eine tägliche Eiweißzufuhr von 1–1,2 g pro kg Körpergewicht wünschenswert. Da nun tierisches Eiweiß dem menschlichen ähnlicher ist als pflanzliches, ist es auch wertvoller für die menschliche Ernährung. Es kann daher nur richtig sein, daß bei normaler Kost knapp die Hälfte Eiweiß tierischer Herkunft ist.

Lebenswichtig: Eiweißmangel kann, besonders während des Wachstums, zu geistigen und körperlichen Schäden führen, die auch bei späterer, ausreichender Zufuhr nicht mehr reparabel sind. Und wer sich als Erwachsener nicht ausreichend mit Eiweiß versorgt, wird auf die Dauer mit mangelnder geistiger und körperlicher Leistungsfähigkeit rechnen müssen.

Fett steckt voller Kalorien

Jeder sollte wissen, daß es drei Fettsäuretypen gibt, damit er seine Ernährung danach einstellen kann. Es gibt gesättigte, einfach ungesättigte und mehrfach ungesättigte Fettsäuren. Von den mehrfach ungesättigten Fettsäuren ist die Linolsäure lebensnotwendig (eine sogenannte essentielle Fettsäure). Auf Linolsäure kann niemand verzichten, weil der menschliche Körper sie nicht aufbauen kann. Sie muß ihm also, genau wie die Vitamine - mit der Nahrung zugeführt werden. Erwachsene brauchen täglich 10 g, Säuglinge und Kinder zwischen 2 und 9 g. Linolsäure wirkt nicht nur ähnlich wie ein Vitamin, sie wirkt auch nach Überzeugung vieler Ernährungswissenschaftler cholesterinspiegelsenkend. Mehrfach ungesättigte Fettsäuren sind in Pflanzenölen (insbesondere in Distel- und Sonnenblumenöl) und in Diätmargarine enthalten. Nun ist der Anteil an verschiedenen Fettsäuren in einem Fett nicht nur eine Frage der Ernährungsphysiologie, sondern er bestimmt auch seine physikalischen Eigenschaften. Zum Beispiel den Schmelzpunkt. So haben Fette mit überwiegend gesättigten Fettsäuren eine feste Konsistenz wie z. B. Kokos- und Milchfett. Fette, die überwiegend ungesättigte Fettsäuren enthalten, sind flüssig. Beispiel: Pflanzenöle. Fette, die gesättigte und ungesättigte Fettsäuren etwa in gleicher Menge enthalten, sind halbfest. Bestes Beispiel: Schmalz.

Da Pflanzen und Tiere Fett aufbauen und speichern können, machte sich der Mensch diese Fettquellen seit eh und je zunutze. Was wir aber konsumieren, ist beachtlich. Immerhin verbraucht der Durchschnittsbürger pro Kopf und Jahr 26 kg sichtbares Fett. Das sind also Butter und Margarine, Schmalz, Talg, Speiseöl. Hinzu kommen noch 25 kg sogenanntes unsichtbares Fett. Man spricht vom versteckten Fett, das die meisten Menschen nicht in ihre Nahrungsbilanz einkalkulieren. Dieses Fett versteckt sich in zahlreichen Nahrungsmitteln: In Milch und Eiern, in Fleisch und Fleischprodukten, in Schokolade und Kuchen. Zusammengerechnet werden bei uns pro Kopf und Jahr also stolze 50 kg Fett verzehrt. Das sind pro Tag 135 g und damit 40 % der Gesamtkalorien. Das aber ist bei weitem zuviel und muß zu Übergewicht führen. Denn die von Ernährungswissenschaftlern empfohlene Fettmenge sollte bei leichter körperlicher Arbeit 30 bis 35% täglich nicht überschreiten. In Zahlen bedeutet das: 73 - 86 g Fett sollten es täglich sein, wenn man einen Energiebedarf von 9200 Joule = 2200 Kalorien hat. Und nicht nur hier klaffen Empfehlung und Verbrauch weit auseinander. Auch die Zusammensetzung des vom Verbraucher verzehrten Fettes entspricht nicht den Forderungen der Ernährungswissenschaft an eine gesunde Ernährung.

Der Anteil an gesättigten Fetten am Gesamtfettverzehr ist zu hoch. Jeder Mensch aber könnte sich umstellen und seinen Anteil auf die wünschenswerte Zufuhr von 10 g essentiellen Fettsäuren täglich erhöhen, um eventuellen Krankheiten vorzubeugen. Er muß nur wissen, worin sie enthalten sind. Sie wissen es jetzt.

Kohlenhydrate, die Wandlungsfähigen

Unsere Nahrung besteht zu 50 % aus Kohlenhydraten. Wobei es sich um einfache Zucker (Monosaccharide) handelt oder um höhere Zucker (Disaccharid) oder um Polysaccharide. Einfache Zucker sind: Traubenzucker oder Glucose und Fruchtzucker oder Fructose. Höhere Zucker entstehen aus zwei oder mehreren Monosacchariden = Disaccharide. Beispiel: Je ein Teil Trauben- und Fruchtzucker bildet so den Rohr- oder den Rübenzucker.

Polysaccharide sind hochmolekulare Verbindungen aus Ketten von Zukkerbausteinen. Beispiele: Stärke und Cellulose, die überwiegend aus Traubenzucker bestehen. Aus Getreidekörnern und Kartoffeln wird die Stärke, unser wichtigstes Kohlenhydrat gewonnen. Nun gibt es auch noch die Cellulose, einen Bestandteil der Pflanzen. Auch sie besteht überwiegend aus Traubenzucker. Und obwohl sie für den Menschen unverdaulich ist und daher auch keine Energie liefert, hat sie ihre wichtige Funktion in der menschlichen Ernährung. Wir kennen sie als Faser- bzw. Ballaststoffe, die unentbehrlich für eine geregelte Verdauung sind. Und wir beziehen sie aus pflanzlicher Nahrung wie Gemüse, Obst, Getreideprodukte. Kohlenhydrate sind fast ausschließlich Energielieferanten. Während des Verdauungsvorganges werden Stärke und höhere Zucker zu einfachen Zukkern abgebaut, gelangen in neuer Form zur Leber und werden dort in begrenzter Menge wieder in Leberstärke (Glykogen) aufgebaut oder durch das Blut zu den Muskeln transportiert und dort verbrannt. Aus Blutzucker also holen sich die Muskeln die Energie für ihre Arbeit. Fatal aber ist, daß zuviel konsumierte Kohlenhydrate in der Nahrung nicht als Glykogen gespeichert, sondern leider in Fett umgewandelt werden, sich schließlich als unliebsame Fettdepots ablagern und schlicht mollig machen, wenn nicht sogar übergewichtig.

Die Empfehlung: 50 % der täglichen Energiezufuhr sollte aus Kohlenhydraten bestehen. Am besten aus Gemüse, Obst und Getreideprodukten, nicht aber aus Süßigkeiten. Bei 9200 Joule (2200 Kalorien) sind das 275 g Kohlenhydrate täglich.

Ohne Vitamine geht nichts

Vitamine sind Ergänzungsstoffe, ohne die der menschliche Stoffwechsel in lauter Pannen steckenbleiben würde. Sie sind weder Aufbaustoffe, noch liefern sie Energie. Und der menschliche Körper kann sie auch nicht produzieren. Weshalb sie ihm mit der

Nahrung zugeführt werden müssen. Es gibt die fettlöslichen Vitamine A, D, E und K und die wasserlöslichen: Das Vitamin C und die Vitamine des B-Komplexes.

Vitamine haben Regler-Funktion. Auf- und Abbau der Hauptnährstoffe werden im Körper durch sie geregelt. Sie steuern also den Stoffwechsel. Fehlt eines der Vitamine oder stehen gar mehrere nicht oder nicht ausreichend zur Verfügung, dann werden die Stoffwechselvorgänge beeinträchtigt. Das kann im Kindesalter sogar zu Wachstumshemmung, bei allen Menschen aber zu Krankheit und Störung der Leistungsfähigkeit führen.

Wir können im übrigen beruhigt sein: Bei ausgewogener Kost wird der menschliche Körper ausreichend mit Vitaminen versorgt. Es kann aber, zum Beispiel bei Krankheit oder körperlichen Anstrengungen, zu einem höheren Vitaminbedarf kommen.

Die Vitamine

Vitamin A (Retinol). Es ist wichtig für Haut, Haare und Augen und ist am Sehprozeß beteiligt. Mangel kann zu Nachtblindheit führen. Vitamin A sorgt im übrigen für Aufbau und Funktion der Haut und Schleimhäute.

Carotin, das Provitamin A, also die Vorstufe des Vitamins, wird vom menschlichen Organismus in Vitamin A umgewandelt. Es kommt nur in Pflanzen vor.

Vitamin D (Calciferol) ist wichtig für die Knochenbildung und daran beteiligt. Es beeinflußt den Calcium- und Phosphorstoffwechsel und hilft mit, diese Mineralstoffe in die Knochen einzubauen. Ein Mangel kann deshalb gefährlich sein, weil die Verkalkung der Knochensubstanz gestört wird. Bei Säuglingen und Jugendlichen führt das zu Rachitis.

Vitamin E (Tocopherol): Es reguliert den Wasser- und Fetthaushalt und verbessert die Vitamin- A-Versorgung, weil es das sauerstoffempfindliche Vitamin A schützt. Es ist auch wichtig für die Sexualhormone.

Vitamin C (Ascorbinsäure): Ist wichtig für Bindegewebe, Blut und als Schutzvitamin gegen Infektion. Unentbehrlich aber zur Bildung von Bindegewebe und Knorpel. Außerdem stärkt es die Abwehrfunktion des Körpers und beeinflußt den Eisenstoffwechsel günstig. Mangel kann u. a. zu Schwäche und Ermüdungserscheinungen führen. Auch zu Knochenschmerzen, sogar zu Hautblutungen. Bei Krankheit und starker körperlicher Beanspruchung liegt der Vitamin-C-Bedarf höher. Auch Raucher brauchen mehr Vitamin C.

Vitamin B_1 (Thiamin): Dabei handelt es sich um ein wichtiges Nervenvitamin. Es greift auch in den Kohlenhydrat-Stoffwechsel ein. Erhöht sich zum Beispiel die Zufuhr von Kohlenhydraten (vor allem von reinem Zucker), dann erhöht sich auch der

Vitamin-B_1-Bedarf erheblich. Schwerer Mangel kann u. a. zu Ödemen und Störungen der Herztätigkeit führen. Geringer Mangel kann u. a. zu Verdauungsstörungen führen.

Vitamin B_2 (Riboflavin): Es ist wichtig für Haut und Nägel, greift im weiteren Sinn ein in den Stoffwechsel der Kohlenhydrate, der Aminosäuren (Eiweißbausteine) und der Fettsäuren. Sein Bedarf erhöht sich bei fettreicher Ernährung. Mangel an B_2 kann u. a. zu Müdigkeit, Arbeitsunlust, Veränderungen an Lippen und Mundschleimhaut und Zunge führen.

Vitamin B_6 (Pyridoxin): Sorgt für Wirkung und Erhalt der weißen Blutkörperchen. Und da es in den Eiweißstoffwechsel eingreift, tritt bei vermehrter Eiweißzufuhr auch ein erhöhter Vitamin-B_6-Bedarf ein. Mangelerscheinungen können zu Hautveränderungen, nervösen Störungen, besonders beim Heranwachsenden führen.

Damit Sie noch genauer Bescheid wissen, hier eine Übersichtstabelle.

Vorkommen und Bedarf wichtiger Vitamine und Mineralstoffe

		durchschnittlicher Tagesbedarf
Vitamin A:	Leber, Aal, Margarine, Milch und Milchprodukte. Obst und Gemüse liefern die Vorstufe des Vitamin A, das Carotin	E = 0,9 mg K = 0,6–0,9 mg
Vitamin D:	Milch, Fleisch und Fleischwaren, Eier, Fisch, Margarine, Butter	E = 2,5 mg K = 2,5–10 mg
Vitamin E:	Pflanzliche Öle, Margarine, Butter, Milch, Käse, Getreideerzeugnisse, Gemüse	E = 12 mg K = 6–11 mg
Vitamin B_1:	Fleisch (besonders Schweinefleisch), Innereien, Kartoffeln, Getreideerzeugnisse, Milch und Milchprodukte	E = 1,5 mg K = 0,4–1,4 mg
Vitamin B_2:	Milch und Milchprodukte, Fleisch, Getreideerzeugnisse, Kartoffeln	E = 1,9 mg K = 0,5–2,0 mg
Vitamin C:	Obst (insbesondere Südfrüchte), Gemüse, Kartoffeln, Getreideerzeugnisse	E = 75 mg K = 35,75 mg
Calcium:	Milch und Milchprodukte	E = 800 mg K = 500–1000 mg
Eisen:	Fleisch, Fleischwaren (insbesondere Leber), Getreideerzeugnisse, Obst, Fruchtsäfte, Gemüse, Kartoffeln	E = 15 mg K = 6–18 mg

E = Erwachsene
K = Kinder (incl. Säuglinge)

Kleine Mengen – große Wirkung
Von den Mineralstoffen

Der menschliche Körper braucht sie in vergleichsweise geringen Dosen. Hätte er sie aber nicht, er würde nicht existieren können. Auch nicht ohne die Spurenelemente, deren Bedarf noch geringer ist. Da der menschliche Organismus weder Mineralstoffe noch Spurenelemente bilden kann, müssen auch sie ihm durch die Nahrung zugeführt werden. Weil ohne sie das chemische Innenleben des Menschen in Unordnung geraten würde. Hier die wichtigsten Mineralstoffe: Calcium, Phosphor, Natrium, Chlor, Kalium, Magnesium. Wichtig: Auf ausreichende Calciumzufuhr achten, denn Calcium ist das wichtigste Aufbauelement von Knochen und Zähnen. Ein Mangel würde dazu führen, daß die Knochen brüchig werden. Außerdem würde Zahnkaries entstehen. Übrigens: Es gibt keine besseren Calciumquellen als Milch und Milchprodukte. Das alles erhellt, warum Milch und die Produkte daraus so wichtig in der Säuglings-, Kinder- und Heranwachsenden-Ernährung sind. Und hier die wichtigsten Spurenelemente: Eisen, Jod, Kobalt, Kupfer, Mangan, Molybdän und Zink. Auf die Zufuhr von Eisen sollte besonders geachtet werden. Der tägliche Bedarf ist oft nicht ausreichend gedeckt. Bei Frauen beträgt er 18 mg, bei Männern 12 mg. Da Eisen Bestandteil des roten Blutfarbstoffes ist und den Sauerstoff im Blut transportiert, darf es nicht fehlen. Der Mensch würde sonst blutarm, krank und müde werden.

Eisenquellen sind Gemüse und Obst, aber auch Fleisch und Fleischwaren, vor allem die Leber ist reich an Eisen.

Ohne Wasser kein Leben

Zwar kann der Mensch über Tage oder sogar Wochen ohne Nahrung, nie aber ohne Flüssigkeitzufuhr leben. Nach zwei bis drei Tagen völligen Durstens würde er sterben. Kein Wunder, denn Wasser ist als Lösungs- und Transportmittel aller Stoffe im Körper unersetzlich, auch als Regulator der Körpertemperatur. Der tägliche Bedarf liegt bei 2–3 Litern. Davon werden 1–2 Liter als Flüssigkeit getrunken, etwa 1 Liter mit der Nahrung aufgenommen.

Unsere Nahrungsmittel und ihre Nährstoffe

Es ist bekannt, daß der Mensch sich seit eh und je die Nahrungsmittel nutzbar gemacht hat, die Tier- und Pflanzenwelt ihm liefern. Man weiß auch, daß sich in allen Teilen der Welt Ernährungsgewohnheiten gebildet haben, die auf unterschiedlichen Grundnahrungsmitteln beruhen. Das beweist einmal, wie anpassungsfähig der Mensch ist und zum zweiten, daß es nicht so sehr auf das Nahrungsmittel, als vielmehr auf die darin enthaltenen Nährstoffe und Wirkstoffe ankommt.

Fleisch und Wurstwaren

Alle Fleischarten sind Energielieferanten. Sie enthalten Eiweiß und Fett. Nur die Innereien haben auch einen Anteil an Kohlenhydraten, allerdings einen geringen. Außerdem liefert Fleisch wichtige Vitamine wie die des B-Komplexes, woran Schweinefleisch (der Deutschen liebstes Fleisch) besonders reich ist. Es hat aber auch einen Anteil an Vitamin A, vor allem in der Leber. Schließlich liefert Fleisch uns Mineralstoffe und Spurenelemente, wie Eisen, das wiederum in der Leber reichlich vorkommt.

Jeder Bundesbürger verzehrt durchschnittlich 100 g Fleisch und 70 g Wurstwaren täglich. Damit deckt er 30-35 % seines Eiweißbedarfs. Was beweist, daß Fleisch und Wurst den größten Anteil an der notwendigen Eiweißversorgung haben. Gleichzeitig deckt diese Menge aber auch 30–35 % der täglich verzehrten Fettmengen. Da nun aber der Fettverbrauch (besonders der versteckten Fette) hierzulande zu hoch ist, sollte jeder darauf bedacht sein, magere Fleisch- und Wurstsorten zu wählen. Ein wichtiger Vergleich: Mageres Fleisch enthält 2–7 g Fett und 18–22 g Eiweiß. Fettes Fleisch enthält aber 25–45 g Fett und nur 8–14 g Eiweiß. Da nun der biologische Wert von Fleischeiweiß – neben dem Eiweiß aus Milch, Eiern und Fisch – am höchsten ist, sollte man seinen Tagesbedarf so mager wie möglich decken.

Fisch ist gesund

Fisch ist vor allem reich an energielieferndem Eiweiß. Das gilt nur nicht so sehr für Fettfische wie Aal und Hering, die zum Teil doppelt soviel Fett wie Eiweiß enthalten können. Was bedeutet: 100 g Fisch haben 12–18 g Eiweiß und weniger als 1 g bis über 20 g Fett. Da ist gut beraten, wer den Magerfisch vorzieht. Fisch hat praktisch keine Kohlenhydrate, aber reichlich Mineralstoffe, Spurenelemente und Vitamine. Seefisch ist auch reich an Jod. Fein, daß er durch wenig Bindegewebe leicht verdaulich ist. Sein vergleichsweise geringer Brennwert (Magerfisch) und sein Anteil an hochwertigem Eiweiß macht Fisch zum ernährungsphysiologisch hochwertigen Nahrungsmittel.

Unentbehrlich: Milch und Milchprodukte

Milch und Milchprodukte enthalten Eiweiß, Fett, Kohlenhydrate, Vitamine, Mineralstoffe und Spurenelemente, kurz alles, was der Mensch zum Leben braucht. Was Milch und ihre Produkte so unentbehrlich für die menschliche Ernährung macht: Sie sind unsere wichtigsten Calciumquellen und daher vor allem praktisch unentbehrlich in der Ernährung von Kindern und Heranwachsenden.
Für sie sind Milch und Milchprodukte sozusagen Knochennahrung. Mit ¾ l Milch kann der Erwachsene seinen täglichen Calciumbedarf decken, der bei gut 1 g liegt.

Die guten Eier

Eier haben einen etwa gleichen Anteil an Eiweiß und Fett. Außerdem stecken Vitamine, Mineralstoffe und Spurenelemente, sowohl im Eiweiß

als auch im Eigelb. Das Eiweiß (also der darin enthaltene Nährstoff, nicht das Eiweiß) ist von hoher biologischer Wertigkeit und sowohl im Eiweiß, als auch im Eigelb enthalten. Fett und Cholesterin (eine fetthaltige Substanz) liefert nur das Eigelb, der auch den überwiegenden Anteil an Vitamin A und Eisen enthält. Wer einen erhöhten Cholesterinspiegel hat, muß seinen Eierverbrauch leider einschränken oder ganz aufgeben. Denn ein Ei enthält 300 mg Cholesterin.

Speisefette, die Energiereichen

Sowohl aus pflanzlichen wie aus tierischen Grundstoffen kann Speisefett hergestellt werden. Pflanzen-Margarine, Speiseöl und weißes Speisefett gehören zu den pflanzlichen Fetten. Butter, Schmalz und Talg sind tierischer Herkunft. Sie bestehen alle fast ausschließlich aus dem Nährstoff Fett, enthalten aber auch wichtige Vitamine und Spurenelemente und die lebensnotwendigen, also essentiellen Fettsäuren. Da sie zu den energiereichsten Nahrungsmitteln gehören, sollte der bewußte Esser seinen Fettkonsum sorgfältig berechnen.

Schauen wir uns die Fette genauer an: Butter und Margarine bestehen zu ca. 80% aus Fett und haben einen geringen Anteil an Eiweiß und Kohlenhydraten. Beide haben fast den gleichen Brennwert. Aber es gibt auch Halbfettmargarine und Milchhalbfett mit der Hälfte des Fettgehaltes und des Brennwertes. Butter und Margarine enthalten die wichtigen fettlöslichen Vitamine A, D und E. In der Margarine in konstanter Menge,

in der Butter in wechselnden Mengen, je nach Art der Fütterung. Butter hat 2 bis 5 % essentielle Fettsäuren, Margarine je nach Sorte 25–55 %. Schweineschmalz hat, da es zu 100 % aus Fett besteht, einen höheren Brennwert als Butter und Margarine. Der Anteil an Vitaminen ist nicht nennenswert, der an essentiellen Fettsäuren liegt bei 10 %.

Pflanzenöl und Pflanzenhartfett bestehen auch zu 100 % aus Fett. Pflanzenhartfette enthalten bis zu 17 % essentielle Fettsäuren, Speiseöl dagegen kann einen Anteil zwischen 60 % (Maiskeimöl) und 78 % (Distelöl) haben.

Getreideprodukte sind unentbehrlich

Jedermann weiß, daß Getreideprodukte vor allem Kohlenhydrate enthalten, hauptsächlich in Form von Stärke. Fast 50% der von uns durchschnittlich verzehrten Menge an Kohlenhydraten stammen aus Brot, Backwaren und Nährmitteln. Und da Getreideprodukte auch pflanzliches Eiweiß liefern, beziehen wir von daher 25% der Gesamteiweißzufuhr. Außerdem wichtige Vitamine, Mineralstoffe und Spurenelemente. Nicht zu vergessen die Ballaststoffe, deren Wirkung auf den Verdauungsvorgang von Ernährungswissenschaftlern ein immer größerer Wert beigemessen wird. Durch Getreideprodukte werden im übrigen fast annähernd soviel Vitamine des B-Komplexes (Ausnahme B_{12}) zugeführt wie durch Fleisch. Außerdem das meiste Eisen und – wie erwähnt – der größte Anteil an Ballaststoffen. Was den Bedarf des Menschen allerdings nicht vollauf deckt. Vor allem die Versorgung mit Vitamin B_1 und Eisen ist noch unzureichend. Weshalb allenthalben ein höherer Konsum an Vollkorn-Getreideprodukten empfohlen wird.

Gut, daß es Gemüse und Obst gibt

Gemüse und Obst bestehen zu 80–90 % aus Wasser und liefern daher kaum Enerie. Ihr Brennwert stammt fast ausschließlich von den

Kohlenhydraten, die im Gemüse in Form von Stärke und Ballaststoffen, im Obst vorwiegend in Form von Zukker enthalten sind. Eiweiß gibt's in Gemüse und Obst nur in Spuren. Ausnahme: Getrocknete Hülsenfrüchte, die über 20 % Eiweiß enthalten. Und Fett ist praktisch gar nicht vorhanden. Ausnahme: Avocados. 100 g ihres Fruchtfleisches enthalten etwa 24 g Fett.

Die Bedeutung von Gemüse und Obst liegt in ihrem Ballaststoffgehalt und im Gehalt an wichtigen Vitaminen, Mineralstoffen und Spurenelementen. Sie sind ergiebige Quellen für die Vitamine A, B_1, B_2 und C und für Eisen.

Kartoffeln, die guten Knollen

Auch Kartoffeln bestehen zu 80 % aus Wasser. Energielieferanten sind die 15 % Kohlenhydrate in Form von Stärke und Ballaststoffen, die in der Knolle enthalten sind. Fett hat die Kartoffel nur in Spuren, dafür aber 2 %

ganz besonders hochwertiges Eiweiß. Ihr hoher Anteil an Vitaminen, besonders an Vitamin C und B_1 und ihr Anteil an Mineralstoffen und Spurenelementen macht sie so wertvoll für unsere Ernährung. Wenn man bedenkt, daß mit 250 g Kartoffeln der tägliche Vitamin-C-Bedarf fast zur Hälfte, der an Eisen zu 15 % gedeckt ist, dann sollte man nicht mehr von der Kartoffel sprechen, die in den Keller gehört. Auf die Teller gehört sie. Und das besonders oft in Form von Pellkartoffeln, weil diese Zubereitung garantiert, daß die Inhaltsstoffe weitgehend erhalten bleiben.

Zucker liefert Energie und Süße

Was nun den Zucker angeht, so enthält er weder wertvolle Vitamine, noch Mineralstoffe und Spurenelemente. Er liefert also, da er fast ausschließlich aus Kohlenhydraten besteht, nur Energie und Süße.

Was uns Genuß verschafft: Die Genußmittel

Alkohol, Kaffee und Tee sind Genußmittel. Sie enthalten zwar keine oder nur geringe Inhaltsstoffe, die der Körper zum Aufbau oder zur Erhaltung nutzen könnte. Aber sie regen an.

Alkoholische Getränke

Hauptenergielieferant der alkoholischen Getränke ist der Nährstoff Alkohol. Außerdem kommen noch Kohlenhydrate hinzu. 1 g Alkohol hat übrigens 30 Joule = 7 Kalorien. Der Organismus verwandelt ihn sofort in Energie. Trinkt und ißt man, dann wird zuerst der Alkohol in Energie umgesetzt. Die Nährstoffe aus der Nahrung aber werden dadurch an der Verbrennung gehindert, die später eintritt. Was beweist, daß Alkohol in jedem Fall in die Kalorienrechnung einbezogen werden muß.

Die Alkoholverträglichkeit ist übrigens bei jedem Menschen verschieden. Mit Sicherheit ist sie aber abhängig von Alter, Geschlecht, körperlicher Konstitution und seelischer Verfassung. Sicher ist auch, daß bei starkem Alkoholkonsum über längere Zeit die Leber geschädigt werden kann. Man nimmt aber an, daß etwa 80 g reiner Alkohol (das sind etwa 1 Liter Wein oder 2–2,5 Liter Bier) pro Tag toleriert werden können. Zu bedenken ist jedoch, daß mancher schon bei weniger als 80 g gesundheitlich gefährdet ist, ein anderer mehr als 80 g verkraften kann. In vernünftigen Maßen getrunken, ist Alkohol ein Genuß. Für Kinder und Jugendliche aber ist er gefährlich und absolut tabu.

Kaffee und Tee beleben

Sie gehören zu den anregenden Getränken, was auf ihren Inhaltsstoff Coffein (bei Tee auch oft Tein genannt) zurückzuführen ist. Kaffee enthält davon bis zu 1,5 %, Tee nur bis zu 5 %.

Allerdings wirkt das Coffein im Tee wesentlich schwächer als das des Kaffees. Da nun Tee auch etwa 12 % Gerbsäure enthält, die mancher nicht verträgt, wendet man einen einfachen Trick beim Aufgießen an. Man läßt ihn nur 1–2 Minuten ziehen. Dabei löst sich das belebende Koffein und man schaltet die Gerbsäure aus, die sich erst nach weiteren 3 Minuten löst. Maßvoller Genuß von Kaffee und Tee ist übrigens unschädlich.

Auf das richtige Würzen kommt es an

Speisen können gesund sein, auch wenn sie nicht schmecken. Aber, dann mag sie keiner. Daher kommt es bei richtiger Ernährung neben ausreichender Nähr- und Wirkstoffzufuhr darauf an, daß die Speisen appetitlich sind und gut duften. Denn Geschmack, Aussehen und Duft tragen viel zur Bekömmlichkeit bei. Und damit's schmeckt, verwenden wir in der Küche auch Gewürze und Kräuter.

Die Gewürze stammen meist von tropischen Pflanzen, sind Teile der Blätter, sind Blüten oder Samen.

Durch ihren Anteil an Aromastoffen geben sie den Speisen den spezifischen, appetitanregenden Geschmack. Die meisten Gewürze fördern außerdem den Appetit und regen die Magensaftabsonderung an. Von den Küchenkräutern werden vor allem die frischen Blätter verwendet. Ihre Würzkraft ist schwächer, aber sie vermitteln dem Essen ein unnachahmliches, appetitliches Aroma. Und liefern zusätzlich Vitamin C, an denen die meisten Küchenkräuter reich sind.

Wieviel, was und wie oft soll man essen?

Sich gesund ernähren heißt nicht, einfach Nahrung zu sich zu nehmen. Das weiß jeder. Denn Menge, Art und Zusammensetzung spielen eine wichtige Rolle. Auch, wie oft man ißt, wie die Nahrung zubereitet ist und – nicht zuletzt – was sie kostet.

Wieviel man essen soll, errechnet sich aus dem eigenen Kalorienbedarf (Seite 19). Wäre aber noch hinzuzufügen, daß Schwangere vom 6. bis 9. Monat täglich 200 Kalorien, Stillende 1120 Kalorien pro 100 ml abgegebener Milch mehr haben sollen. Je älter man nun wird, um so mehr nimmt der Energiebedarf ab. Setzt man ihn bei 18–35 Jahren = 100 %, dann liegt er bei 60jährigen nur noch bei 82 % und fällt bis zum 75. Lebensjahr auf 78 % zurück. Das muß bei der Berechnung des eigenen Kalorienbedarfs berücksichtigt werden.

Was jeder ißt, richtet sich nach seinem Bedarf an Nährstoffen, aber auch nach seinem Geschmack bzw. seinen Eßgewohnheiten. Die sind nun so verschieden, daß es nicht sinnvoll wäre, Speisepläne aufzustellen die von den wenigsten realisiert würden. Daher nur die folgende Übersicht:

Der Eiweißbedarf soll durch tierische und pflanzliche Produkte gedeckt werden. Fettarme tierische Nahrungsmittel, das wurde schon gesagt, haben einen höheren Eiweißanteil als Fette. Es gilt also, magerem Fleisch, magerem Fisch, magerer Wurst und mageren Milchprodukten den Vorrang zu geben. Als pflanzliche Eiweißträger empfehlen sich Kartoffeln, Gemüse und Getreideprodukte.

Bei der Fettzufuhr wünschen sich Ernährungswissenschaftler einen höheren Verbrauch an mageren tierischen Produkten. Dadurch nimmt man weniger verstecktes Fett zu sich, was im Hinblick auf die stark Übergewichtigen im Lande sicher ein guter Wunsch ist. Als Brotaufstrich und zum Kochen sollten alle Fette in gutem Wechsel verwendet werden. Nicht zu vergessen eine ausreichende Menge an Margarine und Speiseöl wegen des hohen Anteils an mehrfach ungesättigten Fettsäuren. Bei Übergewicht muß die Fettzufuhr stark gedrosselt werden.

Was die Kohlenhydrate angeht, so sollten diese hauptsächlich aus Vollkornbrot, Kartoffeln, Gemüse und Obst bestehen, weil diese Produkte gleichzeitig Ballaststoffe, Vitamine, Mineralstoffe und Spurenelemente liefern. Frisches Gemüse, Salate, und Obst sind immer gut. Sie gehören täglich auf den Tisch. Ein Beispiel aus der großen Auswahl: 250–300 g Kartoffeln, 250 g Gemüse und 200 g Obst sichern schon den Tagesbedarf eines Menschen an Vitaminen und Mineralstoffen.

Und die zuckerhaltigen Getränke? Limonade oder Cola, aber auch alkoholische Getränke enthalten nachweislich reichlich Kalorien, die in der täglichen Bilanz mitberechnet werden müssen. Was viele oft vergessen. Fazit: Jeder, der eine abwechslungsreiche Mischkost in gutem Wechsel zu sich nimmt kann sicher sein, daß er ausreichend mit allen lebensnotwendigen Nährstoffen, Vitaminen und Mineralstoffen versorgt wird und sich damit gesund ernährt. Hier noch ein Vorschlag für die Nahrungsmittelauswahl, die nur ein Beispiel sein kann, weil jeder einen anderen Geschmack hat. Sollen täglich nur etwa 8370 kJ = 2000 kcal zu sich genommen werden, kann die Nahrungsmittelauswahl so aussehen: $^1/_2$ l fettarme Milch, 50 g Käse (30% F.i.T.), 30 g magere Wurst oder ähnliches (z. B. Cornedbeef), 100 g mageres Schweinefleisch, 100 g Magerquark, 250 g Gemüse, 250 g Kartoffeln, 200 g Obst, 200 g Vollkornbrot, 30 g Aufstrichfett, 20 g Pflanzenöl für die Zubereitung. Alles zusammen enthält etwa 8370 kJ = 2000 kcal. Muß eine Reduktionskost zusammengestellt werden, dann unterscheidet sich die Nahrungsmittelauswahl nur geringfügig. Wichtig: Die Nahrungsmenge soll relativ groß sein, aber einen geringen Brennwert haben. 4180 kj = 1000 kcal sind insgesamt enthalten in: $^1/_4$ l fettarme Milch, 50 g Käse (30% F. i. Tr.), 30 g magerer Wurst, 100 g magerem Schweinefleisch, 100 g Magerquark, 250 g Gemüse, 200 g Obst, 4 Scheiben Knäckebrot, 15 g Aufstrichfett (oder 30 g Halbfettmargarine bzw. Milchhalbfett).

Wie oft soll nun am Tag gegessen werden? Das heißt: Es ist für eine gesunde Ernährung wichtig, wie die Energiemenge, die zur Verfügung steht, über den Tag verteilt wird. Dazu sagen Ernährungswissenschaftler: Fünf kleine Mahlzeiten täglich sind besser als drei große. Aus gutem Grund. Denn wer sich mit Bärenhunger an den Tisch setzt, ist leichter versucht, mehr zu essen, als er braucht. Nicht nur Völlegefühl und Leistungsabfall sind die Folgen, sondern auf die Dauer auch Übergewicht. Fünf kleine Mahlzeiten aber beschäftigen den Magen auf leichte, aber andauernde Weise, belasten die Verdauungsorgane kaum, beeinträchtigen die Leistungsfähigkeit nicht und erhöhen das Wohlbefinden. Verteilt man also die Nahrungsmenge täglich richtig, dann kann man sogar Leistungstiefs, die jeder am Tag hat, auffangen oder abschwächen. Und man schaltet automatisch die Gefahr aus, zuviel zu essen. Das ist besonders Menschen zu empfehlen, die sitzend tätig sind.

Die Aufteilung: Je ein Viertel aufs erste Frühstück und aufs Abendessen verteilen, ein Drittel aufs Mittagessen und je 10 Prozent auf die Zwischenmahlzeiten am Vor- und Nachmittag. Zum besseren Verständnis das folgende Beispiel:

8370 kj (2000 kcal) pro Tag

1. Frühstück = 25 % 2090 kj (500 kcal)
2. Frühstück = 10 % 840 kj (200 kcal)
Mittagessen = 30 % 2510 kj (600 kcal)
Nachmittag = 10 % 840 kj (200 kcal)
Abendessen = 25 % 2090 kj (500 kcal)

Eigentlich ist es selbstverständlich, trotzdem soll es hier noch einmal gesagt werden: nur wer in aller Ruhe sein Essen genießt, egal ob daheim oder draußen, nur der fühlt sich danach auch wohl. Nur dem bekommt das Essen. Hastig zu essen oder nur zu essen, um satt zu werden, hat mit gesunder Ernährung nichts zu tun. Wäre noch zu ergänzen, daß gesundes Essen nichts mit teurem Essen zu tun hat. Wer sich gut informiert, wer Preise und Qualität des Angebots vergleicht, wer die Saison zum guten Einkauf nutzt und den richtigen Vorrat klug auswählt, der kann auch preiswert wirtschaften und ernährungsphysiologisch hochwertiges Essen zubereiten.

Und zum guten Schluß noch eine wichtige Tabelle, nämlich wie groß Kinder in bestimmten Altersgruppen sein sollen und was sie wiegen dürfen.

Körperlänge – Körpergewicht: Durchschnittswerte für Säuglinge, Kinder und Jugendliche

Verbraucher-gruppen	Alter	m Körper-länge cm	m Körper-gewicht kg	w Körper-länge cm	w Körper-gewicht kg
Säuglinge	bis unter 7 Mon.	59	5,3	58	5,2
	7 bis unter 12 Mon.	72	9,2	70	8,4
Kinder	1 bis unter 4 Jahre	94	14,0	92	13,5
	4 bis unter 7 Jahre	115	20,2	115	20,0
	7 bis unter 10 Jahre	134	28,9	133	28,6
	10 bis unter 13 Jahre	149	39,2	151	42,1
	13 bis unter 15 Jahre	165	52,7	162	53,5
Jugendliche	15 bis unter 19 Jahre	175	63,9	164	56,6

Küchentechnische Ausdrücke

Abbrennen: Bei ständiger Wärmezufuhr einen Mehl- oder Grießbrei so lange rühren, bis sich die Masse als Kloß vom Topfboden löst.

Abschlagen: Schlagen von rohen Zutaten unter Erwärmen bis zu einer dickflüssigen oder cremigen Konsistenz.

Abschrecken: Übergießen gegarter, heißer Lebensmittel mit kaltem Wasser.

Auslassen (ausbraten): Erwärmen von überwiegend fetthaltigen, zerkleinerten Lebensmitteln zur Fettgewinnung.

Backen: Garen unter Bräunung in „trockener" Heißluft bei unterschiedlichen Temperaturen (je nach Backgut 100–250 °C).

Beizen: Einlegen von Fleisch, Geflügel Wild oder Fisch in ein Gemisch aus Essig oder Wein, Öl, Buttermilch, Gewürzen und Kräutern zur Geschmacksabwandlung (Sauerbraten) oder zur Geschmacksmilderung (Wild).

Binden (ansämen): Andicken von Flüssigkeit durch Zugabe von Bindemitteln.

Braten auf der Kochstelle: Garen unter Bräunung mit oder ohne Zugabe von Fett bei Temperaturen zwischen 160 °C und 200°C.

Braten im Backofen: Garen unter Bräunung mit oder ohne Zugabe von Fett in „trockener" Heißluft bei Temperaturen zwischen 140 °C und 275 °C oder bei etwa 240 °C anbraten und bei etwa 85 °C fertiggaren im geschlossenen Geschirr.

Dressieren: Garfertige Lebensmittel wie Fleisch, Wild, Geflügel, Fisch mit Hilfe von Nadeln, Stäbchen, Speilen, Klammern oder Faden in eine bestimmte Form bringen, auch Aufsetzen und Formen von Teig auf Backbleche.

Dünsten: Garen in wenig Flüssigkeit (Wasser, Milch, Brühe), meist unter Zugabe von wenig Fett, Wasser kann zugesetzt sein oder aus dem Gargut kommen.

Eindicken (reduzieren): Entziehung von Wasser aus Speisen durch längeres Erwärmen im offenen Kochgeschirr.

Filieren (filetieren): Auslösen von Stücken bei rohen Lebensmitteln und gleichzeitiges Entfernen von Haut, Gräten oder Knochen.

Flambieren: Übergießen von Speisen mit kleinen Mengen hochwertigem, meist erwärmtem Alkohol, anzünden und abbrennen lassen, um die Speisen geschmackvoll zu vollenden.

Fritieren (schwimmend ausbacken im Fettbad): Garen unter Bräunung in so reichlich Fett, daß das Gargut schwimmt. Je nach Gargut und Fettart liegt die Temperatur zwischen 170 °C und 200 °C.

Garziehen (pochieren): Lebensmittel in kochende Flüssigkeit geben, Garen in viel oder wenig Flüssigkeit bei Temperaturen unterhalb des Siedepunktes (75 – 95 °C).

Gratinieren (überkrusten, überbacken): Bräunen der Oberfläche unter gleichzeitiger Verkrustung durch Wärmeeinwirkung.

Grillen (grillieren): Garen unter Bräunung durch Strahlungs- oder Kontaktwärme mit oder ohne Fettzugabe.

Kochen (sieden, köcheln): Garen in viel Flüssigkeit (Siedetemperatur etwa 100 °C).

Legieren (abziehen): Einrühren von Sahne, von Eigelb verrührt mit Sahne oder anderer Flüssigkeit.

Panieren: Einhüllen, Einkrusten von Lebensmitteln, nacheinander mit Mehl, verschlagenem Ei und Paniermehl, Kokosflocken, zerkleinerten Mandeln o. ä.

Parieren: Entfernen von Haut und überflüssigem Fett sowie Zurechtschneiden z. B. von Fleisch, Fisch zu gleichmäßig geformten Stücken.

Passieren (durchpressen, -schlagen, -streichen): Pressen von weichem, rohem oder gegartem Nahrungsgut durch Siebe oder Metalleinsätze.

Pürieren (zerdrücken, zerstampfen): zerkleinern weicher, roher oder gegarter Lebensmittel zu einer einheitlichen Masse.

Putzen: Entfernen der für den Genuß nicht verwertbaren Anteile.

Quellen: Aufnahme von Flüssigkeit unter Volumenzunahme. Die Quellfähigkeit von Lebensmitteln ist abhängig von ihrer Zusammensetzung, der Flüssigkeitsmenge, Salzen und Säuren wie der Temperatur des Gargutes.

Schmoren: Bräunen in Fett (anbraten) und anschließend garen in wenig siedender Flüssigkeit im geschlossenen Kochgeschirr. Anfangstemperatur etwa 180 °C, nach Flüssigkeitszugabe fallend auf etwa 100 °C.

Schwenken: Durchschütteln roher oder gegarter Lebensmittel mit Fett und evtl. Kräutern oder mit Salatsoße.

Stocken: Garen von Eiern oder Eiermasse mit oder ohne Fett bei etwa 120 °C oder im Wasserbad.

Tranchieren (vorschneiden): Schneiden von rohen oder gegarten Lebensmitteln in gleichmäßige Teile oder Scheiben.

Unterheben (unterziehen): Vorsichtiges Vermengen (nicht verrühren) von steifgeschlagenem Eiweiß/Sahne mit einer Teig/Eigelbmasse.

Im Wasserbad garen:
Garen von empfindlichen Speisen (abgeschlagene Soßen und Cremes) in einer Schüssel/Topf, die in einem Topf mit kochendheißem Wasser hängt.

Bardieren: Um- oder belegen von magerem Fleisch (Wild/Geflügel) mit Speckscheiben.

Quelle: Lebensmittelverarbeitung im Haushalt (2. Auflage)

Abkürzungen

kg	= Kilogramm	kJ	= Kilojoule
g	= Gramm	kcal	= Kilokalorie
l	= Liter	E	= Eiweiß
ml	= Milliliter	F	= Fett
Eßl.	= Eßlöffel	Kh	= Kohlenhydrat
Teel.	= Teelöffel		

Maße und Gewichte

1 kg		=	1000 g
½ kg	(1 Pfund)	=	500 g
1 Eßl.	Mehl, gestrichen	=	10 g
1 Eßl.	Speisestärke, gestrichen	=	8 g
1 Eßl.	Speisestärke, schwach gehäuft	=	10 g
1 Eßl.	Semmelmehl, gestrichen	=	10 g
1 Eßl.	Semmelmehl, schwach gehäuft	=	15 g
1 Eßl.	Grieß, gestrichen	=	12 g
1 Eßl.	Salz, gestrichen	=	15 g
1 Eßl.	Zucker, gestrichen	=	15 g
1 Eßl.	Zucker, schwach gehäuft	=	20 g
1 Eßl.	Zucker, gut gehäuft	=	25 g
1 Teel.	Mehl, gestrichen	=	3 g
1 Teel.	Mehl, schwach gehäuft	=	4 g
1 Teel.	Speisestärke, gestrichen	=	2 g
1 Teel.	Speisestärke, schwach gehäuft	=	3 g
1 Teel.	Salz, gestrichen	=	5 g
1 Teel.	Zucker, gestrichen	=	4 g
1 Teel.	Zucker, schwach gehäuft	=	5 g
1 Teel.	Backpulver, gestrichen	=	3 g
1 Teel.	Speiseöl	=	5 g
1 Teel.	Senf, schwach gehäuft	=	8 g
1 Teel.	Senf, gestrichen	=	5 g
1 Eßl.	Senf, schwach gehäuft	=	25 g
1 Eßl.	Fett, gestrichen	=	15 g
1 Eßl.	Tomatenmark, gestrichen	=	20 g
1 Eßl.	Tomatenmark, schwach gehäuft	=	25 g
1 Eßl.	Tomaten-Ketchup, schwach gehäuft	=	30 g
1 Eßl.	Tomaten-Ketchup, gestrichen	=	20 g
1 Eßl.	Joghurt (3,5% Fett), gestrichen	=	20 g
1 Eßl.	Joghurt (3,5% Fett), schwach gehäuft	=	35 g
1 Eßl.	saure Sahne (10% Fett) gestrichen	=	20 g
1 Eßl.	saure Sahne (10% Fett), schwach gehäuft	=	35 g

1 Eßl.	Crème fraîche (30% Fett), schwach gehäuft	=	30 g
1 Eßl.	Salatmayonnaise	=	30 g
1 Eßl.	gehackte Kräuter	=	4 g
1 Eßl.	Kapern	=	15 g
1 Eßl.	geriebener Meerrettich, schwach gehäuft	=	35 g
1 Eßl.	geriebener Meerrettich, gestrichen	=	10 g
1 Teel.	Zwiebelwürfel, schwach gehäuft	=	5 g
1	Ei (Gewichtsklasse 3)	=	60 g
1	Brötchen (Semmel)	=	50 g
1	kleine Zwiebel	=	30 g
1	mittelgroße Zwiebel	=	40 g
1	große Zwiebel	=	75 g
1	kleine Tomate	=	50 g
1	Gemüsezwiebel	=	250 g
1	mittelgroße Kohlrabi	=	150 g
1	mittelgroße Tomate	=	65 g
1	kleiner Apfel	=	100 g
1	mittelgroßer Apfel	=	125 g
1	mittelgroße Kartoffel	=	100 g
1	mittelgroße Möhre	=	100 g
1	kleine Salatgurke	=	375 g
1	mittelgroße Salatgurke	=	750 g
1	mittelgroße Scheibe Ananas	=	50 g
1	mittelgroße Gewürz- oder Essiggurke	=	50 g
1	Cornichon	=	10 g
1	Bund Suppengrün (Möhre, Porree, Sellerie, Petersilienwurzel)	=	250 g
1	Bund Kräuter	=	10 g
1	Päckchen tiefgekühltes Suppengrün	=	75 g

Kilojoule-/ Kilokalorienberechnungen

Zutaten zum Abschmecken ohne genaue Mengenangabe und die zu verschiedenen Rezepten empfohlenen Beigaben und Veränderungen in diesem Buch sind in der Kalorienberechnung nicht enthalten. Bei der Kalorienberechnung wurden die Nährwertangaben von Souci-Fachmann-Kraut zugrunde gelegt. Bei den Berechnungen in diesem Buch handelt es sich um Durchschnittswerte.

Mengenangaben

Bei den folgenden Angaben handelt es sich um Durchschnittsmengen, die jeder Verbraucher aufgrund seiner Erfahrungen für die besonderen Verhältnisse der Familie abändern muß. Bei der Veranschlagung des Kostmaßes sind Alter, Berufsarbeit, Gewöhnung, Veranlagung der einzelnen Personen und die Speisenzusammenstellung zu berücksichtigen. Im allgemeinen werden folgende Mengen für eine Person und Mahlzeit zugrundegelegt:

Vorsuppe:	150-200 ml	
Hauptgericht:	375-500 ml	(3/8–1/2 l) Suppe
oder	150–200 g	Fleisch ohne Knochen
oder	200–250 g	Fleisch mit Knochen
oder	250–300 g	Fisch mit Kopf
oder	150–200 g	Fischfilet
Beilagen:	Knapp 100 ml Soße	
und	250 g Gemüse (ungeputzt)	
oder	60 g Backobst	
und	200 g Kartoffeln (ungeschält)	
oder	60 g Reis	
oder	60 g Teigwaren	
Nachtisch:	150–200 g frisches Obst	
oder	125 g frisches Obst für Kompott	

Flüssigkeitsmengen

1000 ml (1 l)	Wasser	= 1 kg = 1000 g
750 ml (3/4 l)	Wasser	= 3/4 kg = 750 g
500 ml (1/2 l)	Wasser	= 1/2 kg = 500 g
375 ml (3/8 l)	Wasser	= 3/8 kg = 375 g
250 ml (1/4 l)	Wasser	= 1 Suppentel.
200 ml (1/5 l)	Wasser	= 200 g
125 ml (1/8 l)	Wasser	= 8 Eßl.
100 ml (1/10 l)	Wasser	= 6 Eßl.
15 ml	Wasser	= 1 Eßl.

Was Sie über Essig wissen sollten

Essig - ein uraltes Naturprodukt
Die Geschichte des Essigs ist sehr alt. Schon vor 5.000 Jahren wußte man, daß aus Trauben Wein hergestellt werden kann. Und genauso alt ist die Erkenntnis, daß aus Wein Essig wird, wenn man ihn nur eine Weile offen an der Luft stehen läßt.

Heute dienen als Rohstoffe für die Herstellung von Essig (Gärungsessig) Wein, Branntwein, Fruchtwein oder andere alkoholische Flüssigkeiten. Essigbakterien wandeln Alkohol unter Mitwirkung von Sauerstoff zu Essig um. Dieser Gärungsprozeß wird in den Herstellerfirmen in großen Holz- oder Edelstahlbottichen, sogenannten Essigbildnern, gesteuert. Frischer Essig muß in Lagerbehältern zunächst ruhen, damit er die richtige Reife bekommt. Erst dann wird er gefiltert und in Flaschen abgefüllt.

Für die Verwendung von Essig in der Küche ist es wichtig, die richtige Essigsorte zu kennen. Je nach verwendeten Rohstoffen und unterschiedlicher Kräuterung und Würzung entstehen folgende Essigsorten:

Weinessig

wird ausschließlich aus Wein hergestellt und hat eine Säurestärke von 6 %. Er hat den vom Wein stammenden typischen Geschmack und gilt daher als besondere Spezialität für die feine Küche.

Wein-Branntwein-Essig

ist die in Deutschland am meisten verwendete Essigsorte. Sie wird zu einem Viertel aus reinem Weinessig und zu drei Vierteln aus Branntwein-Essig hergestellt. Hierdurch erhält der Essig seinen erfrischend, sauerwürzigen Geschmack mit einer Säurestärke von 5 %.

Branntwein-Essig

wird aus Agraralkohol, welcher seinerseits in der Regel aus Zuckerrüben, Korn und Kartoffeln durch Gärung und anschließende Destillation gewonnen wird, hergestellt. Er hat einen frischen sauren Geschmack, häufig wird dieser als Tafelessig in einer Säurestärke von 5 % angeboten.

Kräuter-Essig

ist eine ebenfalls beliebte Essigsorte, bei der feine Kräuter oder deren Auszüge, wie Estragon, Melisse, Dill zugesetzt werden, wobei die geschmacksgegebenen Aromastoffe in Lösung gehen. Dieser Essig lagert dann längere Zeit vor der Abfüllung; er gewinnt so einen abgerundeten, feingekräuterten Geschmack.

Obst-Essig

wird meist aus Apfelwein hergestellt und hat eine Säurestärke von 5 %. Er ist besonders gut geeignet zur Zubereitung frischer Salate. Obstessig wird übrigens auch von vielen Ärzten empfohlen, z. B. mit Honig gemischt als Gesundheitsgetränk am Morgen.

Zitronen-Essig

ist ein Branntweinessig, dem Zitronensaft hinzugefügt wurde. Manchmal ist diese Essigsorte durch den Saftzusatz naturtrüb geblieben.

Essig ist entgegen anderslautender Stimmen gut verträglich. Das liegt nicht nur an den natürlichen Ausgangsprodukten, sondern auch daran, daß die Säure des Essigs ein körpereigener Stoff ist, der fortwährend im menschlichen Körper entsteht, z. B. beim Abbau von Fett.

Schnellkochen

Schnellkochen ist Klasse, wenn man den richtigen Schnellkochtopf hat

Die Hälfte aller Haushalte in Deutschland besitzt einen Schnellkochtopf. Der augenfälligste Vorteil des Schnellkochens ist die zum Teil extreme Verkürzung der bisher üblichen Kochzeiten, was der vielgeplagten Hausfrau von heute sehr entgegenkommt.

Diese Kochzeit-Verkürzungen führen zwangsläufig zu einer beträchtlichen Energieeinsparung - ein weiterer Effekt des Schnellkochens. Daß jede Art von Garen den Lebensmitteln Vitamine und Mineralstoffe entzieht, ist unvermeidlich. Daß Schnellkochen diese Verluste der lebenswichtigen Stoffe auf ein Minimum reduziert, ist erwiesen. Denn beim Schnellkochen werden die Lebensmittel wirklich wasserlos gegart. Das Wasser dient lediglich der Dampferzeugung.
Hier ein Beispiel:

Bei Schnellkochen kann das Kochsalz auf ein Minimum reduziert oder überhaupt weggelassen werden. Sie werden erleben, daß selbst Diätgerichte, die völlig salzlos im Schnellkochtopf gegart werden, ihren natürlichen Wohlgeschmack nicht nur behalten, sondern daß er sogar besonders hervorgehoben wird.

Kartoffeln Vitamin-C-Gehalt

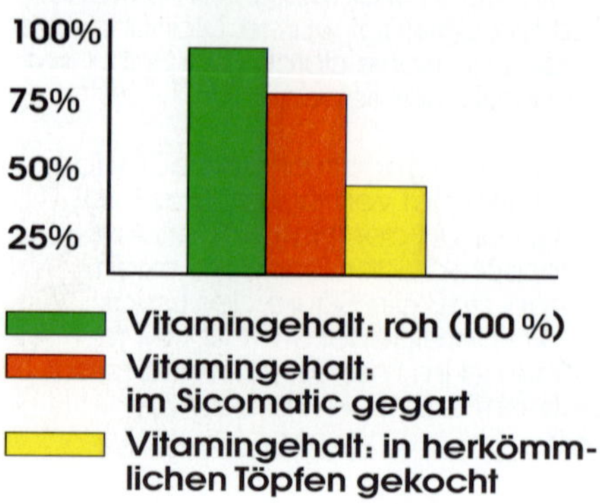

Welcher ist aber der richtige Schnellkochtopf?

Ob Sie einen Schnellkochtopf aus Edelstahl oder Stahlemail wählen, ist eine Frage des Geschmacks. In jedem Fall aber sollten Sie sich für ein funktionstüchtiges Gebrauchsgerät entscheiden, denn beim Schnellkochtopf kommt es auf das Ventil an.

Schnellkochtöpfe mit Kolbenventil, die oft als Sonderangebote angepriesen werden, verlangen **regelmäßige Ventilkontrolle.**
Oft sogar **nach jeder Benutzung.**

Das bedeutet, abschrauben des Ventils, zerlegen in seine Einzelteile, reinigen, zusammenmontieren und wieder einschrauben.

Ein guter Schnellkochtopf besitzt ein besonderes Ventilsystem, welches nur einmal pro Jahr kontrolliert werden muß.

Das bedeutet unkompliziertes und sicheres Schnellkochen.

Dieser Schnellkochtopf verbraucht weniger Flüssigkeit, läßt das Aroma der Speisen nicht entweichen und verhindert – die oft lästigen Küchengerüche.

All diese Vorzüge bedeuten individuelles Garen, damit alle Speisen noch vitaminreicher, gesünder und schmackhafter werden.

Zweckmäßige Geräte

1. Back-Hilfs-Geräte

Meßbecher zum Abmessen der verschiedenen Zutaten (Flüssigkeiten und auch feste Zutaten wie Zucker, Mehl o.ä.) mit „l"- und „ml"-Angaben.

Teigrolle aus Holz oder aus Kunststoff mit Aluminium-Walze. Unentbehrlich für gleichmäßiges Ausrollen verschiedener Teigarten.

Backpinsel zum Ausfetten von Backblechen und Backformen und zum Bestreichen der Gebäcke mit Eiweiß oder Glasuren.

Teigschaber zum Entnehmen von Teigresten aus Rührschüsseln und zum gleichmäßigen Verstreichen von Teigen in Formen und auf dem Backblech.

Einhand-Mehlsieb zum Sieben und zum Auflockern von Mehl (Mehl-Backin-Gemisch).

Puderzucker-Mühle zum gleichmäßigen und feinen Bestäuben von Gebäcken mit Puderzucker.

Spritzbeutel mit verschiedenen Schraub-Tüllen zum Verzieren von Gebäcken mit Cremes und Schlagsahne.

Backuhr mit Wecker zum Überwachen der genauen Backzeiten.

Teigrädchen zum dekorativen Ausrädern von Knetteigen.

Rührlöffel mit durchlochtem Blatt zum Rühren von verschiedenen Zutaten.

Schneebesen zum Schlagen von Eiern, Eiweiß und von Schlagsahne.

Rührschüssel zur Teigzubereitung in den verschiedenen Größen mit abgerundetem Boden und Gummiring am Schüsselboden.

Gebäck- und Garnierpresse von Leifheit
Durch die bequeme Einhandbedienung lassen sich schnell süße und pikante Plätzchen direkt auf das Backblech formen, bis zu 53 Stück mit einer Füllung. Zehn verschiedene Formscheiben stehen zur Verfügung und können auch bei gefüllter Presse schnell ausgewechselt (ausgetauscht) werden. Mit den drei Garniertüllen können Kuchen und Torten dekorativ verziert, süße Baisers geformt und Krapfen lecker gefüllt werden.

2. Backformen

Für das Backen der verschiedenen Teige und optimale Gelingen der Gebäcke ist das Material der verwendeten Back-Form mitentscheidend. Vorzügliche Wärmeleiter sind Aluminium und Weißblech, aus denen auch heute noch die meisten Back-Formen hergestellt werden. Wichtig ist jedoch auch die Beschaffenheit der Oberfläche.

Weiße oder **helle** Backformen, z. B. rauhverzinnte Weißblech-Formen von Dr. Oetker, eignen sich besonders gut für die direkte intensive Hitze des Gasherdes. Für Elektroherde sind weiße bzw. helle Backformen weniger gut geeignet.

Schwarze oder **dunkle** Back-Formen, z. B. Dr. Oetker Tradition, eignen sich sowohl für Gas- als auch für Elektroherde hervorragend. Die mattschwarze widerstandsfähige Oberfläche nimmt die indirekte Hitze von Elektroherden schnell auf und gibt sie gleichmäßig an das Backgut weiter.

Antihaftbeschichtete Formen, z. B. Dr. Oetker Garantie, sind für alle Herdarten hervorragend geeignet. Die speziell für hochwertige Back-Formen entwickelte Antihaftbeschichtung garantiert eine problemlose Handhabung.

Ebenfalls für alle Energiearten geeignet sind Keramik-Back-Formen, z.B. Dr. Oetker Dekoramik. Sie ermöglichen nicht nur kreative, phantasievolle Gebäcke, sondern sind auch als Wandschmuck sehr dekorativ.

Wichtige Backzutaten

Anis
Gewürz aus der Frucht der Anispflanze mit stark süßlich-würzigem Aroma. Das Aroma verflüchtigt sich schnell, daher Anis nur in kleinen Mengen und möglichst erst kurz vor dem Verbrauch einkaufen.

Arrak
Trinkbranntwein, hergestellt aus Reis, Zuckerrohr-Melasse oder aus zuckerhaltigen Pflanzensäften, vornehmlich aus dem Saft der Blütenkolben der Kokospflanze (Palmwein). Als Aroma besonders für Glasuren geeignet.

Backaromen
Auszüge aus verschiedenen Grundsubstanzen in Öl zum Aromatisieren des Gebäcks. Abgefüllt in Fläschchen in den Geschmacksrichtungen: Bittermandel, Rum, Arrak, Vanille und Zitrone.

Backhefe
Biologisches Triebmittel, das als Frischhefe in Würfeln und als Trockenhefe in Päckchen abgepackt erhältlich ist.

Backoblaten
Hauchdünnes Dauergebäck – rund oder viereckig – aus Mehl oder Speisestärke. Als Unterlagen z. B. für Makronen und Lebkuchen geeignet.

Backpulver
Chemisches Triebmittel, vorwiegend aus Natriumcarbonat. Abgefüllt in kleinen Tüten. Backpulver am besten immer frisch beim Lebensmittelhändler besorgen. Soll ein kleiner Vorrat aufbewahrt werden, sollte er kühl und trocken und getrennt von stark riechenden Lebensmitteln, z. B. Backgewürzen, gelagert werden (Blechdose). Für die Teigzubereitung wird Backpulver mit Mehl gemischt und gesiebt und danach nach Rezept verarbeitet.

Bittere Mandeln
Mandeln mit stark bitterem Geschmack mit Blausäure-Gehalt. Sie dürfen deshalb nur in kleinsten Mengen als geschmackgebende Zutat verwendet werden.

Eier
Zum Backen immer nur frische Hühnereier verwenden. Sie werden vor dem Gebrauch einzeln über einer Tasse aufgeschlagen, um zu prüfen, ob sie gut sind.

Erdnuß-Kerne
Geschälte Kerne der Erdnuß. Sie werden wie Mandeln und Nüsse verwendet.

Farin-Zucker
Gelb- bis dunkelbrauner Zucker aus Zuckerablaufsirup.

Feigen
Birnenförmige, grüne, auch purpurrote bis bräunlich-violette Frucht. Süß, sehr aromatisch, mit honigartigem Geschmack. Zum Backen eignen sich allerdings nur getrocknete Feigen.

Gelatine
Geschmacksreine Gelatine wird als Geliermittel für Gelee- und Cremespeisen, für Aspik und Sülzen verwendet. Gemahlen in Päckchen abgepackt oder in Blattform erhältlich.

Grümmel
Gestoßener brauner Kandis, sehr aromatisch im Geschmack, wird bevorzugt zum Backen von Honigkuchen, Lebkuchen und Printen. Wie Hagelzucker kann er auch zum Bestreuen von Kleingebäck genommen werden.

Hagelzucker
Grob kristallisierter Zucker zum Bestreuen von Gebäck.

Hirschhornsalz
Chemisches Backtriebmittel, bestehend aus Ammoniumcarbonat oder aus carbaminsaurem Ammonium, für flache, trockene Gebäcke, wie Honig- oder Lebkuchen. Hirschhornsalz zersetzt sich beim Stehen an der Luft und muß daher in gut verschlossenen Behältern (Blechdosen) aufbewahrt werden.

Honig
Beliebte Zutat für die Weihnachtsbäckerei.

Ingwer
Gewürz aus der getrockneten Wurzel der Ingwerpflanze. Im Handel ganz oder gemahlen erhältlich, aber auch kandiert in Sirup eingelegt. Ingwer hat einen stark-würzigen, etwas brennenden Geschmack und sollte nur in geringen Mengen als Backzutat verwendet werden.

Kaneel
Stangenzimt (s. Zimt).

Kardamom
Getrocknete Kapselfrucht der Kardamompflanze. Im Handel als ganze Frucht oder gemahlen angeboten. Kardamom hat einen brennend-würzigen Geschmack und wird besonders für die Weihnachtsbäckerei verwendet (Spekulatius, Stollen, Lebkuchen, Gewürzkuchen).

Kartoffelmehl
Speisestärke – aus Kartoffeln gewonnen.

Kokosraspeln
Feingeraspeltes Fruchtfleisch der Kokosnüsse. Wegen des hohen Fettgehalts nur begrenzt lagerfähig. In Beuteln abgepackt erhältlich.

Koriander
Gewürz aus der gelblich-bräunlichen Spaltfrucht Coriandrum sativum. Im Handel ganz, geschrotet oder gemahlen erhältlich. Wird besonders für die Weihnachtsbäckerei verwendet.

Korinthen
Kleine, luftgetrocknete rötlichblaue bis violettschwarze, kernlose Beeren einer Abart der Weinrebe. Vorwiegend aus Griechenland. Verwendung wie Rosinen.

Krokantstreusel
Aus Krokantmasse hergestellt. Im Handel in Päckchen oder Beuteln abgepackt erhältlich. Verwendung: Zum Bestreuen und Garnieren von Gebäck.

Kümmel
Gewürz aus der Frucht der Kümmelpflanze. Im Handel ganz, geschrotet oder gemahlen erhältlich. Herzhaftes Gewürz für Salzgebäck, Brot und Brötchen.

Kuvertüre
In den Geschmacksnuancen Milchschokolade, halbbittere und bittere Schokolade erhältlich. Kuvertüre eignet sich zum Überziehen von Gebäck, aber auch als Teig- und Creme-Zusatz.

Liebesperlen
Kleine bunte Zuckerperlen zum Garnieren von Gebäck.

Mandeln
Steinfrucht des Mandelbaumes. Im Handel geschält oder ungeschält, im ganzen, gemahlen, gehackt, gehobelt oder gestiftelt erhältlich.

Margarine (Backmargarine)
Ideales Backfett, hergestellt vorwiegend aus pflanzlichen Ölen und Fetten.

Marzipan-Rohmasse
Zu etwa 200 g abgepackt im Handel erhältlich. Wird für Kuchen und Tortenfüllungen, für Garnierungen, für Konfekt, aber auch als Teigzusatz verwendet.

Mehl
Dem Verbraucher wird überwiegend die Mehltype 405 angeboten, die für alle Backrezepte verwendbar ist. Außerdem werden z. B. angeboten: Weizenmehl Type 500 und 1050, Weizen-Vollkornmehl Type 1700, Roggenmehl Type 1150 und Roggen-Backschrot Type 1800. Mehl muß trocken sein, nicht klumpig oder feucht.

Milch
Jede Milchsorte eignet sich zum Backen. Es kann auch Kondensmilch (evtl. verdünnt), Sahne, Buttermilch, Sauermilch oder angerührtes Milchpulver verwendet werden. Wichtig ist, daß die im Rezept angegebene Menge eingehalten wird.

Mohn
Samen der Mohnpflanze. Wird gemahlen als Füllung oder als Teigzusatz verwendet . Oder ganzer Mohnsamen zum Bestreuen von Brötchen, Salzgebäck und Brot.

Muskatblüte
Macis. Gewürz aus dem Samenkern der Muskatfrucht. Im Handel ganz oder gemahlen erhältlich.

Muskatnuß
Gewürz aus dem Samen der Muskatfrucht. Muskatnuß wird gerieben zur Verfeinerung von Gewürzgebäck und Obstkuchen verwendet.

Nelken
Blütenknospen des Gewürznelkenbaumes. Sie werden ganz oder gemahlen verwendet. Nelken haben einen kräftig brennend-scharfen Geschmack.

Nougatmasse
Konzentrierte weiche Rohmasse aus geschälten Nußkernen, Zucker und Kakaoerzeugnissen. Wird geschmolzen oder geschmeidig gerührt als Teigzusatz, für Kuchen- und Tortenfüllungen und für -verzierungen verwendet.

Orangeat
Kandierte Fruchtschale der Pomeranze. Im Handel meist gewürfelt, aber auch in halben Schalen angeboten. Wird als Teigzusatz und zum Verzieren verwendet.

Piment
Nelkenpfeffer
Gewürzkörner
Gewürz aus den getrockneten Beeren des Nelkenpfefferbaumes. Im Handel gemahlen erhältlich. Gewürz für Honiggebäck und Gewürzkuchen.

Pistazien
Frucht des Pistazienbaumes. Im Handel meist schon entkernt erhältlich. Pistazienkerne werden feingehackt als Teigzusatz oder zum Garnieren grobgehackt oder halbiert verwendet.

Pottasche
(Kaliumcarbonat) Weißes, geruchloses Salz. Wird als chemisches Triebmittel vor allem für Honigkuchen verwendet.

Premium-Aromen
(Unser Bestes) Aromen aus hochwertigen natürlichen Aromastoffen. Abgefüllt im Doppelkammerbeutel in pastöser Form. Geschmacksrichtungen: Vanille, Rum und Zitrone.

Rosenwasser
Kondensat, das bei der Gewinnung von Rosenöl anfällt. Wird zum Aromatisieren von Weihnachtsgebäck und zur Herstellung von Marzipan verwendet.

Rosinen
Sultaninen
Sultanas
Luftgetrocknete helle und dunkle, kernlose Beeren verschiedener Arten der Weinrebe aus Griechenland, der Türkei, Kalifornien und Australien. Rosinen sollten vor der Verwendung verlesen werden.

Safran
Getrocknete Blütenstempel aus einer Krokuspflanze des Mittelmeerraumes. Sehr aromatischer, leicht bitterer Geschmack. Wegen seiner Intensität von Farbe und Geschmack sollte Safran beim Backen nur in geringen Mengen in Rührteigen und für Kleingebäck verwendet werden.

Sahnesteif
Pulver aus besonderen Stärkeprodukten, das während des Schlagens der Sahne beigegeben wird, es hält die Sahne länger als normal steif und verhindert vor allem das Absetzen von Flüssigkeit.

Speisestärke
Bindemittel (aus Mais oder Kartoffeln gewonnen) für Cremes und Soßen. Wird – mit Mehl gemischt – auch zur Teigzubereitung von feinen Gebäkken verwendet.

Sukkade
Andere Bezeichnung für Zitronat.

Tortenguß
Im Päckchen abgepacktes Geleepulver, das mit Wasser, Obstsaft oder Wein nach Vorschrift zubereitet wird. Es wird in noch flüssigem Zustand über Obstbelag von Kuchen und Torten gegeben, wo es dann zu Gelee erstarrt. Im Handel farblos (klar) und rot erhältlich.

Vanillin-Zucker
Ist Zucker mit Vanillin, einem künstlichen Trockenaroma, vermischt. VanillinZucker ist der am meisten verwendete Vanille-Aromastoff. Im Handel in Päckchen abgepackt erhältlich.

Zimt
Kaneel
Gewürz aus der getrockneten Rinde verschiedener Arten des Zimtbaumes. Im Handel als Stangenzimt, aber vorwiegend gemahlen angeboten. Zimt hat einen kräftig aromatischen, leicht bitteren Geschmack.

Zitronat
Sukkade
Kandierte Fruchtschale der Zitronatzitrone. Im Handel meist gewürfelt angeboten, aber auch als halbe Schalen. Wird als Teigzusatz und zum Garnieren verwendet.

Zucker
Aus Zuckerrüben oder Zuckerrohr gewonnener Rüben- bzw. Rohrzucker. Zum Backen wird im allgemeinen Zuckerraffinade verwendet. Für Honig- und Lebkuchen auch Farin-Zucker. Für Güsse, Glasuren und zum Bestäuben von Gebäck wird überwiegend Puderzucker verwendet.

Grundsätzlich ist für jede Teigzubereitung wichtig, daß alle Back-Zutaten frisch und einwandfrei sind. Zu lange gelagerte und minderwertige Zutaten können das ganze Gebäck verderben.

Maße und Gewichte

Genaues Abmessen und Wiegen ist eine Voraussetzung für das Gelingen des Backwerks.

Die nachstehende Tabelle soll eine Hilfe für das Abmessen kleiner Mengen sein.

10 g Weizenmehl	= 1 gestrichener Eßl.
25 g Weizenmehl	= 1 gut gehäufter Eßl.
2 g Gustin	= 1 gestrichener Teel.
10 g Gustin	= 1 schwach gehäufter Eßl.
15 g Gustin	= 1 gut gehäufter Eßl.
25 g Gustin	= 2½ schwach gehäufte Eßl.
3 g Backpulver Backin	= 1 gestrichener Teel.
10 g Zucker/Puderzucker	= 1 gehäufter Eßl.
15 g Zucker/Puderzucker	= 2 gestrichene Eßl.
20 g Zucker/Puderzucker	= 1 schwach gehäufter Eßl.
25 g Zucker/Puderzucker	= 1 gut gehäufter Eßl.
5 g Kakao	= 1 gestrichener Eßl.
10 g Semmelmehl	= 1 gestrichener Eßl.
12 g Grieß	= 1 gestrichener Eßl.
125 ml (⅛ l) Milch	= 8 Eßl.
15 g Fett	= 1 gestrichener Eßl.
5 g Salz	= 1 gestrichener Teel.

Backhitzen

Eine Hausfrau sollte, wenn sie gutes Gebäck zubereiten will, nicht nur die Herstellung der verschiedenen Teigarten beherrschen, sondern auch ihren Herd kennen.

Da die unter den Rezepten angegebenen Backzeiten länger oder kürzer sein können, abhängig von Umständen, die auf die Verschiedenartigkeit der Herde zurückzuführen sind, empfiehlt es sich, gegen Ende der Backzeit öfter nach dem Gebäck zu sehen.

Beim Einstellen der Gebäcke in den Ofen ist darauf zu achten, daß die Formen waagerecht stehen, damit der Teig nicht nach einer Seite läuft.

Alle Teige, die in Formen gebacken werden, stets auf den Backrost stellen, nicht auf das Backblech oder auf den Boden des Backofens, da die Gebäcke dann von unten zu dunkel werden.

Gas- und Elektro-Backöfen mit Temperatur-Regler

1. Backöfen mit Ober- und Unterhitze (Strahlungswärme)

Diese Backöfen können mit Hilfe eines Wählers auf bestimmte Temperaturen eingestellt werden. Bei Gasherden liegen die Temperatur-Bereiche zwischen den Zahlen 0 und 8 und bei Elektroherden zwischen 0 und 250. Elektroherde haben eine Kontroll-Lampe, die aufleuchtet, wenn der Wähler betätigt wird und erlischt, sobald die gewünschte Temperatur im Backofen erreicht ist. Das Backgut wird bei diesen Elektroherden in den heißen Backofen gestellt, und zwar dann, wenn die Lampe erloschen ist. Während des Backprozesses leuchtet die Lampe wieder so lange auf, wie der Backofen zur Erhaltung der gewünschten Temperatur von Zeit zu Zeit nachgeheizt wird Für den weiteren Ablauf des Garvorganges ist dieses Aufleuchten und Erlöschen ohne jede Bedeutung.

Hohe und halbhohe Formen kommen beim Elektro-Backofen bei einem nach unten gewölbten Rost auf die untere Schiebeleiste.

Flachkuchen, Kleingebäck, Stollen, Windbeutel und Eiweißgebäck werden im allgemeinen in die Mitte des Backofens geschoben. Kleingebäck evtl. höher einsetzen. **Maßgebend jedoch sind die Ausführungen und Anweisungen der Herd-Hersteller.**

Bei Gasherden sorgt der Temperatur-Regler für den Gasdurchgang, der erforderlich ist, um die eingestellte Temperatur zu halten. Durch das schnelle Aufheizen von Gasherden kann eine Anzahl von Gebäcken in den kalten Backofen gesetzt werden. Darunter fallen besonders Gebäcke in hohen und mittelhohen Formen wie Napf- und Königskuchen. Flach-, Klein- und stollenähnliche Gebäcke werden zweckmäßig im vorgeheizten Ofen gebacken, damit sie ihre Form nicht verlieren.

2. Backöfen mit Umluft (Heißluft)

Bei diesen Backöfen wird die Luft durch einen Ventilator bewegt, so daß sie das Backgut – auch auf mehreren Ebenen gleichmäßig umströmt. Diese wirksame Umluft macht es möglich, daß in der Regel ohne Vorheizen und bei niedrigeren Temperaturen als sonst üblich, gebacken werden kann.

Die unterschiedlichen Systeme der einzelnen Fabrikate machen es etwas schwierig, feste Angaben zu empfehlen. **Maßgebend sind jedoch die Ausführungen und Anweisungen der Hersteller,** sie sollten unbedingt aufbewahrt werden, um sie im Zweifelsfall zur Hand zu haben und im Laufe der Zeit durch eigene Erfahrungswerte zu ergänzen. Speziell für „Heißluft"-Herde ist in Zusammenarbeit mit der Firma AEG-Telefunken im Ceres-Verlag R. A. Oetker das „Heißluftherde-Kochbuch" erschienen.

3. Kombinierte Backöfen

Diese kombinierten Backöfen sind mit Ober- und Unterhitze (Strahlungswärme) und mit Heißluft (Umluft) zusätzlich ausgestattet. Die Hausfrau entscheidet, welches Verfahren sie nutzen möchte.

Garprobe
Bevor Gebäcke wie Napfkuchen, Kranzkuchen, Stollen usw. aus dem Ofen genommen werden, empfiehlt es sich, die Garprobe zu machen, d. h. mit einem Hölzchen in die Mitte des betreffenden Gebäcks stechen. Bleiben keine feuchten Krumen daran haften, ist das Gebäck gar und kann aus dem Ofen genommen werden.

4. Backöfen mit integriertem Mikrowellenteil

Diese Backöfen sind zusätzlich zur Beheizung – also Ober- und Unterhitze oder Umluft oder in kombinierter Ausstattung – mit einem Magnetron für die Erzeugung von Mikrowellen ausgerüstet. Beheizung und Mikrowellenbereich können einzeln, oder auch gemeinsam in Betrieb genommen werden.

Richtiges Aufbewahren von Gebäcken

Formkuchen
nach beendeter Backzeit aus dem Ofen nehmen, etwa 10 Minuten stehenlassen (Obstformgebäcke sofort stürzen), bevor sie auf einen Kuchenrost gestürzt werden. Das gut ausgekühlte Gebäck in Alufolie eingewickelt aufbewahren.

Blechkuchen
möglichst warm vom Blech nehmen, evtl. vierteln und auf einem Kuchenrost auskühlen lassen. Andernfalls schlägt sich die Feuchtigkeit aus dem Kuchen auf dem Backblech nieder und kann den Gebäckgeschmack beeinträchtigen.

Kleingebäck
muß, sobald es genügend gebräunt ist, vom Blech genommen und einzeln nebeneinander auf einen Kuchenrost gelegt werden.

Das erkaltete Gebäck, wenn es knusprig bleiben soll, in gut schließende Blechdosen schichten. Plätzchen, die weich werden sollen, bleiben an der Luft stehen, bis sie die gewünschte Beschaffenheit haben, erst dann werden sie in Dosen mit lose aufgelegtem Deckel gelegt. Das Gebäck bleibt weich, wenn eine Scheibe Brot mit in die Dose gelegt wird. Es können mehrere Sorten Gebäck gleicher Art in einer Dose aufbewahrt werden, zweckmäßigerweise jeweils getrennt durch eine Lage Alufolie oder Pergamentpapier. Dabei ist zu beachten, daß stark gewürzte Plätzchen gesondert verpackt werden müssen.

Makronengebäcke
Sie dürfen nicht zu stark ausgebacken werden. Wenn sie vom Backblech genommen werden, müssen sie sich noch weich anfühlen. Während des Auskühlens auf dem Kuchenrost trocknen die Makronen ausreichend nach und behalten ihre äußere Knusprigkeit in fest verschlossenen Dosen.

Stollen
Nach dem völligen Erkalten auf dem Kuchenrost sollte der Stollen in Alufolie eingewickelt werden. So bleibt er, wenn er kühl und trocken gelagert wird, bis zu 4 Wochen frisch, und das Aroma der Früchte und Gewürze zieht durch das ganze Gebäck.

Pannen – und wie man sie vermeidet

Wenn sich Backpulver rosa verfärbt ...
Die Verfärbung tritt ein, wenn Backpulver zusammen mit Gewürzen aufbewahrt wird, z.B. Vanillin-Zucker oder Zimt. Deshalb Backpulver für sich allein aufbewahren, am besten kühl und trocken in einer fest schließenden Dose. Die Wirksamkeit des an sich weißen Backpulvers wird durch die Verfärbung nicht beeinträchtigt.

Wenn Eiweiß sich schwer zu Schnee schlagen läßt ...
Gerät beim Trennen etwas Eigelb in das Eiweiß, läßt dieses sich schwer zu Schnee schlagen. Am schnellsten wird das Eigelb mit Hilfe einer Eierschale entfernt.

Wenn Ausbackfett schäumt ...
Bei zu schwacher Hitze kann das Fett beim Einlegen des Teiges anfangen zu schäumen. Dadurch können empfindliche Teigstücke auseinandergerissen werden. Daher vor jeder Teigzugabe prüfen, ob das Fett die richtige Temperatur hat. Sie ist richtig, wenn sich um einen eingetauchten Holzlöffelstiel Bläschen bilden.

Wenn Gelatine klumpt ...
Setzt sich die Gelatinelösung bei der Zugabe in Klümpchen oder Strängen ab, ist die Masse, in die sie gegeben wird, zu kalt. Darauf achten, daß die Zutaten Zimmertemperatur haben, also nicht unter 15 Grad.

Wenn Hefe nicht geht ...
Dr. Oetker Hefe ist in einem Spezialverfahren haltbar gemacht worden. Hefe braucht Wärme. Die Küche selbst sollte Wohntemperatur (etwa 22 Grad) haben. Das lauwarme Wasser (Milch) ist richtig bei Körpertemperatur (37 Grad).

Wenn der Kuchen Klitschstreifen hat ...
Die Klitschstreifen entstehen fast immer dadurch, daß zuviel Milch an einen Rührteig gegeben wird. Deswegen darauf achten, daß nur so viel Milch unter den Teig gerührt wird, daß er schwer (reißend) vom Löffel fällt. Niemals so viel Milch zugeben, daß der Teig fließt.

Wenn Knetteige brechen ...
Meistens fehlt Flüssigkeit, wenn der Knetteig bei der Zubereitung bricht. Der Fehler ist schnell behoben, wenn man den Teig so zusammendrückt, daß eine Vertiefung in der Mitte entsteht. In diese etwas Milch geben und mit Hilfe einer Gabel in den Teig einarbeiten. Dann läßt sich der Teig leicht verkneten.

Wenn Knetteige zu weich sind ...
Ist der Teig mit einem hohen Fettanteil beim Kneten zu weich geworden, ihn kalt stellen. Enthält er dagegen zuviel Flüssigkeit durch Eier, Milch oder Wasser, noch etwas Mehl darunter kneten.

Wenn Knetteige sich nicht ausrollen lassen ...
Ein Grund für das Mißlingen kann die verwendete Margarine sein. Wichtig ist, daß keine sogenannte „Aufstrichmargarine" oder eine Softmargarine verwendet wird. Am besten eignet sich normale feste Backmargarine.

Wenn Kuchen beim Schneiden bröckelt ...
Das Messer beim Schneiden nicht herunterdrücken, sondern „sägend" bewegen, dann wird die Schnittfläche glatt. Empfehlenswert ist ein Sägemesser.

Wenn Napfkuchen Luftlöcher hat ...
Unregelmäßig verteilte Luftlöcher entstehen, wenn bei der Teigzubereitung während oder nach der Mehl-Backin-Zugabe zu stark gerührt wird. Luftlöcher können vermieden werden, wenn das Gemisch – jeweils 2–3 Eßl. auf einmal nur ganz kurz untergerührt wird.

Wenn der Obsttortenboden durchweicht ...
Flüssigkeit aus dem Obst weicht den Tortenboden auf. Das kann verhindert werden, wenn der Tortenboden gleichmäßig mit Sahnesteif bestreut wird.

Wenn Plätzchen sich nicht vom Backblech lösen lassen ...
Das Festkleben wird verhindert, wenn die Plätzchen sofort nach dem Herausnehmen aus dem Backofen vom Backblech gelöst werden. Sollte aus irgendeinem Grund das Gebäck nicht gleich gelöst werden, das Backblech nochmals kurz in den Backofen schieben.

Wenn Quark-Ölteig zu weich ausfällt ...
Zu feuchter Quark ist schuld, wenn der Teig zu weich ausfällt. Der im Handel angebotene Quark ist unterschiedlich feucht. Den Quark entweder eine Zeitlang abtropfen lassen oder auspressen, damit er möglichst trocken wird.

Wenn Rosinen alle unten im Kuchen sitzen...
Sind Rosinen nicht alle gleichmäßig im Teig verteilt, sondern sitzen unten auf dem Boden, war der Teig zu weich. Darauf achten, daß der Teig bei der Zubereitung schwer (reißend) vom Löffel fällt.

Wenn der Rührkuchen zusammenfällt ...
Für das Zusammenfallen gibt es zwei Gründe: Entweder wurde dem Teig mehr Flüssigkeit als vorgeschrieben zugefügt oder er wurde mit Hilfe von elektrischen Geräten zu lange gerührt. In beiden Fällen geht der Teig besonders schön auf, aber er ist zu locker im Gerüst und fällt wieder zusammen. Um das zu vermeiden, die vorgeschriebene Flüssigkeitsmenge genau einhalten und den Teig nicht zu lange mit elektrischem Gerät rühren.

Wenn der Tortenguß trübe wird ...
Wird der Tortenguß bei der Zubereitung zu stark gerührt, wird er trübe, weil der dicklich werdende Guß dann kleine und kleinste Luftbläschen festhält. Die Trübung wird durch vorsichtiges Rühren mit einem Löffel, möglichst nicht mit einem Schneebesen, vermieden.

Wenn Biskuit Wölbung hat ...
Wichtig für das Gelingen eines gleichmäßig hohen, ebenen Biskuitbodens sind die gut aufeinander abgestimmten Zutaten. Es kommt vor allem darauf an, daß stets **halb Mehl – halb Stärkemehl** verwendet wird. Statt Stärkemehl kann auch die entsprechende Menge Pudding-Pulver Vanille-Geschmack genommen werden. Der Springformring soll nicht gefettet werden, da sonst der Teig während des Backens am Rand abrutscht und dadurch das Gebäck in der Mitte höher wird.

Wenn Biskuit zusammenfällt ...
Bei der Zubereitung von Biskuitteig darauf achten, daß die vorgeschriebenen Zeiten bei Verwendung eines elektrischen Gerätes eingehalten werden. Denn zu lange geschlagene, d. h. „überschlagene" Teige gehen zunächst sehr schön auf, sind aber zu locker und fallen dann wieder zusammen.

Um zu prüfen, ob der Biskuit wirklich gar ist, legt man die flache Hand auf, er muß weich und watteähnlich sein. Erst dann darf das Gebäck aus dem Ofen genommen werden.

Wenn Biskuitrolle bricht ...
In den meisten Fällen ist die Rolle dann zu stark ausgebacken. Wird das Blech mit dem Teig in den auf starke Hitze vorgeheizten Ofen geschoben, so reicht eine Backzeit von 10 Minuten aus, um ein gares Gebäck zu erhalten. Bleibt der Biskuit länger als nötig im Ofen, trocknet er zu sehr aus, und die Folge ist, daß er beim Aufrollen bricht.

Teige in Küchenmaschinen

Arbeitsanleitungen für die Küchenmaschine

Rührteig mit Rührbesen
Methode A Das mit Backin gemischte und gesiebte Mehl mit allen übrigen im Rezept aufgeführten Zutaten (außer Früchten und Schokolade) in die Rührschüssel geben (das Fett muß vollkommen streichfähig sein).

Das Gerät kurz auf Stufe „1", dann auf Stufe „2" schalten, etwa 1 Minute rühren lassen. Dann das Gerät ausschalten, und den Teig mit dem Teigschaber vom Rand lösen.

Nun das Gerät auf Stufe „2" schalten, noch 1–2 Minuten rühren lassen. Falls Früchte oder ähnliches in den Teig kommen, mit dem Fruchtquirl kurz auf Stufe „1" unterrühren.

Methode B Das vollkommen streichfähige Fett, Zucker, Eier und Gewürze in die Rührschüssel geben, kurz auf Stufe „1" anrühren und dann auf Stufe „2" 1–2 Minuten rühren lassen. Das Gerät ausschalten, die Masse mit dem Teigschaber vom Rand lösen, noch etwa 1 Minute auf Stufe „2" rühren lassen. Dann das Gerät auf Stufe „1" schalten, das mit Backin gemischte und gesiebte Mehl eßlöffelweise, evtl. abwechselnd mit Flüssigkeit, unterrühren. Jeweils nur so lange rühren lassen, bis weder Mehl noch Flüssigkeit zu sehen sind. Das Gerät wieder ausschalten, den Teig vom Rand lösen, nochmals kurz auf Stufe „1" rühren lassen. Früchte oder ähnliches kurz auf Stufe „1" unterrühren.

Knetteig mit Knethaken
Das mit Backin gemischte und gesiebte Mehl mit allen übrigen im Rezept aufgeführten Zutaten in die Rührschüssel geben (das Fett muß vollkommen streichfähig sein). Das Gerät auf Stufe „2" so lange arbeiten lassen, bis ein zusammenhängender Teig entstanden ist. Den Teig auf der Tischplatte zu einer Rolle formen.

Quark-Ölteig mit Knethaken
Das mit Backin gemischte und gesiebte Mehl mit allen übrigen im Rezept aufgeführten Zutaten in die Rührschüssel geben. Das Gerät auf Stufe „2" schalten, etwa ½ Minute arbeiten lassen. Nicht zu lange, Teig klebt sonst.

Den Teig auf der mit Weizenmehl bestäubten Tischplatte zu einer Rolle formen.

Biskuitteig mit Rührbesen
Eier und heißes Wasser in die Rührschüssel geben. Das Gerät auf Stufe „2" 1 Minute laufen lassen, dann den mit Vanillin-Zucker gemischten Zucker langsam in etwa 1 Minute in das laufende Gerät streuen, dann noch etwa 2 Minute laufen lassen.

Das Gerät auf Stufe „1" schalten. Das mit Speisestärke und Backin gemischte und gesiebte Mehl langsam in 1 Minute einstreuen. Es darf nicht zu schnell geschehen, da das Mehl dann klumpt, zu langsam darf es jedoch auch nicht vor sich gehen, da dann der Teig zäh wird und das Gebäck nicht genügend aufgeht.

Hefeteig mit Knethaken
Das Mehl (max. 500 g) in die Rührschüssel sieben, mit der Dauer-Backhef sorgfältig vermischen (Ausnahme: Bei zutatenreichen Teigen, z.B. für Stollen, muß die Hefe angerührt werden). Alle übrigen im Rezept angegebenen Zutate zu dem Mehl geben.

Das Gerät kurz auf Stufe „1", dann auf Stufe „2" schalten, 4–5 Minuten laufen lassen.

Den Teig an einem warmen Ort so lang stehenlassen, bis er sich sichtbar vergrößert hat, ihn dann auf Stufe „2" nochmals kurz durchkneten.

Früchte oder ähnliches kurz auf Stufe „1" unterkneten.

Brandteig mit Rührbesen
Den abgebrannten heißen Kloß in die Rührschüssel geben, nach und nach die Eier unterarbeiten lassen.

Auf Stufe „1" jedes Ei so lange unterrühren, bis ein glatter Teig entstanden ist. Zwischendurch das Gerät ausschalten und die Teigbeschaffenheit prüfen. Weitere Eizugabe erübrigt sich, wenn der Teig stark glänzt und so abreißt, daß lange Spitzen hängenbleiben. Danach das Backin kurz unterrühren lassen.

Arbeitsanleitungen für Handmixer

Rührteig mit Rührbesen

Methode A Das mit Backin gemischte und gesiebte Mehl mit allen übrigen im Rezept aufgeführten Zutaten (außer Früchten und Schokolade) in die Rührschüssel geben (das Fett muß weich sein).

Das Gerät auf mittlerer Stufe etwa 2 Minuten rühren lassen.

Dann das Gerät ausschalten, den Teig mit einem Teigschaber vom Rand lösen. Danach den Teig auf höchster Stufe etwa 3 Minuten rühren lassen.

Früchte oder ähnliches kurz auf mittlerer Stufe unterrühren lassen.

Methode B Das vollkommen streichfähige Fett, Zucker, Eier und Gewürze in die Rührschüssel geben, zunächst kurz auf niedrigster, dann auf höchster Stufe etwa 3 Minuten rühren lassen.

Das mit Backin gemischte und gesiebte Mehl eßlöffelweise, evtl. abwechselnd mit Flüssigkeit, auf mittlerer Stufe unterrühren. Jeweils nur so lange rühren lassen, bis weder Mehl noch Flüssigkeit zu sehen sind.

Das Gerät wieder ausschalten. Den Teig vom Rand lösen, nochmals kurz auf mittlerer Stufe rühren lassen.

Früchte oder ähnliches kurz auf mittlerer Stufe unterrühren lassen.

Knetteig mit Knethaken
Das mit Backin gemischte und gesiebte Mehl mit allen übrigen im Rezept aufgeführten Zutaten in die Rührschüssel geben (das Fett muß vollkommen streichfähig sein), auf mittlerer Stufe gut durcharbeiten lassen.

Den Teig auf der mit Weizenmehl bestäubten Tischplatte zu einem glatten Teig verkneten.

Quark-Ölteig mit Knethaken
Das mit Backin gemischte und gesiebte Mehl mit allen übrigen im Rezept aufgeführten Zutaten in die Rührschüssel geben.

Das Gerät zunächst kurz auf mittlerer, dann auf höchster Stufe etwa 1 Minute arbeiten lassen. Nicht zu lange, Teig klebt sonst.

Den Teig auf der mit Weizenmehl bestäubten Tischplatte zu einer Rolle formen.

Biskuitteig mit Rührbesen
Eier und heißes Wasser in die Rührschüssel geben. Das Gerät auf höchster Stufe etwa 3 Minuten rühren lassen.

Dann den mit Vanillin-Zucker gemischten Zucker langsam in etwa 1 Minute in das laufende Gerät streuen. Dann noch 2 Minuten rühren lassen.

Das mit Speisestärke und Backin gemischte und gesiebte Mehl auf mittlerer Stufe langsam (in etwa 1 Minute) einstreuen. Es darf nicht zu schnell geschehen, da das Mehl dann klumpt, zu langsam darf es jedoch auch nicht vor sich gehen, da dann der Teig zäh wird und das Gebäck nicht genügend aufgeht.

Hefeteig mit Knethaken
Das Mehl in die Rührschüssel sieben und mit der Dauer-Backhefe sorgfältig vermischen (Ausnahme: Bei zutatenreichen Teigen, z.B. für Stollen, muß die Hefe angerührt werden).

Alle übrigen im Rezept angegebenen Zutaten zu dem Mehl geben. Das Gerät kurz auf mittlerer, dann auf höchster Stufe etwa 5 Minuten laufen lassen. Den Teig an einem warmen Ort so lange stehenlassen, bis er sich sichtbar vergrößert hat, ihn dann auf höchster Stufe nochmals kurz durchkneten.

Früchte oder ähnliches kurz auf mittlerer Stufe unterkneten.

Brandteig mit Knethaken
Den abgebrannten heißen Kloß in die Rührschüssel geben, nach und nach die Eier unterarbeiten lassen.

Jedes Ei auf höchster Stufe so lange unterarbeiten, bis ein glatter Teig entstanden ist.

Zwischendurch das Gerät ausschalten und die Teigbeschaffenheit prüfen. Weitere Eizugabe erübrigt sich, wenn der Teig stark glänzt und so abreißt, daß lange Spitzen hängenbleiben. Danach das Backin kurz unterarbeiten lassen.

Handmixer

Das vielseitige Küchengerät zum Rühren und zum Kneten von Rührteigen, Knetteigen, Quark Ölteigen, Hefeteigen, Blätterteigen, Plunderteigen, Biskuitteigen.
Mit den entsprechenden Zusatzteilen ideal zum Raspeln, Reiben, Schneiden und zum Zerkleinern von Obst und Gemüse sowie zum Pürieren und zum Mixen von Obst und Gemüse mit Flüssigkeit und zum Öffnen von Dosen.
Das verhältnismäßig kleine, handliche Gerät benötigt trotz seiner diversen Zubehörteile wenig Stellfläche in der Küche. Seine leichte Handhabung wird durch den schräggestellten Griff und die optimale Lage der Bedienungselemente gewähr leistet.
In Verbindung mit dem Rührständer wird der Handmixer zu einer kompakten Küchenmaschine, s. S. 53, die individuell ausbaubar ist.

Einfrieren von Gebäck

Tips

- Es ist empfehlenswert, mit Schlagsahne oder Creme verzierte Torten vorzufrieren und erst dann zu verpacken, damit die Verzierung nicht beschädigt wird.

- Gebäcke, wenn möglich, portionsweise verpacken, weil einmal aufgetautes Gebäck nicht wieder eingefroren werden soll.

- Lagerzeiten: Nicht unnötig ausdehnen, bis zu 3 Monaten, höchstens bis zu 6 Monaten.

- Zum Auftauen im Backofen eignen sich alle trockenen Gebäcke (z. B. Butter- oder Zuckerkuchen, unbelegte Tortenböden, Fettgebäck (z. B. Berliner, Eberswalder Spritzkuchen) oder Würstchen im Teig, die dann sofort heiß serviert werden.

- Auftauzeit im Backofen: 5—20 Min., je nach Höhe des Gebäcks bei Zimmertemperatur: 3—4 Stunden.

- Je nach Höhe und Art des Gebäcks benötigen Torten mit Obstfüllung oder Obstsahne längere Zeit zum Auftauen (bei Zimmertemperatur) als solche nur mit Sahne.

- Gebäcke in angetautem Zustand schneiden.

Gebäck	Zum Einfrieren geeignet	Anmerkungen
Rührteig-Gebäck	gut	Einfrieren ohne Puderzucker-Guß, Krokant oder Obstbelag mit Tortenguß
Knetteig-Gebäck	gut	Einfrieren ohne Puderzucker-Guß oder Obstbelag mit Tortenguß
Quark-Ölteig-Gebäck	gut	Einfrieren ohne Puderzucker-Guß, Gebäck (z.B. Schinkenröllchen) welches nochmals aufgebacken wird, schon beim ersten Backen nicht zu dunkel werden lassen
Biskuitteig-Gebäck	gut	Verzierte Buttercreme- und Sahnetorten zunächst unverpackt einfrieren, dann erst verpacken
Brandteig-Gebäck	gut	Gebäckstücke aufgeschnitten einfrieren, vor dem Füllen nochmals kurz aufbacken
Blätterteig-Gebäck	gut	Einfrieren mit oder ohne Füllung
Plunderteig-Gebäck	gut	Einfrieren ohne Glasur, evtl. im Backofen auftauen bei 175°, dann mit Glasur versehen
Hefeteig-Gebäck	gut	Evtl. im Backofen auftauen bei 175°
Fett-Gebäck	gut	Einfrieren ohne Glasur oder Puderzucker, evtl. im Backofen auftauen bei etwa 175°, dann mit Guß versehen oder bestäuben
Eiweißgebäck (z. B. Baiser, Makronen)	nicht geeignet	

Nährwerttabelle

Nahrungsmittel 100 g enthalten (käufliche Rohware)	Eiweiß g	Fett g	Kohlenhydrate g	Kilojoule kJ	Kilokalorien kcal
Rindfleisch:					
Filet	19,2	4,4	–	527	126
Keule	17,4	5,9	–	552	132
Ochsenschwanz	11,1	6,3	–	452	108
Roastbeef	19,0	9,4	–	724	173
Zunge	11,8	11,8	–	699	167
Schweinefleisch:					
Filet	18,6	9,9	–	736	176
Hackfleisch (halb und halb)	18,8	24,5	–	1322	316
Kasseler	15,3	21,6	–	1138	272
Keule	15,2	20,6	–	1100	263
Kotelett	13,1	19,6	–	1021	244
Leber	20,1	5,7	–	615	147
Nieren	14,4	4,5	–	456	109
Kalbfleisch:					
Brust	10,6	3,6	–	339	81
Keule	16,1	1,2	–	347	83
Schulter	15,8	2,2	–	381	91
Hammelfleisch:					
Kotelett	12,1	25,9	–	1255	300
Geflügel:					
Ente	14,5	13,8	–	812	194
Gans	9,9	19,5	–	958	229
Poularde	15,2	4,1	–	448	107
Pute (Steak)	24,1	1,0	–	481	115
Suppenhuhn	13,5	14,8	–	837	200
Taube	18,3	2,7	–	431	103
Wild:					
Kaninchen	16,4	6,0	–	552	132
Rehrücken	15,7	2,5	–	389	93
Wildschweinkeule	18,8	2,1	–	410	98
Fisch:					
Aal (grün)	10,5	17,2	–	874	209
Forelle	10,1	1,4	–	243	58
Kabeljau (Netto)	17,7	0,4	–	343	82
Karpfen	9,4	2,5	–	272	65
Rotbarsch	8,7	1,7	–	230	55
Seelachs	11,9	0,5	–	238	57
Scholle	9,6	0,5	–	197	47

Nahrungsmittel 100 g enthalten (käufliche Rohware)	Eiweiß g	Fett g	Kohlenhydrate g	Kilojoule kJ	Kilokalorien kcal
Milchprodukte:					
Buttermilch	3,5	0,5	4,0	151	36
Crème fraîche, 30 % Fett	2,6	30,2	3,9	1293	309
Joghurt, 3,5 % Fett	3,9	3,8	4,6	293	70
Schlagsahne, 30 % Fett	2,4	31,7	3,4	1326	317
saure Sahne, 10% Fett	3,1	10,5	4,0	531	127
Trinkmilch, 3,5 % Fett	3,3	3,6	4,7	276	66
Eier:					
Ei, Gewichtsklasse 3 (Brutto)	11,3	9,9	0,6	615	147
Öle und Fette:					
Butter	0,7	83,2	0,7	3247	776
Margarine, z. B. Sanella	0,2	80,0	0,4	3138	750
Erdnußfett	–	93,0	–	3619	865
Pflanzenöl	–	93,0	–	3619	865
Getreideerzeugnisse:					
Grieß	10,3	0,8	75,3	1548	370
Reis, poliert	7,0	1,0	79,0	1540	368
Sago	2,0	–	82,0	1435	343
Nudeln	13,0	2,9	72,4	1632	390
Weizenmehl, Type 405	10,6	1,0	74,0	1540	368
Speisestärke (Gustin)	0,4	0,1	86,6	1460	349
Pudding-Pulver (Vanille-Geschmack)	0,4	–	85,5	1443	345
Gemüse:					
Blumenkohl	1,6	0,2	2,4	71	17
Bohnen, grün	2,3	0,2	4,8	134	32
Champignons	2,7	0,2	2,9	100	24
Chicorée	1,2	0,2	2,0	59	14
Gurken	0,4	0,1	1,0	29	7
Grünkohl	2,2	0,5	2,6	100	24
Kartoffeln	1,6	0,1	14,8	293	70
Kopfsalat	1,3	0,2	2,2	67	16
Möhren	0,8	0,2	7,1	138	33
Pfifferlinge	1,0	0,3	1,8	59	14
Spargel	1,4	0,1	2,2	63	15
Spinat	2,1	0,3	2,9	92	22
Tomaten	0,9	0,2	3,3	79	19
Weißkohl	1,1	0,2	3,3	79	19
Zwiebeln	1,2	0,2	8,0	176	42

Nahrungsmittel 100 g enthalten (käufliche Rohware)	Eiweiß g	Fett g	Kohlenhydrate g	Kilojoule kJ	Kilokalorien kcal
Hülsenfrüchte:					
Bohnen (weiße)	21,3	1,6	57,6	1473	352
Erbsen	22,9	1,4	58,9	1515	362
Linsen	23,5	1,4	56,2	1481	354
Süßwaren:					
Zucker	–	–	99,8	1648	394
Schokolade (Vollmilch)	9,1	32,8	54,7	2356	563
Obst:					
Ananas	0,3	0,1	7,1	126	30
Äpfel	0,3	0,4	12,6	230	55
Bananen	0,8	0,1	15,6	276	66
Birnen	0,4	0,3	11,9	218	52
Erdbeeren	0,8	0,4	7,3	151	36
Himbeeren	1,3	0,3	8,1	167	40
Pflaumen	0,6	0,2	13,6	243	58
Weintrauben	0,7	0,3	16,1	289	69
Backobst	2,8	0,6	64,1	1151	275
Getränke:					
Apfelsaft	–	–	11,6	192	46
Orangensaft, frisch	0,7	–	10,6	192	46
		Alkoholgehalt g			
Rotwein, leicht	0,2	7,9	2,4	276	66
Weißwein, mittlere Qualität	0,2	8,4	2,6	293	70
Vollbier, hell	0,5	3,6	4,8	197	47

Suppen und Suppeneinlagen

Wichtige Hinweise

Fleisch- und Knochenbrühe

Fleisch und Knochen nur kurz mit kaltem Wasser abspülen, damit keine Nährstoffe verlorengehen. Knochen und Fleisch in kaltem Salzwasser ansetzen, damit das Fleisch besser auslaugt. Soll das Fleisch zart und saftig bleiben, es in kochendes Wasser geben. Fleisch muß während des Garziehens mit Wasser bedeckt sein, da es sonst hart und zäh wird. Brühe bei starker Hitze fast zum Kochen bringen, abschäumen, bei schwacher Hitze ziehen lassen (Wasser muß sich leicht bewegen).
Das geputzte, gewaschene Suppengrün evtl. zerkleinert oder gebündelt in die Brühe geben. Soll das Suppengrün in der Brühe bleiben, es erst 30 Minuten vor Beendigung der Garzeit in die Brühe geben.
Um eine dunkle Färbung der Brühe zu erzielen, eine fettlos gebräunte Zwiebel darin mitkochen lassen.
Wird eine besonders klare Brühe gewünscht, Einlagen wie Teigwaren, Reis, Klöße in Salzwasser gar kochen, mit kaltem Wasser abspülen (Klöße nicht) und sie erst kurz vor dem Anrichten in die fertige Brühe geben.

Tomaten-Suppe

(Aus frischen Tomaten - Abb. S. 60/61)

Pro Portion: E: 4 g, F: 27 g, Kh: 12 g kJ: 1356, kcal: 324.

500 g Tomaten kurze Zeit in kochendes Wasser legen (nicht kochen lassen), in kaltem Wasser abschrecken, enthäuten, die Stengelansätze herausschneiden, die Tomaten in Würfel schneiden

2 mittelgroße Zwiebeln abziehen

50 g fetter Speck

beide Zutaten in Würfel schneiden

20 g Margarine zerlassen, Zwiebel- und Speckwürfel darin glasig dünsten lassen

die Tomatenwürfel hinzufügen, kurz mitdünsten lassen, mit

20 g Weizenmehl bestäuben

2 Eßl. Tomatenmark unterrühren

750 ml (¾ l) Instant-Fleischbrühe

hinzugießen, zum Kochen bringen, etwa 5 Minuten kochen

die Suppe durch ein Sieb streichen, erhitzen, mit

Salz, Zucker
Pfeffer (aus der Mühle)
Paprika edelsüß
gehackten Basilikumblättchen
gehackten Thymianblättchen
Tabasco abschmecken, mit

1 Eßl. gehackter Petersilie bestreuen, die Suppe mit

1 Becher (150 g) Crème fraîche (30% Fett)

anrichten.

Knochenbrühe

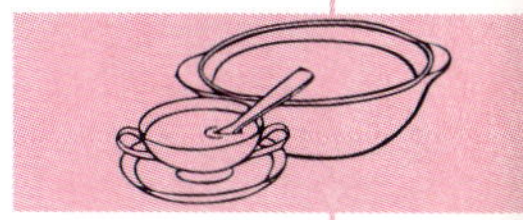

Kochzeit: Etwa 2 1/2 Stunden.
Pro Portion: E: 2 g, F: 2 g, Kh: 5 g
kJ: 205, kcal: 49.

500 g zerkleinerte Rinder- und Fleischknochen	
2 Markknochen	die Knochen unter fließendem kaltem Wasser abspülen, in
1 l kaltes Salzwasser	geben, zum Kochen bringen, abschäumen, ziehen lassen
1 Bund Suppengrün	putzen, waschen, kleinschneiden
2 mittelgroße Zwiebeln	beide Zutaten etwa 1 Stunde vor Beendigung der Kochzeit zu den Knochen geben, ziehen lassen die Brühe durch ein Sieb gießen, mit Salz,
Instant-Fleischbrühe	abschmecken

Rindfleisch-Brühe

Garzeit: Etwa 2 1/2 Stunden.
Pro Portion: E: 11 g, F: 12 g, Kh: 6 g, kJ: 787, kcal: 188.

250 g zerkleinerte Rinderknochen	
250 g Rindfleisch (Beinscheibe)	unter fließendem kaltem Wasser abspülen beide Zutaten in
1 1/2 l kaltes Salzwasser	geben, zum Kochen bringen, abschäumen, ziehen lassen
1 Bund Suppengrün	putzen, waschen, evtl. zerkleinern
2 mittelgroße Zwiebeln	beide Zutaten etwa 1 Stunde vor Beendigung der Garzeit zu dem Fleisch geben, gar ziehen lassen die Brühe durch ein Sieb gießen, mit Salz abschmecken das Fleisch in Würfel schneiden, in die Brühe geben, mit
2 Eßl. gehackter Petersilie	bestreuen
Einlage:	Eierstich oder Markklößchen, Reis oder Nudeln

Erbsen-Suppe mit Grießklößchen

(Abb. nebenstehend)

Garzeit: Etwa 25 Minuten.
Pro Portion: E: 8 g, F: 9 g, Kh: 18 g
kJ: 762, kcal: 182.

375 g junge ausgepalte Erbsen* (1 ¼ kg mit Schoten) waschen, abtropfen lassen

2 mittelgroße Zwiebeln abziehen, fein würfeln

20 g Margarine zerlassen, die Zwiebelwürfel darin glasig dünsten lassen die Erbsen (3 Eßl. zurücklassen) hinzufügen, kurz andünsten

750 ml (¾ l) Knochenbrühe hinzugießen, mit

Salz, Pfeffer würzen, zum Kochen bringen, etwa 15 Minuten kochen lassen, durch ein Sieb streichen

Grießklößchen zubereiten, mit den zurückgelassenen Erbsen in die Suppe geben, in etwa 10 Minuten gar ziehen lassen

10 g Butter unterrühren, die Suppe mit Salz abschmecken, nach Belieben mit

gehackter Petersilie bestreuen

*Empfehlenswert sind Tiefkühlkost-Erbsen

Hühner-Brühe

(6 Portionen)

Garzeit: Etwa 1½ Stunden.
Pro Portion: E 24 g, F: 25 g, Kh: 9 g, kJ: 1590, kcal: 380.

1 küchenfertiges Suppenhuhn (1 kg) unter fließendem kaltem Wasser abspülen, mit Herz, aufgeschnittenem, gesäubertem Magen, Hals in

1½ l kochendes Salzwasser geben, fast zum Kochen bringen, abschäumen

1 Bund Suppengrün putzen, waschen, kleinschneiden

1 mittelgroße Zwiebel abziehen, in die Brühe geben, das Huhn gar ziehen lassen die Brühe durch ein Sieb gießen, mit Salz abschmecken das Fleisch von den Knochen lösen, die Haut entfernen das Fleisch in kleine Stücke schneiden

200 g gekochte Spargelstücke
125 g gekochter* Langkornreis (parboiled)
die drei Zutaten in die Brühe geben, erhitzen, mit

2 Eßl. gehackter Petersilie bestreuen

*40 g roher Reis = 125 g gekochter Reis

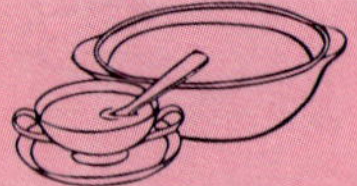

Kalbfleisch-Brühe

Garzeit: Etwa 1 Stunde.
Pro Portion: E: 13 g, F: 5 g, Kh: 5 g
kJ: 527, kcal: 126.

250 g zerkleinerte Kalbsknochen	
250 g Kalbfleisch (aus der Brust)	beide Zutaten unter fließendem kaltem Wasser abspülen, in
1 l kaltes Salzwasser	geben, zum Kochen bringen, abschäumen, ziehen lassen
1 Stange Porree (150 g)	putzen
2 mittelgroße Möhren	putzen, schrappen beide Zutaten kleinschneiden, waschen, etwa 30 Minuten vor Beendigung der Garzeit zu dem Fleisch geben, gar ziehen lassen die Brühe durch ein Sieb gießen, mit Salz abschmecken das Fleisch in Würfel schneiden, in die Brühe geben, mit
2 Eßl. gehackter Petersilie	bestreuen
Einlage:	Spargelstücke.

Klare Ochsenschwanz-Suppe

(6 Portionen)

Garzeit: Etwa 1½ Stunden.
Pro Portion: E: 16 g, F: 18 g, Kh: 4 g, kJ: 1113, kcal: 266.

750 g kleingehackten Ochsenschwanz	unter fließendem kaltem Wasser abspülen, trockentupfen
60 g Schinkenspeck	in Würfel schneiden
40 g Pflanzenfett	erhitzen, Ochsenschwanz- und Schinkenspeckwürfel von allen Seiten gut darin anbraten
1 Bund Suppengrün	putzen, waschen, kleinschneiden, kurz miterhitzen
1 mittelgroße Zwiebel	abziehen, halbieren, mit
1 Lorbeerblatt	
2 Gewürznelken	
4 Pfefferkörnern	
2 Pimentkörnern (Nelkenpfeffer)	
Salz	hinzufügen
1 l Wasser	hinzugießen, gar ziehen lassen die Brühe durch ein Sieb gießen, erkalten lassen, entfetten das Fleisch von den Knochen lösen, in kleine Stücke schneiden, in die Suppe geben, erhitzen, mit Salz,
Pfeffer, Zucker	abschmecken
4 Eßl. Sherry	unterrühren die Suppe mit
2 Eßl. gehackter Petersilie	bestreuen

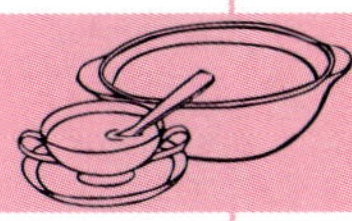

Tauben-Brühe

Garzeit: Etwa 2 Stunden.
Pro Portion: E: 28 g, F: 4 g, Kh: 6 g,
kJ: 791, kcal: 189.

2 küchenfertige Tauben (je 300 g)	unter fließendem kaltem Wasser abspülen, mit Herz, aufgeschnittenem, gesäubertem Magen, Hals in
1 l kochendes Salzwasser	geben, zum Kochen bringen, abschäumen
1 Bund Suppengrün	putzen, waschen, kleinschneiden
1 mittelgroße Zwiebel	abziehen, mit
1 kleinen Lorbeerblatt	
2 Gewürznelken	in die Brühe geben, die Tauben gar ziehen lassen die Brühe durch ein Sieb gießen das Fleisch von den Knochen lösen, die Haut entfernen das Fleisch kleinschneiden, wieder in die Brühe geben mit Salz abschmecken
2 Eßl. Madeira	unterrühren, die Brühe mit
1 Eßl. gehackter Petersilie	bestreuen
Einlage:	Eierstich.

Grießklößchen

Garzeit: Etwa 5 Minuten.
Pro Portion: E: 4 g, F: 5 g, Kh: 11 g
kJ: 452, kcal: 108.

125 ml (1/8 l) Milch (3,5 % Fett)	mit
10 g Butter, Salz	
geriebener Muskatnuß	zum Kochen bringen, von der Kochstelle nehmen
50 g Grieß	unter Rühren hineinstreuen, zu einem glatten Kloß rühren, noch etwa 1 Minute erhitzen den heißen Kloß in eine Schüssel geben unterrühren aus der Masse mit zwei Teelöffeln Klößchen formen, in kochendes Salzwasser oder kochende Suppe geben, gar ziehen lassen (Flüssigkeit muß sich leicht bewegen)

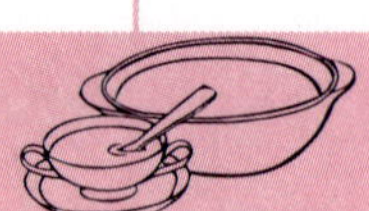

Bunte Gemüse-Suppe

Kochzeit: Etwa 20 Minuten.
Pro Portion: E: 6 g, F: 10 g, Kh: 13 g
kJ: 653, kcal: 156.

125 g vorbereiteten Blumenkohl	in Röschen teilen
2 mittelgroße Möhren	putzen, schrappen, mit einem Buntschneidemesser in Scheiben schneiden
125 g Grüne Bohnen	evtl. abfädeln, waschen, in Stücke brechen oder schneiden
1 Stange Porree (125 g)	putzen, in 1–2 cm große Stücke schneiden, waschen
1 Stück Sellerieknolle (125 g)	putzen, schälen, kleinschneiden
100 g junge ausgepalte Erbsen	waschen
40 g Margarine	zerlassen, das kleingeschnittene Gemüse darin andünsten
2 mittelgroße Tomaten	kurze Zeit in kochendes Wasser legen (nicht kochen lassen), in kaltem Wasser abschrecken, enthäuten, die Stengelansätze herausschneiden, die Tomaten kleinschneiden, zu dem Gemüse geben
750 ml (¾ l) Knochenbrühe	hinzugießen, mit
Salz	
Pfeffer	würzen, zum Kochen bringen, gar kochen lassen, die Suppe mit
2 Eßl. gehackten Kräutern (z. B. Petersilie, Kerbel)	bestreuen
Einlage:	Grießklößchen.

Spargel-Creme-Suppe

Kochzeit: Etwa 25 Minuten.
Pro Portion: E: 7 g, F: 14 g, Kh: 8 g, kJ: 820, kcal: 196.

250 g Suppenspargel	waschen, von oben nach unten schälen, darauf achten, daß Schalen und holzige Stücke völlig entfernt, die Köpfe aber nicht verletzt werden den Spargel in 3 cm lange Stücke schneiden
500 ml (½ l) Wasser	mit
Salz	
1 gestrichenen Teel. Zucker	
10 g Butter	zum Kochen bringen, Spargelenden und -schalen hinzufügen, zum Kochen bringen, gar kochen lassen das Spargelwasser durch ein Sieb gießen, mit

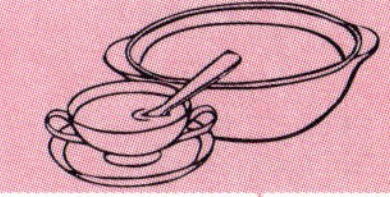

250 ml (¼ l) Milch (3,5 % Fett)	auffüllen, die Spargelstücke hineingeben, zum Kochen bringen, gar kochen lassen, zum Abtropfen auf ein Sieb geben, von der Flüssigkeit 500 ml (½ l) abmessen
20 g Margarine	zerlassen
15 g Weizenmehl	unter Rühren so lange darin erhitzen, bis es hellgelb ist
500 ml (½ l) Spargelkochflüssigkeit	hinzugießen, mit einem Schneebesen durchschlagen, darauf achten, daß keine Klumpen entstehen, die Suppe zum Kochen bringen, 5 Minuten kochen lassen, mit Salz,
Zucker	abschmecken
1 Eigelb	mit
2 Eßl. Schlagsahne (30 % Fett)	verschlagen, die Suppe damit abziehen (nicht mehr kochen lassen)
50 g gekochte Schinkenscheiben	in Streifen schneiden, mit den Spargelstücken in die Suppe geben, mit
1 Eßl. gehackter Petersilie	bestreuen

Kartoffel-Suppe

Kochzeit: 10–12 Minuten.
Pro Portion: E: 3 g, F: 7 g, Kh: 21 g
kJ: 690, kcal: 165.

2 mittelgroße Zwiebeln	abziehen, würfeln
1 Bund Suppengrün	putzen, waschen, kleinschneiden
15 g Margarine	zerlassen, Zwiebelwürfel und Suppengrün darin andünsten
250 g Kartoffeln	schälen, waschen, in Würfel schneiden, mit
500 ml (½ l) Instant-Fleischbrühe	hinzufügen, zum Kochen bringen, gar kochen lassen, die Suppe durch ein Sieb streichen, erhitzen, mit
Salz	
Pfeffer	
gerebeltem Basilikum	abschmecken
1 Brötchen (Semmel)	in Würfel schneiden
15 g Butter	zerlassen, die Brötchenwürfel darin braun rösten, die Suppe mit
2 Eßl. feingeschnittenem Schnittlauch	bestreuen, mit den Brötchenwürfeln anrichten
Veränderung:	2 enthäutete, in Würfel geschnittene Tomaten in die Suppe geben.

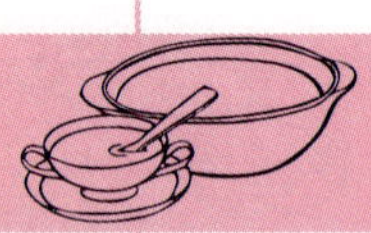

Champignon-Suppe

Kochzeit: Etwa 10 Minuten.
Pro Portion: E: 5 g, F: 9 g, Kh: 4 g
kJ: 531, kcal: 127.

300 g Champignons	putzen, waschen, in Scheiben schneiden
2 mittelgroße Zwiebeln	abziehen, würfeln
20 g Margarine	zerlassen, Pilze und Zwiebelwürfel darin andünsten
500 ml (½ l) Instant-Hühnerbrühe	hinzugießen, zum Kochen bringen, gar kochen lassen
1 Ecke Schmelzkäse (62,5 g)	unterrühren die Suppe mit
Salz, Pfeffer	abschmecken
3 Eßl. Weißwein	unterrühren die Suppe mit
1 Eßl. gehackter Petersilie	bestreuen

Leberklößchen

Garzeit: Etwa 10 Minuten.
Pro Portion: E: 4 g, F: 7 g, Kh: 5 g
kJ: 427, kcal: 102.

50 g Gänseleber	unter fließendem kaltem Wasser abspülen
1 kleine Zwiebel	abziehen
20 g fetter Speck	die Zutaten durch den Fleischwolf drehen oder fein hacken, mit
1 Eigelb, Salz, Pfeffer	
20 g Semmelmehl	vermengen, von der Masse mit einem Teelöffel Klößchen abstechen, in kochendes Salzwasser oder kochende Suppe geben, gar ziehen lassen (Flüssigkeit muß sich leicht bewegen)

Eierstich

Garzeit: Etwa 30 Minuten.
Pro Portion: E: 4 g, F: 4 g, Kh: 2 g
kJ: 272, kcal: 65.

2 Eier	mit
125 ml (⅛ l) kalter Milch (3,5 % Fett)	
Salz	
geriebener Muskatnuß	verschlagen, in ein gefettetes Gefäß füllen, mit

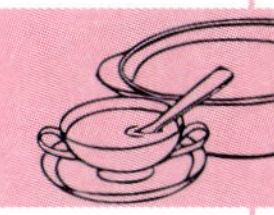

Alufolie verschließen, in kochendes Wasser stellen
das Wasser wieder zum Kochen bringen,
den Topf mit einem Deckel verschließen
(das Wasser nicht mehr kochen lassen)
wenn die Masse fest geworden ist, sie stürzen,
in Würfel schneiden, in die Suppe geben

Veränderung: 1 Eßl. feingehackte Kräuter, feingeriebenen Käse oder Tomatenmark mit den Eiern verschlagen.

Fleischklößchen

Garzeit: Etwa 5 Minuten.
Pro Portion: E: 4 g, F: 9 g, Kh: 4 g
kJ: 490, kcal: 117.

20 g Butter
oder Margarine geschmeidig rühren
50 g Hackfleisch
1 Eigelb, Salz, Pfeffer
20 g Semmelmehl hinzufügen, vermengen
aus der Masse mit nassen Händen Klößchen formen, in kochendes Salzwasser oder kochende Suppe geben, gar ziehen lassen (Flüssigkeit muß sich leicht bewegen)
Die Klößchen eigenen sich besonders gut als Einlage in Frikassee und Ragout.

Markklößchen

Garzeit: Etwa 3 Minuten.
Pro Portion: E: 4 g, F: 12 g, Kh: 11 g
kJ: 745, kcal: 178.

40 g Rindermark zerlassen, durch ein Sieb gießen, kalt stellen
das abgekühlte Fett geschmeidig rühren

1 Ei, 1 Eigelb
Salz
geriebene Muskatnuß
50 g Semmelmehl hinzufügen (es muß eine geschmeidige Masse entstehen)

1 Messerspitze
Backpulver Backin unterrühren
die Masse etwa 20 Minuten stehenlassen, mit nassen Händen Klößchen daraus formen, in kochendes Salzwasser oder kochende Suppe geben, gar ziehen lassen (Flüssigkeit muß sich leicht bewegen)

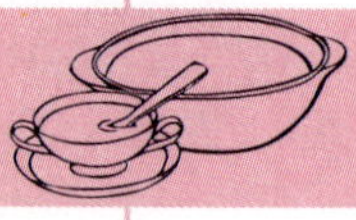

Spinat-Suppe

Kochzeit: Etwa 5 Minuten.
Pro Portion: E: 9 g, F: 18 g, Kh: 6 g
kJ: 954, kcal: 228.

375 g Spinat*	verlesen, mehrmals gründlich waschen, gut abtropfen lassen
2 mittelgroße Zwiebeln	abziehen, würfeln
40 g Mararine	zerlassen, die Zwiebelwürfel darin andünsten den Spinat hinzufügen, so lange andünsten, bis er zusammenfällt
500 ml (½ l) Knochenbrühe	hinzugießen, zum Kochen bringen, etwa 5 Minuten kochen lassen die Suppe durch ein Sieb streichen, erhitzen
3 Eßl. Schlagsahne (30 % Fett)	unterrühren, mit
Salz, Pfeffer	
geriebener Muskatnuß	abschmecken
40 g geriebenen Gouda-Käse	in die Suppe geben, schmelzen lassen
2 hartgekochte Eier	pellen, fein hacken, die Suppe damit anrichten

*Empfehlenswert ist Tiefkühlkost-Blattspinat

Gulasch-Suppe

Garzeit: Etwa 45 Minuten.
Pro Portion: E: 16 g, F: 12 g, Kh: 15 g, kJ: 1031, kcal: 246.

200 g Zwiebeln	abziehen, in Scheiben schneiden
1 Knoblauchzehe	abziehen, fein würfeln
2 große Paprikaschoten (rot und grün, 400 g)	vierteln, entstielen, entkernen, die weißen Scheidewände entfernen, die Schoten waschen, in feine Streifen schneiden
3 mittelgroße Tomaten	kurze Zeit in kochendes Wasser legen (nicht kochen lassen), enthäuten, die Stengelansätze herausschneiden, die Tomaten vierteln
300 g Rindfleisch	unter fließendem kaltem Wasser abspülen, trockentupfen, in kleine Würfel schneiden
40 g Pflanzenfett	erhitzen, das Fleisch von allen Seiten gut darin anbraten, das Gemüse hinzufügen, kurz mitbraten lassen
3 schwach gehäufte Eßl. Tomatenmark	
Salz, Pfeffer	

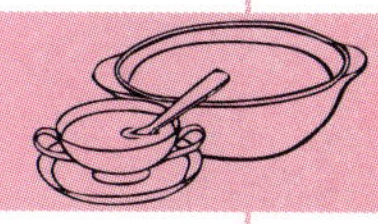

Paprika edelsüß	
Paprika extrascharf	
½ Teel. Kümmel	
gerebeltes Majoran	
1 l Wasser	hinzufügen, etwa 45 Min. kochen lassen, die Suppe mit
dunklem Soßen-Helfer	binden, mit Salz, Pfeffer, Paprika,
Tabasco	abschmecken

Kerbel-Suppe

Kochzeit: Etwa 20 Minuten.
Pro Portion: E: 3 g, F: 12 g, Kh: 20 g, kJ: 883, kcal: 211.

1 Bund Suppengrün	putzen, waschen, kleinschneiden
10 g Margarine	zerlassen, das Suppengrün darin andünsten
375 g Kartoffeln	schälen, waschen, in Würfel schneiden
1 Bund Kerbel	unter fließendem kaltem Wasser abspülen, mit dem angedünsteten Suppengrün in
750 ml (¾ l) Knochenbrühe	geben, mit
Salz	würzen, zum Kochen bringen, gar kochen lassen die Suppe durch ein Sieb streichen
125 ml (⅛ l) Schlagsahne (30 % Fett)	hinzugießen, erhitzen die Suppe mit Salz abschmecken
2 Eßl. gehackte Kerbelblättchen	unterrühren

Semmelklößchen

Garzeit: Etwa 4 Minuten.
Pro Portion: E: 3 g, F: 8 g, Kh: 11 g kJ: 548, kcal: 131.

30 g Butter	zerlassen
1 verschlagenes Ei	
Salz	
geriebene Muskatnuß	unterrühren
50 g Semmelmehl	hinzufügen (es muß eine geschmeidige Masse entstehen)
1 Messerspitze	
Backpulver Backin	unterrühren die Masse etwa 20 Minuten stehenlassen, mit nassen Händen Klößchen daraus formen, in kochendes Salzwasser oder kochende Suppe geben, gar ziehen lassen (Suppe muß sich leicht bewegen)

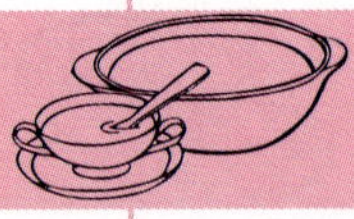

Sauerkirsch-Kaltschale

(6 Portionen - Abb. nebenstehend)

Pro Portion: E: 2 g, F: 0 g, Kh: 34 g, kJ: 611, kcal: 146.

375 g Sauerkirschen	waschen, abtropfen lassen, entstielen, entsteinen, mit
150 g Zucker	
1 Stück gelber Zitronenschale (unbehandelt)	in
500 ml (½ l) Wasser	geben, zum Kochen bringen, fast gar kochen lassen
1 Päckchen Götterspeise Kirsch-Geschmack	mit
500 ml (½ l) kaltem Wasser	anrühren, 10 Minuten zum Quellen stehenlassen, unter die heißen Sauerkirschen rühren, so lange rühren, bis sich alles gelöst hat, die Suppe mehrere Stunden kalt stellen.

Schneeklößchen

Pro Portion: E: 2 g, F: 0 g, Kh: 3 g
kJ: 75, kcal: 18.

2 Eiweiß	steif schlagen
2 schwach gehäufte Teel. Zucker	unterschlagen, kleine Klöße abstechen, auf kochendheiße Suppe oder kochendheißes Wasser setzen, im zugedeckten Topf in etwa 5 Minuten fest werden lassen.
Veränderung:	Die Klößchen mit geraspelter Schokolade oder mit Zucker und Zimt bestreuen.

Rotwein-Suppe

Kochzeit: 10–15 Minuten.
Pro Portion: E: 0 g, F: 0 g, Kh: 30 g, kJ: 728, kcal: 174.

375 ml (⅜ l) Wasser	mit
1 Stück Stangenzimt	
2 Gewürznelken	zum Kochen bringen
1 kleinen Apfel	schälen, vierteln, entkernen, in Scheiben schneiden, mit
30 g Sago	in das Wasser geben, umrühren, zum Kochen bringen, gar kochen lassen, ab und zu umrühren (Stangenzimt und Nelken herausnehmen)
375 ml (⅜ l) Rotwein	hinzugießen, die Suppe erhitzen (nicht kochen lassen)
75 g Zucker	hinzufügen, mit
Zitronensaft	abschmecken, die Suppe nach Belieben warm oder kalt reichen
Einlage:	Schneeklößchen (s. oben) oder Suppenmakronen.

Haferflocken-Suppe

Garzeit: Etwa 10 Minuten.
Pro Portion: E: 10 g, F: 10 g, Kh: 33 g
kJ: 1100, kcal: 263.

40 g Haferflocken	in
1 l kochende Milch (3,5 % Fett)	streuen, umrühren, zum Kochen bringen, ausquellen lassen
50 g Zucker **1 Päckchen Vanillin-Zucker**	hinzufügen, die Suppe mit
Salz **abgeriebener gelber Zitronenschale (unbehandelt)** **Zitronensaft**	abschmecken
Veränderung:	20 g Butter unter die Suppe rühren.

Weißwein-Suppe mit Kiwis

Pro Portion: E: 3 g, F: 13 g, Kh: 35 g, kJ: 1368, kcal: 327.

375 ml ($\frac{3}{8}$ l) Apfelsaft	mit
375 ml ($\frac{3}{8}$ l) Weißwein **40 g Zucker** **1 Päckchen Vanillin-Zucker**	zum Kochen bringen
20 g Speisestärke	mit
4 Eßl. Schlagsahne (30 % Fett)	anrühren, die Flüssigkeit damit binden
2 Eigelb	mit
4 Eßl. Schlagsahne (30 % Fett)	verschlagen, die Suppe damit abziehen (nicht mehr kochen lassen)
2 Kiwis (je 100 g)	schälen, in Scheiben schneiden, in die Suppe geben die Suppe kalt oder warm servieren.

Milchsuppe mit Pudding-Pulver

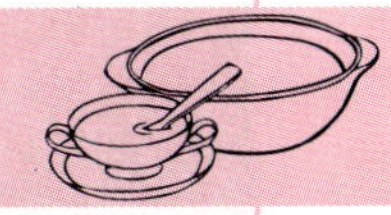

Pro Portion: E: 11 g, F: 11 g, Kh: 37 g
kJ: 1251, kcal: 299.

1 Päckchen Pudding-Pulver Vanille-, Mandel- oder Sahne-Geschmack	mit
60 g Zucker	
Salz	
1 Eigelb	mischen, mit
6 Eßl. kalter Milch (3,5 % Fett)	anrühren
1 l Milch (3,5 % Fett)	mit
1 Stück gelber Zitronenschale (unbehandelt)	zum Kochen bringen das angerührte Pudding-Pulver unter Rühren in die von der Kochstelle genommene Milch geben, kurz aufkochen lassen
	für die Schneeklößchen
1 Eiweiß	mit
1 schwach gehäuften Teel. Zucker	steif schlagen, unter die kochendheiße Suppe heben.

Holunderbeer-Suppe mit Äpfeln

Kochzeit: Etwa 20 Minuten.
Pro Portion: E: 2 g, F: 0 g, Kh: 37 g, kJ: 649, kcal: 155.

400 g schwarze Holunderbeerdolden	waschen, abstreifen, mit
75 g Zucker	
1 Stück gelber Zitronenschale (unbehandelt)	
1 Stück Stangenzimt	
500 ml (½ l) Wasser	zum Kochen bringen, gar kochen lassen, die Holunderbeeren durch ein Sieb streichen, mit Wasser auf 750 ml (¾ l) auffüllen
2 mittelgroße Äpfel	schälen, vierteln, entkernen, in Spalten schneiden, mit
Saft von einer Zitrone	dem Holunderbeersaft,
1 Stück Zitronenschale (unbehandelt)	zum Kochen bringen
20 g Speisestärke, z. B. Gustin	mit
3 Eßl. kaltem Wasser	anrühren, die Suppe damit binden, mit
Zitronensaft	abschmecken, nach Belieben warm oder kalt reichen
Einlage:	Süße Grießklößchen.

Wichtige Hinweise

für warme Soßen

Die Grundlage der warmen, salzigen Soßen ist oft eine helle oder dunkle Mehlschwitze. Sie wird mit Fleisch-, Knochen- oder Gemüsebrühe aufgefüllt. Die Grundsoße kann mit verschiedenen Zutaten gewürzt und verändert, bzw. verfeinert werden.

Um warme, helle Soßen zu verfeinern, sie mit Eigelb abziehen (legieren): Dazu 1 Eigelb mit 2 Eßl. Milch oder Sahne verschlagen. Langsam einige Eßl. der heißen Soße hinzugeben - ohne mit dem Schlagen auszusetzen – zuletzt das Eigelb unter Rühren an die heiße, aber nicht mehr kochende Soße geben. Dabei ebenfalls gut rühren und darauf achten, daß die Soße nicht anfängt zu kochen, da das Eigelb sonst gerinnt.

Aufgeschlagene Soßen (Holländische Soße, Sauce Béarnaise, Weinschaum-Soße) im Wasserbad zubereiten. Wasserspiegel darf den Boden des Topfes in dem die Soße zubereitet wird, nicht berühren. Wasser darf nicht sprudelnd kochen (soll sich nur leicht bewegen).

Außerdem können Soßenflüssigkeiten z. B. folgendermaßen gebunden werden:

1. Flüssigkeit mit Weizenmehl, Speisestärke oder Soßen-Helfer (hell oder dunkel) binden, (Weizenmehl und Speisestärke vorher anrühren), Soßen-Helfer in die kochende Flüssigkeit streuen.

2. Angebratenes Fleisch mit Weizenmehl bestäuben, mit Flüssigkeit auffüllen.

3. Mitgegartes Gemüse mit der Flüssigkeit durch ein Sieb streichen (z. B. Schweine- Schmorbraten).

4. Bei speziellen Rezepten kann die Bindung durch Pumpernickel oder Lebkuchen erfolgen (z. B. Polnische Soße).

5. Sahne bei starker Hitze auf die Hälfte einkochen lassen, zu dem losgekochten Bratensatz geben (z. B. Lammrücken.

6. Soßenflüssigkeit mit Crème fraîche binden, bzw. verfeinern. Diese Soßen haben eine besonders cremig-sahnige Konsistenz und den feinen Eigengeschmack der Crème fraîche. Bei heißem Bratensatz die Pfanne von der Kochstelle nehmen, kurz abkühlen lassen, erst dann Crème fraîche unterrühren, je nach Rezept kurz aufkochen lassen.

Crème fraîche-Soße

(Abb. S. 78/79)

Pro Portion: E: 1 g, F: 12 g, Kh: 3 g
kJ: 531, kcal: 127.

1 Becher (150 g) Crème fraîche (30 % Fett)	mit
2 Eßl. Milch (3,5 % Fett)	
1 schwach gehäuften Eßl. Tomaten-Ketchup	verrühren, mit
Salz	
Pfeffer	
Zucker	abschmecken
2 Eßl. gehackte Kräuter (Petersilie, Schnittlauch, Dill, Kresse)	unterrühren.

Remouladen-Soße

(Abb. S. 78/79)

Pro Portion: E: 3 g, F: 34 g, Kh: 1 g, kJ: 1397, kcal: 334.

2 hartgekochte Eier	pellen, das Eigelb durch ein Sieb streichen, mit
1 rohen Eigelb	
Salz	verrühren, dann tropfenweise unter Schlagen die Hälfte von
125 ml (⅛ l) Salatöl	hinzufügen, ist die Masse steif genug,
2 Eßl. Essig oder Zitronensaft	
1 schwach gehäuften Teel. Senf	hinzufügen, dann erst den Rest des Öls hinzugeben
1 Eßl. Kapern	fein wiegen
1 mittelgroße Gewürzurke	
2 Eßl. gehackte Kräuter (Petersilie, Schnittlauch, Dill, Kerbel, Kresse)	fein würfeln die Zutaten zu der Mayonnaise geben, mit
Pfeffer	
Zucker	abschmecken.
Veränderung:	Das hartgekochte Eiweiß in kleine Würfel schneiden, mit in die Soße geben.

Vinaigrette, pikant

(Abb. S. 78/79)

Pro Portion: E: 4 g, F: 14 g, Kh: 1 g
kJ: 623, kcal: 149.

3 Eßl. Salatöl	mit
2–3 Eßl. Wein-Essig	
1 gestrichenen Teel. mittelscharfem Senf	
1 kleinen abgezogenen, gewürfelten Zwiebel	
2 hartgekochten, gehackten Eiern	
feingewürfelten 4 Cornichons	
1 Bund gehackter Petersilie	
einigen gehackten Kapern	verrühren, mit
Salz	
Pfeffer	abschmecken.

Grüne Soße

(Abb. nebenstehend)

Pro Portion: E: 6 g, F: 12 g, Kh: 5 g, kJ: 649, kcal: 155.

1 Bund Petersilie	
1 Bund Schnittlauch	
1 Bund Kerbel	
1 Bund Dill	
1 Bund Borretsch	
1 Bund Estragon	
1 Bund Basilikum	
½ Kästchen Kresse	die Kräuter abspülen, trockentupfen
1 kleine Zwiebel	abziehen alle Zutaten zerkleinern, mit
1 Becher (150 g) Crème fraîche (30 % Fett)	
125 g Speisequark (Magerstufe)	in einem elektrischen Mixbecher 1-2 Minuten schlagen lassen die Soße mit
Salz	
Pfeffer	
Zucker	abschmecken.

Diese Soße zu Lachsmousse, zu gekochten Eiern oder zu gekochtem Rindfleisch reichen.

Sahne-Soße

Pro Portion: E: 1 g, F: 4 g, Kh: 2 g
kJ: 201, kcal: 48.

1 Becher (150 g)
saure Sahne (10 % Fett) verrühren, mit
Zitronensaft
Zucker, Salz abschmecken.

Veränderung: Die Soße mit 2 Eßl. Salatöl oder mit 1 Eßl. Milch verrühren.

Salatsoße

(Marinade)

Pro Portion: E: 0 g, F: 11 g, Kh: 0 g, kJ: 410, kcal: 98.

3 Eßl. Salatöl mit
1–2 Eßl. Essig
Salz, Pfeffer, Zucker verrühren
1 Eßl. gehackte Kräuter (Petersilie, Estragon, Kerbel, Dill, Schnittlauch, Pimpinelle, Kresse) unterrühren.

Veränderung: 1–2 mittelgroße abgezogene, gewürfelte Zwiebeln hinzufügen.

Cumberland-Soße

Pro Portion: E: 0 g, F: 0 g, Kh: 40 g
kJ: 724, kcal: 173.

Schale von 1 Apfelsine (unbehandelt) von der weißen Haut befreien, die Schale in sehr feine Streifen schneiden, in etwa 10 Minuten in
3 Eßl. Rotwein weich kochen lassen, kalt stellen
250 g Johannisbeergelee mit
1 schwach gehäuften Teel. Senf gut verrühren, die erkalteten Apfelsinenstreifen mit dem Rotwein hinzufügen
die Soße mit
Salz, Zitronensaft abschmecken.

Die Soße zu Wild, kaltem Fleisch oder Pasteten reichen.

Mayonnaise

Pro Portion: E: 1 g, F: 31 g, Kh: 1 g, kJ: 1226, kcal: 293.

1 Eigelb	mit
1 Eßl. Essig oder Zitronensaft	
Salz	
1 gestrichenen Teel. Zucker	in einer Rührschüssel mit einem Schneebesen oder mit einem Handrührgerät mit Rührbesen zu einer dicklichen Masse schlagen, darunter
125 ml (⅛ l) Salatöl	schlagen (bei dieser Zubereitung ist es nicht notwendig, das Öl tropfenweise zuzusetzen, es wird in Mengen von 1–2 Eßl. untergeschlagen, die an das Eigelb gegebenen Gewürze verhindern eine Gerinnung) die Mayonnaise evtl. mit
Senf	abschmecken.

Veränderung: Unter die Mayonnaise Joghurt nach Geschmack rühren.

Helle Soße

Kochzeit: Etwa 5 Minuten.
Pro Portion: E: 4 g, F: 26 g, Kh: 5 g
kJ: 1172, kcal: 280.

25 g Butter oder Margarine	zerlassen
10 g Weizenmehl	unter Rühren so lange darin erhitzen, bis es hellgelb ist
250 ml (¼ l) Milch (3,5 % Fett)	
125 ml (⅛ l) Schlagsahne (30 % Fett)	hinzugießen, mit einem Schneebesen durchschlagen, darauf achten, daß keine Klumpen entstehen die Soße zum Kochen bringen, etwa 5 Minuten kochen lassen
1 Eigelb	mit
2 Eßl. Schlagsahne (30 % Fett)	verschlagen, die Soße damit abziehen (nicht mehr kochen lassen), mit
Salz	
Zitronensaft	abschmecken
20 g Butter	unterrühren

Salatsoße mit Pimpinelle

(Abb. nebenstehend)

Pro Portion: E: 0 g, F: 11 g, Kh: 0 g
kJ: 418, kcal: 100.

3 Eßl. Salatöl	mit
3 Eßl. Essig	
1 gestrichenen Teel. mittelscharfem Senf	verrühren, mit
Salz, Pfeffer, Zucker	würzen
2–3 Eßl. feingehackte Pimpinelleblättchen	unterrühren, die Soße mit einigen
Pimpinelleblättchen	bestreuen. Salatsoße mit Pimpinelle eignet sich für Pflück- oder Eissalat.

Helle Grundsoße

Kochzeit: Etwa 5 Minuten.
Pro Portion: E: 1 g, F: 6 g, Kh: 4 g, kJ: 305, kcal: 73.

25 g Butter oder Margarine	zerlassen
20 g Weizenmehl	unter Rühren so lange darin erhitzen, bis es hellgelb ist
375 ml (3/8 l) Instant-Fleischbrühe	hinzugießen, mit einem Schneebesen durchschlagen, darauf achten, daß keine Klumpen entstehen die Soße zum Kochen bringen, etwa 5 Minuten kochen lassen, nach Belieben abschmecken
Veränderung:	2 Eßl. gehackte Kräuter oder 2 gehäufte Eßl. geriebenen Meerrettich (aus dem Glas) oder 125 g geriebenen Käse unter die Soße rühren.

Holländische Soße

(abgeschlagene Soße)

Pro Portion: E: 2 g, F: 45 g, Kh: 1 g
kJ: 1803, kcal: 431.

200 g Butter	zerlassen, etwas abkühlen lassen
2 Eigelb	mit
2 Eßl. Weißwein	im Wasserbad so lange schlagen, bis die Masse dicklich ist, die Schüssel aus dem Wasserbad nehmen die etwas abgekühlte Butter langsam darunter schlagen die Soße mit
Zitronensaft, Salz, Pfeffer	abschmecken.

Sauce béarnaise

Pro Portion: E: 2 g, F: 24 g, Kh: 1 g
kJ: 987, kcal: 236.

100 g Butter	zerlassen, etwas abkühlen lassen
1 kleine Zwiebel	abziehen, würfeln, mit
gehackten Estragonblättchen	
gehackten Basilikumblättchen	
schwarzem Pfeffer (aus der Mühle)	
2 Teel. Wein-Essig	
2 Eßl. Wasser	zum Kochen bringen, kurz aufkochen lassen, durch ein Sieb streichen, den Sud mit
2 Eigelb	im Wasserbad so lange schlagen, bis die Masse dicklich ist die Schüssel aus dem Wasserbad nehmen, die etwas abgekühlte Butter langsam darunter schlagen, die Sauce mit
Salz	
Pfeffer	
Zucker	
Zitronensaft	abschmecken
1 Eßl. gemischte, gehackte Kräuter	unterrühren, die Saube im Wasserbad warm halten.

Senf-Soße

Kochzeit: Etwa 5 Minuten.
Pro Portion: E: 5 g, F: 18 g, Kh: 5 g, kJ: 879, kcal: 210.

25 g Butter oder Margarine	zerlassen
10 g Weizenmehl	unter Rühren so lange darin erhitzen, bis es hellgelb ist
250 ml (¼ l) Milch (3,5 % Fett)	
125 ml (⅛ l) Schlagsahne (30 % Fett)	hinzugießen, mit einem Schneebesen durchschlagen, darauf achten, daß keine Klumpen entstehen die Soße zum Kochen bringen, etwa 5 Minuten kochen lassen
2 schwach gehäufte Eßl. mittelscharfen Senf	in die Soße geben, mit
Salz	
Zitronensaft	
Zucker	abschmecken

Tomaten-Soße

Kochzeit: Etwa 10 Minuten.
Pro Portion: E: 3 g, F: 7 g, Kh: 6 g, kJ: 427, kcal: 102.

1 kleine Zwiebel	abziehen
30 g roher Schinken	
	beide Zutaten in kleine Würfel schneiden
250 g Tomaten	waschen, in Stücke schneiden
20 g Butter oder Margarine	zerlassen, die Schinkenwürfel darin auslassen, Zwiebelwürfel, Tomatenstücke darin andünsten, mit
20 g Weizenmehl	bestreuen, kurz miterhitzen
375 ml (3/8 l) Wasser	hinzugießen, mit einem Schneebesen durchschlagen, darauf achten, daß keine Klumpen entstehen die Soße zum Kochen bringen, etwa 10 Minuten kochen lassen, durch ein Sieb streichen, mit
Salz, Pfeffer Zitronensaft Zucker Tomatenmark	abschmecken

Veränderung: Anstelle von frischen Tomaten geschälte Tomaten (etwa 300 g) aus der Dose verwenden. Tomatenflüssigkeit evtl. mit Wasser auf 375 ml (3/8 l) auffüllen.

Béchamel-Soße

Kochzeit: Etwa 10 Minuten.
Pro Portion: E: 5 g, F: 11 g, Kh: 7 g
kJ: 636, kcal: 152.

1 kleine Zwiebel	abziehen
40 g Schinkenspeck	
	beide Zutaten in kleine Würfel schneiden
25 g Butter oder Margarine	zerlassen, die Schinkenspeckwürfel darin auslassen
20 g Weizenmehl	zusammen mit den Zwiebelwürfeln unter Rühren so lange darin erhitzen, bis das Mehl hellgelb ist
250 ml (1/4 l) Milch (3,5 % Fett)	
125 ml (1/8 l) Instant-Fleischbrühe	hinzugießen, mit einem Schneebesen durchschlagen, darauf achten, daß keine Klumpen entstehen die Soße zum Kochen bringen, etwa 10 Minuten kochen lassen, mit
Salz, Pfeffer	abschmecken

Veränderung: Die Soße durch ein Sieb streichen.

Madeira-Soße

Kochzeit: Etwa 15 Minuten.
Pro Portion: E: 4 g, F: 9 g, Kh: 10 g
kJ: 678, kcal: 162.

1 mittelgroße Zwiebel	abziehen
50 g Schinkenspeck	
	beide Zutaten in kleine Würfel schneiden
2 mittelgroße Tomaten	waschen, halbieren, die Stengelansätze herausschneiden, die Tomaten kleinschneiden die Schinkenspeckwürfel auslassen, Tomatenstücke, Zwiebelwürfel,
1 Päckchen tiefgekühltes Suppengrün	darin andünsten
25 g Margarine	zerlassen
25 g Weizenmehl	unter Rühren so lange darin erhitzen, bis es fast dunkelbraun ist
375 ml (3/8 l) Wasser	hinzugießen, mit einem Schneebesen durchschlagen, darauf achten, daß keine Klumpen entstehen, die angedünsteten Zutaten in die Soße geben, zum Kochen bringen, etwa 15 Minuten kochen lassen, durch ein Sieb streichen. die Soße mit
Salz, Zitronensaft	
Zucker	abschmecken, kurz aufkochen lassen
4 Eßl. Madeira	hinzufügen

Die Soße zu gekochter Zunge reichen.

Polnische Soße

Kochzeit: Etwa 30 Minuten.
Pro Portion: E: 2 g, F: 4 g, Kh: 17 g, kJ: 544, kcal: 130.

30 g Pfefferkuchen	zerkrümeln
2 mittelgroße Zwiebel	abziehen, in Scheiben schneiden
20 g Margarine	zerlassen
10 g Weizenmehl	unter Rühren so lange darin erhitzen, bis es fast dunkelbraun ist
125 ml (1/8 l) Wasser	
250 ml (1/4 l) Malzbier	hinzugießen, mit einem Schneebesen durchschlagen, darauf achten, daß keine Klumpen entstehen Pfefferkuchen, Zwiebelscheiben,
2 Eßl. kleingeschnittenes Suppengrün	
4 Pfefferkörner	

2 Pimentkörner (Nelkenpfeffer)	
1 Gewürznelke	
1 kleines Lorbeerblatt	unterrühren die Soße zum Kochen bringen, etwa 30 Minuten kochen lassen, durch ein Sieb streichen, mit
Salz **Zitronensaft, Zucker**	abschmecken
3 Eßl. Rotwein	hinzufügen

Die Soße zu Karpfen reichen.

Dunkle Grundsoße

Kochzeit: Etwa 5 Minuten.
Pro Portion: E: 1 g, F: 6 g, Kh: 4 g
kJ: 297, kcal: 71.

25 g Margarine	zerlassen
20 g Weizenmehl	unter Rühren so lange darin erhitzen, bis es hell- bis dunkelbraun ist
375 ml (3/8 l) Instant-Fleischbrühe	hinzugießen, mit einem Schneebesen durchschlagen, darauf achten, daß keine Klumpen entstehen die Soße zum Kochen bringen, Etwa 5 Minuten kochen lassen, nach Belieben abschmecken.

Speck-Soße

Kochzeit: Etwa 5 Minuten.
Pro Portion: E: 1 g, F: 11 g, Kh: 5 g, kJ: 565, kcal: 135.

1 mittelgroße Zwiebel	abziehen
50 g fetter Speck	beide Zutaten in kleine Würfel schneiden, unter Rühren so lange erhitzen, bis sie gelblich sind, aus dem Topf nehmen
20 g Weizenmehl	unter Rühren so lange in dem ausgelassenen Fett erhitzen, bis es braun ist
375 ml (3/8 l) Instant-Fleischbrühe	hinzugießen, mit einem Schneebesen durchschlagen, darauf achten, daß keine Klumpen entstehen
½ Lorbeerblatt **2 Gewürznelken**	und Speck- und Zwiebelwürfel unterrühren die Soße zum Kochen bringen, etwa 5 Minuten kochen lassen
2 Eßl. Essig	hinzufügen, mit
Zucker, Salz	abschmecken, Lorbeerblatt und Nelken vor dem Anrichten aus der Soße nehmen

Die Soße zu Brechbohnen, Kartoffelklößen, Pellkartoffeln oder Verlorenen Eiern reichen.

Wichtige Hinweise

Gebratenes Fleisch in der Pfanne

Fleischstücke unpaniert (evtl. mehliert) oder paniert verwenden.

Unpanierte Fleischstücke:
Das Fett in der Pfanne erhitzen, dann erst das Fleisch hineingeben. Die Poren schließen sich und der Fleischsaft kann nicht heraustreten.

Alle unpanierten Fleischstücke salzen und würzen, nachdem die untere Seite gebräuntist.

Panierte Fleischstücke:
Durch das Panieren wird eine Schutzschicht geschaffen, der Fleischsaft geht nicht verloren, das Fleisch bleibt saftiger.

Panieren:
Fleisch zunächst in Weizenmehl, dann in mit Salz und Gewürzen verschlagenem Ei und zuletzt in Semmelmehl wenden.

Die panierten Fleischstücke sofort braten, damit der Belag nicht aufweicht und das Bräunen nicht erschwert wird.

Den losgekochten Bratensatz zu dem Fleisch reichen oder die Soßen – je nach Rezept – zubereiten.

Gebratenes Fleisch im Backofen

Fleischstücke von mindestens 1 kg werden in der Rostbratpfanne oder auf dem Rost auf der Rostbratpfanne gebraten.

Fleisch vor dem Braten mit Salz und Gewürzen einreiben.

Rostbratpfanne mit Wasser ausspülen. Sobald der Bratensatz anfängt zu bräunen oder die Flüssigkeit verdampft ist, heiße Flüssigkeit hinzugießen.

Um eine kräftige Soße zu erzielen, evtl. Knochen von Anfang an in die Rostbratpfanne geben. Zwiebeln, Suppengrün, Tomaten 30 Minuten vor Beendigung der Bratzeit in die Pfanne geben.

Das gare Fleisch vor dem Schneiden etwa 10 Minuten „ruhen" lassen, damit sich der Fleischsaft setzt und beim Aufschneiden des Fleisches nicht herausläuft. Dazu das Fleisch in Alufolie wickeln (nicht wieder in den Backofen stellen).

Während der Braten ruht, die Soße - je nach Rezept zubereiten.

Das gare Fleisch quer zur Faser hin aufschneiden.

Geschmortes Fleisch

Für diese Zubereitungsweise eignen sich besonders kleine Fleischstücke (unter 1 kg) und solche mit derber Fleischfaser.

Fleisch in heißem Pflanzenfett anbraten. Sobald das Fleisch gut gebräunt ist, etwas heiße Flüssigkeit hinzugießen, im gut schließenden Topf bei schwacher Hitze gar schmoren lassen. Jeweils nur so viel Flüssigkeit hinzugießen, daß das Fleisch etwa bis zu ¼ seiner Höhe darin liegt. Verdampfte Flüssigkeit nach und nach ersetzen (darf sich nur leicht bewegen).

Das gare Fleisch vor dem Schneiden etwa 10 Minuten „ruhen" lassen, damit sich der Fleischsaft setzt und beim Aufschneiden des Fleisches nicht herausläuft. Dazu das Fleisch in Alufolie wickeln (nicht in den Backofen stellen).

Während der Braten ruht, die Soße - je nach Rezept zubereiten.

Das gare Fleisch quer zur Faser hin aufschneiden.

Fleischgerichte, die geschmort werden sollen, auf der Kochstelle zubereiten, sie können aber auch im gut schließenden Topf im Backofen zubereitet werden.

Gekochtes Fleisch

Fleisch in kochendes Wasser geben, damit es zart und saftig bleibt.

Fleisch bei schwacher Hitze kochen lassen.

Fleisch nach dem Kochen vor dem Aufschneiden evtl. 10 Minuten in der Brühe liegenlassen, damit es saftig bleibt.

Die Fleischbrühe evtl. zur Zubereitung von Soßen verwenden.

Garprobe: Das Fleisch darf einem Löffeldruck nicht mehr nachgeben.

Das gare Fleisch quer zur Faser hin aufschneiden.

Rind

Rindfleisch ist die allgemeine Bezeichnung für Ochsen-, Färsen-, Kuh- und Bullenfleisch. Das Fleisch soll eine kräftig rote Farbe haben und beim Anfassen und Einschneiden eine gewisse Festigkeit und glänzende Schnittflächen zeigen.

Rindfleisch muß gut abgehangen sein, schlachtfrisches Rindfleisch bleibt zäh. Zum Kochen muß es 3–5 Tage abhängen, zum Braten 8–14 Tage. Die Nachfrage nach Braten- und Kurzbratstücken ist größer als die nach Kochfleischstücken.

Zum Braten eignen sich: Roastbeef, Lende (Filet), Hohe Rippe, Oberschale, Schwanzstück, Kugel, Hüfte, Hüftdeckel

Zum Schmoren: Oberschale, Schwanzstück (mit Schwanzrolle), Querrippe, Kugel, Falsches Filet, Dicker Bug, Bugschaufelstück, Gulasch, Rouladen, Leber, Nieren

Zum Kurzbraten und Grillen: Scheiben vom Roastbeef (Entrecôte), von der Hüfte der Lende (Filet, Châteaubriand), von der Hüfte der Lende (Oberschale, Kluft, Kugel), Leber

Zum Kochen: Zungenstück, Nacken (Hals), Brust, Hohe Rippe, Flach- oder Querrippe, Bugschaufelstück, Mittelbugstück, Lappen, Beinscheibe und Schwanz, Lunge, Herz, Zunge, Nieren.

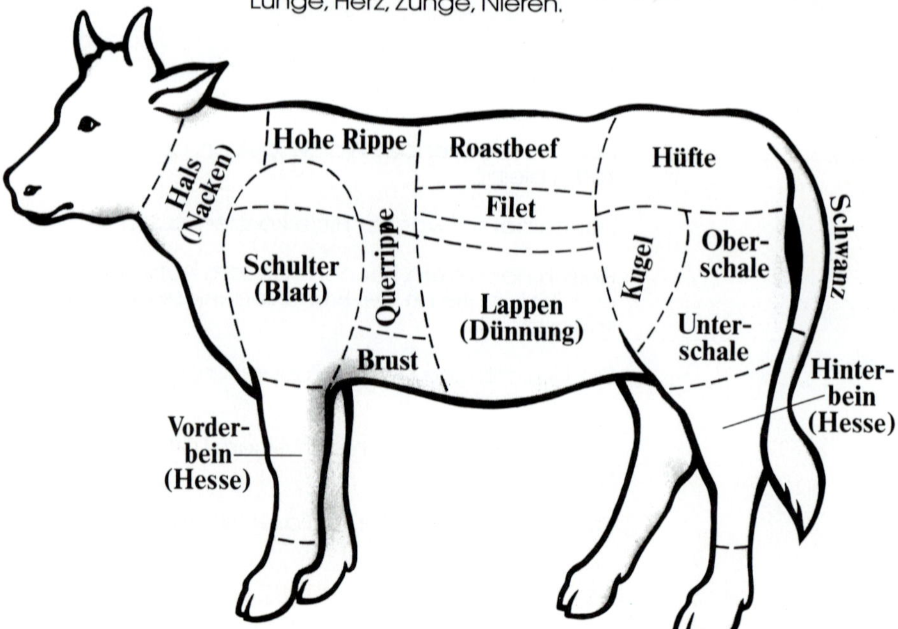

Bulle

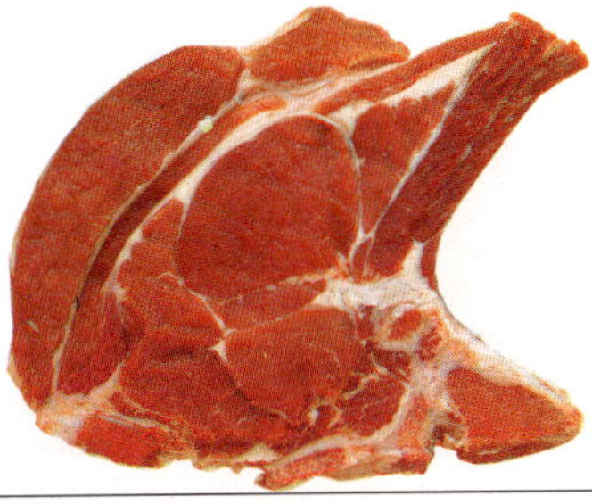

Kuh

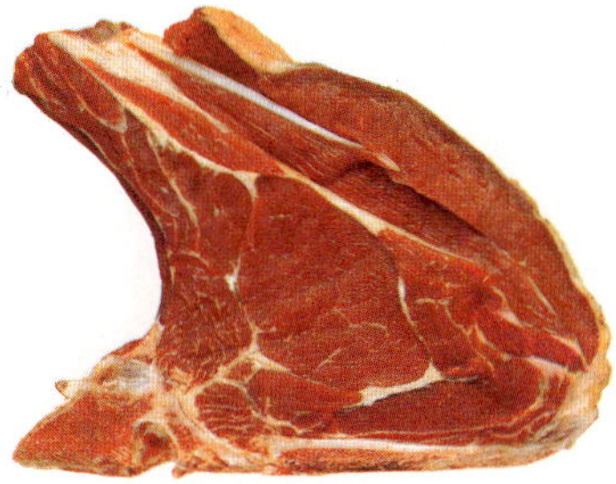

Ochse

Färse

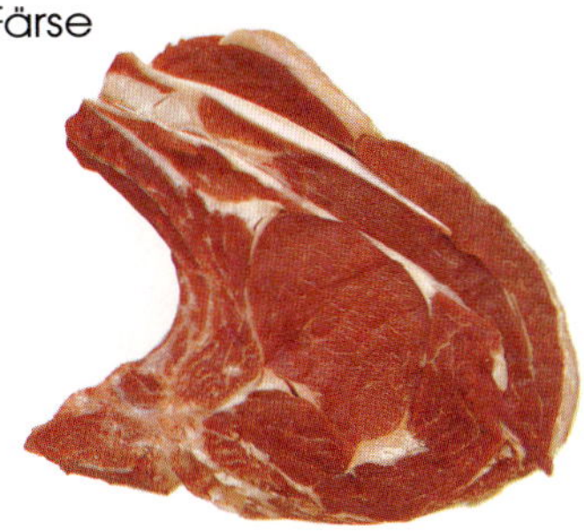

Zungenstück (Hals)

Mittelbrust

Falsches Filet

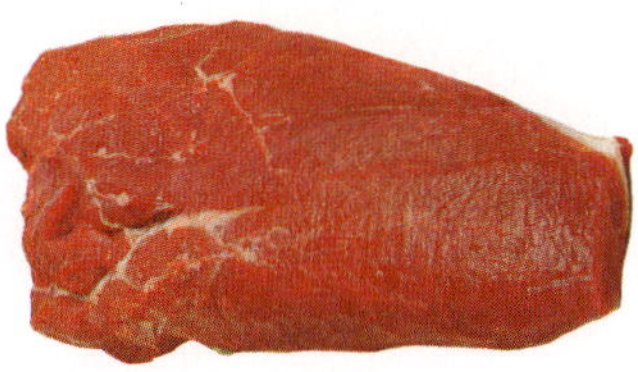

Hohe Rippe

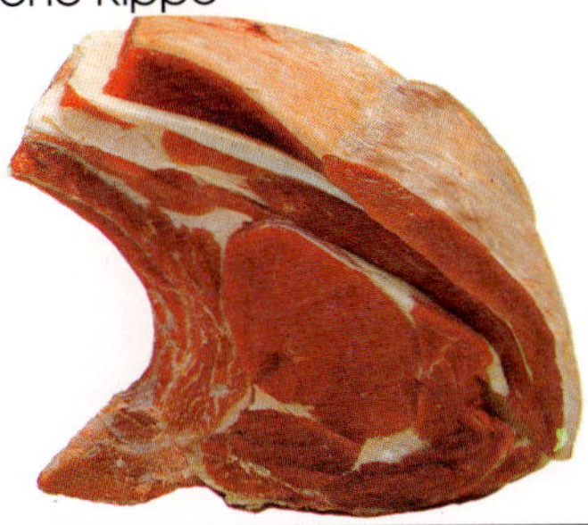

Brustspitze

Nacken

Dicker Bug

Bugschaufel- und Mittelbugstück

Roastbeef (Rumpsteak)

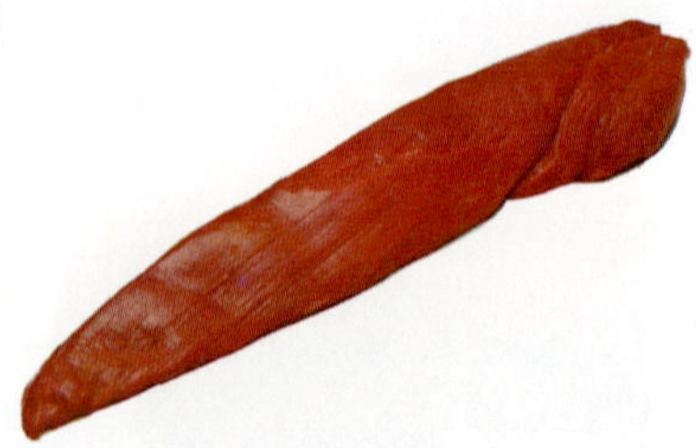
Filet

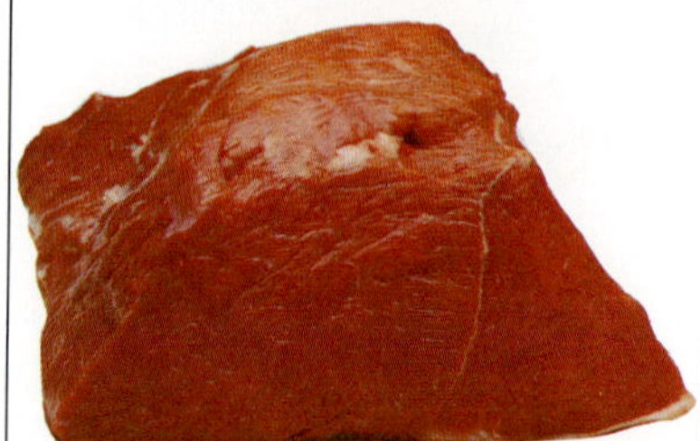
Schwanzstück

Oberschale (Kluft)

Lappen

Schwanzrolle

Kugel- und Bürgermeisterstück

Quer- und Flachrippe

Hüfte und Hüftdeckel

Beinscheiben und Schwanz

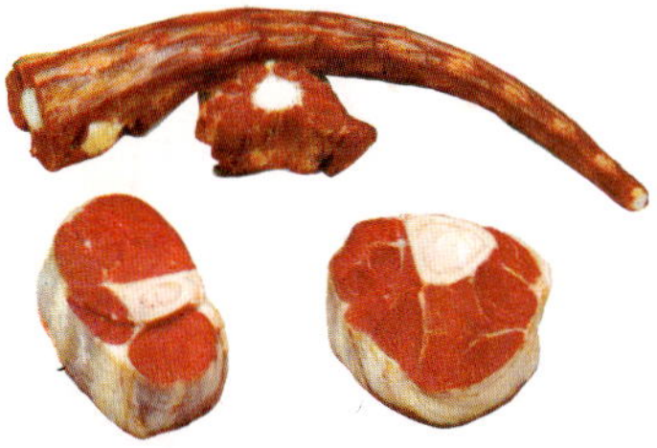

Kalb Das zarte, saftige Kalbfleisch gilt allgemein als Delikatesse, wird auch als Säuglings- und Krankenkost verwendet. Kalbfleisch soll eine hellrosa Farbe haben und auf der Schnittfläche leicht feucht sein.

Zum Braten eignen sich: Ober- und Unterschale (Frikandeau), Kugel, Hüfte, Rücken, Lende (Filet), Brust, Haxe

Zum Schmoren: Hals, Brust, Nacken, Schulter (Bug), Haxe

Zum Kurzbraten und Grillen:
Scheiben von Ober- und Unterschale (Frikandeau), Kugel, Hüfte, Haxe, Lende (Filet), Scheiben von Leber, Hirn, Bries, Niere

Zum Kochen: Nacken, Brust, Haxen, Lappen, Leber, Herz, Bries, Hirn.

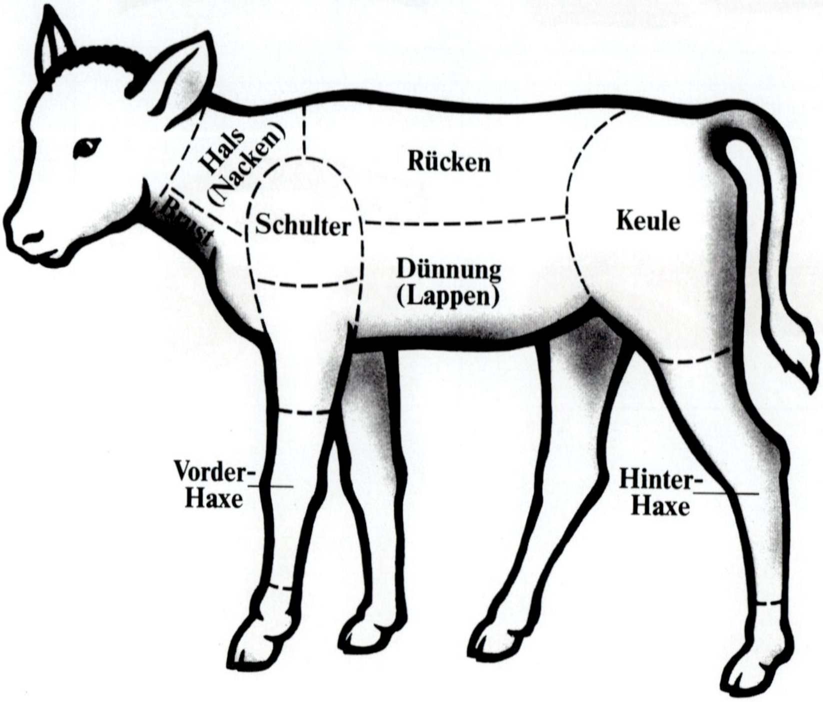

Kotelett

Brust

Nierenbraten

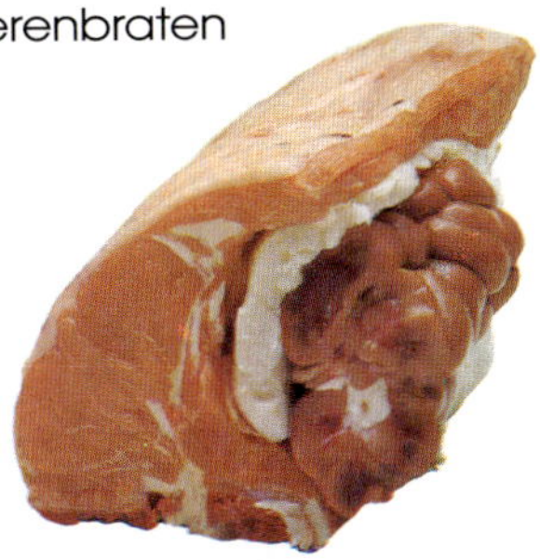

Nuß

Oberschale (Frikandeau)

Vorder- und Hinterhaxe

Unterschale

Nacken

Schwein

Schweinefleisch ist beliebt wegen seines kräftigen, saftigen Geschmacks, ob nun gebraten, geschmort oder gekocht, als Schinken oder als Wurstspezialität. Schweinefleisch soll im Gegensatz zu Rindfleisch so frisch wie möglich zubereitet und verzehrt werden. Wichtigste Stücke: Schinken, Schulter, Kotelettstrang, Bauch, Eisbein.

Zum Braten: Ober- und Unterschale, Hüfte, Kugel, Lende (Filet), Rücken, Nacken (Kamm)

Zum Schmoren: Schulter (Bug), Brust (Dicke Rippe), Bauch, Haxe, Leber, Nieren, Herz

Zum Kurzbraten und Grillen: Schnitzel (Ober- und Unterschale, Hüfte, Kugel), Lende (Filet), Rücken (Kotelett), Nacken (Kamm), Bauch, Leber, Niere, Herz

Zum Kochen: Nacken (Kamm), Bauch, Brust (Dicke Rippe), Eisbein, Leber, Zunge, Herz, Nieren, Hirn.

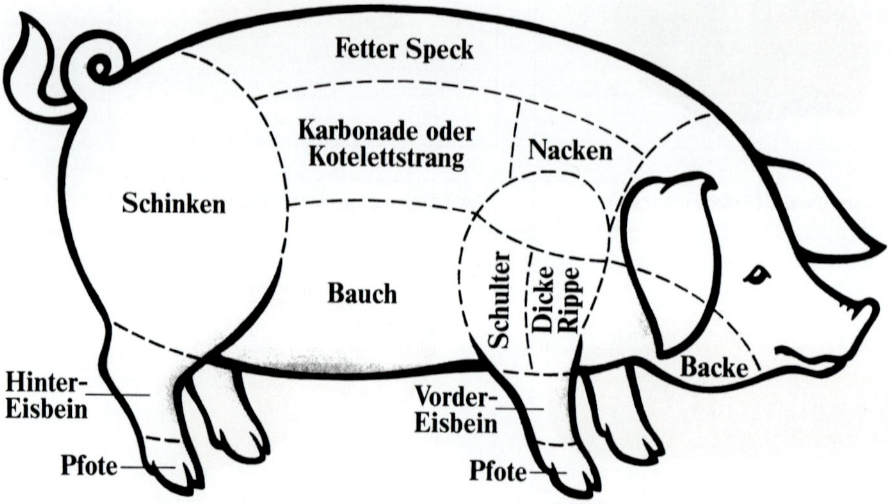

Oberschale

Unterschale

Nacken

Kotelett

Dicke Rippe

Schulter

Bauch

Filet

Hüfte (Schinkenspeckstück)

Nuß

Lamm

Das würzige, aromatische Lammfleisch ist in der Bundesrepublik nicht so gefragt, wie beispielsweise in Frankreich, England, Italien und in anderen Nachbarländern.

Dabei läßt sich gerade das zarte, helle Lammfleisch außerordentlich vielseitig zubereiten und ist ein köstlicher Braten zu besonderen Anlässen.

Zum Braten eignen sich: Keule, Rücken

Zum Schmoren: Hals, Brust, Bug (Blatt), Haxe

Zum Kurzbraten und Grillen: Rücken (Kotelett), Keule, Scheiben von Leber und Niere

Zum Kochen: Hals, Brust, Bug (Blatt), Lappen, Haxe, Leber, Herz, Nieren.

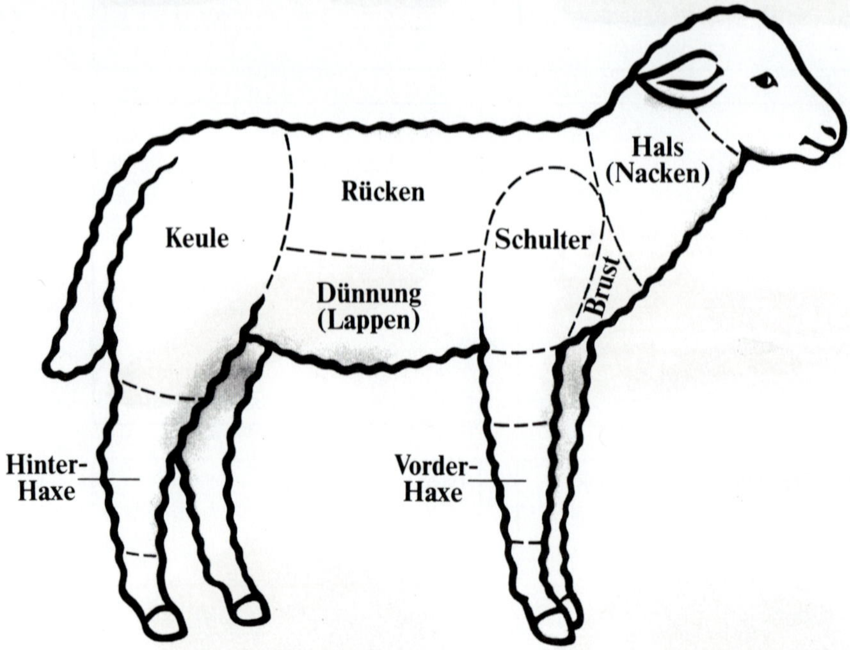

Nacken

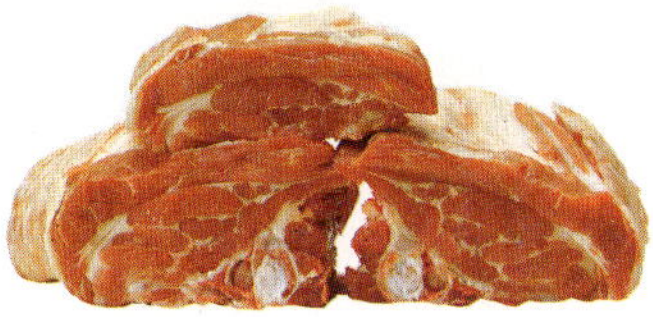

Keule

Rücken

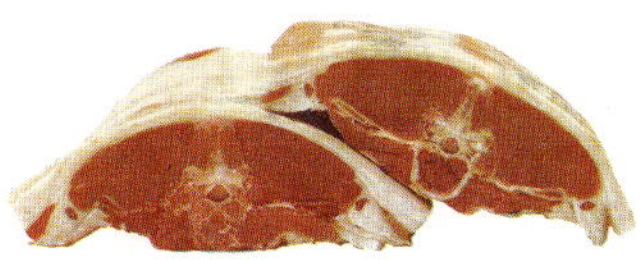

Schulter

Kotelett

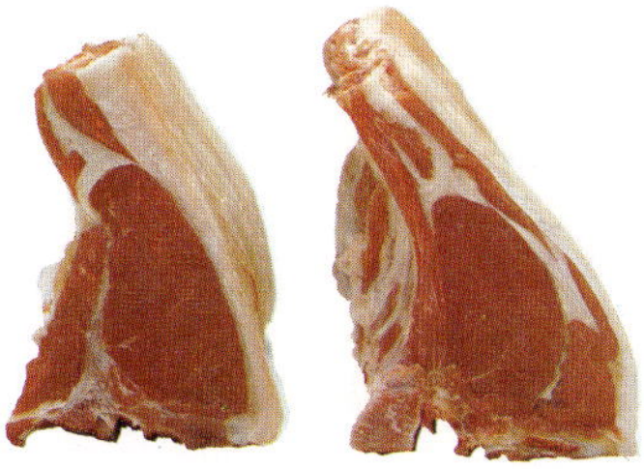

Brust

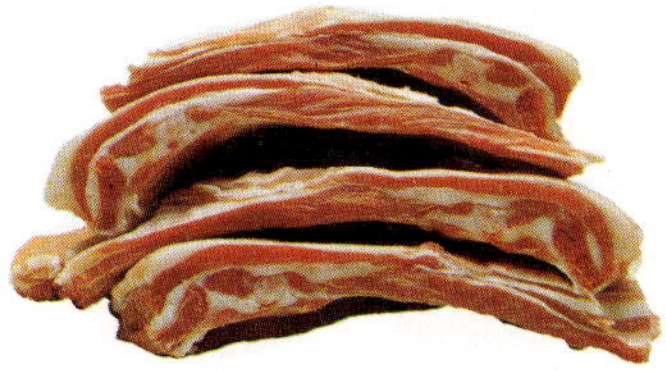

Innereien

Was Innereien – wie Hirn, Herz, Leber, Nieren, Lunge – im höchsten Maß besitzen sind: Eiweiß, Vitamine, Mineralstoffe, Spurenelemente und die so wichtige Arachidonsäure, ein Bremser von Herz- und Kreislaufkrankheiten.

Zunge (Schwein, Kalb, Rind)

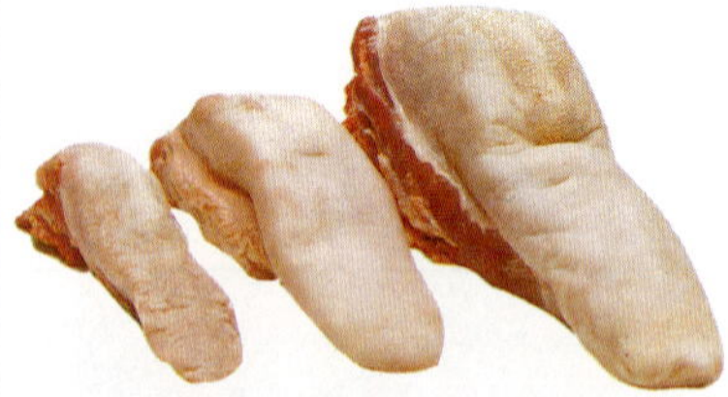

Herz (Schwein, Kalb, Rind)

Nieren (Schwein, Kalb, Rind)

Kalbshirn

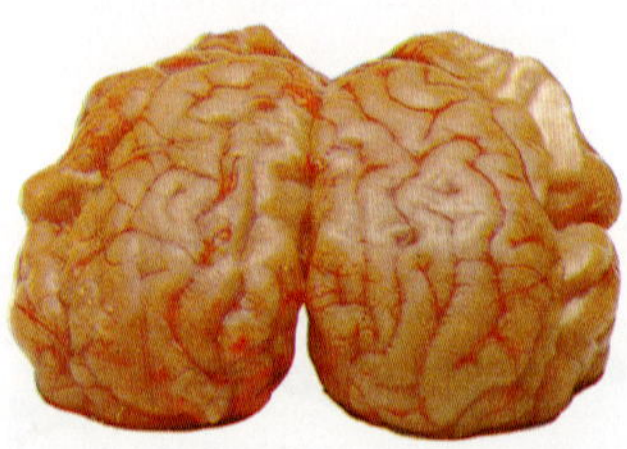

Kalbsbries

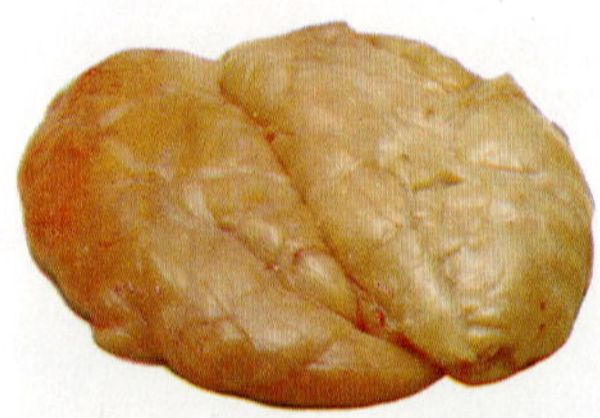

Kalbsleber

Rinderleber

Schweineleber

Schweine-Medaillons im Speckmantel

(Abb. S. 92/93)

Bratzeit: Etwa 12 Minuten.
Pro Portion: E: 36 g, F: 53 g, Kh: 3 g, kJ: 2916, kcal: 697.

	Von
750 g Schweinefilet	evtl. Fett und Sehnen entfernen, enthäuten, das Fleisch unter fließendem kaltem Wasser abspülen, trockentupfen, in 16 Stücke schneiden
	für die Füllung
2 Teel. Rotisseur-Senf	mit
2 Teel. Tomaten-Ketchup	
2 Teel. Semmelmehl	verrühren, mit
Salz, Pfeffer	
Paprika edelsüß	
gerebeltem Majoran	würzen die Fleischstücke jeweils auf einer Seite damit bestreichen, jeweils 2 Fleischstücke zusammensetzen, mit jeweils einer von
8 Speckscheiben (je 15 g)	umlegen, mit einem Holzstäbchen feststecken
40 g Pflanzenfett	erhitzen, das Fleisch von beiden Seiten darin braten, die Fleischscheiben öfter mit Bratfett begießen, damit sie saftig bleiben
Veränderung:	Einige Thymianstengel mitbraten lassen.

Pfeffersteaks

Bratzeit: 6–8 Minuten.
Pro Portion: E: 29 g, F: 19 g, Kh: 0 g
kJ: 1276, kcal: 305.

4 Rinderfiletsteaks (je 150 g)	etwas zusammendrücken
50 g Pflanzenfett	erhitzen, die Filetscheiben hineinlegen, nachdem die untere Seite gebräunt ist, das Fleisch wenden, mit
Salz	bestreuen
2 Teel. schwarze Pfefferkörner	etwas zerdrücken, über die Steaks verteilen, etwas festdrücken die Fleischscheiben öfter mit Bratfett begießen, damit sie saftig bleiben Pfeffersteaks sollen nicht ganz durchgebraten sein, das Fleisch auf einer vorgewärmten Platte anrichten, das Bratfett über die Steaks geben

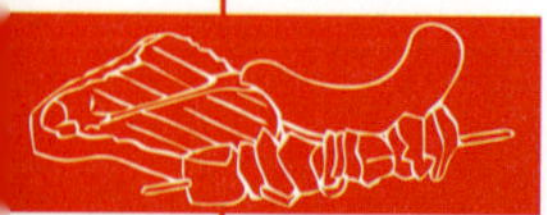

Schweineleber

Bratzeit für die Leber: 6–8 Minuten.
für die Zwiebeln: 8–10 Minuten.
Pro Portion: E: 26 g, F: 17 g, Kh: 9 g
kJ: 1322, kcal: 316.

500 g Schweineleber (in Scheiben)	unter fließendem kaltem Wasser abspülen, etwa 30 Minuten in
kalte Milch	legen
5 mittelgroße Zwiebeln	abziehen, in Scheiben schneiden
	die Leber trockentupfen, in
20 g Weizenmehl	wenden
40 g Pflanzenfett	erhitzen, die Leber hineinlegen, braten lassen, nachdem die untere Seite gebräunt ist, die Leber wenden, mit
Salz, Pfeffer gerebeltem Majoran	bestreuen, gar braten
	die Leber auf einer vorgewärmten Platte anrichten, die Zwiebelscheiben in das Bratfett geben, mit Salz, Pfeffer würzen, unter Wenden bräunen lassen, mit auf der Platte anrichten
Veränderung:	Anstelle der Schweineleber Kalbs- oder Rinderleber verwenden.

Rumpsteaks mit Zwiebeln

Bratzeit für das Fleisch: 6–8 Minuten.
für die Zwiebeln: 8–10 Minuten.
Pro Portion: E: 42 g, F: 33 g, Kh: 6 g, kJ: 2188, kcal: 523.

4 große Zwiebeln	abziehen, halbieren, in Scheiben schneiden
	bei
4 Rumpsteaks (je 200 g)	die Sehnen (Fett) an den Rändern etwas einschneiden
50 g Pflanzenfett	erhitzen, das Fleisch hineinlegen, nachdem die untere Seite gebräunt ist, das Fleisch wenden, mit
Salz, Pfeffer Steak-Gewürz	bestreuen
	die Fleischscheiben öfter mit Bratfett begießen, damit sie saftig bleiben
	die Steaks auf einer vorgewärmten Platte anrichten, warm stellen
	die Zwiebelscheiben in das Bratfett geben, mit Salz, Pfeffer würzen, unter Wenden bräunen lassen, auf die Steaks geben

Kalbs-Schnitzel, mehliert

Bratzeit: Etwa 15 Minuten.
Pro Portion: E: 34 g, F: 30 g, Kh: 6 g, kJ: 1946, kcal: 465.

4 Scheiben Kalbfleisch (je 150 g, aus der Keule)	in
10 g Weizenmehl	wenden, mit
Steak-Pfeffer Paprika edelsüß	bestreuen
40 g Pflanzenfett	erhitzen, das Fleisch von beiden Seiten etwa 10 Minuten darin braten, mit
Salz	bestreuen, auf einer vorgewärmten Platte anrichten, warm stellen
250 g gedünstete Champignonscheiben	in das Bratfett geben, etwa 5 Minuten braten lassen
5 Eßl. Weißwein 5 Eßl. Schlagsahne (30 % Fett) 1 Becher (150 g) Crème fraîche (30% Fett)	hinzufügen, die Soße mit Salz,
Worcestersoße Senf, Pfeffer	abschmecken, etwas einkochen lassen, über die Schnitzel geben

Schweine-Koteletts, paniert

Bratzeit: Etwa 15 Minuten.
Pro Portion: E: 23 g, F: 44 g, Kh: 12 g
kJ: 2360, kcal: 564.

4 Schweine-Koteletts (je 150 g)	evtl. unter fließendem kaltem Wasser abspülen, trockentupfen, leicht klopfen
1 Ei	mit
Salz, Pfeffer Paprika edelsüß	verschlagen, die Koteletts zunächst in
20 g Weizenmehl	dann in dem verschlagenen Ei, zuletzt in
40 g Semmelmehl	wenden
50 g Pflanzenfett	erhitzen, das Fleisch von beiden Seiten unter mehrmaligem Wenden darin braten
Beilage:	Zwiebeln in Weißwein.

Rinderfilet-Steaks mit Pilzpfanne „Försterin“

Bratzeit für das Fleisch: 6–8 Minuten.
für die Pilz-Pfanne: Etwa 8 Minuten.
Pro Portion: E: 44 g, F: 29 g, Kh: 7 g
kJ: 2042, kcal: 487.

4 Rinderfilet-Steaks (je 200 g)	etwas zusammendrücken
30 g Pflanzenfett	erhitzen, die Filetscheiben hineinlegen, nachdem die untere Seite gebräunt ist, das Fleisch wenden, mit
Salz, Pfeffer	bestreuen die Fleischscheiben öfter mit Bratfett begießen, damit sie saftig bleiben Filetsteaks sollen nicht ganz durchgebraten sein das Fleisch auf einer vorgewärmten Platte anrichten
2 Packungen (je 300 g) tiefgekühlte Pilz-Pfanne „Försterin“	in den Bratsatz geben, nach der Vorschrift auf der Packung zubereiten, über die Steaks geben, mit
1 Eßl. gehackter Petersilie	bestreuen

Hackbraten

(Falscher Hase – 6 Portionen)

Bratzeit: Etwa 1 Stunde.
Strom: 200–225, Gas: 4–5
Pro Portion: E: 28 g, F: 37 g, Kh: 14 g, kJ: 2259, kcal: 540.

2 Brötchen (Semmeln)	in kaltem Wasser einweichen
2 mittelgroße Zwiebeln	abziehen, fein würfeln
750 g Hackfleisch (halb Rind-, halb Schweinefleisch)	mit den gut ausgedrückten Brötchen, den Zwiebelwürfeln,
2 Eiern 1 gehäuften Teel. Senf 1 Eßl. gehackter Petersilie	vermengen, mit
Salz Pfeffer	abschmecken, aus der Masse mit nassen Händen einen länglichen Kloß formen, in eine mit Wasser ausgespülte Rostbratpfanne legen

40 g durchwachsenen Speck	in feine Streifen schneiden, den Kloß damit belegen, gut mit einem Messer eindrücken, in den vorgeheizten Backofen schieben
	sobald der Bratensatz bräunt, etwas
heißes Wasser	hinzugießen, das Fleisch ab und zu mit dem Bratensatz begießen, verdampfte Flüssigkeit nach und nach durch heißes Wasser ersetzen
1 mittelgroße Zwiebel	abziehen
1 mittelgroße Tomate	waschen
	beide Zutaten vierteln, 30 Minuten vor Beendigung der Bratzeit in die Rostbratpfanne geben, mitbraten lassen, das gare Fleisch in Scheiben schneiden, auf einer vorgewärmten Platte anrichten, warm stellen den Bratensatz mit etwas Wasser loskochen, durch ein Sieb gießen, mit Wasser auf 500 ml (½ l) auffüllen, auf der Kochstelle zum Kochen bringen
25 g Speisestärke, z. B. Gustin	mit
3 Eßl. kaltem Wasser	anrühren, die Flüssigkeit damit binden, die Soße mit Salz, Pfeffer abschmecken
Veränderung:	Als Füllung weichgekochte Eier oder Möhren verwenden.

Schweinefilet, überbacken

Backzeit: Etwa 15 Minuten.
Strom: 200–225, Gas: 4–5
Pro Portion: E: 27 g, F: 38 g, Kh: 6 g
kJ: 2155, kcal: 515.

	Von
500 g Schweinefilet	evtl. Fett und Sehnen entfernen, das Fleisch enthäuten, unter fließendem kaltem Wasser abspülen, trockentupfen, in Streifen schneiden
50 g Pflanzenfett	das Fett portionsweise erhitzen, das Fleisch portionsweise darin anbraten, mit
Salz, Pfeffer	bestreuen, in eine gefettete Auflaufform geben
200 g Champignons	putzen, waschen, in Scheiben schneiden, in dem Bratfett anbraten, mit Salz, Pfeffer würzen, mit
10 g Weizenmehl	bestäuben, etwas bräunen lassen
125 ml (⅛ l) Wasser	
125 ml (⅛ l) Weißwein	hinzufügen, unter Rühren erhitzen, mit
150 g Crème fraîche (30 % Fett)	verrühren, mit
Senf, Worcestersoße	abschmecken, über das Fleisch geben
20 g Emmentaler Käse	reiben, darüber streuen
	die Auflaufform auf dem Rost in den vorgeheizten Backofen schieben

Deutsches Beefsteak

Bratzeit für das Fleisch: 10–15 Minuten
für die Zwiebeln: 8–10 Minuten.
Pro Portion: E: 26 g, F: 42 g, Kh: 3 g
kJ 2201, kcal: 526.

4 mittelgroße Zwiebeln	abziehen, halbieren, in Scheiben schneiden
500 g Hackfleisch (halb Rind-, halb Schweinefleisch)	mit
1 Ei	vermengen, mit
Salz, Pfeffer Knoblauchpfeffer Paprika edelsüß Senf	abschmecken aus der Masse mit nassen Händen runde Klöße formen, etwas flach drücken, mit einem Messer gitterförmig einkerben
40 g Pflanzenfett	erhitzen, die Klopse von beiden Seiten darin braten, auf einer vorgewärmten Platte anrichten, warm stellen die Zwiebelscheiben in das Bratfett geben, mit Salz, Pfeffer würzen, unter Wenden bräunen lassen, auf die Beefsteaks geben
Beilage:	Spiegeleier, Bratkartoffeln.

Frikadellen

(Bouletten)

Bratzeit: Etwa 10 Minuten.
Pro Portion: E: 27 g, F: 40 g, Kh: 8 g, kJ 2222, kcal: 531.

1 Brötchen (Semmel)	in kaltem Wasser einweichen
2 mittelgroße Zwiebeln	abziehen, fein würfeln
500 g Hackfleisch (halb Rind-, halb Schweinefleisch)	mit dem gut ausgedrückten Brötchen, den Zwiebelwürfeln,
1 Ei 2 gestrichene Teel. Senf	vermengen, mit
Salz Pfeffer Paprika edelsüß	abschmecken aus der Masse mit nassen Händen runde Klöße formen etwas flach drücken
30 g Pflanzenfett	erhitzen, die Frikadellen von beiden Seiten darin braten

Rinderfilet

(6 Portionen)

Bratzeit: Etwa 30 Minuten.
Strom: 225–250, Gas: 6–7
Pro Portion: E: 32 g, F: 15 g, Kh: 0 g, kJ: 1172, kcal: 280.

1 kg Rinderfilet (gut abgehangen)	enthäuten, unter fließendem kaltem Wasser abspülen, trockentupfen
30 g Margarine	erhitzen, das Fleisch damit bestreichen, auf den gefetteten Rost auf eine mit Wasser ausgespülte Rostbratpfanne legen, in den vorgeheizten Backofen schieben, braten lassen, ab und zu wenden, mit
Salz, Pfeffer	würzen das gare Fleisch vor dem Schneiden 10 Minuten „ruhen" lassen, damit sich der Fleischsaft setzt, das Fleisch in Scheiben schneiden, auf einer vorgewärmten Platte anrichten
25 g Butter	zerlassen, das Fleisch damit bestreichen

Cordon bleu

Bratzeit: Etwa 10 Minuten.
Pro Portion: E: 56 g, F: 38 g, Kh: 13 g
kJ: 2787, kcal: 666.

8 Scheiben Kalbfleisch (je etwa 75 g, aus der Keule)	leicht klopfen, mit
Salz, Pfeffer	bestreuen
4 Scheiben Gouda-Käse (in Größe der Fleischscheiben, je etwa 40 g)	
4 Scheiben gekochter Schinken (in Größe der Fleischscheiben, je etwa 50 g)	
	4 Fleischscheiben mit je 1 Käse- und Schinkenscheibe belegen, mit den übrigen Fleischscheiben bedecken
2 Eier	verschlagen, die Fleischportionen zunächst in den Eiern, dann in
60 g Semmelmehl	wenden
60 g Pflanzenfett	erhitzen, das Fleisch von beiden Seiten darin braten

Lamm-Koteletts mit Ananas

(Abb. nebenstehend)

Bratzeit: Etwa 10 Minuten.
Pro Portion: E: 22 g, F: 68 g, Kh: 8 g
kJ: 3824, kcal: 914.

	Von
12 Lamm-Koteletts je 60 g)	das Fett entfernen, die Koteletts evtl. unter fließendem kaltem Wasser abspülen, trockentupfen
	mit
3 Eßl. Olivenöl	
2 Teel. Kräuter-Essig	
½ Teel. gerebeltem Rosmarin	
1–2 Teel. gerebeltem Basilikum	verrühren, die Koteletts damit bestreichen, etwa 2 Stunden stehenlassen, mit
Salz	bestreuen
2 Eßl. Olivenöl	erhitzen, das Fleisch von beiden Seiten darin braten, auf einer vorgewärmten Platte anrichten, warm stellen
20 g Butter	erhitzen
4 kleine Scheiben Ananas (130 g, aus der Dose)	halbieren, in der Butter leicht anbraten
3 Eßl. Sherry	hinzufügen, etwas einkochen lassen die Lammkoteletts mit den Ananas scheiben anrichten, den Bratensatz darüber verteilen die Lamm-Koteletts mit
Basilikumblättchen	garnieren
Beilage:	Kartoffel-Kroketten (Tiefkühlkost).

Kasseler Rippenspeer

(6 Portionen)

Bratzeit: 50–60 Minuten.
Strom: 200–225, Gas: 3–4
Pro Portion: E: 40 g, F: 58 g, Kh: 7 g, kJ: 3142 kcal: 751.

1½ kg Rippenspeer (mit Knochen, herausgelöst und zerkleinert)	unter fließendem kaltem Wasser abspülen, trockentupfen, die Fettschicht gitterförmig einschneiden
1 mittelgroße Zwiebel	abziehen
1 mittelgroße Tomate	waschen
1 Bund Suppengrün	putzen, waschen

Fortsetzung Seite 116

die drei Zutaten kleinschneiden
das Fleisch mit der Fettschicht nach oben in eine mit Wasser ausgespülte Rostbratpfanne legen, Gemüse und Knochen mit in die Pfanne geben, in den vorgeheizten Backofen schieben
sobald der Bratensatz bräunt, etwas

heißes Wasser hinzugießen, das Fleisch ab und zu mit dem Bratensatz begießen, verdampfte Flüssigkeit nach und nach durch heißes Wasser ersetzen

1 kleines Lorbeerblatt
4 Gewürznelken 30 Minuten vor Beendigung der Bratzeit in die Rostbratpfanne geben
das gare Fleisch vor dem Schneiden 10 Minuten „ruhen" lassen, damit sich der Fleischsaft setzt
das Fleisch in Scheiben schneiden, auf einer vorgewärmten Platte anrichten
den Bratensatz mit etwas Wasser loskochen, durch ein Sieb gießen, mit Wasser auf 500 ml (½ l) auffüllen, auf der Kochstelle zum Kochen bringen
mit

25 g Weizenmehl
½ Becher (75 g)
Crème fraîche (30 % Fett) verrühren, die Flüssigkeit damit binden, die Soße mit

Salz
Pfeffer abschmecken

Beilage: Salzkartoffeln, Ananas-Sauerkraut.

Kalbsbraten

(6 Portionen)

Bratzeit: Etwa 2½ Stunden.
Strom: 200–225, Gas: 3–4
Pro Portion: E: 36 g, F: 15 g, Kh: 8 g, kJ: 1389, kcal: 332.

1 kg Kalbfleisch
(aus der Keule,
ohne Knochen) evtl. enthäuten, unter fließendem kaltem Wasser abspülen, trockentupfen, mit

Salz, Pfeffer einreiben

30 g Pflanzenfett in einem Brattopf erhitzen, das Fleisch von allen Seiten gut darin anbraten

2 mittelgroße Zwiebeln abziehen

2 mittelgroße Möhren putzen, schrappen
beide Zutaten kleinschneiden, zu dem Fleisch geben
den Topf auf dem Rost in den vorgeheizten Backofen schieben, etwas

heißes Wasser hinzugießen, das Fleisch ab und zu mit dem Bratensatz begießen, verdampfte Flüssigkeit nach und nach durch heißes Wasser ersetzen
das gare Fleisch vor dem Schneiden 10 Minuten „ruhen" lassen, damit sich der Fleischsaft setzt
das Fleisch in Scheiben schneiden, auf einer vorgewärmten Platte anrichten
den Bratensatz mit etwas Wasser loskochen, durch ein Sieb gießen, mit Wasser auf 500 ml (½ l) auffüllen, auf der Kochstelle zum Kochen bringen

25 g Weizenmehl mit

1 Becher (150 g) Crème fraîche) (30 % Fett) verrühren, die Flüssigkeit damit binden, die Soße mit Salz, Pfeffer abschmecken

Beilage: Gedünstetes Erbsen-Möhren-Gemüse, Petersilienkartoffeln.

Schweinshaxe

Bratzeit: Etwa 3 Stunden.
Strom: 200–225, Gas: 3–4
Pro Portion: E: 58 g, F: 72 g, Kh: 1 g
kJ: 3929, kcal: 939.

4 Schweinshaxen (je 500 g, mit Knochen) unter fließendem kaltem Wasser abspülen, trockentupfen, mit

Salz, Pfeffer einreiben, in eine mit Wasser ausgespülte Rostbratpfanne legen, in den vorgeheizten Backofen schieben
sobald der Bratensatz bräunt, etwas

heißes Wasser hinzugießen, das Fleisch ab und zu mit dem Bratensatz begießen, verdampfte Flüssigkeit nach und nach durch heißes Wasser ersetzen

3 mittelgroße Zwiebeln abziehen, vierteln, 30 Minuten vor Beendigung der Bratzeit in die Rostbratpfanne geben, mitbraten lassen, das gare Fleich auf einer vorgewärmten Platte anrichten
den Bratensatz mit etwas Wasser loskochen, evtl. durch ein Sieb streichen, etwas einkochen lassen, zu dem Fleisch reichen

Beilage: Sauerkraut, Kartoffelbrei.

Lammrücken mit Kräutern

Bratzeit: Etwa 1 Stunde.
Strom: 200–225, Gas: 3–4
Pro Portion: E: 44 g, F: 60 g, Kh: 2 g
kJ: 3238, kcal: 774.

	Von
1½ kg Lammrücken	evtl. Fett entfernen, das Fleisch enthäuten, unter fließendem kaltem Wasser abspülen, trockentupfen
1 Bund Kräuter (Oregano, Thymian, Majoran, Rosmarin) oder jeweils 1 gestrichener Teel. gerebelte Kräuter	frische Kräuter unter fließendem kaltem Wasser abspülen, trockentupfen, feinhacken, die Kräuter mit
½ Teel. Ingwerpulver	
½ Teel. gerebeltem Salbei	
½ Teel. schwarzem Pfeffer (aus der Mühle)	
1½ Teel. Salz	
3 Eßl. Speiseöl	verrühren, den Lammrücken damit einreiben das Fleisch in einen Brattopf geben, auf dem Rost in den vorgeheizten Backofen schieben
2 mittelgroße Zwiebeln	abziehen
1 mittelgroße Tomate	waschen beide Zutaten kleinschneiden, zu dem Fleisch geben, sobald der Bratensatz bräunt, etwas
heißes Wasser	hinzugießen, das Fleisch ab und zu mit dem Bratensatz begießen, verdampfte Flüssigkeit nach und nach durch etwas heißes Wasser ersetzen das gare Fleisch vor dem Schneiden 10 Minuten „ruhen" lassen, damit sich der Fleischsaft setzt das Fleisch vom Knochengerüst lösen, in Scheiben schneiden, evtl. wieder auf das Knochengerüst legen, auf einer vorgewärmten Platte anrichten den Bratensatz mit Wasser loskochen, durch ein Sieb gießen, mit Wasser auf 375 ml (⅜ l) auffüllen
250 ml (¼ l) Schlagsahne (30 % Fett)	zum Kochen bringen, auf die Hälfte einkochen lassen, zu dem Bratensatz geben, nochmals zum Kochen bringen die Soße mit
Salz, Pfeffer	abschmecken
Beilage:	Folien-Kartoffeln, Fenchel-Orangen-Salat.

Sauerbraten

Schmorzeit: Etwa 2½ Stunden.
Pro Portion: E: 43 g, F: 22 g, Kh: 56 g, kJ: 2616, kcal: 623.

750 g Rindfleisch (aus der Keule, ohne Knochen)	unter fließendem kaltem Wasser abspülen, trockentupfen, in eine Schüssel legen
	für die Marinade
2 mittelgroße Zwiebeln	abziehen, in Scheiben schneiden
2 Bund Suppengrün	putzen, waschen, kleinschneiden die Zutaten mit
5 Wacholderbeeren	
15 Pfefferkörnern	
5 Pimentkörnern (Nelkenpfeffer)	
1 Lorbeerblatt	zu dem Fleisch geben
250 ml (¼ l) Weinessig	mit
375 ml (⅜ l) Wasser	verrühren, über das Fleisch gießen (Fleisch muß bedeckt sein), zugedeckt etwa 4 Tage an einem kühlen Ort stehenlassen, das Fleisch ab und zu wenden das genügend gesäuerte Fleisch abtrocknen
30 g Pflanzenfett	erhitzen, das Fleisch von allen Seiten gut darin anbraten, mit
Salz, Pfeffer	bestreuen, das abgetropfte Suppengrün,
50 g verlesene Rosinen	hinzufügen, mitbraten lassen
375 ml (⅜ l) Marinade	abmessen
125 ml (⅛ l) Wasser	hinzugießen, etwas davon zu dem Fleisch gießen, das Fleisch schmoren lassen, von Zeit zu Zeit wenden, verdampfte Flüssigkeit nach und nach ersetzen
2 Tomaten	waschen, kleinschneiden
100 g Pumpernickel	zerbröckeln beide Zutaten nach 1 Stunde Schmorzeit hinzufügen, mitschmoren lassen das gare Fleisch vor dem Schneiden 10 Minuten „ruhen" lassen, damit sich der Fleischsaft setzt das Fleisch in Scheiben schneiden, auf einer vorgewärmten Platte anrichten den Bratensatz durch ein Sieb streichen, mit Wasser auf 375 ml (⅜ l) auffüllen, zum Kochen bringen, mit
dunklem Soßen-Helfer	binden, die Soße mit Salz, Pfeffer abschmecken
Beilage:	Backobst, Makkaroni oder Salzkartoffeln, Rotkohl.

Rinder-Rouladen

(Abb. nebenstehend)

Schmorzeit: Etwa 1½ Stunden.
Pro Portion: E: 34 g, F: 31 g, Kh: 8 g
kJ: 1971, kcal: 471.

4 Scheiben Rindfleisch (je 150 g, aus der Keule)	mit
Salz, Pfeffer	bestreuen, mit
Senf	bestreichen
60 g durchwachsenen Speck	in Streifen schneiden
100 g Zwiebeln	abziehen, halbieren, in Scheiben schneiden
2 mittelgroße Gewürzgurken	in Streifen schneiden die Zutaten auf die Fleischscheiben geben, von der schmalen Seite her aufrollen, mit Holzstäbchen oder Fäden zusammenhalten
40 g Pflanzenfett	erhitzen, die Rouladen von allen Seiten gut darin anbraten
2 mittelgroße Zwiebeln	abziehen, vierteln
1 Bund Suppengrün	putzen, waschen, kleinschneiden, beide Zutaten kurz mitbraten lassen etwas
heißes Wasser	hinzugießen, die Rouladen schmoren lassen, von Zeit zu Zeit wenden, verdampfte Flüssigkeit nach und nach durch heißes Wasser ersetzen die garen Rouladen (Holzstäbchen oder Fäden entfernen), auf einer vorgewärmten Platte anrichten, warm stellen den Bratensatz mit Wasser auf 375 ml (3/8 l) auffüllen, zum Kochen bringen
20 g Weizenmehl	mit
3 Eßl. kaltem Wasser	anrühren, die Flüssigkeit damit binden, die Soße mit Salz, Pfeffer abschmecken
Beilage:	Blumenkohl, Rotkohl, Salzkartoffeln.

Gefüllte Schweinerippe

(6 Portionen)

Bratzeit: 1¾–2 Stunden.
Strom: 200–225, Gas: 3–4
Pro Portion: E: 24 g, F: 33 g, Kh: 78 g, kJ: 3093, kcal: 737.

Für die Füllung

250 g entsteinte, getrocknete Pflaumen	etwa 12 Stunden in kaltem Wasser einweichen, gut abtropfen lassen

Fortsetzung Seite 122

250 g Äpfel	schälen, vierteln, entkernen, in Scheiben schneiden, mit den Pflaumen,
40 g Semmelmehl **20 g Zucker, Salz**	vermengen
1 kg Schweinerippe (dickes Stück mit Knochen, vom Metzger als Tasche geschnitten)	unter fließendem kaltem Wasser abspülen, trockentupfen, innen und außen mit Salz,
Pfeffer	einreiben die Füllung in die Tasche geben, zunähen oder mit Holzstäbchen zusammenhalten die Schweinerippe in eine mit Wasser ausgespülte Rostbratpfanne legen, in den vorgeheizten Backofen schieben, sobald der Bratensatz bräunt, etwas
heißes Wasser	hinzugießen, das Fleisch ab und zu mit dem Bratensatz begießen, verdampfte Flüssigkeit nach und nach durch heißes Wasser ersetzen das gare Fleisch von den Fäden (Holzstäbchen) befreien, 10 Minuten „ruhen" lassen, damit sich der Fleischsaft setzt das Fleisch in Portionsstücke schneiden, mit der Füllung auf einer vorgewärmten Platte anrichten den Bratensatz mit etwas Wasser loskochen, durch ein Sieb gießen, mit Wasser auf 500 ml (½ l) auffüllen, auf der Kochstelle zum Kochen bringen, mit
dunklem Soßen-Helfer	binden, die Soße mit Salz, Pfeffer abschmecken

Kalbs-Schmorbraten

Schmorzeit: Etwa 1½ Stunden.
Pro Portion: E: 41 g, F: 25 g, Kh: 12 g
kJ: 2059, kcal: 492.

750 g Kalbfleisch (aus der Schulter, ohne Knochen)	unter fließendem kalten Wasser abspülen, trockentupfen, wenn nötig, zu guter Form binden
30 g Pflanzenfett	erhitzen, das Fleisch von allen Seiten gut darin anbraten, mit
Salz **Pfeffer (aus der Mühle)**	bestreuen
2 mittelgroße Zwiebeln	abziehen, vierteln, hinzufügen, kurze Zeit mitbraten lassen
1 kleines Lorbeerblatt **5 Pfefferkörner**	hinzufügen, kurz miterhitzen

125 ml (⅛ l) heißes Wasser
125 ml (⅛ l) Wermutwein hinzugießen, das Fleisch schmoren lassen, von Zeit zu Zeit wenden, verdampfte Flüssigkeit nach und nach durch heißes Wasser ersetzen

500 g Porree putzen, in Stücke schneiden, waschen, 30 Minuten vor Beendigung der Schmorzeit zu dem Fleisch geben, mitschmoren lassen
das gare Fleisch (Faden lösen) vor dem Schneiden 10 Minuten „ruhen" lassen, damit sich der Fleischsaft setzt
das Fleisch in Scheiben schneiden, auf einer vorgewärmten Platte anrichten
die Bratenflüssigkeit etwas einkochen lassen

1 Becher (150 g) Crème fraîche (30 % Fett) unterrühren
die Soße mit Pfeffer abschmecken

Beilage: Salzkartoffeln oder Kartoffelklöße.

Gulasch

Schmorzeit: 1 – 1½ Stunden.
Pro Portion: E: 25 g, F: 11 g, Kh: 12 g, kJ: 1092, kcal: 261.

500 g schieres Rindfleisch (ohne Knochen) unter fließendem kaltem Wasser abspülen, trockentupfen, in Würfel schneiden

30 g Pflanzenfett erhitzen, das Fleisch von allen Seiten gut darin anbraten

500 g Zwiebeln abziehen, halbieren, in Scheiben schneiden, mitbräunen lassen, das Fleisch mit

Salz, Pfeffer
Paprika edelsüß
Gulasch-Gewürz würzen

2 schwach gehäufte Eßl. Tomatenmark hinzufügen

500 ml (½ l) heißes Wasser hinzugießen, das Fleisch gar schmoren lassen

120 g gedünstete Champignons hinzufügen, miterhitzen
das Gulasch mit Salz, Pfeffer, Paprika edelsüß,

1 – 2 Spritzern Tabasco abschmecken

Beilage: Kartoffelbrei, Kochreis oder Makkaroni, Tomaten-, Gurken- oder Blatt-Salate.

Saure Nieren

Schmorzeit: 10–15 Minuten.
Pro Portion: E: 23 g, F: 18 g, Kh: 7 g
kJ: 1247, kcal: 298.

600 g Schweinenieren	aufschneiden, von den Röhren befreien, in Scheiben schneiden, waschen, etwa 2 Stunden in Milch legen die Nieren zum Abtropfen auf ein Sieb geben, trockentupfen
50 g Butter	erhitzen, die Nieren von allen Seiten gut darin anbraten, mit
Salz, Pfeffer Paprika edelsüß gerebeltem Thymian gerebeltem Rosmarin	würzen
2 mittelgroße Zwiebeln	abziehen, fein würfeln, mitbräunen lassen, mit
25 g Weizenmehl	bestreuen, mitbräunen lassen
375 ml (3/8 l) Instant-Fleischbrühe	hinzugießen die Nieren gar schmoren lassen
2 Eßl. Essig	hinzufügen, mit Salz,
Zucker	abschmecken
Beilage:	Reis, Makkaroni oder Semmelknödel.

Schweine-Schmorbraten

Schmorzeit: Etwa 1½ Stunden.
Pro Portion: E: 34 g, F: 51 g, Kh: 12 g, kJ: 2837, kcal: 678.

750 g Schweinefleisch (aus der Keule, ohne Knochen)	unter fließendem kaltem Wasser abspülen, trockentupfen
2 Bund Suppengrün	putzen, waschen
6 mittelgroße Zwiebeln	abziehen beide Zutaten kleinschneiden
30 g Pflanzenfett	erhitzen, das Fleisch von allen Seiten gut darin anbraten, mit
Salz, Pfeffer gerebeltem Majoran	bestreuen, etwas
heißes Wasser	hinzugießen, das Fleisch schmoren lassen, von Zeit zu Zeit wenden, verdampfte Flüssigkeit nach und nach durch heißes Wasser ersetzen, 30 Minuten vor Beendigung der Schmorzeit das geschnittene Gemüse hinzufügen das gare Fleisch vor dem Schneiden 10 Minuten „ruhen" lassen, damit sich der Fleischsaft setzt, das Fleisch in Scheiben schneiden, auf einer vorgewärmten Platte anrichten den Bratensatz mit dem Gemüse durch ein Sieb streichen etwa 500 ml (½ l), zum Kochen bringen, evtl. etwas einkochen lassen die Soße mit Salz, Pfeffer, Majoran abschmecken
Beigabe:	Tomaten-Salat.

Rinder-Schmorbraten

Schmorzeit: Etwa 2½ Stunden.
Pro Portion: E: 41 g, F: 42 g, Kh: 9 g
kJ: 2745, kcal: 656.

750 g Rindfleisch (aus der Keule, ohne Knochen)	unter fließendem kaltem Wasser abspülen, trockentupfen
1 Bund Suppengrün	putzen, waschen
2 mittelgroße Zwiebeln	abziehen
2 mittelgroße Tomaten	waschen die drei Zutaten kleinschneiden
30 g Pflanzenfett	erhitzen, das Fleisch von allen Seiten gut darin anbraten, mit
Salz, Pfeffer	bestreuen, die geschnittenen Zutaten hinzufügen, kurz miterhitzen, etwas von
125 ml (⅛ l) heißem Wasser	
327 ml (⅜ l) Rotwein	hinzugießen, das Fleisch schmoren lassen, von Zeit zu Zeit wenden, verdampfte Flüssigkeit nach und nach ersetzen, das gare Fleisch vor dem Schneiden 10 Minuten „ruhen" lassen, damit sich der Fleischsaft setzt das Fleisch in Scheiben schneiden, auf einer vorgewärmten Platte anrichten den Bratensatz mit dem Gemüse durch ein Sieb streichen, zum Kochen bringen, auf 150 ml einkochen lassen, von der Kochstelle nehmen
100 g weiche Butter	unterrühren die Soße erhitzen (nicht kochen), mit Salz, Pfeffer,
Zucker	abschmecken

Tafelspitz mit Meerrettich-Soße

(Abb. nebenstehend)

Kochzeit: 1¾–2 Stunden.
Pro Portion: E:49 g, F: 28 g, Kh: 6 g
kJ: 2125, kcal: 508.

750 g Rindfleisch (aus der Hüfte)	
500 g Fleischknochen	beide Zutaten unter fließendem kaltem Wasser abspülen, mit
½ Lorbeerblatt	
Pfeffer (aus der Mühle)	in
1 l kochendes Salzwasser	geben, zum Kochen bringen, gar ziehen lassen
1 mittelgroße Kohlrabi	schälen, vierteln
1 mittelgroße Möhre	putzen, schrappen
1 mittelgroße Zwiebel	abziehen die drei Zutaten in Scheiben schneiden, 45 Minuten vor Beendigung der Kochzeit zu dem Fleisch geben, mitkochen lassen das gare Fleisch aus der Brühe nehmen, in Scheiben schneiden, auf einer vorgewärmten Platte anrichten, mit etwas heißer Brühe übergießen, mit dem Gemüse garnieren, mit
1 Eßl. gehackter Petersilie	bestreuen
	für die Merrettich-Soße
1 Becher (150 g) Crème fraîche (30 % Fett)	mit
2 Teel. geriebenem Meerrettich (aus dem Glas)	verrühren, mit
Salz	abschmecken In der Berechnung ist die Brühe enthalten. Anstelle der Meerrettichsoße geriebenen
Veränderung:	Meerrettich dazureichen.

Königsberger Klopse

Garzeit: Etwa 15 Minuten.
Pro Portion: E: 28 g, F: 39 g, Kh: 14 g
kJ: 2301, kcal: 550.

1 Brötchen (Semmel)	in kaltem Wasser einweichen
1 mittelgroße Zwiebel	abziehen, fein würfeln
500 g Hackfleisch (halb Rind-, halb Schweinefleisch)	mit dem gut ausgedrückten Brötchen, den Zwiebelwürfeln,
1 Eiweiß	vermengen, mit
1 schwach gehäuften Teel. Senf	
Salz, Pfeffer	abschmecken, aus der Masse mit nassen Händen Klopse formen
1 Zwiebel	abziehen, mit
4 Gewürznelken	spicken, mit
1 Lorbeerblatt	in
750 ml (¾ l) Salzwasser	geben, zum Kochen bringen, die Klopse darin gar ziehen lassen (Wasser muß sich leicht bewegen) die Brühe durch ein Sieb geben, 500 ml (½ l) davon abmessen
	für die Soße
30 g Butter oder Margarine	zerlassen
30 g Weizenmehl	unter Rühren so lange darin erhitzen, bis es hellgelb ist
500 ml (½ l) Brühe	hinzugießen, mit einem Schneebesen durchschlagen, darauf achten, daß keine Klumpen entstehen, die Soße zum Kochen bringen, etwa 5 Minuten kochen lassen
1 Eigelb	mit
2 Eßl. kalter Milch	verschlagen, die Soße damit abziehen (nicht mehr kochen lassen)
1 Eßl. Kapern	hinzufügen, mit
Salz, Pfeffer, Speisewürze	
Zitronensaft	abschmecken, die Klopse in die Soße geben, 5 Minuten darin ziehen lassen

Gekochte Rinderzunge

(6 Portionen)

Kochzeit: Etwa 2 Stunden.
Pro Portion: E: 27 g, F: 27 g, Kh: 2 g, kJ: 1598, kcal: 382.

1 kg küchenfertige Rinderzunge	unter fließendem kaltem Wasser abspülen
2 mittelgroße Zwiebeln	abziehen, mit
4 Gewürznelken	spicken, mit
1 Lorbeerblatt	in
1 l kochendes Salzwasser	geben, zum Kochen bringen

1 Päckchen tief-gekühltes Suppengrün	hinzufügen, die Zunge gar kochen lassen (die Zunge ist gar, wenn sich die Spitze weich ansticht) die gare Zunge mit kaltem Wasser abspülen, die Haut abziehen, solange die Zunge heiß ist das obere knorpelige Ende ablösen die Zunge bis zum Anrichten wieder in die heiße Brühe geben, herausnehmen, in fingerdicke Scheiben schneiden, auf einer vorgewärmten Platte anrichten In der Berechnung ist die Brühe enthalten.

Gekochte Kalbsbrust

Kochzeit: Etwa 2 Stunden.
Pro Portion: E: 27 g, F: 27 g, Kh: 2 g
kJ: 1598, kcal: 382.

600 g Kalbsbrust (ohne Knochen)	unter fließendem kaltem Wasser abspülen
2 mittelgroße Zwiebeln	abziehen, mit
2 Gewürznelken	spicken, mit
2 Lorbeerblättern	in
1 l Salzwasser	geben, zum Kochen bringen
1 Bund Suppengrün	putzen, waschen, mit dem Fleisch hinzufügen das Fleisch gar kochen lassen, aus der Brühe nehmen, in Scheiben schneiden, auf einer vorgewärmten Platte anrichten, mit dem geschnittenen Suppengrün garnieren In der Berechnung ist die Brühe enthalten.
Beilage:	Kräuter- oder Béchamel-Soße, Salzkartoffeln oder Kochreis.

Kalbshirn

Kochzeit: 5–6 Minuten.
Pro Portion: E: 15 g, F: 18 g, Kh: 1 g, kJ: 992, kcal: 237.

600 g Kalbshirn	so lange wässern, bis das Blut ausgezogen ist das Hirn von Haut und Adern befreien, mit
1 Eßl. Essig	in
500 ml (½ l) kochendes Salzwasser	geben, zum Kochen bringen
1 Bund Petersilie	waschen, hinzufügen, das Kalbshirn gar ziehen lassen das gut abgetropfte Kalbshirn auf einer vorgewärmten Platte anrichten, mit
30 g gebräunter Butter	übergießen In der Berechnung ist die Brühe enthalten.
Veränderung:	Kalbshirn auch zur Verfeinerung von Ragout fin verwenden, soll das Kalbshirn gebraten werden, es in der Brühe erkalten lassen, herausnehmen, abtropfen lassen, mit Salz, Pfeffer bestreuen, in Weizenmehl wenden, in zerlassener Margarine braten.

Kalbfleisch-Frikassee

Kochzeit: Etwa 1 Stunde.
Pro Portion: E: 25 g, F: 17 g, Kh: 7 g.
kJ: 1230, kcal: 294.

500 g Kalbfleisch (ohne Knochen)	unter fließendem kaltem Wasser abspülen, in
500 ml (½ l) kochendes Salzwasser	geben, zum Kochen bringen
1 mittelgroße Zwiebel	abziehen, mit
1 kleines Loorbeerblatt	
3 Gewürznelken	spicken, hinzufügen, das Fleisch gar kochen lassen die Brühe durch ein Sieb gießen, 500 ml (½ l) davon abmessen (evtl. mit Wasser ergänzen)
	für die Soße
30 g Butter oder Margarine	zerlassen
30 g Weizenmehl	unter Rühren so lange darin erhitzen, bis es hellgelb ist
500 ml (½ l) Kalbfleischbrühe	hinzugießen, mit einem Schneebesen durchschlagen, darauf achten, daß keine Klumpen entstehen, die Soße zum Kochen bringen, etwa 5 Minuten kochen lassen das Fleisch in Würfel schneiden, in die Soße geben, kurz aufkochen lassen
1 Eigelb	mit
1 Eßl. kalter Milch	verschlagen, das Frikassee damit abziehen (nicht mehr kochen lassen), mit
Salz, Pfeffer	
Zitronensaft, Zucker	abschmecken
Beilage:	Reis.
Veränderung:	Das Frikassee nach Belieben durch Spargelstücke, Champignons, gehackte Sardellen verfeinern.

Ragout fin

Backzeit: Etwa 15 Minuten.
Strom: 225–250, Gas: 6–8
Pro Portion: E: 39 g, F: 28 g, Kh: 18 g, kJ: 2222, kcal: 531.

750 g Kalbfleisch	unter fließendem kaltem Wasser abspülen
1 Bund Suppengrün	putzen, waschen, mit dem Fleisch in
750 ml (¾ l) kochendes Salzwasser	geben, zum Kochen bringen, gar kochen lassen das Fleisch in sehr kleine Würfel schneiden die Brühe durch ein Sieb gießen, 375 ml (⅜ l) davon abmessen

	für die Soße
40 g Butter oder Margarine	zerlassen
50 g Weizenmehl	unter Rühren so lange darin erhitzen, bis es hellgelb ist
375 ml (3/8 l) Kalbfleischbrühe 125 ml (1/8 l) Schlagsahne (30 % Fett)	hinzugießen, mit einem Schneebesen durchschlagen, darauf achten, daß keine Klumpen entstehen, zum Kochen bringen, etwa 5 Minuten kochen lassen
100 g gedünstete Champignons	in kleine Stücke schneiden, mit dem Fleisch in die Soße geben, kurz aufkochen lassen
1 Teel. Zitronensaft 6 Eßl. Weißwein	hinzufügen, mit
Salz, Pfeffer Worcestersoße	abschmecken die Masse in 10 Ragout fin-Förmchen füllen, mit
15 g Semmelmehl 30 g geriebenem Käse	bestreuen
20 g Butter	in Flöckchen darauf setzen, die Förmchen auf dem Rost in den vorgeheizten Backofen schieben

Gekochte Rinderbrust

Kochzeit: Etwa 2½ Stunden.
Pro Portion: E: 28 g, F: 33 g, Kh: 4 g
kJ: 1895, kcal: 453.

500 g Fleischknochen	unter fließendem kaltem Wasser abspülen, in
1½ l kaltes Salzwasser	geben, zum Kochen bringen, etwa 1 Stunde kochen lassen
500 g Rinderbrust (ohne Knochen)	unter fließendem kaltem Wasser abspülen
1 mittelgroße Zwiebel	abziehen
1 Bund Suppengrün	putzen, waschen
2 Lorbeerblätter	
	die Zutaten mit dem Fleisch in die Brühe geben, gar ziehen lassen, aus der Brühe nehmen das Fleisch in Scheiben schneiden, auf einer vorgewärmten Platte anrichten, mit etwas heißer Brühe übergießen, mit dem geschnittenen Suppengrün garnieren In der Berechnung ist die Brühe enthalten.
Beilage:	Gedünstetes Gemüse, Meerrettich-, Kräuter-Soße, Salzkartoffeln.

Wild und Geflügel

Wichtige Hinweise

Wild muß gut abgehangen sein.

Wild

Damit das Fleisch zarter und der Wildgeschmack gemildert wird, das Fleisch evtl. eine Nacht in eine Marinade (Beize) oder einige Tage in Buttermilch legen.

Damit das Fleisch nicht trocken wird, es vor dem Braten mit Speckscheiben belegen oder umwickeln (bardieren).

Große TKK-Bratstücke vor der Zubereitung auftauen, kleine Bratstücke nur antauen.

Fleisch mit einem spitzen scharfen Messer enthäuten. Dazu das Messer direkt unter der Haut entlangführen (Fleisch darf nicht verletzt werden).

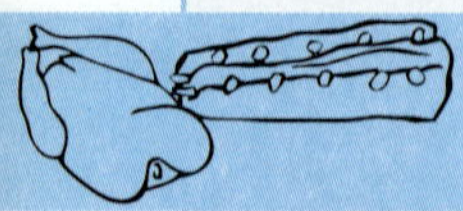

Beim Braten von Wild die dünneren Teile, z. B. Rücken, nicht sofort mit in die Pfanne legen, sondern erst zu einem späteren Zeitpunkt, da diese Fleischstücke am zartesten sind und leicht trocken werden.

Rehsteaks mit Mandelstiften

(Abb. S. 132/133)

Bratzeit: 4–8 Minuten.
Pro Portion: E: 31 g, F: 36 g, Kh: 5 g, kJ: 2033, kcal: 486.

4 Rehsteaks (je 125 g, 2 cm dick, aus der Keule geschnitten) evtl. unter fließendem kaltem Wasser abspülen, trockentupfen, mit

Salz
geriebener Muskatnuß bestreuen

40 g Pflanzenfett erhitzen, die Steaks von beiden Seiten darin braten, auf einer vorgewärmten Platte anrichten, mit

75 g gebräunten Mandelstiften bestreuen, warm stellen
den Bratensatz mit

1 Becher (150 g) Crème fraîche (30 % Fett) loskochen, etwas einkochen lassen, bis die Soße dicklich ist, mit Salz,

Pfeffer abschmecken

Beilage: Kartoffel-Kroketten, Ananasscheiben mit Preiselbeerkompott.

Hasenbraten

(6 Portionen)

Bratzeit: Etwa 1½ Stunden (je nach Alter des Tieres).
Strom: 200–225, Gas: 3–4
Pro Portion: E: 60 g, F: 37 g, Kh: 8 g, kJ: 2648, kcal: 633.

1 küchenfertigen Hasen (2 kg, Rücken, Keulen, Läufe)	waschen, abtrocknen, enthäuten, von allem Fett befreien, Keulen und Läufe vom Rücken trennen, mit
Salz, Pfeffer Rosmarin	einreiben, mit
50 g weicher Butter oder Margarine	bestreichen, die Hälfte von
125 g fetten Speckscheiben	in eine mit Wasser ausgespülte Rostbratpfanne legen, darauf Keulen und Läufe geben, mit Speckscheiben bedecken (einige für den Rücken zurücklassen)
1 mittelgroße Zwiebel	abziehen
1 mittelgroße Möhre	putzen, schrappen, waschen beide Zutaten kleinschneiden, mit
1 Lorbeerblatt 10 zerdrückten Wacholderbeeren 5 Pimentkörnern (Nelkenpfeffer)	hinzufügen, in den Backofen schieben den Rücken erst nach 15 Minuten Bratzeit dazulegen sobald der Bratensatz bräunt, etwas von
250 ml (¼ l) heißem Wasser	hinzugießen, das Fleisch ab und zu mit dem Bratensatz begießen, verdampfte Flüssigkeit nach und nach ersetzen
1 Becher (150 g) saure Sahne (10 % Fett)	mit
5 Eßl. Kondensmilch	verrühren, 10 Minuten vor Beendigung der Bratzeit den Hasen damit begießen das gare Fleisch auf einer vorgewärmten Platte anrichten, warm stellen den Bratensatz mit Wasser loskochen, durch ein Sieb gießen, mit Wasser auf 500 ml (½ l) auffüllen, auf der Kochstelle zum Kochen bringen
25 g Speisestärke	mit
3 Eßl. kaltem Wasser	anrühren, den mit Wasser aufgefüllten Bratensatz damit binden, die Soße mit Salz, Pfeffer abschmecken
Beilage:	Glasierte Kartoffeln, Rosenkohl.

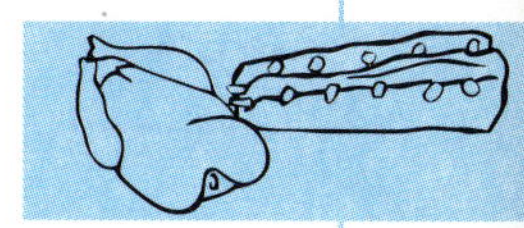

Hasenrücken

Garzeit: Etwa 35 Minuten.
Pro Portion: E: 56 g, F: 34 g, Kh: 6 g, kJ: 2485, kcal: 594.

2 gespickte Hasenrücken (1¼ kg tiefgekühlt) bei Zimmertemperatur auftauen lassen, das Fleisch vom Knochengerüst lösen, das Knochengerüst zerkleinern

20 g Pflanzenfett erhitzen, die Knochen darin anbraten

1 mittelgroße Möhre putzen, schrappen

1 Stange Porree (150 g) putzen

beide Zutaten waschen

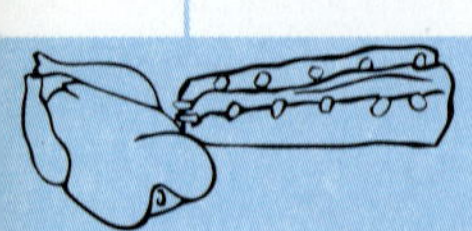

1 mittelgroße Zwiebel abziehen

die drei Zutaten grob zerkleinern, zu den Knochen geben, kurz mitbraten lassen, mit

Salz würzen

250 ml (¼ l) Wasser hinzugießen, etwa 20 Minuten kochen lassen

40 g Pflanzenfett erhitzen, das Fleisch in etwa 15 Minuten darin gar braten lassen

das gare Fleisch vor dem Schneiden 10 Minuten „ruhen" lassen, damit sich der Fleischsaft setzt, das Fleisch in Scheiben schneiden, auf einer vorgewärmten Platte anrichten

die Knochen mit dem Gemüse zum Abtropfen auf ein Sieb geben

die aufgefangene Flüssigkeit zu dem Bratfett geben

1 Becher (150 g) Crème fraîche (30 % Fett)
4 Eßl. Rotwein unterrühren, einkochen lassen, bis die Soße dicklich ist, mit Salz abschmecken

Beilage: Kartoffelbrei, Spätzle, Kartoffel-Kroketten (Tiefkühlkost), Apfelmus mit Preiselbeerkompott.

Rehrücken mit Orangenscheiben

(6 Portionen)

Bratzeit: 35–50 Minuten (je nach Alter des Tieres).
Strom: 200–225, Gas: 3–4
Pro Portion: E: 41 g, F: 12 g, Kh: 9 g, kJ: 1406, kcal: 336.

1½ kg Rehrücken enthäuten, unter fließendem kaltem Wasser abspülen, trockentupfen, mit

Salz, Pfeffer einreiben, in eine mit Wasser ausgespülte Rostbratpfanne legen

1 Orange (unbehandelt) abspülen, abtrocknen, halbieren, in Scheiben schneiden

75 g durchwachsene Speckscheiben	beide Zutaten auf den Rehrücken legen
1 mittelgroße Zwiebel	abziehen, würfeln
1 mittelgroße Möhre	putzen, schrappen
1 Stange Porree (150 g)	putzen
	beide Zutaten waschen, in Scheiben schneiden die drei Zutaten mit evtl. abgeschnittenen Fleischresten in die Rostbratpfanne geben, in den vorgeheizten Backofen schieben
	sobald der Bratensatz bräunt, etwas
heißes Wasser	hinzugießen, das Fleisch ab und zu vorsichtig mit dem Bratensatz begießen, ver dampfte Flüssigkeit nach und nach durch heißes Wasser ersetzen
	das gare Fleisch vor dem Schneiden 10 Minuten „ruhen" lassen, damit sich der Fleischsaft setzt
	das Fleisch vom Knochengerüst lösen (Speck- und Orangenscheiben entfernen), in Scheiben schneiden, wieder auf das Knochengerüst legen, auf einer vorgewärmten Platte anrichten
	den Bratensatz mit etwas Wasser loskochen, durch ein Sieb gießen, mit Wasser auf 500 ml (½ l) auffüllen, auf der Kochstelle zum Kochen bringen
30 g Weizenmehl	mit
4 Eßl. Rotwein	anrühren, die Flüssigkeit damit binden
3 Eßl. Orangensaft	hinzufügen, den Rehrücken mit
Orangenscheiben	garnieren
Beilage:	Spätzle, Kartoffel-Kroketten (Tiefkühlkost), Semmelknödel, Apfelmus mit Preiselbeerkompott.

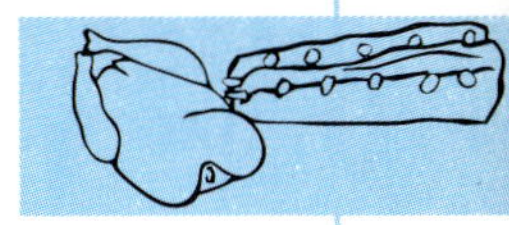

Kaninchenbraten

Bratzeit: Etwa 55 Minuten
Strom: Etwa 225, Gas: 3–4
Pro Portion: E: 76 g, F: 64 g, Kh: 5 g, kJ: 4079, kcal: 975.

	Von
1 küchenfertigen Kaninchen (1¾ kg)	das Fett entfernen, Keulen, Läufe und Bauchlappen vom Rücken trennen
	alle Stücke unter fließendem kaltem Wasser abspülen, trockentupfen, mit
Salz, Pfeffer	einreiben
125 g durchwachsene Speckscheiben	in einen Brattopf legen
1 Bund Suppengrün	putzen, waschen, kleinschneiden, hinzufügen, Keulen, Läufe und Bauchlappen darauf legen, mit einem Teil von

Fortsetzung Seite 138

30 g zerlassener Butter	bestreichen, den Brattopf auf dem Rost in den vorgeheizten Backofen schieben nach etwa 30 Minuten Bratzeit
125 ml (⅛ l) heißes Wasser	hinzugießen den Kaninchenrücken mit der restlichen Butter bestreichen, hinzufügen, mitbraten lassen das gare Fleisch vor dem Schneiden 10 Minuten „ruhen" lassen, damit sich der Fleischsaft setzt, das Fleisch in Scheiben schneiden, auf einer vorgewärmten Platte anrichten, warm stellen den Bratensaft mit dem Suppengrün auf der Kochstelle erhitzen
1 Becher (150 g) Crème fraîche (30% Fett)	unterrühren, kurz aufkochen lassen, die Soße mit Salz abschmecken
Beilage:	Salzkartoffeln, Broccoli.

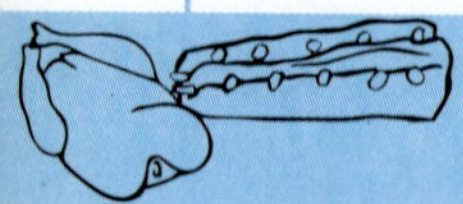

Hasenkeulen

Schmorzeit: 1–1½ Stunden (je nach Alter des Tieres).
Pro Portion: E: 56 g, F: 25 g, Kh: 7 g
kJ: 2142, kcal: 512.

1¼ kg Hasenkeulen	enthäuten, unter fließendem kaltem Wasser abspülen, trockentupfen, mit
Salz, Pfeffer **10 zerdrückten Wacholderbeeren**	einreiben
30 g Pflanzenfett	erhitzen, die Keulen von allen Seiten gut darin anbraten
3 mittelgroße Zwiebeln	abziehen, kleinschneiden, mit
1 Lorbeerblatt **6 Pimentkörnern (Nelkenpfeffer)**	hinzufügen, kurz miterhitzen, etwas
heißes Wasser	hinzugießen, die Keulen schmoren lassen, von Zeit zu Zeit wenden, verdampfte Flüssigkeit nach und nach durch heißes Wasser ersetzen die garen Keulen auf einer vorgewärmten Platte anrichten den Bratensatz durch ein Sieb gießen, mit Wasser auf 375 ml (⅜ l) auffüllen, zum Kochen bringen
15 g Weizenmehl	mit
125 ml (⅛ l) Schlagsahne (30 % Fett)	anrühren, die Flüssigkeit damit binden
3 Eßl. Rotwein	hinzufügen, die Soße mit Salz, Pfeffer abschmecken
Beilage:	Rotkohl, Apfelmus.

Wildschweinkeule

(6 Portionen)

Bratzeit: 2–2½ Stunden (je nach Alter des Tieres).
Strom: 200–225, Gas: 3–4
Pro Portion: E: 56 g, F: 11 g, Kh: 14 g, kJ: 1749, kcal: 418.

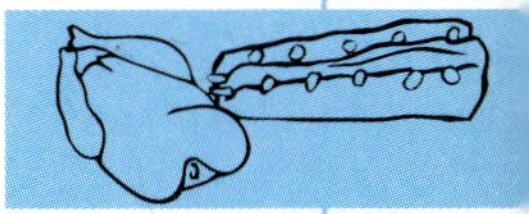

1½ kg Wildschweinkeule (ohne Knochen)	enthäuten, unter fließendem kaltem Wasser abspülen, trockentupfen, mit
Salz **Pfeffer**	einreiben, das Fett (falls vorhanden) gitterförmig einschneiden, das Fleisch mit der Fettschicht nach oben auf den Rost auf eine mit
10 g Pflanzenfett	gefettete Rostbratpfanne legen, in den vorgeheizten Backofen schieben sobald der Bratensatz bräunt, etwas von
250 ml (¼ l) Rotwein	hinzugießen, das Fleisch ab und zu mit dem Bratensatz begießen, verdampfte Flüssigkeit nach und nach durch Rotwein (evtl. heißes Wasser) ersetzen
1 mittelgroße Zwiebel	abziehen
1 Bund Suppengrün	putzen, waschen beide Zutaten kleinschneiden, mit
1 Lorbeerblatt **10 zerdrückten Wacholderbeeren** **20 Pfefferkörnern** **5 Pimentkörnern (Nelkenpfeffer)**	30 Minuten vor Beendigung der Bratzeit in die Rostbratpfanne geben, mitbraten lassen, das sich evtl. angesammelte Fett abschöpfen das gare Fleisch vor dem Schneiden 10 Minuten „ruhen" lassen, damit sich der Fleischsaft setzt, das Fleisch in Scheiben schneiden, auf einer vorgewärmten Platte anrichten den Bratensatz mit etwas Wasser loskochen, durch ein Sieb gießen, mit Wasser auf 500 ml (½ l) auffüllen
2 schwach gehäufte Eßl. Johannisbeergelee (50 g) **3 schwach gehäufte Eßl. saure Sahne (10 % Fett)**	hinzufügen, auf der Kochstelle zum Kochen bringen mit
30 g Weizenmehl **4 Eßl. kaltem Wasser** **2 schwach gehäuften Eßl. saurer Sahne (10% Fett)**	anrühren, die Flüssigkeit damit binden, die Soße mit Salz, Pfeffer abschmecken

Hirsch-Ragout

(Abb. nebenstehend)

Schmorzeit: Etwa 2 Stunden
(je nach Alter des Tieres).
Pro Portion: E: 44 g, F: 27 g, Kh: 12 g
kJ: 2079, kcal: 497.

800 g Hirschfleisch (aus der Schulter, ohne Knochen) unter fließendem kaltem Wasser abspülen, trockentupfen, in Würfel schneiden, mit

2 Eßl. Portwein begießen, einige Stunden stehenlassen

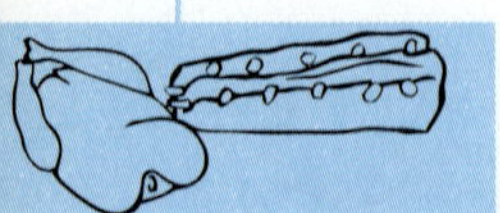

75 g durchwachsenen Speck in kleine Würfel schneiden

30 g Pflanzenfett zerlassen, die Speckwürfel darin auslassen, das Fleisch hinzufügen, von allen Seiten gut darin anbraten

1 mittelgroße Zwiebel abziehen, würfeln, hinzufügen, mitbräunen lassen

Salz, Pfeffer
4 Wacholderbeeren
3 Gewürznelken
2 Messerspitzen Thymian
250 ml (¼ l) heißes Wasser hinzufügen, das Fleisch gar schmoren lassen verdampfte Flüssigkeit nach und nach durch heißes Wasser ersetzen

250 g Champignons oder Pfifferlinge putzen, waschen, etwa 10 Minuten vor Beendigung der Schmorzeit mit

250 ml (¼ l) heißem Wasser zu dem Ragout geben

2 schwach gehäufte Eßl. Johannisbeergelee (50 g) unterrühren

das Ragout mit

dunklem Soßen-Helfer binden, mit Salz abschmecken

Beilage: Kartoffelklöße, Salzkartoffeln, Spätzle, Rotkohl, Apfelmus, Preiselbeerkompott.

Rehkeule mit Rosinen-Soße

(6 Portionen)

Bratzeit: 2–2½ Stunden.
Strom: 200–225, Gas: 3–4
Pro Portion: E: 56 g, F: 32 g, Kh: 12 g, kJ: 2494, kcal: 596.

1½ kg Rehkeule (ohne Knochen) enthäuten, unter fließendem kaltem Wasser abspülen, trockentupfen

3 Eßl. Speiseöl mit
gerebeltem Rosmarin
gerebeltem Majoran

Fortsetzung Seite 142

gerebeltem Thymian	verrühren, die Keule damit bestreichen, zugedeckt über Nacht stehenlassen, mit
Salz	bestreuen, die Hälfte von
100 g fetten Speckscheiben	in eine mit Wasser ausgespülte Rostbratpfanne legen, die Rehkeule darauf legen, mit den restlichen Speckscheiben bedecken, in den vorgeheizten Backofen schieben sobald der Bratensatz bräunt, etwas
heißes Wasser	hinzugießen, das Fleisch ab und zu mit dem Bratensatz begießen, verdampfte Flüssigkeit nach und nach durch heißes Wasser ersetzen
1 mittelgroße Zwiebel	abziehen
1 mittelgroße Möhre	putzen, schrappen
1 Stange Porree (150 g)	putzen beide Zutaten waschen, das Gemüse grob zerkleinern, nach etwa 1 Stunde Bratzeit in die Rostbratpfanne geben, mitbraten lassen das Fleisch in Scheiben schneiden, auf einer vorgewärmten Platte anrichten den Bratensatz mit Wasser loskochen, mit Wasser auf 375 ml (3/8 l) auffüllen, zum Kochen bringen
125 ml (1/8 l) Schlagsahne (30 % Fett)	
50 g verlesene Rosinen	hinzufügen
20 g Weizenmehl	mit
4 Eßl. Rotwein	anrühren, die Flüssigkeit damit binden

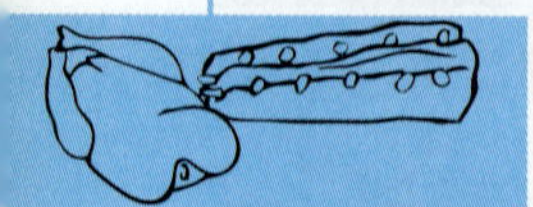

Wichtige Hinweise

Geflügel

Geflügel sauber rupfen, sengen, ausnehmen, unter fließendem kaltem Wasser abspülen.

Zum Braten das Geflügel trockentupfen, evtl. binden (dressieren, dazu Keulen und Flügel fest an den Körper drücken), damit es saftiger bleibt.

Soll Geflügel gefüllt werden, die Füllung in das Innere geben, die Öffnung anschließend mit einem Holzstäbchen zustecken oder mit einem Faden zunähen.

Mageres Geflügel mit Fett bestreichen oder mit Speckscheiben belegen oder umlegen (bardieren).

Fettes Geflügel während des Bratens ab und zu unterhalb der Flügel und Keulen einstechen, damit das Fett besser ausbraten kann (evtl. das Fett abschöpfen).

Damit die Haut kroß wird, das Geflügel 10 Minuten vor Beendigung der Bratzeit mit Salzwasser bestreichen.

Fasan in Weintrauben-Soße

Garzeit: Etwa 50 Minuten.
Pro Portion: E: 56 g, F: 10 g, Kh: 20 g
kJ: 1736, kcal: 415.

1 küchenfertigen Fasan (1¼ kg) in 4 Portionsstücke schneiden, unter fließendem kaltem Wasser abspülen, trockentupfen, mit
Salz einreiben
20 g Pflanzenfett in einer Bratpfanne erhitzen, die Fleischstücke von allen Seiten gut darin anbraten, in der geschlossenen Pfanne etwa 40 Minuten garen lassen

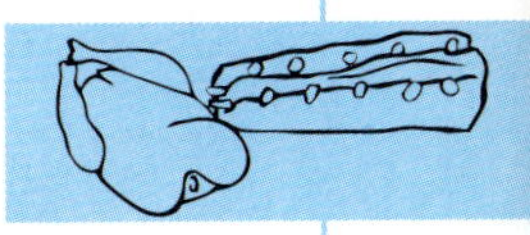

250 g grüne Weintrauben waschen, halbieren, entkernen, pürieren, mit zu den Fleischstücken geben, gar schmoren lassen
250 g grüne Weintrauben waschen, halbieren, entkernen, 10 Minuten vor Beendigung der Schmorzeit zu dem Fleisch geben, die garen Fleischstücke herausnehmen, auf eine vorgewärmte Platte geben, die Soße mit Salz abschmecken
3 Eßl. Rotwein unterrühren, über die Fleischstücke geben

Gänseschenkel in Schmorkraut

Schmorzeit: Etwa 1½ Stunden.
Pro Portion: E: 25 g, F: 44 g, Kh: 10 g, kJ: 2389, kcal: 571.

2 Gänseschenkel (900 g) unter fließendem kaltem Wasser abspülen, trockentupfen, mit
Salz
Pfeffer einreiben
einen Brattopf mit Wasser ausspülen, die Gänseschenkel von allen Seiten darin anbraten, herausnehmen
1 kg Weißkohl von den schlechten äußeren Blättern befreien, den Kohl vierteln, den Strunk herausschneiden, den Kohl waschen, abtropfen lassen, in feine Streifen schneiden
2 mittelgroße Zwiebeln abziehen, würfeln
Kohl und Zwiebelwürfel zu dem Bratfett geben, gut durchdünsten lassen, mit Salz,
Zucker, Essig
Kümmel würzen,
125 ml (⅛ l) Wasser hinzufügen, Gänseschenkel gar schmoren lassen, die Gänseschenkel herausnehmen, evtl. 1 - 2 Minuten unter den vorgeheizten Grill schieben
das Schmorkraut mit Salz, Zucker, Essig abschmecken, mit den Gänseschenkeln auf einer vorgewärmten Platte anrichten

Gebratene Gans

(8 Portionen)

Bratzeit: Etwa 3 Stunden.
Strom: 200–225, Gas: 3–4
Pro Portion: E: 40 g, F: 79 g, Kh: 1 g, kJ: 3908, kcal: 934.

1 küchenfertige Gans (3¼ kg) unter fließendem kaltem Wasser abspülen, trockentupfen, innen mit
Salz, Pfeffer einreiben, mit dem Rücken nach unten auf den Rost auf eine mit Wasser ausgespülte Rostbratpfanne legen, auf der unteren Schiene in den vorgeheizten Backofen schieben

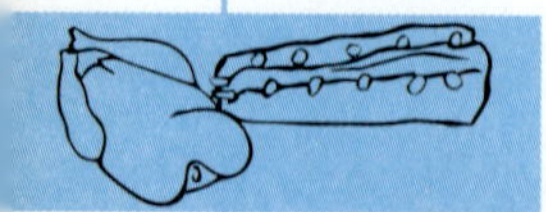

während des Bratens ab und zu unterhalb der Flügel und Keulen in die Gans stechen, damit das Fett besser ausbraten kann
nach 45 Minuten Bratzeit das sich angesammelte Fett abschöpfen, evtl. diesen Vorgang wiederholen sobald der Bratensatz bräunt, etwas
heißes Wasser hinzugießen, die Gans ab und zu mit dem Bratensatz begießen, verdampfte Flüssigkeit nach und nach durch heißes Wasser ersetzen
10 Minuten vor Beendigung der Bratzeit die Gans mit
kaltem Salzwasser bestreichen, die Hitze auf stark stellen, damit die Haut schön kroß wird
die gare Gans in Portionsstücke schneiden, auf einer vorgewärmten Platte anrichten, warm stellen
den Bratensatz mit etwas Wasser loskochen, durch ein Sieb gießen, mit Wasser auf 500 ml (½ l) auffüllen, auf der Kochstelle zum Kochen bringen

1 gestrichenen Eßl. Speisestärke, z. B. Gustin mit
2 Eßl. kaltem Wasser anrühren, die Flüssigkeit damit binden, die Soße mit Salz, Pfeffer abschmecken
das abgeschöpfte Fett ist in der Berechnung enthalten.

Veränderung: Die Gans mit einer der nachstehenden Füllungen braten:
Apfelfüllung: 1 kg Äpfel, gewaschen, nicht geschält, aber entkernt oder
500 g geschälte, entkernte, in Scheiben geschnittene Äpfel, 500 g eingeweichte, entsteinte Backpflaumen, etwas Zucker und Semmelmehl.
Kastanienfüllung: 250 g Kastanien, von Schale und Haut befreit, halbweich gedünstet, 750 g geschälte, entkernte, in Scheiben geschnittene Äpfel.
Semmelfüllung: 100 g durchwachsenen Speck zusammen mit 2 mittelgroßen Zwiebeln, gewürfelt, glasig gedünstet,
3 Brötchen (Semmeln) in Würfel geschnitten, in dem Speck angeröstet, mit 125 ml (⅛ l) heißer Milch übergossen, mit Salz, Pfeffer, Majoran, Thymian, geriebener Muskatnuß abgeschmeckt, 150 g entsteinte, abgetropfte Sauerkirschen (aus dem Glas) unterrühren,

etwa 5 Minuten quellen lassen, evtl. mit Semmelmehl binden
eine der Füllungen in das Innere der Gans geben, die Öffnung zunähen.

Gebratene Ente

Bratzeit: Etwa 1¾ Stunden.
Strom: 200–225, Gas: 3–4
Pro Portion: E: 54 g, F: 52 g, Kh: 1 g, kJ: 3050, kcal: 730.

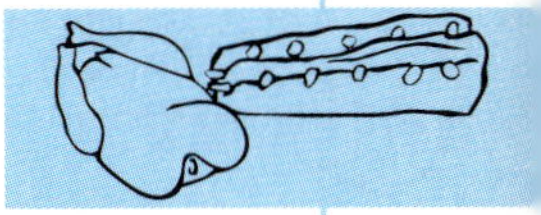

1 küchenfertige Ente (1½ kg) unter fließendem kaltem Wasser abspülen, trockentupfen, innen mit
Salz einreiben, mit dem Rücken nach unten auf den Rost auf eine mit Wasser ausgespülte Rostbratpfanne legen, auf der unteren Schiene in den vorgeheizten Backofen schieben
während des Bratens ab und zu unterhalb der Flügel und Keulen in die Ente stechen, damit das Fett besser ausbraten kann
nach 30 Minuten Bratzeit das sich angesammelte Fett abschöpfen (evtl. diesen Vorgang wiederholen) sobald der Bratensatz bräunt, etwas
heißes Wasser hinzugießen, die Ente ab und zu mit dem Bratensatz begießen, verdampfte Flüssigkeit nach und nach durch heißes Wasser ersetzen
10 Minuten vor Beendigung der Bratzeit die Ente mit
kaltem Salzwasser bestreichen, die Hitze auf stark stellen, damit die Haut schön kroß wird
die gare Ente in Portionsstücke schneiden, auf einer vorgewärmten Platte anrichten, warm stellen,
den Bratensatz mit etwas Wasser loskochen, durch ein Sieb gießen, mit Wasser auf 375 ml (3/8 l) auffüllen, auf der Kochstelle zum Kochen bringen
1 gestrichenen Teel. Speisestärke mit
1 Eßl. kaltem Wasser anrühren, die Flüssigkeit damit binden, die Soße mit Salz,
Pfeffer abschmecken
das abeschöpfte Fett ist in der Berechnung enthalten.

Gänsebrust mit Orangen-Soße

(Abb. nebenstehend)

Bratzeit: 2–2½ Stunden.
Strom: 200–225, Gas: 4–5
Pro Portion: E: 26 g, F: 49 g, Kh: 14 g
kJ: 2661, kcal: 636.

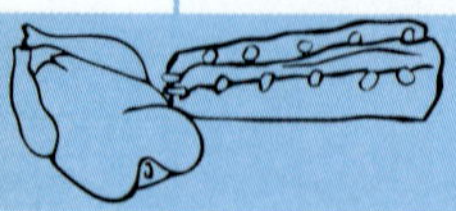

1 kg Gänsebrust (mit Knochen) unter fließendem kaltem Wasser abspülen, trockentupfen, mit

Salz
Kräuterpfeffer
Ingwerpulver einreiben, mit dem Knochen nach unten in einen Brattopf legen, auf dem Rost in den vorgeheizten Backofen schieben, nach 30 Minuten Bratzeit das sich angesammelte Fett abschöpfen

2 mittelgroße Möhren putzen, schrappen
1 Stück Sellerieknolle (100 g) putzen, schälen
beide Zutaten waschen, kleinschneiden

1 Stück gelbe Orangenschale (unbehandelt) die drei Zutaten mit in den Brattopf geben, kurz mitbraten lassen, etwas

heißes Wasser hinzuießen, das Fleisch gar braten lassen, von Zeit zu Zeit wenden, verdampfte Flüssigkeit nach und nach durch heißes Wasser ersetzen
kurz vor Beendigung der Bratzeit das Fleisch mit

160 ml Orangensaft übergießen
das gare Fleisch vom Knochen lösen, in Scheiben schneiden, auf einer vorgewärmten Platte anrichten, warm stellen
den Bratensatz durch ein Sieb gießen, mit Wasser auf 375 ml (3/8 l) auffüllen, auf der Kochstelle zum Kochen bringen, mit

hellem Soßen-Helfer binden, die Soße mit Salz,
Pfeffer, Zucker abschmecken
Das abgeschöpfte Fett ist in der Berechnung enthalten.

Beilage: Kartoffelklöße, Rosenkohl (Tiefkühlkost).

Veränderung: Das Fleisch mit Orangenscheiben anrichten.

Hühner-Frikassee

Kochzeit: Etwa 1 Stunde.
Pro Portion: E: 43 g, F: 24 g, Kh: 14 g
kJ: 2021, kcal: 483.

1 küchenfertige Poularde (1 kg)	unter fließendem kaltem Wasser abspülen, in
1½ l kochendes Salzwasser	geben, zum Kochen bringen, abschäumen
1 Bund Suppengrün	putzen, waschen
1 mittelgroße Zwiebel	abziehen, mit
1 Lorbeerblatt	
1 Gewürznelke	spicken
	die Zutaten hinzufügen, die Poularde gar kochen lassen, aus der Brühe nehmen, sie durch ein Sieb gießen, 500 ml (½ l) davon abmessen
	das Fleisch von den Knochen lösen, die Haut entfernen, das Fleisch in große Würfel schneiden
	für die Soße
25 g Butter	zerlassen
30 g Weizenmehl	unter Rühren so lange darin erhitzen, bis es hellgelb ist
500 ml (½ l) Hühnerbrühe	hinzugießen, mit einem Schneebesen durchschlagen, darauf achten, daß keine Klumpen entstehen, die Soße zum Kochen bringen, etwa 5 Minuten kochen lassen
175 g gekochte Spargelstücke	
150 g gedünstete Champignons	
	beide Zutaten mit dem Fleisch in die Soße geben, kurz aufkochen lassen
4 Eßl. Weißwein	
1 Eßl. Zitronensaft	
1 Teel. Zucker	hinzufügen
2 Eigelb	mit
4 Eßl. Schlagsahne (30 % Fett)	verschlagen, das Frikassee damit abziehen (nicht mehr kochen lassen), mit
Salz, Pfeffer	
Worcestersoße	
Zitronensaft	abschmecken

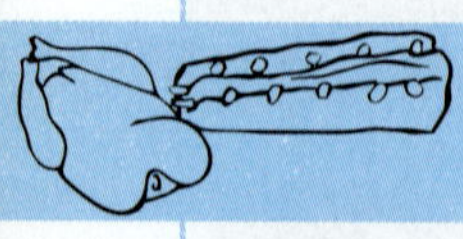

Veränderung: Fleischklößchen gleichzeitig in der Soße gar ziehen lassen.

Pute, gefüllt

(8 Portionen)

Bratzeit: Etwa 2½ Stunden.
Strom: 200–225, Gas: 3–4
Pro Portion: E: 65 g, F: 62 g, Kh: 6 g, kJ: 4156, kcal: 994.

1 küchenfertige Pute (3 kg)	unter fließendem kaltem Wasser abspülen, trockentupfen, innen und außen mit
Salz, Pfeffer	einreiben
	für die Füllung
250 g Thüringer Mett	mit
Salz, Pfeffer gerebeltem Thymian gerebeltem Beifuß	würzen, mit
1 Ei	vermengen
Putenleber (30 g)	unter fließendem kaltem Wasser abspülen, trockentupfen, kleinschneiden
1 mittelgroße Zwiebel	abziehen, fein würfeln
20 g Margarine	erhitzen, Leber und Zwiebelwürfel darin anbraten
125 g grüne Weintrauben	waschen, gut abtropfen lassen, halbieren, entkernen
1 Eßl. gehackte Kräuter (Schnittlauch, Petersilie)	
	die Zutaten mit dem Mett vermengen die Füllung in das Innere der Pute geben, die Öffnung zunähen die Pute mit dem Rücken nach unten auf den Rost auf eine mit Wasser ausgespülte Rostbratpfanne legen, mit
125 g durchwachsenen Speckscheiben	belegen, auf der unteren Schiene in den vorgeheizten Backofen schieben sobald der Bratensatz bräunt, etwas
heißes Wasser	hinzugießen, die Pute ab und zu mit dem Bratensatz begießen, verdampfte Flüssigkeit nach und nach durch heißes Wasser ersetzen nach etwa 2 Stunden Bratzeit die Speckscheiben entfernen 10 Minuten vor Beendigung der Bratzeit die Pute mit
kaltem Salzwasser	bestreichen, die Hitze auf stark stellen, damit die Haut schön kroß wird die gare Pute in Portionsstücke teilen, mit der Füllung auf einer vorgewärmten Platte anrichten, warm stellen den Bratensatz mit etwas Wasser loskochen, durch ein Sieb gießen, mit Wasser auf 500 ml (½ l) auffüllen, auf der Kochstelle zum Kochen bringen, gut einkochen lassen
30 g Weizenmehl	mit
3 Eßl. kaltem Wasser	anrühren, die Flüssigkeit damit binden, die Soße mit Salz, Pfeffer abschmecken
2 Eßl. Madeira	unterrühren
Beilage:	Semmelknödel, Apfelmus mit Preiselbeeren.

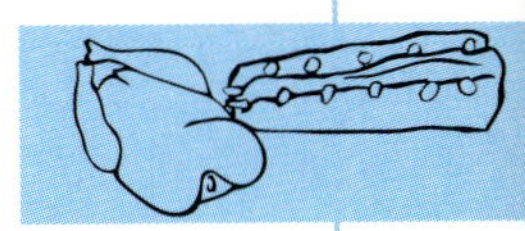

Hähnchenkeulen in Curry-Soße

Schmorzeit: 25–30 Minuten.
Pro Portion: E: 39 g, F: 12 g, Kh: 40 g
kJ: 1856, kcal: 443.

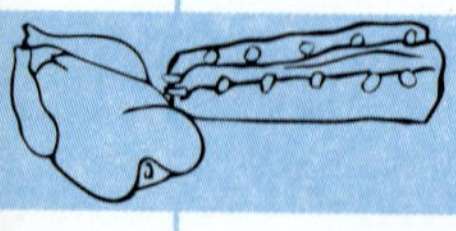

4 Hähnchenkeulen (je 250 g)	unter fließendem kalten Wasser abspülen, trockentupfen, mit
Salz	
Pfeffer	einreiben
20 g Pflanzenfett	erhitzen, die Keulen von allen Seiten gut darin anbraten, herausnehmen
2 mittelgroße Zwiebeln	
4 mittelgroße Äpfel	
2 Scheiben Ananas	
(je 150 g, aus der Dose)	zum Abtropfen auf ein Sieb geben, von dem Saft 200 ml (⅕ l) abmessen, die Zutaten in kleine Würfel schneiden, in dem Bratfett dünsten, mit
1 gestr. Eßl. Currypulver	
125 ml (⅛ l) heißes Wasser	
250 ml (¼ l) Ananassaft	hinzugießen, mit
1 Teel. Salz	würzen
	die Hähnchenkeulen wieder hinzufügen, gar schmoren lassen
	die garen Keulen herausnehmen, evtl. kurz unter den vorgeheizten Grill schieben, auf einer vorgewärmten Platte anrichten, warm stellen
	die Soße mit
hellem Soßen-Helfer	binden, mit Salz,
Currypulver	
Ingwerpulver	abschmecken
Beilage:	Reis, Salate.

Putenschnitzel mit Pfirsichen

Bratzeit: Etwa 10 Minuten.
Pro Portion: E: 30 g, F: 18 g, Kh: 26 g, kJ: 1724, kcal: 412.

4 Putenschnitzel	
(je 125 g)	evtl. unter fließendem kaltem Wasser abspülen, trockentupfen, in
40 g Weizenmehl	wenden
1 Ei	mit
Salz	
Pfeffer	

Paprika edelsüß	verschlagen, die Schnitzel zunächst in dem verschlagenen Ei, dann in
50 g Semmelmehl	wenden (gut festklopfen)
40 g Margarine	erhitzen, die Schnitzel von beiden Seiten darin braten, auf einer vorgewärmten Platte anrichten, warm stellen
2 Pfirsiche (je 150 g)	kurze Zeit in kochendes Wasser geben (nicht kochen lassen), in kaltem Wasser abschrecken, halbieren, enthäuten, entsteinen, in Scheiben schneiden
20 g Butter	zerlassen, die Pfirsichscheiben darin gar schmoren lassen, auf den Putenschnitzeln anrichten
Beilage:	Kartoffelkroketten oder Rösti (Tiefkühlkost).

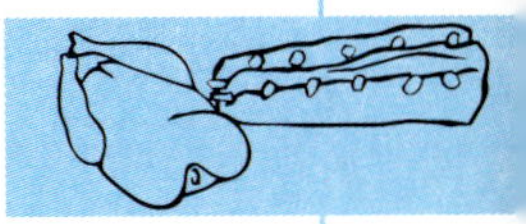

Poularde, gebraten

(Bratfolie)

Bratzeit: Etwa 50 Minuten.
Strom: Etwa 200, Gas: Etwa 3
Pro Portion: E: 49 g, F: 30 g, Kh: 5 g
kJ: 2159, kcal: 516.

1 küchenfertige Poularde (1¼ kg)	unter fließendem kaltem Wasser abspülen, trockentupfen
2 Eßl. Speiseöl	mit
Salz	
Zwiebelpfeffer	
½ Teel. Paprika edelsüß	verrühren, die Poularde innen und außen damit einreiben, auf
Bratfolie	legen
1 Bund Suppengrün	putzen, waschen, kleinschneiden, dazulegen die Folie fest verschließen, auf dem Rost in den vorgeheizten Backofen schieben die gare Poularde kurze Zeit „ruhen" lassen, erst dann die Folie vorsichtig öffnen die Poularde in Portionsstücke teilen, auf einer vorgewärmten Platte anrichten den Bratensatz in einen Topf geben
125 ml (⅛ l) Schlagsahne (30 % Fett)	hinzugießen, etwas einkochen lassen, die Soße mit Salz, Pfeffer abschmecken
Beilage:	Pommes frites oder Bratkartoffeln (Tiefkühlkost).

Putenbrust mit Aprikosen

Schmorzeit: Etwa 50 Minuten.
Pro Portion: E: 62 g, F: 21 g, Kh: 16 g, kJ: 2222, kcal: 531.

1 kg Putenbrust unter fließendem kaltem Wasser abspülen, trockentupfen, mit
Salz einreiben
30 g Pflanzenfett erhitzen, das Fleisch von allen Seiten darin anbraten
250 g gedünstete Aprikosenhälften zum Abtropfen auf ein Sieb geben, den Aprikosensaft (125 ml = ⅛ l) zu dem Fleisch geben, schmoren lassen sobald der Bratensatz genügend gebräunt ist,
125 ml (⅛ l) Wasser hinzugießen, das Fleisch gar schmoren lassen, von Zeit zu Zeit wenden, verdampfte Flüssigkeit nach und nach durch heißes Wasser ersetzen, das gare Fleisch vor dem Schneiden 10 Minuten „ruhen" lassen, damit sich der Fleischsaft setzt, das Fleisch in Scheiben schneiden, auf einer vorgewärmten Platte anrichten
die Aprikosenhälften zu dem Bratensatz geben, kurz miterhitzen, mit auf der Platte anrichten

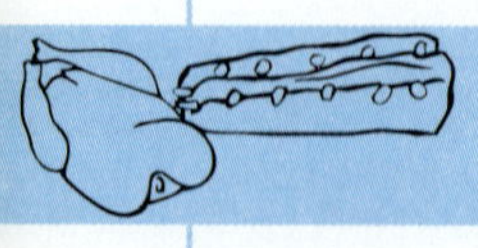

1 Becher (150 g) Crème fraîche (30 % Fett) unter den Bratensatz rühren, etwas einkochen lassen, bis die Soße dicklich ist

Geflügel-Geschnetzeltes in Sahne-Soße

Garzeit: Etwa 10 Minuten.
Pro Portion: E: 30 g, F: 20 g, Kh: 3 g
kJ: 1477, kcal: 353.

500 g Hähnchenbrustfilet unter fließendem kaltem Wasser abspülen, trockentupfen, in dünne Scheiben schneiden
30 g Pflanzenfett erhitzen, das Fleisch portionsweise darin anbraten, mit
Salz, Pfeffer
Paprika edelsüß bestreuen
150 g gedünstete Champignons zum Abtropfen auf ein Sieb geben, von der Flüssigkeit 125 ml (⅛ l) abmessen, die Champignons in Scheiben schneiden, zu dem Fleisch geben
1 Becher (150 g) Crème fraîche (30% Fett)
125 ml (⅛ l) Weißwein
125 ml (⅛ l) Champignonflüssigkeit hinzufügen, gut verrühren, etwas einkochen lassen, so daß eine dickliche Soße entsteht, mit Salz, Pfeffer,
Zucker abschmecken

Ragout fin von Putenfleisch

Bratzeit: Etwa 15 Minuten.
Strom: 200–225, Gas: 3–4
Pro Portion: E: 36 g, F: 32 g, Kh: 22 g, kJ: 2289, kcal: 547.

1 Bund Suppengrün	putzen, waschen, kleinschneiden
1 mittelgroße Zwiebel	abziehen, mit
1 kleinen Lorbeerblatt	
2 Gewürznelken	in
750 ml (3/4 l) kochendes Salzwasser	geben, zum Kochen bringen
1 Putenoberkeule (750 g)	unter fließendem kalten Wasser abspülen, hinzufügen, gar kochen lassen, aus der Brühe nehmen die Brühe durch ein Sieb gießen, 250 ml (1/4 l) davon abmessen, das Fleisch von dem Knochen lösen, würfeln
	für die Soße
30 g Margarine	zerlassen
30 g Weizenmehl	unter Rühren so lange darin erhitzen, bis es hellgelb ist
250 ml (1/4 l) Putenbrühe	
125 ml (1/8 l) Schlagsahne (30 % Fett)	hinzugießen, mit einem Schneebesen durchschlagen, darauf achten, daß keine Klumpen entstehen, die Soße zum Kochen bringen, etwa 5 Minuten kochen lassen
175 g gedünstete Champignonscheiben	mit den Fleischwürfeln in die Soße geben
2 schwach gehäufte Eßl. Soja-Soße	
2 Eßl. Zitronensaft	hinzufügen
1 Eigelb	mit
4 Eßl. Schlagsahne (30 % Fett)	verschlagen, das Ragout damit abziehen (nicht mehr kochen lassen), mit Salz,
Pfeffer, Zucker	abschmecken die Masse in eine gefettete flache Auflaufform füllen, mit
30 g geriebenem Emmentaler Käse	
20 g Semmelmehl	bestreuen
20 g Butter	in Flöckchen darauf setzen die Auflaufform auf dem Rost in den vorgeheizten Backofen schieben
Kochzeit für das Fleisch:	Etwa 50 Minuten
für die Soße:	Etwa 5 Minuten

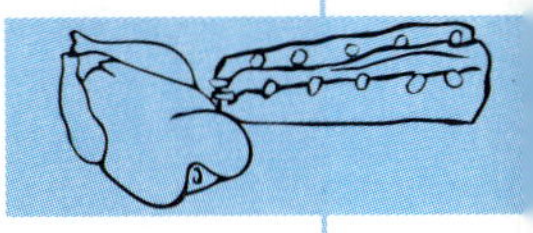

Fisch

Wichtige Hinweise

Fisch

Um zu verhindern, daß Küchengeräte und Hände Fischgeruch annehmen, diese vor der Fischzubereitung mit kaltem Wasser abspülen.
Fische werden nach der Drei-S-Methode vorbereitet: Säubern - Säuern - Salzen.

Säubern: Seefische schuppen. Den Schwanz anfassen, den Fisch mit flach gehaltenem Messer oder mit einem Fischschupper vom Schwanz zum Kopf hin schuppen. Zarthäutige Fische und solche, die blau gekocht werden sollen, nicht schuppen. Die blaue Farbe entsteht durch den Farbstoff und Schleimgehalt der Haut, die deshalb nicht verletzt werden darf. Diese Fische unter fließendem kaltem Wasser abspülen (nicht trockentupfen) ohne sie viel anzufassen.
Flossen und Schwanz der Fische, besonders größerer, mit einer Schere beschneiden.
Bei Rotzungen die rote Haut abziehen, aber vom Kopf zum Schwanz hin, die weiße Haut nur schuppen.

Um Fische auszunehmen, unterhalb des Kopfes den Bauch bis zum Ende der Bauchhöhle mit einem scharfen Messer aufschneiden. Das Eingeweide entfernen, darauf achten, daß die Galle nicht verletzt wird.
Sowohl die innere schwarze Haut als auch die bei einigen Fischen vorhandene weiße, lederartige Haut längs des Rückgrats sowie das geronnene Blut restlos entfernen.
Bei Seefischen die Kiemen (unter den Kiemendeckeln) herausnehmen.
Fische unter fließendem kaltem Wasser gründlich innen und außen abspülen, evtl. trockentupfen.

Säuern: Fische mit Zitronensaft oder Essig beträufeln, 15 Minuten stehenlassen (Fleisch wird fester, Fischgeruch verschwindet).

Salzen: Fische innen und außen mit Salz einreiben.

Filieren: Mit einem scharfen, großen Messer am Kopfende im Rücken einen Einschnitt machen, darauf achten, daß das Messer direkt über den Gräten liegt. Die linke Hand auf den Fisch legen, das Messer immer vom Kopf zum Schwanz hinziehen, dabei wird das Fleisch von den Gräten gelöst.
Danach die Fischhaut entfernen. Die entgrätete Fischhälfte auf ein Brett legen (Haut nach unten). Am Schwanzende ein Stück Haut ablösen, das Messer leicht schräg halten, weiterschieben und dabei die Haut vom Fisch trennen.
Zum Braten den Fisch vor dem Panieren sorgfältig trockentupfen (wird knuspriger), das Semmelmehl gut andrücken.
Fische sind gar, wenn sich die Rückenflosse leicht herausziehen läßt.

Speck-Schollen

(Abb. S. 154/155)

Bratzeit: 15–20 Minuten.
Pro Portion: E: 34 g, F: 42 g, Kh: 4 g
kJ: 2335, kcal: 558.

4 küchenfertige Schollen (je 300 g)	unter fließendem kaltem Wasser abspülen, trockentupfen, mit
2 Eßl. Zitronensaft	beträufeln, etwa 15 Minuten stehenlassen, wieder trockentupfen, mit
Salz, Pfeffer	bestreuen, in
20 g Weizenmehl	wenden
30 g Pflanzenfett	in einer großen Bratpfanne erhitzen
200 g durchwachsene Speckscheiben	in Streifen schneiden, in dem Fett anbraten, die Fische dazugeben, von beiden Seiten darin goldbraun braten (Fisch ist gar, wenn die gebratene Seite Blasen wirft) die Schollen auf einer vorgewärmten Platte anrichten, mit dem krossen Speck belegen, mit
Zitronenscheiben	garnieren

Hechtfilet, gebraten

Bratzeit: Etwa 10 Minuten.
Pro Portion: E: 28 g, F: 19 g, Kh: 0 g, kJ: 1305, kcal: 312.

4 Hechtfilets (je 150 g)	unter fließendem kaltem Wasser abspülen, trockentupfen, nach Belieben mit
Zitronensaft	beträufeln, etwa 15 Minuten stehenlassen, wieder trockentupfen, mit
Salz	bestreuen
50 g fetten Speck	in Würfel schneiden
1 Eßl. Speiseöl	in einer Bratpfanne erhitzen, die Speckwürfel darin auslassen, die Filets von beiden Seiten darin braten
20 g Butter	dazugeben, die Filets in dem heißen Fett wenden, auf einer vorgewärmten Platte anrichten

Fischstäbchen-Pfanne in pikanter Soße

Bratzeit: Etwa 20 Minuten.
Pro Portion: E: 17 g, F: 17 g, Kh: 33 g
kJ: 1460, kcal: 349.

15 (450 g) tiefgekühlte Fischstäbchen	in etwa 3 cm lange Stücke schneiden
25 g Butter oder Margarine	in einer Bratpfanne zerlassen, die Fischstäbchen etwa 15 Minuten darin unter Wenden braten lassen
250 g gedünstete Pfirsichhälften	grob würfeln, zu dem Fisch geben, etwa 5 Minuten mitbraten lassen
	für die Soße
1 mittelgroße Zwiebel **1 Knoblauchzehe**	
	beide Zutaten abziehen, fein würfeln
2 Eßl. Olivenöl	erhitzen, Zwiebel- und Knoblauchwürfel darin andünsten
200 ml (⅕ l) Tomaten-Ketchup	hinzufügen, miterhitzen
1 Eßl. gehackte Petersilie	unterrühren
	die Soße mit
gerebeltem Oregano	abschmecken

Gebratenes Rotbarschfilet

Bratzeit: 10–12 Minuten.
Pro Portion: E: 38 g, F: 24 g, Kh: 20 g, kJ: 2021, kcal: 483.

750 g Rotbarschfilet	unter ließendem kaltem Wasser abspülen, trockentupfen, in Portionsstücke schneiden, mit
2 Eßl. Zitronensaft	beträufeln, etwa 15 Minuten stehenlassen, wieder trockentupfen, mit
Salz, Pfeffer	bestreuen
1 Ei	mit
2 Eßl. kaltem Wasser	verschlagen
	das Filet zunächst in
20 g Weizenmehl	und dann in dem verschlagenen Ei, zuletzt in
75 g Semmelmehl	wenden
80 g Margarine	in einer Bratpfanne erhitzen, das Filet von beiden Seiten darin goldbraun braten
Veränderung:	Anstelle von Rotbarschfilet Seelachs-, Blauleng-, Kabeljau- oder Seezungenfilet (Bratzeit: Etwa 15 Minuten) verwenden.

Gebratene Grüne Heringe

Bratzeit: 6–8 Minuten.
Pro Portion: E: 40 g, F: 50 g, Kh: 4 g, kJ: 2782, kcal: 665.

1 ¼ kg küchenfertige Grüne Heringe	unter fließendem kaltem Wasser abspülen, trockentupfen mit
20 g Weizenmehl	
Salz	mischen, die Heringe darin wenden
Pfeffer	
5 Eßl. Speiseöl	in einer Bratpfanne erhitzen, die Heringe von beiden Seiten darin braten
Beilage:	Bratkartoffeln, Kartoffel-Salat oder Pellkartoffeln.
Anmerkung:	Der Hering ist der wichtigste Industriefisch. Im Handel frisch (grün), gesalzen, geräuchert, mariniert und in Konserven erhältlich.

Fisch-Frikadellen

Garzeit: 15–20 Minuten.
Pro Portion: E: 10 g, F: 12 g, Kh: 5 g
kJ: 887, kcal: 212.

1 Gemüsezwiebel	abziehen, in Scheiben schneiden
2 Eßl. Olivenöl	in einer Bratpfanne erhitzen, die Zwiebelscheiben hinzufügen, mit
Salz	würzen, in etwa 10 Minuten gar dünsten lassen, aus der Pfanne nehmen
1 Eßl. Olivenöl	in die Pfanne geben
1 Packung (250 g) tiefgekühlte Fisch-Frikadellen	nach Vorschrift auf der Packung zubereiten, auf eine vorgewärmte Platte geben, warm stellen die Zwiebelscheiben wieder in die Pfanne geben
3 Eßl. Kondensmilch (7,5 % Fett) 2 gestrichene Teel. geriebenen Meerrettich (aus dem Glas)	hinzufügen, kurz erhitzen, auf den Fisch-Frikadellen anrichten

Mandel-Forellen

(Abb. nebenstehend)

Bratzeit: Etwa 10 Minuten.
Pro Portion: E: 25 g, F: 27 g, Kh: 8 g
kJ: 1643, kcal: 393.

4 küchenfertige Forellen (je 200 g)	unter fließendem kaltem Wasser abspülen, trockentupfen, mit
2 Eßl. Zitronensaft	beträufeln, etwa 15 Minuten stehenlassen, wieder trockentupfen die Forellen innen und außen mit
Salz	bestreuen, in
20 g Weizenmehl	wenden
50 g Margarine	in einer Bratpfanne erhitzen, die Forellen von beiden Seiten darin braten
100 g abgezogene, gehobelte Mandeln	etwa 5 Minuten vor Beendigung der Bratzeit zu den Forellen geben, mitbräunen lassen
Beilage:	Petersilien-Kartoffeln, grüner Salat.

Gebratene Schollen

Bratzeit: 6–8 Minuten.
Pro Portion: E: 29 g, F: 22 g, Kh: 4 g, kJ: 1439, kcal: 344.

4 küchenfertige Schollen (je 300 g)	unter fließendem kaltem Wasser abspülen, trockentupfen, mit
2 Eßl. Zitronensaft	beträufeln, etwa 15 Minuten stehenlassen, wieder trockentupfen, mit
Salz Pfeffer (aus der Mühle)	bestreuen, in
20 g Weizenmehl	wenden
80 g Pflanzenfett	in einer großen Bratpfanne erhitzen, die Schollen von beiden Seiten darin goldbraun braten (Fisch ist gar, wenn die gebratene Seite Blasen wirft)
Beilage:	Kartoffel-Salat oder Salzkartoffeln, Kopfsalat.
Veränderung:	Anstelle von Schollen folgende Fische verwenden: 1. Forellen (je 300 g) – Bratzeit: 8–10 Minuten 2. Seezungen (je 250 g) – Bratzeit: 5–7 Minuten 3. Heilbutt (in Scheiben, je 250 g) – Bratzeit: 8–10 Minuten.

Kabeljau in Knoblauch-Soße

Bratzeit: 25–30 Minuten.
Strom: 200–225, Gas: 5–6
Pro Portion: E: 18 g, F: 11 g, Kh: 4 g
kJ: 791, kcal: 189.

1 Packung (400 g) tiefgekühltes Kabeljau-Filet	aus der Packung nehmen, 10 Minuten antauen lassen, mit
2 Eßl. Zitronensaft	beträufeln, etwa 15 Minuten stehenlassen, in eine gefettete Auflaufform geben
	für die Knoblauch-Soße
3 Knoblauchzehen 1 mittelgroße Zwiebel	beide Zutaten abziehen, fein würfeln
3 Eßl. Olivenöl	erhitzen, Knoblauch- und Zwiebelwürfel darin andünsten
350 g feste Tomaten	kurze Zeit in kochendes Wasser legen (nicht kochen lassen), in kaltem Wasser abschrecken, enthäuten, die Stengelansätze herausschneiden, die Tomaten in Würfel schneiden, mit
2 Eßl. gehackter Petersilie 1 Eßl. gerebeltem Oregano	zu den übrigen Zutaten geben die Soße mit
Salz, Zucker	abschmecken, über den Fisch verteilen die Auflaufform auf dem Rost in den vorgeheizten Backofen schieben

Seelachsröllchen in pikanter Soße

Bratzeit: 25–35 Minuten.
Strom: 200–225, Gas: 5–6
Pro Portion: E: 39 g, F: 25 g, Kh: 5 g, kJ: 1828, kcal: 437.

750 g Seelachsfilet	unter fließendem kaltem Wasser abspülen, trockentupfen, mit
2 Eßl. Zitronensaft	beträufeln, etwa 15 Minuten stehenlassen, wieder trockentupfen, mit
Salz, Pfeffer	bestreuen

das Filet in nicht zu kleine Stücke schneiden, aufrollen, mit Holzstäbchen feststecken, in eine gefettete flache Auflaufform legen

für die pikante Soße

1 kleine Zwiebel abziehen

50 g durchwachsener Speck

beide Zutaten in kleine Würfel schneiden
den Speck auslassen, die Zwiebelwürfel darin hellbraun dünsten lassen, kalt stellen

2 mittelgroße Essiggurken in Würfel schneiden, mit dem erkalteten Speck,

2 schwach gehäuften Teel. Senf

1 Becher (150 g) Crème fraîche (30 % Fett) verrühren

die Soße mit

Salz, Zucker abschmecken

1 gestrichenen Teel. Speisestärke, z. B. Gustin mit

2 Eßl. Madeira anrühren, die Soße damit binden, über die Fischröllchen gießen, mit

30 g geriebenem Käse, z. B. Gouda bestreuen

10 g Butter in Flöckchen darauf setzen, die Auflaufform auf dem Rost in den vorgeheizten Backofen schieben

Gegrillte Schollenfilets mit Mandel-Butter

Grillzeit: Strom: Etwa 15 Minuten
Gas: Etwa 15 Minuten.
Pro Portion: E: 28 g, F: 17 g, Kh: 2 g
kJ: 1201, kcal: 287.

8 Schollenfilets (600 g) unter fließendem kaltem Wasser abspülen, trockentupfen, mit

Salz bestreuen, jeweils 4 Filets auf ein etwas größeres Stück

Alufolie legen

für die Mandel-Butter

50 g Butter mit

40 g abgezogenen, gemahlenen Mandeln

Salz verrühren, die Filets damit bestreichen, auf der Folie auf dem Rost unter den vorgeheizten Grill schieben

Kabeljaufilet mit pikatem Belag

Bratzeit: 30–35 Minuten.
Strom: 200–225, Gas: 6–7
Pro Portion: E: 35 g, F: 11 g, Kh: 13 g, kJ: 1385, kcal: 331.

750 g Kabeljaufilet	unter fließendem kaltem Wasser abspülen, trockentupfen, mit
2 Eßl. Zitronensaft	beträufeln, etwa 15 Minuten stehenlassen, wieder trockentupfen, in eine gefettete Auflaufform legen
	für den Belag
50 g Butter oder Margarine	geschmeidig rühren
50 g Semmelmehl	unterrühren
1 mittelgroße Zwiebel	abziehen, fein würfeln
1 Eßl. gehackte Petersilie	
1 Eßl. feingeschnittener Schnittlauch	
1 gestrichener Teel. Paprika edelsüß	
125 ml (⅛ l) Weißwein	
	die Zutaten unterrühren den Belag mit
Salz, Pfeffer	
geriebener Muskatnuß	abschmecken, auf den Fisch streichen die Auflaufform auf dem Rost in den vorgeheizten Backofen schieben

Grüner Aal in Dill-Soße

Backzeit: 30–35 Minuten.
Strom: 200–225, Gas: 5–6
Pro Portion: E: 31 g, F: 62 g, Kh: 5 g
kJ: 3109, kcal: 743.

750 g küchenfertigen Grünen Aal (ausgenommen, enthäutet, ohne Kopf, in 5 cm große Stücke geschnitten)	unter fließendem kaltem Wasser abspülen, trockentupfen, mit
2 Eßl. Zitronensaft	beträufeln, etwa 15 Minuten stehenlassen, wieder trockentupfen, mit
Salz	bestreuen
	für die Dill-Soße
25 g Margarine	zerlassen
15 g Weizenmehl	unter Rühren so lange darin erhitzen, bis es hellgelb ist

125 ml (⅛ l) Milch (3,5 % Fett)
125 ml (⅛ l) Schlagsahne (30 % Fett) hinzugießen, mit einem Schneebesen durchschlagen, darauf achten, daß keine Klumpen entstehen, die Soße zum Kochen bringen, etwa 5 Minuten kochen lassen, die Soße mit
etwa 3 Eßl. Kräuter-Essig
Salz, Zucker süß-sauer abschmecken
2 Eßl. gehackten Dill unterrühren
die Soße in eine gefettete Auflaufform geben, die Aalstückchen hineinlegen
die Auflaufform zugedeckt auf dem Rost in den vorgeheizten Backofen schieben, das fertige Gericht mit
1 Teel. gehacktem Dill bestreuen

Gefülltes Seelachsfilet

Bratzeit: 35–40 Minuten.
Strom: 200–225, Gas: 6–7
Pro Portion: E: 38 g, F: 14 g, Kh: 3 g, kJ: 1284, kcal: 307.

750 g Seelachsfilet unter fließendem kaltem Wasser abspülen, trockentupfen, mit
2 Eßl. Zitronensaft beträufeln, etwa 15 Minuten stehenlassen

für die Füllung

1 Packung (300 g) tiefgekühlten Blatt-Spinat nach der Vorschrift auf der Packung zubereiten
den Fisch wieder trockentupfen, mit
Salz, Pfeffer bestreuen, die Hälfte des Filets in eine gefettete Auflaufform geben, die Füllung darauf verteilen, mit dem übrigen Fischfilet bedecken

für den Belag

1 Becher (150 g) Crème fraîche (30 % Fett) mit
Salz
10 g geriebenem Parmesan-Käse verrühren, den Fisch damit bestreichen, die Auflaufform auf dem Rost in den vorgeheizten Backofen schieben

Eingelegte Bratheringe

(Abb. nebenstehend)

Bratzeit: 6–8 Minuten.
Pro Portion: E: 33 g, F: 47 g, Kh: 5 g
kJ: 2548, kcal: 609.

4 mittelgroße Grüne Heringe (je 250 g)	ausnehmen (Köpfe abschneiden), unter fließendem kaltem Wasser abspülen, schuppen, trockentupfen mit
20 g Weizenmehl	
Salz	mischen, die Heringe darin wenden
6 Eßl. Speiseöl	in einer Bratpfanne erhitzen, die Heringe von beiden Seiten darin goldbraun braten
2 mittelgroße Zwiebeln	abziehen, in Scheiben schneiden, mit den Heringen,
1 Eßl. Senfkörnern **8 Pfefferkörnern** **einigen Pimentkörnern (Nelkenpfeffer)**	in einen Steintopf legen
250 ml (¼ l) Essig	mit
125 ml (⅛ l) Wasser	verrühren, darüber gießen die Heringe können nach 4–6 Tagen gegessen werden

Ausgebackener Schellfisch

Backzeit: Etwa 10 Minuten.
Pro Portion: E: 39 g, F: 17 g, Kh: 20 g, kJ: 1715, kcal: 410.

750 g Schellfischfilet	unter fließendem kaltem Wasser abspülen, trockentupfen, mit
2 Eßl. Zitronensaft	beträufeln, etwa 15 Minuten stehenlassen, wieder trockentupfen, mit
Salz, Pfeffer	bestreuen, in Portionsstücke schneiden
	für den Teig
100 g Weizenmehl	in eine Schüssel sieben, in die Mitte eine Vertiefung eindrücken
1 Ei	mit
Salz **125 ml (⅛ l) Milch (3,5 % Fett)**	verschlagen, etwas davon in die Vertiefung geben von der Mitte aus Eimilch und Mehl verrühren, nach und nach die restliche Eimilch,
1 Eßl. Speiseöl	hinzugeben, darauf achten, daß keine Klumpen entstehen die Fischstücke mit einer Gabel in den Teig tauchen, schwimmend in siedendem
Pflanzenfett	braun und knusprig backen, abtropfen lassen

Seezungen-Röllchen in Sahne-Soße

Garzeit: Etwa 10 Minuten.
Pro Portion: E: 29 g, F: 22 g, Kh: 1 g, kJ: 1431, kcal: 342.

8 Seezungenfilets (600 g)	unter fließendem kaltem Wasser abspülen, trockentupfen, mit
2 Eßl. Zitronensaft	beträufeln, etwa 15 Minuten stehenlassen, wieder trockentupfen, mit
Salz	bestreuen
115 g gedünstete Champignons	fein hacken, mit
2 Eßl. gehackter Petersilie	
1 Eßl. gehacktem Dill	verrühren, auf die Filets verteilen, aufrollen, mit Holzstäbchen feststecken

für die Sahne-Soße

250 ml (¼ l) Schlagsahne (30 % Fett)	auf die Hälfte einkochen lassen, mit
Salz, Currypulver	abschmecken die Seezungen-Röllchen darin gar ziehen lassen, aus der Soße nehmen, auf einer vorgewärmten Platte anrichten, die Soße mit Salz abschmecken, mit auf der Platte anrichten
Beilage:	Petersilien-Kartoffeln.

Heilbutt in Zitronen-Dill-Soße

Dünstzeit: Etwa 30 Minuten.
Strom: 175–200, Gas: 3–4
Pro Portion: E: 43 g, F: 66 g, Kh: 5 g
kJ: 1908, kcal: 456.

1 kg küchenfertigen Heilbutt	unter fließendem kaltem Wasser abspülen, trockentupfen, mit
2 Eßl. Zitronensaft	beträufeln, etwa 15 Minuten stehenlassen, wieder trockentupfen, innen und außen mit
Salz	bestreuen
1 Päckchen tiefgekühltes Suppengrün	mit
125 ml (⅛ l) Weißwein	in einen größeren Topf geben, den Fisch darauf legen, auf dem Rost in den vorgeheizten Backofen schieben (der Fisch ist gar, wenn sich die Rückenflossen

	leicht herausziehen lassen)
	den garen Heilbutt auf einer vorgewärmten Platte anrichten, mit
40 g zerlassener, heißer Butter	begießen, mit
Zitronenscheiben	
Tomatenachteln	
Petersilie	garnieren
	für die Zitronen-Dill-Soße
1 Becher (150 g) Crème fraîche (30 % Fett)	mit
5 Eßl. Milch (3,5 % Fett)	
2 Eßl. Zitronensaft	
1 Teel. gemahlener Zitronenschale (aus dem Glas)	
2 Eßl. gehacktem Dill	verrühren, mit
Salz, Zucker	abschmecken

Seelachsfilet, gedünstet

Dünstzeit: 8–10 Minuten.
Pro Portion: E: 34 g, F: 6 g, Kh: 1 g, kJ: 862, kcal: 206.

750 g Seelachsfilet	unter fließendem kaltem Wasser abspülen, trockentupfen, mit
2 Eßl. Zitronensaft	beträufeln, etwa 15 Minuten stehenlassen, wieder trockentupfen, mit
Salz, Pfeffer	bestreuen
1 kleine Zwiebel	abziehen, würfeln
20 g Butter oder Margarine	zerlassen, die Zwiebelwürfel darin glasig dünsten lassen
2 Eßl. Wasser	hinzufügen, Fischfilet,
10 Pfefferkörner	
1 kleines Lorbeerblatt	
1 Gewürznelke	
2 Pimentkörner (Nelkenpfeffer)	hinzufügen, gar dünsten lassen
	das gare Fischfilet auf einer vorgewärmten Platte anrichten, mit
Zitronenscheiben	
Petersilie	garnieren
Beilage:	Salzkartoffeln, gemischter Salat.
Veränderung:	Anstelle von Seelachsfilet Kabeljau-, Rotbarschfilet, Heilbuttscheiben (Dünstzeit: 8–10 Minuten) oder Blaulengfilet (Dünstzeit: 10–12 Minuten) verwenden.

Kabeljau, gedünstet

(Im Backofen)

Dünstzeit: 40–45 Minuten.
Strom: 175–200, Gas: 3–4
Pro Portion: E: 42 g, F: 11 g, Kh: 0 g, kJ: 1259, kcal: 301.

1 ¼ kg küchenfertigen Kabeljau (im Stück oder geteilt) unter fließendem kaltem Wasser abspülen, trockentupfen, mit

2 Eßl. Zitronensaft beträufeln, etwa 15 Minuten stehenlassen, wieder trockentupfen, innen und außen mit

Salz
Pfeffer bestreuen

den Fisch in eine gefettete, feuerfeste Form (Platte) legen, mit

50 g fetten Speckscheiben bedecken, auf dem Rost in den vorgeheizten Backofen schieben

Veränderung: Anstelle von Kabeljau folgende Fische verwenden:
1. Schellfisch – Dünstzeit: 40–45 Minuten
2. Seelachs – Dünstzeit: 40–45 Minuten
3. Rotbarsch – Dünstzeit: 40–45 Minuten
4. Blauleng – Dünstzeit: 45–50 Minuten
5. Zander (geschuppt, ausgenommen, ohne Flossen, mit Kopf) – Dünstzeit: 45–50 Minuten
6. Hecht (geschuppt, ausgenommen, ohne Flossen, mit Kopf) – Dünstzeit: 45–50 Minuten
7. Aal (ausgenommen, enthäutet, ohne Kopf, in 5 cm große Stücke geschnitten) – Dünstzeit: 25–30 Minuten.

Karpfen blau, gedünstet

(Im Backofen)

Dünstzeit: 45–50 Minuten.
Strom: 175–200, Gas: 2–3
Pro Portion: E: 30 g, F: 18 g, Kh: 0 g
kJ: 1255, kcal: 300.

1 ¼ kg küchenfertigen Karpfen unter fließendem kaltem Wasser abspülen, innen mit

Salz einreiben (nicht von außen salzen, da dann der Schleim, der die Blaufärbung hervorruft, verletzt würde) den Karpfen auf den Rost auf eine Rostbratpfanne setzen (Karpfen auf eine geschälte rohe Kartoffel setzen), ihn mit

500 ml (½ l) kochendheißem Essigwasser übergießen, der Zugluft aussetzen
den Karpfen in eine gefettete, feuerfeste Form (Platte) setzen (mit der Kartoffel), auf dem Rost in den vorgeheizten Backofen schieben der Karpfen ist gar, wenn sich die Rückenflosse leicht herausziehen läßt
5 Minuten vor Beendigung der Dünstzeit den Karpfen mit
50 g zerlassener Butter übergießen, damit die Farbe erhalten bleibt
den Karpfen sofort servieren (blau gedünstete Fische nicht der Nachhitze aussetzen, da sie sonst ihre Farbe verlieren würden)

Veränderung: Anstelle von Karpfen:
Forellen, je 300 g (rundgebunden, ohne Kartoffel)
nehmen
Dünstzeit:
25–30 Minuten

Karpfen blau, gekocht

Kochzeit: 30–35 Minuten.
Pro Portion: E: 30 g, F: 8 g, Kh: 2 g, kJ: 895, kcal: 214.

2 l Wasser
1 Päckchen tiefgekühltem Suppengrün
1 Lorbeerblatt
10 Pfefferkörnern
3 Gewürznelken
5 Pimentkörnern (Nelkenpfeffer)
1 mittelgroßen, abgezogenen Zwiebel
2 schwach gehäuften Eßl. Salz
6 Eßl. Essig

mit ... zum Kochen bringen, etwa 5 Minuten kochen lassen

1 ¼ kg küchenfertigen Karpfen unter fließendem kaltem Wasser abspülen, in das kochende Wasser geben (Topf sofort zudecken), zum Kochen bringen, gar ziehen lassen (Wasser darf sich nur leicht bewegen)
den garen Fisch auf einer vorgewärmten Platte anrichten

Beilage: Zerlassene Butter, Meerrettich-Sahne.

Veränderung: Anstelle von Karpfen folgende Fische verwenden:
1. Forellen, je 300 g (rundgebunden) – Kochzeit: 20–25 Minuten
2. Schleien, je 300 g – Kochzeit: 20–25 Minuten.

Kabeljau, gedünstet

(Abb. nebenstehend)

Dünstzeit: Etwa 20 Minuten.
Pro Portion: E: 42 g, F: 1 g, Kh: 2 g, kJ: 858, kcal: 205.

1 ¼ kg küchenfertigen Kabeljau (im Stück oder geteilt) unter fließendem kaltem Wasser abspülen, trockentupfen, mit

2 Eßl. Zitronensaft beträufeln, etwa 15 Minuten stehenlassen

1 Bund Suppengrün putzen, waschen, in Scheiben schneiden, mit

375 ml (⅜ l) Wasser
1 Lorbeerblatt
10 Pfefferkörnern
(Gewürznelken)
5 Pimentkörnern
(Nelkenpfeffer)
einigen Zitronenscheiben (unbehandelt)
1 schwach gehäuften Teel. Salz
1 Eßl. Essig in einen Topf geben, den Fisch dazugeben, gar dünsten lassen
den garen Fisch auf einer vorgewärmten Platte anrichten

Beilage: Zerlassene Butter.

Veränderung: Anstelle von Kabeljau folgende Fische verwenden:
1. Schellfisch – Dünstzeit: Etwa 20 Minuten
2. Seelachs – Dünstzeit: Etwa 20 Minuten
3. Rotbarsch – Dünstzeit: Etwa 20 Minuten
4. Zander (geschuppt, ausgenommen, ohne Flossen, mit Kopf) – Dünstzeit: Etwa 30 Minuten
5. Hecht (geschuppt, ausgenommen, ohne Flossen, mit Kopf) – Dünstzeit: Etwa 30 Minuten.

Makrelen in Käse-Soße

Garzeit: Etwa 10 Minuten.
Pro Portion: E: 36 g, F: 34 g, Kh: 2 g kJ: 2075, kcal: 496.

4 küchenfertige Makrelen (je 250 g) unter fließendem kaltem Wasser abspülen

375 ml (⅜ l) Wasser mit
1 mittelgroßen Lorbeerblatt
6 Wacholderbeeren
einigen Senfkörnern
1 schwach gehäuften Teel. Salz

Fortsetzung Seite 174

1 Messerspitze Pfeffer	
1 Eßl. Kräuter-Essig	zum Kochen bringen, die Fische hineingeben, zum Kochen bringen, gar ziehen lassen, auf einer vorgewärmten Platte anrichten, warm stellen
	für die Käse-Soße
	die Fischbrühe durch ein Sieb gießen, 250 ml (¼ l) davon abmessen
25 g Margarine	zerlassen
10 g Weizenmehl	unter Rühren so lange darin erhitzen, bis es hellgelb ist
250 ml (¼ l) Fischbrühe	hinzugießen, mit einem Schneebesen durchschlagen, darauf achten, daß keine Klumpen entstehen, die Soße zum Kochen bringen, etwa 5 Minuten ziehen lassen
75 g geriebenen Schweizer Käse	
4 Eßl. Schlagsahne (30 % Fett)	unterrühren, die Soße mit
Salz, Pfeffer	
Zucker	abschmecken, über die Makrelen geben oder getrennt dazureichen

Kabeljau, gedämpft

(Im Dämpftopf)

Dämpfzeit: Etwa 20 Minuten.
Pro Portion: E: 42 g, F: 1 g, Kh: 2 g, kJ: 858, kcal: 205.

1 ¼ kg küchenfertigen Kabeljau (im Stück oder geteilt)	unter fließendem kaltem Wasser abspülen, trockentupfen, mit
2 Eßl. Zitronensaft	beträufeln, etwa 15 Minuten stehenlassen
250 ml (¼ l) Wasser	mit
1 Päckchen tiefgekühltem Suppengrün	
1 Lorbeerblatt	
10 Pfefferkörnern	
3 Gewürznelken	
5 Pimentkörnern (Nelkenpfeffer)	
1 mittelgroßen, abgezogenen, gewürfelten Zwiebel	
1 schwach gehäuften Teel. Salz	

1 Eßl. Essig in einen Dämpftopf geben, den Fisch auf dem Einsatz hineingeben, zum Kochen bringen, gar dämpfen lassen den garen Fisch auf einer vorgewärmten Platte anrichten

Beilage: Zerlassene Butter.

Veränderung: Anstelle von Kabeljau folgende Fische verwenden:
1. Schellfisch – Dämpfzeit: Etwa 20 Minuten
2. Seelachs – Dämpfzeit: Etwa 20 Minuten
3. Rotbarsch – Dämpfzeit: Etwa 20 Minuten
4. Blauleng – Dämpfzeit: Etwa 30 Minuten
5. Zander (geschuppt, ausgenommen, ohne Flossen, mit Kopf) – Dämpfzeit: Etwa 30 Minuten
6. Hecht (geschuppt, ausgenommen, ohne Flossen, mit Kopf) – Dämpfzeit: Etwa 30 Minuten
7. Aal – ½ Rezept – (ausgenommen, enthäutet, ohne Kopf, in 5 cm große Stücke geschnitten) – Dämpfzeit: Etwa 20 Minuten.

Karpfen blau, gedünstet

Dünstzeit: 40–45 Minuten.
Pro Portion: E: 30 g, F: 14 g, Kh: 1 g
kJ: 1105, kcal: 264.

1 ¼ kg küchenfertigen Karpfen unter fließendem kaltem Wasser abspülen, innen mit

Salz einreiben (nicht von außen salzen, da dann der Schleim, der die Blaufärbung hervorruft, verletzt würde)

1 mittelgroße Zwiebel abziehen, würfeln

30 g Butter oder Margarine zerlassen, die Zwiebelwürfel darin glasig dünsten lassen

5 Eßl. Wasser hinzufügen, Fisch,

20 Pfefferkörner
1 Lorbeerblatt
1 Gewürznelke
3 Pimentkörner hinzufügen, gar dünsten lassen, den garen Fisch auf einer vorgewärmten Platte anrichten

Beilage: Zerlassene Butter.

Veränderung: Anstelle von Karpfen folgende Fische verwenden:
1. Forellen, je 300 g (rundgebunden) – Dünstzeit: 20–25 Minuten
2. Schleien, je 300 g (rundgebunden) – Dünstzeit: 25–30 Minuten.

Eintöpfe

Elsässer Bäckerofen

(6 Portionen - Abb. S. 176/177)

Garzeit: Etwa 1¾ Stunden.
Strom: Etwa 200, Gas: Etwa 4
Pro Portion: E: 30 g, F: 18 g, Kh: 45 g,
kJ: 2243, kcal: 536.

750 g Schweinefleisch (ohne Knochen)	unter fließendem kaltem Wasser abspülen, trockentupfen, in Würfel schneiden
4 mittelgroße Möhren **1 Stange Porree (150 g)**	beide Zutaten putzen, waschen, kleinschneiden, mit dem Fleisch in eine Schüssel geben, mit so viel von
1 Flasche (0,7 l) Weißwein	begießen, daß die Zutaten knapp bedeckt sind
1 Knoblauchzehe	abziehen, zerdrücken, mit
10 schwarzen Pfefferkörnern **1 Lorbeerblatt** **2 Pimentkörnern (Nelkenpfeffer)**	hinzufügen, das Ganze zugedeckt einige Stunden (am besten über Nacht) an einem kühlen Ort stehenlassen, abtropfen lassen
250 g Zwiebeln	abziehen, halbieren, in Scheiben schneiden
2 Packungen (je 450 g) Bratkartoffeln, tiefgekühlt	
	einen Brattopf gut ausfetten, Zwiebelscheiben, Fleischwürfel, Gemüsestücke, Kartoffelscheiben abwechselnd lagenweise einschichten, dabei jede Lage mit
Salz, Pfeffer	bestreuen das Ganze mit der Marinade begießen (soll knapp bedeckt sein, evtl. noch etwas Wein hinzufügen), mit
½ Teel. gerebeltem Thymian **½ Teel. gerebeltem Basilikum** **½ Teel. gerebeltem Bohnenkraut**	bestreuen, den Topf mit einem Deckel verschließen, auf dem Rost in den vorgeheizten Backofen schieben nach etwa 1¾ Stunden das Gericht mit
1 gestrichenen Teel. Semmelmehl	bestreuen
20 g Butter	in Flöckchen darauf setzen den „Bäckerofen“ kurz im geöffneten Topf bei starker Hitze überbacken, im Topf servieren

Grüne Bohnen-Eintopf

Garzeit: Etwa 80 Minuten.
Pro Portion: E: 30 g, F: 11 g, Kh: 31 g, kJ: 1556, kcal: 372.

500 g Rindfleisch	unter fließendem kaltem Wasser abspülen, trockentupfen, in Würfel schneiden
1 kg Grüne Bohnen*	evtl. abfädeln, waschen, in kleine Stücke brechen oder schneiden
500 g Kartoffeln	schälen, waschen, in Würfel schneiden
40 g Margarine	erhitzen, das Fleisch unter Wenden schwach darin bräunen lassen
1 mittelgroße Zwiebel	abziehen, würfeln kurz bevor das Fleisch genügend gebräunt ist, die Zwiebelwürfel hinzufügen, kurz miterhitzen
1 Stengel Bohnenkraut	abspülen das Fleisch mit
Salz **Pfeffer**	würzen, Bohnenkraut, Bohnen, Kartoffeln,
500 ml (½ l) Wasser	hinzufügen, gar schmoren lassen den Eintopf mit Salz abschmecken
Veränderung:	250 g vorbereitete, kleingeschnittene Tomaten mit dem Fleisch und der Zwiebel in dem Fett erhitzen, dann aber nur 250 ml (¼ l) Wasser in den Eintopf geben.

*Empfehlenswert sind Tiefkühlkost-Brechbohnen

Faßbohnen-Eintopf

Garzeit: Etwa 1 Stunde.
Pro Portion: E: 22 g, F: 43 g, Kh: 29 g
kJ: 2602, kcal: 622.

500 g Kasseler Nacken	unter fließendem kaltem Wasser abspülen, trockentupfen, in Würfel schneiden
500 g Kartoffeln	schälen, waschen, in Würfel schneiden
750 g Faßbohnen	waschen, evtl. wässern, abtropfen lassen
40 g Margarine	erhitzen, das Fleisch unter Wenden schwach darin bräunen lassen
2 mittelgroße Zwiebeln	abziehen, würfeln kurz bevor das Fleisch genügend gebräunt ist, die Zwiebelwürfel hinzufügen, kurz miterhitzen das Fleisch mit
Salz **gerebeltem Bohnenkraut** **weißem Pfeffer (aus der Mühle)**	würzen, Kartoffelwürfel, Bohnen,
500 ml (½ l) Wasser	hinzufügen, gar schmoren lassen den Eintopf evtl. mit Salz abschmecken

Bunter Gemüse-Eintopf mit Hackfleisch-Bällchen

(6 Portionen - Abb. nebenstehend)

Garzeit: Etwa 2 Stunden.
Pro Portion: E: 17 g, F: 17 g, Kh: 23 g
kJ: 1377, kcal: 329.

500 g Fleischknochen	unter fließendem kaltem Wasser abspülen, in
1 ½ l Salzwasser	zum Kochen bringen, etwa 1 ½ Stunden kochen lassen
375 g Kartoffeln	schälen, waschen, in kleine Würfel schneiden die Knochen aus der Brühe nehmen, die Brühe durch ein Sieb gießen Kartoffelwürfel,
2 Päckchen (je 450 g) tiefgekühltes Suppengemüse	in die Brühe geben, mit
Salz, Pfeffer	und nach Belieben mit
gehackten Bohnenkrautblättchen gehackten Thymianblättchen gehackten Majoranblättchen	würzen, etwa 10 Minuten kochen lassen
	für die Hackfleisch-Bällchen
½ Brötchen (Semmel)	in kaltem Wasser einweichen
1 mittelgroße Zwiebel	abziehen, fein würfeln
375 g Hackfleisch (halb Rind-, halb Schweinefleisch)	mit dem gut ausgedrückten Brötchen, den Zwiebelwürfeln und
Senf	vermengen, mit
Salz, Pfeffer	abschmecken, aus der Masse mit nassen Händen Bällchen formen, 15 Minuten vor Beendigung der Garzeit in den Eintopf geben, gar ziehen lassen den Eintopf mit
1 Eßl. gehackter Petersilie	bestreuen
Veränderung:	Einige Broccoliröschen mitkochen lassen.

Hammel-Pilaw

Garzeit: Etwa 1 Stunde.
Pro Portion: E: 27 g, F: 29 g, Kh: 37 g
kJ: 2289, kcal: 547.

500 g Hammelfleisch	unter fließendem kaltem Wasser abspülen, trockentupfen, in Würfel schneiden
2 mittelgroße Zwiebeln	abziehen, halbieren, in Scheiben schneiden
200 g Sellerie	putzen, waschen, kleinschneiden
200 g Tomaten	kurze Zeit in kochendes Wasser legen (nicht kochen lassen), in kaltem Wasser abschrek-ken, enthäuten, die Stengelansätze heraus-schneiden, die Tomaten in Stücke schneiden
1 grüne Paprikaschote (150 g)	halbieren, entstielen, entkernen, die weißen Scheidewände entfernen, die Schote waschen, in Streifen schneiden
30 g Margarine	erhitzen, das Fleisch unter Wenden schwach darin bräunen lassen kurz bevor das Fleisch genügend gebräunt ist, Zwiebeln, Sellerie, Tomaten und Paprika-schote hinzufügen, kurz miterhitzen, mit
Salz Paprika edelsüß 1 abgezogenen, zerdrückten Knoblauchzehe gerebeltem Thymian	würzen
750 ml (¾ l) Wasser	hinzugießen, zum Kochen bringen
150 g Langkornreis (parboiled)	nach 20 Minuten Kochzeit zu dem Fleisch geben, gar kochen lassen das Gericht mit Salz abschmecken, mit
1 Eßl. gehackter Petersilie	bestreuen

Streifrüben-Eintopf

(Stielmus)

Garzeit: Etwa 1 Stunde.
Pro Portion: E: 21 g, F: 61 g, Kh: 24 g
kJ: 3213, kcal: 768.

500 g Schweinebauch (ohne Knochen)	unter fließendem kaltem Wasser abspülen, trockentupfen, in Würfel schneiden
750 g Streifrüben (vorbereitet gewogen)	putzen, waschen, kleinschneiden
500 g Kartoffeln	schälen, waschen, in Würfel schneiden
40 g Margarine	erhitzen, das Fleisch unter Wenden schwach darin bräunen lassen, mit
Salz, Pfeffer	würzen, Streifrüben, Kartoffeln,
250 ml (¼ l) Wasser	hinzufügen, gar schmoren lassen den Eintopf mit Salz, Pfeffer abschmecken

Erbsen-Suppe mit Schweinebauch

Garzeit: Etwa 1½ Stunden.
Pro Portion: E: 47 g, F: 52 g, Kh: 73 g, kJ: 4222, kcal: 1009.

375 g ungeschälte Erbsen waschen, in
1½ l Wasser 12–24 Stunden einweichen
500 g geräucherte Schweinerippe
250 g Schweinebauch (ohne Knochen)
das Fleisch unter fließendem kaltem Wasser abspülen, mit den Erbsen in dem Einweichwasser zum Kochen bringen, fast weich kochen lassen
375 g Kartoffeln schälen, waschen, in Würfel schneiden
1 Bund Suppengrün putzen, waschen, kleinschneiden, beide Zutaten zu den Erbsen geben, mit
Salz, Pfeffer
gerebeltem Liebstöckel würzen, zum Kochen bringen, gar kochen lassen die Suppe mit Salz, Pfeffer abschmecken
das kleingeschnittene Fleisch in die Suppe geben

Linsen-Eintopf mit Schweinerippchen

Garzeit: Etwa 1½ Stunden.
Pro Portion: E: 37 g, F: 42 g, Kh: 54 g
kJ: 3301, kcal: 789.

250 g Linsen waschen
500 g geräucherte Schweinerippchen unter fließendem kaltem Wasser abspülen, mit den Linsen in
1½ l Wasser zum Kochen bringen, fast weich kochen lassen
375 g Kartoffeln schälen, waschen, in Würfel schneiden
1 Bund Suppengrün putzen, waschen, kleinschneiden
2 mittelgroße Zwiebeln abziehen, halbieren, in Scheiben schneiden
125 g geräucherte Mettwurst
die vier Zutaten zu den Linsen geben, mit
Salz, Pfeffer, Essig
gerebeltem Liebstöckel würzen, gar kochen lassen
die Suppe mit Salz, Pfeffer abschmecken
Schweinerippchen und Mettwurst dazureichen oder kleingeschnitten in die Suppe geben, die Suppe mit
2 Eßl. gehackter Petersilie bestreuen
Veränderung: Die Suppe mit Essig und Zucker servieren.

Vegetarischer Eintopf

Garzeit: Etwa 50 Minuten.
Pro Portion: E: 6 g, F: 12 g, Kh: 31 g
kJ: 1107, kcal: 264.

375 g Möhren	putzen, schrappen
375 g Kartoffeln	schälen
	beide Zutaten waschen, in Würfel schneiden
375 g Grüne Bohnen	evtl. abfädeln, waschen, in Stücke brechen oder schneiden
250 g Tomaten	kurze Zeit in kochendes Wasser legen (nicht kochen lassen), in kaltem Wasser abschrecken, enthäuten, die Stengelansätze herausschneiden, die Tomaten in Viertel schneiden
250 g Blumenkohl	putzen, waschen, in Röschen teilen
2 mittelgroße Zwiebeln	abziehen, würfeln
50 g Margarine	zerlassen, Zwiebeln, Kartoffeln und Bohnen etwa 5 Minuten unter Wenden darin andünsten, mit
Salz, Pfeffer, 2 gestrichenen Eßl. Tartex mit Kräutern (vegetabile Paste), 1 Teel. gehackten Basilikumblättchen	würzen
500 ml (½ l) Wasser	hinzugießen, dünsten lassen
	nach etwa 20 Minuten Dünstzeit Möhren, Tomaten und Blumenkohl hinzufügen, gar dünsten lassen
	den Eintopf mit Salz, Pfeffer abschmecken, mit
2 Eßl. gehackter Petersilie	bestreuen

Westfälisches Blindhuhn

Garzeit: 1–1½ Stunden.
Pro Portion: E: 17 g, F: 82 g, Kh: 44 g, kJ: 4330, kcal: 1035.

1 l Wasser	zum Kochen bringen
500 g durchwachsenen Speck	hinzufügen, zum Kochen bringen, kochen lassen
500 g Grüne Bohnen*	evtl. abfädeln, waschen, in kleine Stücke brechen oder schneiden
250 g Möhren	putzen, schrappen
500 g Kartoffeln	schälen
2 Stengel Bohnenkraut	
	die drei Zutaten waschen, Möhren und Kartoffeln in kleine Würfel schneiden

*Empfehlenswert sind Tiefkühlkost-Brechbohnen

Fortsetzung Seite 187

2 mittelgroße Äpfel
2 mittelgroße Birnen

beide Zutaten schälen, vierteln, entkernen, in Scheiben schneiden
nach 30 Minuten Kochzeit des Specks Gemüse, Kartoffeln, Bohnenkraut, Obst hinzufügen, mit

Salz, Pfeffer, Essig

würzen, zum Kochen bringen, gar kochen lassen
den Eintopf mit Salz, Pfeffer, Essig,

Kräuterpfeffer

abschmecken, den Speck nach Belieben kleinschneiden

Veränderung: 200 g gewaschene Bohnen (getrocknet) in 1 l Wasser 12–24 Stunden einweichen, danach mit dem Einweichwasser zum Kochen bringen, 30 Minuten kochen lassen, den Speck hinzugeben, in diesem Fall nur 250 g Grüne Bohnen nehmen, sie nach Belieben aber auch ganz weglassen (längere Kochzeit beachten).

Pichelsteiner

Garzeit: Etwa 1 Stunde.
Pro Portion: E: 27 g, F: 33 g, Kh: 25 g
kJ: 2222, kcal: 531.

250 g Hammelfleisch
250 g Schweinefleisch

das Fleisch unter fließendem kaltem Wasser abspülen trockentupfen, in Würfel schneiden

250 g Möhren

putzen, schrappen

375 g Kartoffeln

schälen
beide Zutaten waschen, in Würfel schneiden

250 g Porree (vorbereitet gewogen)

putzen, in Scheiben schneiden, waschen

250 g Weißkohl (vorbereitet gewogen)

putzen, waschen, kleinschneiden

40 g Margarine

erhitzen, das Fleisch unter Wenden schwach darin bräunen lassen

2 mittelgroße Zwiebeln

abziehen, halbieren, in Scheiben schneiden
kurz bevor das Fleisch genügend gebräunt ist, die Zwiebelscheiben hinzufügen, kurz miterhitzen
das Fleisch mit

Salz
gerebeltem Majoran
gerebeltem Liebstöckel
schwarzem Pfeffer (aus der Mühle)

würzen, Gemüse, Kartoffeln,

500 ml (½ l) Instant-Fleischbrühe

hinzufügen, gar schmoren lassen,
den Eintopf mit

2 Eßl. gehackter Petersilie

bestreuen

Buntes Reisfleisch

(Abb. nebenstehend)

Garzeit: Etwa 50 Minuten.
Pro Portion: E: 31 g, F: 24 g, Kh: 62 g
kJ: 2607, kcal: 623.

500 g Schweinefleisch	unter fließendem kaltem Wasser abspülen, trockentupfen, in Würfel schneiden
500 g Tomaten	kurze Zeit in kochendes Wasser legen (nicht kochen lassen), in kaltem Wasser abschrecken, enthäuten, die Stengelansätze herausschneiden, die Tomaten vierteln
2 große Paprikaschoten (je 150 g, grün und rot)	halbieren, entstielen, entkernen, die weißen Scheidewände entfernen, die Schoten waschen, in Stücke schneiden
250 g Zwiebeln	abziehen, vierteln
60 g durchwachsenen Speck	in kleine Würfel schneiden
20 g Margarine	zerlassen, den Speck darin auslassen, das Fleisch unter Wenden darin bräunen lassen, Zwiebelviertel und Paprikastücke hinzufügen, etwa 10 Minuten mitschmoren lassen, mit
Salz, Pfeffer 2 Eßl. Tomatenmark einigen Spritzern Tabasco Paprika edelsüß Cayennepfeffer	würzen
gehackte Basilikumblättchen gehackte Liebstöckelblättchen	unterrühren
250 ml (¼ l) Instant-Fleischbrühe	hinzugießen, etwa 15 Minuten schmoren lassen, Tomatenviertel,
250 g Langkornreis (parboiled) 500 ml (½ l) Wasser	hinzufügen, gar kochen lassen das Gericht evtl. nochmals abschmecken

Weiße Bohnen-Suppe

Garzeit: Etwa 1½ Stunden.
Pro Portion: E: 36 g, F: 52 g, Kh: 59 g, kJ: 3740, kcal: 894.

250 g Weiße Bohnen	waschen, in
1½ l Wasser	12–24 Stunden einweichen
500 g Kasseler Nacken	unter fließendem kaltem Wasser abspülen Bohnen und Kasseler Nacken in dem Einweichwasser zum Kochen bringen, die Bohnen fast weich kochen lassen das gare Fleisch herausnehmen
375 g Kartoffeln	schälen, waschen, in Würfel schneiden
1 Stange Porree (150 g)	putzen
3 mittelgroße Möhren	putzen, schrappen
1 Stück Selleriknolle (75 g)	schälen
2 mittelgroße Zwiebeln	abziehen das Gemüse waschen, kleinschneiden, mit
125 g geräucherter Mettwurst	zu den Bohnen geben, mit
Salz, Pfeffer	würzen, zum Kochen bringen, gar kochen lassen die Suppe mit Salz, Pfeffer abschmecken das Fleisch kleingeschnitten in die Suppe geben die Suppe mit
2 Eßl. gehackter Petersilie	bestreuen

Steckrüben-Eintopf

(Kohlrüben)

Garzeit: Etwa 1 Stunde.
Pro Portion: E: 19 g, F: 61 g, Kh: 32 g
kJ: 3297, kcal: 788.

500 g Schweinebauch (ohne Knochen)	unter fließendem kaltem Wasser abspülen, trockentupfen, in Würfel schneiden
750 g Steckrüben **500 g Kartoffeln**	beide Zutaten schälen, waschen, in Stifte schneiden
40 g Margarine	erhitzen, das Fleisch unter Wenden schwach darin bräunen lassen
2 mittelgroße Zwiebeln	abziehen, würfeln, hinzufügen, kurz miterhitzen das Fleisch mit
Salz, weißem Pfeffer (aus der Mühle) **500 ml (½ l) Wasser**	würzen, Steckrüben, Kartoffeln, hinzufügen, gar schmoren lassen den Eintopf mit Salz, Pfeffer,
geriebener Muskatnuß	abschmecken, mit
1 Eßl. gehackter Petersilie	bestreuen
Veränderung:	Anstelle von Schweinebauch Hammelfleisch verwenden.

Wirsing-Eintopf

Garzeit: Etwa 1 Stunde.
Pro Portion: E: 32 g, F: 14 g, Kh: 27 g, kJ: 1577, kcal: 377.

500 g Rindfleisch	unter fließendem kaltem Wasser abspülen, trockentupfen, in Würfel schneiden
1 kg Wirsing (vorbereitet gewogen)	putzen, waschen, kleinschneiden
375 g Kartoffeln	schälen, waschen, in Würfel schneiden
40 g Schweineschmalz	erhitzen, das Fleisch unter Wenden schwach darin bräunen lassen
2 mittelgroße Zwiebeln	abziehen, halbieren, in Scheiben schneiden kurz bevor das Fleisch genügend gebräunt ist, die Zwiebelscheiben hinzufügen, kurz miterhitzen das Fleisch mit
Salz, Pfeffer gemahlenem Kümmel	würzen, Wirsing, Kartoffeln,
750 ml (¾ l) Wasser	hinzufügen, gar schmoren lassen den Eintopf mit Salz abschmecken, mit
2 Eßl. gehackter Petersilie	bestreuen

Labskaus

Garzeit: Etwa 2 Stunden.
Pro Portion: E: 30 g, F: 41 g, Kh: 48 g kJ: 2950, kcal: 705.

600 g gepökeltes schieres Rindfleisch	in
500 ml (½ l) kochendes Wasser	geben, zum Kochen bringen, gar kochen lassen, von der Brühe 375 ml (⅜ l) abmessen
5 große Zwiebeln	abziehen beide Zutaten grob zerkleinern, durch den Fleischwolf drehen
75 g Margarine	zerlassen, die Fleisch-Zwiebel- Masse unter Rühren 5 Minuten darin erhitzen
1 kg gekochte Kartoffeln	noch heiß durch die Kartoffelpresse geben, mit
6 Eßl. Flüssigkeit von eingelegten Essiggurken 375 ml (⅜ l) Rindfleischbrühe	unter die Fleisch-Masse rühren, unter Rühren durchkochen lassen, das Gericht mit
Salz geriebener Muskatnuß	abschmecken
Beilage:	Spiegeleier, Essiggurken oder Rote Bete.
Veränderung:	Anstelle von Rindfleisch Corned Beef verwenden.

Möhren-Eintopf

(Abb. nebenstehend)

Garzeit: Etwa 2 Stunden.
Pro Portion: E: 22 g, F: 61 g, Kh: 40 g
kJ: 3519, kcal: 841.

75 g Weiße Bohnen	waschen, in
500 ml (½ l) Wasser	12-24 Stunden einweichen, in dem Einweichwasser zum Kochen bringen, in etwa 1 Stunde gar kochen lassen
500 g Schweinebauch (ohne Knochen)	unter fließendem kaltem Wasser abspülen, trockentupfen, in Würfel schneiden
750 g Möhren	putzen, schrappen
375 g Kartoffeln	schälen beide Zutaten waschen, in kleine Würfel schneiden
40 g Margarine	erhitzen, das Fleisch unter Wenden schwach darin bräunen lassen
2 mittelgroße Zwiebeln	abziehen, würfeln kurz bevor das Fleisch genügend gebräunt ist, die Zwiebelwürfel hinzufügen, kurz miterhitzen das Fleisch mit
Salz, Pfeffer	würzen, Möhren-, Kartoffelwürfel,
375 ml (⅜ l) Wasser	hinzufügen, in etwa 1 Stunde gar schmoren lassen, die Bohnen (ohne Flüssigkeit) in den Möhren- Eintopf geben, mit Salz, Pfeffer,
Essig	abschmecken, den Eintopf mit
2 Eßl. gehackter Petersilie	bestreuen
Veränderung:	1 Stange Porree putzen, in Ringe schneiden gründlich waschen, in den Eintopf geben 1 geräucherte Mettwurst mitkochen.

Gemüse-Suppe

Garzeit: Etwa 1 Stunde.
Pro Portion: E: 22 g, F: 49 g, Kh: 13 g
kJ: 2577, kcal: 616.

500 g Schweinenacken (ohne Knochen)	unter fließendem kalten Wasser abspülen, trockentupfen, in Würfel schneiden
30 g Pflanzenfett	erhitzen, das Fleisch unter Wenden schwach darin bräunen lassen, mit
Salz, Pfeffer	würzen
1 l Instant-Fleischbrühe	hinzugießen, etwa 35 Minuten kochen lassen
150 g Frühlingszwiebeln	putzen, waschen, in Ringe schneiden

Fortsetzung Seite 194

150 g Möhren	putzen, schrappen, waschen in Stifte schneiden
150 g Grüne Bohnen	evtl. abfädeln, waschen, in Stücke brechen oder schneiden
1 mittelgroßer Kohlrabi (150 g)	putzen, schälen, waschen, in Stifte schneiden
150 g Blumenkohl	putzen, in Röschen teilen, waschen das Gemüse zu dem Fleisch geben, mit Pfeffer,
2 gestrichenen Eßl. Tomatenmark	
1 Teel. gehackten Liebstöckelblättchen	würzen, mitkochen lassen
4 mittelgroße Tomaten	kurze Zeit in kochendes Wasser legen (nicht kochen lassen), in kaltem Wasser abschrecken, die Stengelansätze herausschneiden, die Tomaten achteln, 10 Minuten vor Beendigung der Kochzeit in die Suppe geben, mitkochen lassen die Suppe evtl. nochmals abschmecken, mit
2 Eßl. gemischten, gehackten Kräutern	bestreuen

Gemüse-Rindfleisch-Eintopf

Garzeit: Etwa 1¼ Stunden.
Pro Portion: E: 29 g, F: 11 g, Kh: 25 g, kJ: 1402, kcal: 335.

500 g Rindfleisch	unter fließendem kaltem Wasser abspülen, trockentupfen, in Würfel schneiden
30 g Margarine	erhitzen, das Fleisch unter Wenden schwach darin bräunen lassen, mit
Salz, Pfeffer	würzen
1 l Knochenbrühe	hinzufügen, 30-40 Minuten kochen lassen
1 kg Gemüse (Erbsen, Möhren, Kohlrabi, Blumenkohl)	
	Erbsen auspalen, Möhren putzen, schrappen, Kohlrabi schälen, Blumenkohl in Röschen teilen
375 g Kartoffeln	schälen Gemüse und Kartoffeln waschen Möhren, Kohlrabi, Kartoffeln in Würfel schneiden, das Gemüse zu dem Fleisch geben, mit Salz, Pfeffer würzen, zum Kochen bringen, gar kochen lassen den Eintopf mit
2 Eßl. gemischten, gehackten Kräutern	bestreuen

Äpfel und Kartoffeln

(Himmel und Erde)

Garzeit: Etwa 45 Minuten.
Pro Portion: E: 7 g, F: 16 g, Kh: 73 g
kJ: 2100, kcal: 502.

1½ kg Kartoffeln	schälen, waschen, in Würfel schneiden
500 g Äpfel	schälen, vierteln, entkernen, in kleine Stücke schneiden
500 ml (½ l) Wasser	mit
Salz, Zucker	zum Kochen bringen, die Kartoffeln hineingeben, zum Kochen bringen, etwa 15 Minuten kochen lassen die Äpfel hinzufügen, wieder zum Kochen bringen, gar kochen lassen das Gericht mit Salz, Zucker,
Essig	abschmecken
2 große Zwiebeln	abziehen, in Scheiben schneiden
75 g fetten Speck	in Würfel schneiden, auslassen, die Zwiebelscheiben darin bräunen lassen das Gericht in eine vorgewärmte Schüssel geben, die Speck-Zwiebeln darüber verteilen
Beilage:	Gebratene Blutwurst.

Weißkohl-Eintopf

Garzeit: Etwa 1¼ Stunden.
Pro Portion: E: 28 g, F: 31 g, Kh: 27 g, kJ: 2205, kcal: 527.

500 g Hammelfleisch	unter fließendem kaltem Wasser abspülen, trockentupfen, in Würfel schneiden
1 kg Weißkohl (vorbereitet gewogen)	putzen, waschen, kleinschneiden
2 mittelgroße Zwiebeln	abziehen, halbieren, in Scheiben schneiden
1 Knoblauchzehe (nach Belieben)	abziehen, zerdrücken
30 g Pflanzenfett	erhitzen, das Fleisch unter Wenden schwach darin bräunen lassen Weißkohl, Zwiebeln, Knoblauchzehe, hinzufügen, mit
500 ml (½ l) Wasser	
Salz	
Pfeffer	
½ Teel. Kümmel	würzen, schmoren lassen
375 g Kartoffeln	schälen, waschen, in Würfel schneiden
1 Stange Porree (150 g)	putzen, in etwas dickere Ringe schneiden, waschen, 30 Minuten vor Beendigung der Schmorzeit beide Zutaten hinzufügen, gar schmoren lassen den Eintopf mit Salz, Pfeffer abschmecken

Gemüse

Das Vorbereiten von Gemüse

Gemüse kurz und sorgfältig waschen (nicht im Wasser liegenlassen), gut abtropfen lassen, evtl. bis zur weiteren Verarbeitung in ein feuchtes Küchentuch einschlagen.

Auberginen

Stengelansätze abschneiden. Zum Braten Früchte in Hälften oder Scheiben schneiden, mit Salz bestreuen, etwa 30 Minuten stehenlassen, damit die im Fruchtfleisch enthaltenen Bitterstoffe herausziehen, abtropfen lassen oder abspülen.
Bei Auberginenfleisch, das gedünstet wird, ist diese Vorbehandlung nicht erforderlich.

Blumenkohl

Blätter und schlechte Stellen entfernen, Strunk abschneiden, Blumenkohl unter fließendem kaltem Wasser abspülen.
Wenn er ganz verwendet werden soll, ihn einige Zeit mit dem Strunk nach oben in Salzwasser legen (Ungeziefer kommt nach oben), ihn andernfalls in Röschen teilen, darauf achten, daß das Ungeziefer entfernt wird.

Bohnen

Oben und unten an den Spitzen etwas abschneiden, die Bohnen evtl. abfädeln, waschen, in Stücke brechen oder schneiden oder in einer Maschine schnippeln.
Große Bohnen auspalen, waschen.

Broccoli

Blätter entfernen, Stengel am Strunk schälen, bis kurz vor den Röschen kreuzweise einschneiden, waschen, gut abtropfen lassen.

Brunnenkresse

Gelbe Blätter und dickere Stiele entfernen. Brunnenkresse vorsichtig abspülen, gut abtropfen lassen.

Chicorée

Welke Blätter entfernen, Chicorée evtl. halbieren, Strunk keilförmig herausschneiden, Chicorée waschen, gut abtropfen lassen.

Chinakohl

Welke Blätter entfernen, Stauden längs halbieren, in schmale Streifen schneiden, waschen, gut abtropfen lassen.

Eisbergsalat

Äußere Blätter entfernen, Salatkopf halbieren oder vierteln, zerpflücken, waschen, gut abtropfen lassen.

Endiviensalat

Wurzeln und äußere Blätter abschneiden, die übrigen Blätter übereinanderlegen, in schmale Streifen schneiden, sorgfältig waschen, gut abtropfen lassen.

Erbsen

Auspalen, waschen.

Feldsalat

Wurzelenden abschneiden, fehlerhafte Blätter entfernen, größere Blätter evtl. einmal durchschneiden, gründlich waschen, gut abtropfen lassen.

Fenchel

Stiele dicht oberhalb der Fenchelknolle abschneiden, braune Stellen und Blätter entfernen (zartes Blattgrün evtl. feingehackt mitverwenden), Wurzelenden gerade schneiden, Fenchel waschen.

Grünkohl Welke und fleckige Blätter und Rippen entfernen, Kohl gründlich waschen.

Gurken Waschen, nach Belieben mit Schale verwenden oder schälen (sicherheitshalber die Enden probieren, ob sie bitter sind).

Kohlrabi Schälen, waschen, in Streifen oder Scheiben schneiden oder raspeln.

Kopfsalat Harte und welke Blätter entfernen, die anderen vom Strunk lösen, große Blätter teilen, Herzblätter ganz lassen, Salat in reichlich Wasser waschen, gut abtropfen lassen.

Möhren (Wurzeln) Karotten Grün und Wurzelenden abschneiden. Möhren (ausgenommen junge Möhren) schrappen (schaben), waschen, in Würfel, Scheiben oder Streifen schneiden oder raspeln.

Paprika Schoten halbieren, entstielen, entkernen, weiße Scheidewände entfernen, Schoten waschen.

Pilze Den unteren Teil des Stiels abschneiden. Verschmutzte Stellen vorsichtig abschaben. Bei älteren Pilzen schleimige Huthaut abziehen und evtl. Lamellen (Röhren) entfernen. Pilze nur kurz abspülen.

Porree (Lauch) Wurzeln und dunkles Grün bis auf etwa 10 cm abschneiden. Welke und harte Blätter entfernen, Porree gründlich waschen, je nach Rezeptangabe weiter verarbeiten, evtl. nochmals waschen.

Radicchio Welke Blätter entfernen, Wurzeln abschneiden, Radicchio auseinanderpflücken, waschen, gut abtropfen lassen.

Rosenkohl Beschädigte und fleckige äußere Blättchen entfernen, etwas vom Strunk abschneiden, diesen kreuzförmig einschneiden, Rosenkohl waschen.

Radieschen Grün und Wurzeln abschneiden, Radieschen waschen.

Rettich Grün und Wurzeln abschneiden, Rettich schälen, waschen.

Rote Bete (Rote Rüben) Unter fließendem kaltem Wasser bürsten, schälen, roh verwenden oder mit der Schale gar kochen. Sie sofort mit kaltem Wasser übergießen, damit sich die Schale besser abziehen läßt. Rote Bete nach dem Erkalten kleinschneiden.

Rotkohl Äußere Blätter und schlechte Stellen entfernen. Kohl halbieren, Strunk herausschneiden, jede Hälfte kurz waschen, möglichst fein schneiden oder hobeln.

Schwarzwurzeln Unter fließendem kaltem Wasser bürsten, schrappen, Schwarzwurzeln nochmals kurz waschen, sofort bis zum Kochen in mit etwas Mehl verrührtes Essigwasser legen (verfärben sich sonst).

Sellerie Unter fließendem kaltem Wasser bürsten, schälen, roh verwenden oder mit der Schale gar kochen. Sie sofort mit kaltem Wasser übergießen, damit sich die Schalen besser abziehen lassen.

Spargel Spargel waschen. Weiße Spargelstangen unten, soweit sie holzig sind, abschneiden, Sie zunächst vom Kopf dünn – zum Ende der Stange etwas dicker - schälen. Grüne Spargelstangen nur am unteren weißen Ende schälen.

Spinat/Mangold Sorgfältig verlesen, dabei sämtliche Wurzeln und besonders große Stengel entfernen. Gemüse sorgfältig waschen, ohne Wasser kochen.

Staudensellerie Die einzelnen Stengel am Wurzelansatz abschneiden, bei den äußeren kräftigen Stengeln evtl. die gröbsten Fasern abziehen, braune Stellen entfernen.

Steckrüben (Kohlrüben, Wruken) Schälen, waschen, in Stücke schneiden.

Tomaten Blüten und Stengelansätze entfernen, Tomaten waschen. Sollen Tomaten enthäutet werden, sie kurze Zeit in kochendes Wasser legen (nicht kochen lassen), in kaltem Wasser abschrecken, enthäuten.

Weißkohl/ Wirsing Äußere Blätter und schlechte Stellen entfernen, Kohl halbieren, Strunk herausschneiden. Jede Hälfte kurz waschen, möglichst fein schneiden oder hobeln.

Zucchini Stielansätze und Spitzen abschneiden. Bei einer Länge bis zu 8 cm können Zucchini mit Schale zubereitet werden. Größere Früchte sollen immer geschält werden.

Zwiebeln Äußere Haut abziehen.

Wichtige Hinweise

Gemüse Bei der Zubereitung von Gemüse möglichst kurze Garzeiten wählen (zur Schonung der Vitamine und Mineralstoffe. Gemüse soll noch „Biß" haben. Bei TKK-Gemüse sind die Garzeiten auf der Verpackung zu beachten. TKK-Gemüse unaufgetaut verwenden. Je nach Gemüseart sollte die schonendste Garmethode gewählt werden.

Dünsten Vorbereitetes Gemüse in wenig Fett andünsten, mit möglichst wenig Wasser im gut schließenden Topf garen (z. B. Möhren, Erbsen). Wasserreiches Gemüse ohne Wasser garen (z. B. Spinat, Pilze, Tomaten).

Kochen Frisches Gemüse nicht in Wasser kochen, da Nähr- und Geschmacksstoffe ausgelaugt werden. Ausnahmen sind z. B. Blumenkohl, Rosenkohl, Hülsenfrüchte. Gemüse in kochendes Salzwasser geben, da Salz die auslaugende Wirkung des Wassers einschränkt. Gemüsebrühe zu Soßen und Suppen verwenden.

Schmoren Hierfür eignen sich kräftige Gemüse wie Kohl (z. B. Kohlrouladen).

Dämpfen Dieses ist eine sehr schonende Garmethode. Das Gemüse im Siebeinsatz über Wasserdampf in einem gut schließenden Topf dämpfen.

Garen in Alufolie Eine ebenfalls schonende Garmethode ist das Garen von Gemüse in Alufolie.

Ratatouille

(Französischer Gemüsetopf – Abb. S. 196/197)

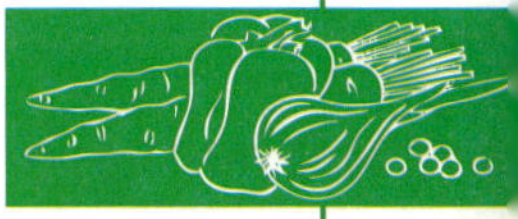

Dünstzeit: Etwa 15 Minuten.
Pro Portion: E: 3 g, F: 15 g, Kh: 13 g, kJ: 854, kcal: 204.

1 Aubergine (etwa 250 g)
1 Zucchini (etwa 250 g)
beide Zutaten waschen, entstielen, halbieren, in etwa ½ cm dicke Scheiben schneiden

2 Paprikaschoten (375 g, rot und grün)
die Schoten halbieren, entstielen, entkernen, die weißen Scheidewände entfernen
die Schoten waschen, in breite Streifen schneiden

200 g Tomaten
kurze Zeit in kochendes Wasser legen (nicht kochen lassen), in kaltem Wasser abschrecken, enthäuten, die Stengelansätze herausschneiden
die Tomaten in Scheiben schneiden

3 mittelgroße Zwiebeln
1 Knoblauchzehe
beide Zutaten abziehen, in Scheiben schneiden

4 Eßl. Olivenöl in einer feuerfesten Form erhitzen Zwiebel- und Knoblauchscheiben darin andünsten das geschnittene Gemüse hinzufügen, mit

Salz, Pfeffer würzen

das Gemüse gar dünsten lassen, mit

1 Eßl. gehackter Petersilie
1 Eßl. gehackten Basilikumblättchen bestreuen

Veränderung: Nach Belieben 2 Eßl. Sahne unter das Ratatouille rühren.

Spargel

(Abb. nebenstehend)

Kochzeit: Etwa 20 Minuten.
Pro Portion: E: 4 g, F: 15 g, Kh: 6 g, kJ: 724, kcal: 173.

Spargel muß sich leicht brechen lassen und an den Bruchstellen saftig sein

1 kg Spargel von oben nach unten schälen, darauf achten, daß die Schalen vollständig entfernt, die Köpfe aber nicht verletzt werden

die unteren Enden gerade und alle Stangen möglichst gleichlang schneiden (holzige Stellen vollkommen wegschneiden)
den Spargel waschen bündeln

375 ml (3/8 l) Wasser
1 Teel. Salz
Zucker
10 g Butter zum Kochen bringen, den Spargel hineingeben, zum Kochen bringen, gar kochen lassen
den garen Spargel mit einem Schaumlöffel vorsichtig herausnehmen, auf eine vorgewärmte Platte legen, die Fäden entfernen

60 g Butter zerlassen, nach Belieben bräunen, zu dem Spargel reichen

Beilage: Roher Schinken, Kalbsschnitzel oder Kotelett.

Veränderung: Holländische Soße oder sauce béarnaise zu dem Spargel reichen, ihn dann nur mit gehackter Petersilie bestreuen.
Anstelle von weißem Spargel grünen Spargel verwenden, diesen nur am unteren weißen Ende schälen.

Fenchel mit gebräunter Butter

Kochzeit: Etwa 40 Minuten.
Pro Portion: E: 6 g, F: 16 g, Kh: 21 g, kJ: 1092, kcal: 261.

Von
1 kg Fenchelknollen die Stiele dicht oberhalb der Knollen abschneiden, braune Stellen und Blätter entfernen, die Wurzelenden gerade schneiden, die Knollen waschen, in
250 ml (¼ l) kochendes Salzwasser geben, zum Kochen bringen, gar kochen lassen
die Knollen in Viertel schneiden, auf eine vorgewärmte Platte legen, warm stellen
75 g Butter zerlassen, bräunen lassen, mit Salz würzen, über die Fenchelviertel gießen

Rosenkohl

Kochzeit: Etwa 20 Minuten.
Pro Portion: E: 7 g, F: 11 g, Kh: 11 g
kJ: 736, kcal: 176.

Von
750 g Rosenkohl die beschädigten und fleckigen äußeren Blättchen entfernen, etwas vom Strunk abschneiden, die Rosenkohlröschen am Strunk kreuzförmig einschneiden, in
Salzwasser geben, zum Kochen bringen, gar kochen, zum Abtropfen auf ein Sieb geben
50 g Butter zerlassen, den Rosenkohl darin schwenken, mit
Salz
geriebener Muskatnuß abschmecken

Blumenkohl mit heller Soße

Kochzeit für den Blumenkohl: 25–30 Minuten
für die Soße: Etwa 5 Minuten.
Pro Portion: E: 17 g, F: 12 g, Kh: 11 g, kJ: 761, kcal: 182.

1 mittelgroßen Kopf Blumenkohl (750 g) von Blättern, schlechten Stellen und dem Strunk befreien, unter fließendem kaltem Wasser waschen, einige Zeit in
kaltes Salzwasser legen, um Raupen und Insekten zu entfernen

250 ml (¼ l) Salzwasser **250 ml (¼ l) Milch** **(3,5 % Fett)**	zum Kochen bringen, den Blumenkohl mit dem Strunk nach unten hineingeben, zum Kochen bringen, gar kochen lassen den Blumenkohl in eine vorgewärmte Schüssel geben, warm stellen von der Kochflüssigkeit 375 ml (⅜ l) abmessen (evtl. mit Milch ergänzen)
	für die helle Soße
25 g Butter	zerlassen
20 g Weizenmehl	unter Rühren so lange darin erhitzen, bis es hellgelb ist
375 ml (⅜ l) Flüssigkeit	hinzugießen, mit einem Schneebesen durchschlagen, darauf achten, daß keine Klumpen entstehen, die Soße zum Kochen bringen, etwa 5 Minuten kochen lassen
1 Eigelb	mit
2 Eßl. Schlagsahne **(30% Fett)**	verschlagen, die Soße damit abziehen (nicht mehr kochen lassen), mit
Salz **Zitronensaft**	abschmecken die Soße über den Blumenkohl geben, mit
1 Eßl. gehackter Petersilie	bestreuen
Veränderung:	Anstelle der hellen Soße 60 g Butter zerlassen, nach Belieben bräunen, zu dem Blumenkohl reichen.

Broccoli

Kochzeit: 15–20 Minuten.
Pro Portion: E: 9 g, F: 19 g, Kh: 7 g
kJ: 1044, kcal: 240.

	Von
1 kg Broccoli*	die Blätter entfernen, die Stengel am Strunk schälen, bis kurz vor den Röschen kreuzförmig einschneiden, waschen
500 ml (½ l) Wasser **Salz** **geriebene Muskatnuß**	zum Kochen bringen, den Broccoli hineingeben, zum Kochen bringen, gar kochen lassen den garen Broccoli mit einem Schaumlöffel vorsichtig herausnehmen, in eine vorgewärmte Schüssel geben, warm stellen
75 g Butter	zerlassen
2 hartgekochte Eier	pellen, kleinhacken die Zutaten über den Broccoli verteilen

*Empfehlenswert ist tiefkühlkost-Broccoli

Deftiger Grünkohl

(Abb. nebenstehend)

Kochzeit: Etwa 80 Minuten.
Pro Portion: E: 50 g, F: 94 g, Kh: 15 g, kJ: 5201, kcal: 1243.

	Von
1 ½ kg Grünkohl	die welken und fleckigen Blätter und die Rippen entfernen, den Grünkohl gründlich waschen, in
kochendes Salzwasser	geben, zum Kochen bringen, 1–2 Minuten kochen, abtropfen lassen, grob hacken
2 mittelgroße Zwiebeln	abziehen, würfeln
30 g Schweineschmalz	erhitzen, die Zwiebelwürfel darin glasig dünsten lassen, den Grünkohl hinzufügen
20 g Haferflocken	unterrühren, erhitzen
500 g Kasseler Rippenspeer (mit Knochen)	unter fließendem kaltem Wasser abspülen, den Knochen auslösen, das Fleisch mit dem Knochen zu dem Grünkohl geben
375 ml (⅜ l) Wasser	hinzufügen, mit
Salz	würzen, zum Kochen bringen, etwa 1 Stunde kochen lassen
200 g durchwachsenen Speck	mit
2 Kohlwürsten (je 150 g)	zu dem Grünkohl geben, etwa 20 Minuten mitkochen lassen, den Grünkohl mit Salz,
Pfeffer **geriebener Muskatnuß** **Zucker**	abschmecken Fleisch und Speck in Scheiben schneiden, mit den Würsten und dem Grünkohl auf einer großen Platte anrichten
Beilage:	Röstkartoffeln.

Junge Erbsen

Dünstzeit: Etwa 15 Minuten.
Pro Portion: E: 13g, F: 8 g, Kh: 24 g
kJ: 971, kcal: 232.

750 g ausgepalte Erbsen (2 kg mit Hülsen)	waschen
25 g Butter	zerlassen, die Erbsen darin andünsten
100 ml (⅒ l) Wasser	hinzufügen, gar dünsten lassen
Salz, Zucker	
10 g Butter	hinzufügen, kurz miterhitzen die Erbsen mit Salz, Zucker abschmecken, mit
1 Eßl. gehackter Petersilie	bestreuen

Dill-Gurken

Dünstzeit: Etwa 30 Minuten.
Pro Portion: E: 2 g, F: 8 g, Kh: 5 g, kJ: 410, kcal: 98.

750 g Salatgurken	schälen, halbieren, in 2 cm breite Stücke schneiden
2 mittelgroße Tomaten	kurze Zeit in kochendes Wasser legen (nicht kochen lassen), in kaltem Wasser abschrecken, enthäuten, die Stengelansätze herausschneiden die Tomaten in kleine Stücke schneiden
2 mittelgroße Zwiebeln	abziehen, würfeln
25 g Margarine	zerlassen, die Zwiebelwürfel darin andünsten, Gurkenstücke,
2 Eßl. Wasser **Salz, Pfeffer**	hinzufügen, dünsten lassen 10 Minuten vor Beendigung der Dünstzeit die Tomatenstücke hinzufügen, das Gemüse gar dünsten lassen
1 schwach gehäuften Eßl. Crème fraîche (30% Fett)	unterrühren das Gemüse mit Salz, Pfeffer abschmecken, mit
1 Eßl. gehacktem Dill	bestreuen

Rotkohl

Garzeit: Etwa 2 Stunden.
Pro Portion: E: 3 g, F: 16 g, Kh: 21 g, kJ: 1029, kcal: 246.

1 kg Rotkohl	Von die groben äußeren Blätter ablösen, den Kohl vierteln, den Strunk herausschneiden, den Kohl waschen, sehr fein schneiden oder hobeln
3 mittelgroße saure Äpfel	schälen, vierteln, entkernen, kleinschneiden
60 g Schweineschmalz	zerlassen, Kohl und Apfelstücke dazugeben, andünsten
1 mittelgroße Zwiebel	abziehen, mit
1 Lorbeerblatt **einigen Gewürznelken**	spicken, mit
Salz, Zucker **1–2 Eßl. Essig** **125 ml (⅛ l) Wasser**	hinzufügen, den Rotkohl gar dünsten lassen, mit Salz, Zucker,
Essig	abschmecken
Veränderung:	Anstelle von Wasser, Weiß- oder Rotwein nehmen, evtl. auch 1 Eßl. Johannisbeergelee mitkochen oder 2 Eßl. Preiselbeerkompott unterrühen. Nach Belieben den Rotkohl mit Soßen-Helfer binden.

Grüne Bohnen

(Schnitt- oder Brechbohnen)

Dünstzeit: Etwa 15 Minuten.
Pro Portion: E: 5 g, F: 8 g, Kh: 10 g, kJ: 556, kcal: 133.

	Für Schnittbohnen eine flache, breite Sorte, am besten Stangenbohnen, nehmen für Brechbohnen die runden, fleischigen, sogenannten Speckbohnen, nehmen
750 g Grüne Bohnen	evtl. abfädeln, waschen, schneiden oder brechen
1 mittelgroße Zwiebel	abziehen, würfeln
25 g Butter oder Margarine	zerlassen, die Zwiebelwürfel darin hellgelb werden lassen, die Bohnen dazugeben, andünsten
125 ml (1/8 l) Wasser	hinzufügen, gar dünsten lassen
Salz, Pfeffer	
10 g Butter	hinzufügen, kurz miterhitzen die Bohnen mit Salz, Pfeffer abschmecken, mit
1 Eßl. gehackter Petersilie	bestreuen
Veränderung:	250 g in Stücke geschnittene Tomaten 10 Minuten mitdünsten.

Große Bohnen mit Speck

Dünstzeit: Etwa 35 Minuten.
Pro Portion: E: 16 g, F: 85 g, Kh: 10 g
kJ: 3874, kcal: 926.

20 g Butter oder Margarine	zerlassen
500 g durchwachsenen Speck	in Stücke schneiden, etwa 15 Minuten darin andünsten
750 g ausgepalte Große Bohnen (2 1/2–3 kg mit Hülsen)	
1 Stengel Bohnenkraut	beide Zutaten waschen, mit
100 ml (1/10 l) Wasser	zu dem Speck geben, in etwa 20 Minuten gar dünsten lassen den Speck herausnehmen, in Scheiben schneiden die Bohnen mit
Salz	abschmecken, mit
1 Eßl. gehackter Petersilie	bestreuen die Bohnen mit dem Speck anrichten

Porree

(Lauch)

Dünstzeit: Etwa 15 Minuten.
Pro Portion: E: 4 g, F: 8 g, Kh: 12 g, kJ: 586, kcal: 140.

750 g Porree (vorbereitet gewogen)	putzen, in etwa 6 cm lange Stücke schneiden, waschen
25 g Butter	zerlassen, den Porree darin andünsten
100 ml (1/10 l) Wasser Salz geriebene Muskatnuß	hinzufügen, gar dünsten lassen
10 g Butter	hinzufügen, kurz miterhitzen den Porree mit Salz, Muskatnuß abschmecken, mit
1 Eßl. gehackter Petersilie	bestreuen

Kohlrabi

Dünstzeit: Etwa 15 Minuten.
Pro Portion: E: 3 g, F: 8 g, Kh: 7 g
kJ: 477, kcal: 114.

1 kg Kohlrabi	schälen, waschen, in Streifen schneiden
25 g Butter	zerlassen, die Kohlrabistreifen darin andünsten
100 ml (1/10 l) Wasser Salz geriebene Muskatnuß	hinzufügen, gar dünsten lassen
10 g Butter	hinzufügen, kurz miterhitzen, die Kohlrabi mit Salz, Muskatnuß abschmecken, mit
1 Eßl. gehackter Petersilie	bestreuen
Veränderung:	Die Kohlrabistreifen in 500 ml (1/2 l) Wasser weich kochen, in einer hellen Grundsoße anrichten.

Möhren

(Wurzeln)

Dünstzeit für junge Möhren: Etwa 20 Minuten
für ältere Möhren: 30—40 Minuten.
Pro Portion: E: 2 g, F: 8 g, Kh: 19 g, kJ: 649, kcal: 155.

1 kg Möhren	putzen, schrappen, waschen, in Scheiben oder Stifte schneiden (wenn sie noch jung und zart sind, ganz lassen)
25 g Butter	zerlassen, die Möhren kurze Zeit darin andünsten

100 ml (1/10 l) Wasser	
Salz	
1 gestrichenen Teel. Zucker	hinzufügen, gar dünsten lassen
10 g Butter	hinzufügen, kurz miterhitzen die Möhren mit Salz, Zucker abschmecken, mit
1 Eßl. gehackter Petersilie	bestreuen

Zwiebeln in Weißwein

Dünstzeit: Etwa 30 Minuten.
Pro Portion: E: 3 g, F: 10 g, Kh: 18 g
kJ: 824, kcal: 197.

750 g Gemüsezwiebeln (vorbereitet gewogen)	abziehen, halbieren, in Scheiben schneiden
25 g Butter oder Margarine	zerlassen, die Zwiebeln darin hellgelb werden lassen
100 ml (1/10 l) Weißwein	hinzugießen, gar dünsten lassen
2 schwach gehäufte Eßl. Crème fraîche (30 % Fett)	unterrühren, das Gemüse mit
Salz	
Pfeffer	abschmecken, mit
1 Eßl. gehackter Petersilie	bestreuen

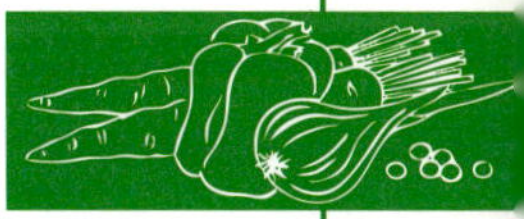

Tomaten mit Basilikum

Dünstzeit: 10–15 Minuten.
Pro Portion: E: 2 g, F: 9 g, Kh: 6 g, kJ: 477, kcal: 114.

750 g mittelgroße, feste Tomaten	kurze Zeit in kochendes Wasser legen (nicht kochen lassen), in kaltem Wasser abschrecken, enthäuten, die Stengelansätze herausschneiden
40 g Butter oder Margarine	zerlassen, die Tomaten nebeneinander hineinstellen, mit
Salz	
Pfeffer	
einigen gehackten Basilikumblättchen	bestreuen, gar dünsten lassen die Tomaten mit
1 Eßl. gehackter Petersilie	bestreuen

Gefüllte Zwiebeln

(Abb. nebenstehend)

Backzeit: Etwa 30 Minuten.
Strom: 200–225, Gas: 3–4
Pro Portion: E: 17 g, F: 36 g, Kh: 15 g
kJ: 2021, kcal: 483.

2 Gemüsezwiebeln (750 g)	abziehen, in
Salzwasser	zum Kochen bringen, halbgar kochen lassen die Zwiebeln waagerecht halbieren, bis auf 3–4 Schichten aushöhlen, die Zwiebelstücke kleinschneiden
15 g Margarine	in einer feuerfesten Form zerlassen, die Zwiebelstücke darin andünsten
3 Eßl. Schlagsahne (30 % Fett)	unterrühren, mit
Salz	würzen die ausgehöhlten Zwiebelhälften darauf legen
375 g Thüringer Mett	mit
1 Eßl. gehackter Petersilie	vermengen, die Zwiebeln damit füllen die Form auf dem Rost in den vorgeheizten Backofen schieben, das gare Gericht mit
1 Eßl. gehackter Petersilie	bestreuen

Zucchini-Zwiebel-Tomaten-Gemüse

Dünstzeit: Etwa 15 Minuten.
Pro Portion: E: 2 g, F: 11 g, Kh: 11 g, kJ: 640, kcal: 153.

250 g Gemüsezwiebeln	abziehen, halbieren
250 g Zucchini	waschen, halbieren beide Zutaten in Scheiben schneiden
250 g Tomaten	waschen, die Stengelansätze herausschneiden die Tomaten in Achtel schneiden
3 Eßl. Speiseöl	erhitzen, die Zwiebelscheiben darin andünsten, die Zucchinischeiben hinzufügen, etwa 5 Minuten mitdünsten lassen Tomatenachtel,
Salz, Pfeffer, Zucker	hinzufügen, gar dünsten lassen das Gemüse mit Salz, Pfeffer, Zucker abschmecken, mit
gehackten Oreganoblättchen	
gehackten Basilikumblättchen	bestreuen

Chicorée, überbacken

Backzeit: Etwa 35 Minuten.
Strom: Etwa 200, Gas: 3–4
Pro Portion: E: 26 g, F: 40 g, Kh: 7 g, kJ: 2159, kcal: 516.

750 g Chicorée	von schlechten Blättern befreien, die Strünke keilförmig herausschneiden, die Chicorée waschen, in
Salzwasser	zum Kochen bringen, 5–10 Minuten (je nach Größe) kochen, gut abtropfen lassen die Chicorée einzeln in jeweils eine von
300 g gekochten Schinkenscheiben	einwickeln, in eine gefettete flache Auflaufform legen
300 g (2 Becher) Crème fraîche (30 % Fett)	mit
Salz zerstoßenem, getrocknetem grünem Pfeffer	abschmecken
100 g geriebenen Käse, z. B. Gouda	unterrühren die Massse über die Chicorée verteilen die Auflaufform auf dem Rost in den vorgeheizten Backofen schieben
Veränderung:	Nach Belieben die Soße mit hellem Soßen-Helfer binden.

Kohl-Rouladen

Schmorzeit: Etwa 2 Stunden.
Pro Portion: E: 19 g, F: 33 g, Kh: 22 g
kJ: 2000, kcal: 478.

	Von
1 ½ kg Weißkohl	den Keil herausschneiden, den Kohl kurze Zeit in
kochendes Salzwasser	legen, bis sich die äußeren Blätter lösen, diesen Vorgang wiederholen, bis alle Blätter gelöst sind, abtropfen lassen die dicken Rippen flachschneiden
	für die Füllung
1 Brötchen (Semmel)	in kaltem Wasser einweichen, gut ausdrücken
1 mittelgroße Zwiebel	abziehen, würfeln
1 Ei	
	die Zutaten mit
250 g Hackfleisch (halb Rind-, halb Schweinefleisch)	vermengen, mit

Salz	
Pfeffer	abschmecken
	2–3 große Kohlblätter übereinanderlegen, einen Teil der Füllung darauf geben, die Blätter aufrollen die Rouladen mit einem Faden umwickeln oder mit Rouladennadeln zusammenhalten
75 g Margarine	erhitzen, die Rouladen von allen Seiten gut darin bräunen, etwas
heißes Wasser	hinzugießen, die Rouladen schmoren lassen, von Zeit zu Zeit wenden, verdampfte Flüssigkeit nach und nach durch heißes Wasser ersetzen
	wenn die Rouladen gar sind, die Fäden (Rouladennadeln) entfernen
	die Rouladen auf einer vorgewärmten Platte anrichten
1 gestrichenen Eßl. Speisestärke	mit
2 Eßl. kaltem Wasser	anrühren, die Flüssigkeit damit binden, die Soße mit Salz abschmecken

Spinat

Dünstzeit: Etwa 10 Minuten.
Pro Portion: E: 6 g, F: 8 g, Kh: 8 g, kJ: 536, kcal: 128.

1 kg Spinat*	verlesen, 5–6 mal gründlich waschen, ihn ohne Wasser zum Kochen bringen, dann grob oder fein schneiden
1 kleine Zwiebel	abziehen, fein würfeln
25 g Butter oder Margarine	zerlassen, die Zwiebelwürfel darin hellgelb werden lassen
	Spinat,
Salz	
Pfeffer	
geriebene Muskatnuß	hinzufügen, gar dünsten lassen
1 schwach gehäuften Eßl. Crème fraîche (30 % Fett)	unterrühren, den Spinat mit Salz abschmecken
Veränderung:	Falls der Spinat etwas bitter ist, den entstandenen Saft weggießen, so viel Milch dazugeben, wie der Spinat aufnimmt.

*Empfehlenswert ist Tiefkühlkost-Blatt-Spinat

Erbsen-Püree

Kochzeit: Etwa 1 Stunde.
Pro Portion: E: 8 g, F: 6 g, Kh: 23 g, kJ: 761, kcal: 182.

125 g geschälte grüne Erbsen	waschen, in
375 ml (3/8 l) Salzwasser	zum Kochen bringen
1 Bund Suppengrün	putzen, waschen, kleinschneiden, zu den Erbsen geben, gar kochen lassen die Erbsen mit dem Suppengrün durch ein Sieb streichen, erhitzen, mit
Salz **frisch gemahlenem weißem Pfeffer**	abschmecken
1 mittelgroße Zwiebel	abziehen, in Scheiben schneiden
25 g Butter oder Margarine	zerlassen, die Zwiebelscheiben unter Wenden darin bräunen lassen, das Erbsen-Püree damit anrichten
Beilage:	Sauerkraut, Schweinerippchen oder Pökelfleisch, Kartoffelbrei.

Gefüllte Paprikaschoten

Garzeit für den Reis: 12–15 Minuten
Dünstzeit für das Gemüse: Etwa 50 Minuten.
Pro Portion: E: 23 g, F: 42 g, Kh: 29 g
kJ: 2580, kcal: 616.

4 große Paprikaschoten (1 kg)	entstielen, von den Schoten einen Deckel abschneiden, Kerne und weiße Scheidewände entfernen, die Schoten waschen, abtrocknen, mit einer Nadel einige Male in den Boden jeder Paprikaschote stechen
	für die Füllung
50 g Langkornreis (parboiled)	in
250 ml (1/4 l) kochendes Salzwasser	geben, zum Kochen bringen, ausquellen lassen (er muß noch körnig sein), den garen Reis zum Abtropfen auf ein Sieb geben, mit kaltem Wasser übergießen
1 kleine Zwiebel	abziehen, würfeln
1 Ei	

	die Zutaten mit
375 g Hackfleisch (halb Rind-, halb Schweinefleisch)	vermengen, mit
Salz, Pfeffer	abschmecken die Füllung in die Schoten geben, die Deckel wieder darauf legen
1 kleine Zwiebel	abziehen, würfeln
4 Eßl. Olivenöl	erhitzen, die Zwiebelwürfel darin andünsten die Paprikaschoten nebeneinander hineinstellen
200 g Tomaten	waschen, die Stengelansätze herausschneiden, die Tomaten in Stücke schneiden, dazugeben
375 ml (3/8 l) heißes Wasser	hinzugießen, das Gemüse gar dünsten lassen, die Paprikaschoten auf einer vorgewärmten Platte anrichten, warm stellen die Tomatensoße durch ein Sieb streichen, 375 ml (3/8 l) davon abmessen, zum Kochen bringen, mit
hellem Soßen-Helfer	binden
2 Eßl. Schlagsahne (30 % Fett)	hinzufügen, die Soße mit Salz,
Zucker	
Zitronensaft	abschmecken
Beigabe:	Stangenweißbrot, Kopfsalat.

Sauerkraut mit Eisbein

Kochzeit: Etwa 2½ Stunden.
Pro Portion: E: 50 g, F: 85 g, Kh: 12 g, kJ: 4485, kcal: 1072.

1½ kg Eisbein	unter fließendem kaltem Wasser abspülen, in
250 ml (1/4 l) Salzwasser	geben, zum Kochen bringen, etwa 1½ Stunden kochen lassen
750 g Sauerkraut	locker zupfen
1 mittelgroße Zwiebel	abziehen, beide Zutaten mit
1 Lorbeerblatt	
3 Gewürznelken	in die Kochbrühe zu dem Eisbein geben, zum Kochen bringen, noch etwa 1 Stunde kochen lassen
1 mittelgroße Kartoffel	schälen, waschen, reiben, zu dem Sauerkraut geben, kurz aufkochen lassen, damit es sämig wird das Sauerkraut mit
Salz	
frisch gemahlenem weißem Pfeffer	
Zucker	abschmecken
Beilage:	Kartoffelbrei, Erbsen-Püree.

Kartoffeln, Reis und Teigwaren

Wichtige Hinweise

Kartoffeln

Die einzelnen Kartoffelsorten haben einen unterschiedlichen Gehalt an Nährstoffen, insbesondere an Stärke. Von diesem Stärkegehalt hängen die Kocheigenschaften der Kartoffel ab.

Man unterscheidet folgende Kochtypen:
1. Festkochende Kartoffeln – geeignet für die Zubereitung z. B. von Kartoffelsalat, Salz- und Bratkartoffeln.
2. Vorwiegend festkochende Kartoffeln – geeignet für die Zubereitung von z. B. Salz-, Pell- und Bratkartoffeln.
3. Mehlig festkochende Kartoffeln – geeignet für die Zubereitung z. B. von Kartoffelbrei, Klößen.

Für ein Gericht möglichst gleichgroße Kartoffeln nehmen, um ein gleichzeitiges Garwerden zu erzielen.

Nach dem Schälen Kartoffeln sofort in kaltes Wasser legen, damit sie nicht braun werden.

Kleingeschnittene Kartoffeln nie längere Zeit im Wasser liegenlassen.

Kartoffeln mit wenig kaltem Wasser aufsetzen.

Nach dem Abgießen des Wassers Kartoffeln im offenen Topf einige Zeit stehenlassen, damit der Dampf entweichen kann (abdämpfen lassen).

Eine schonende Garmethode ist die Zubereitung von Kartoffeln in Alufolie.

Reis

Man unterscheidet folgende Reissorten:
1. Langkornreis (Patnareis und parboiled Reis) geeignet als Suppeneinlage und als Beilage.
2. Rundkornreis (Milchreis) geeignet für Süßspeisen (z. B. Milchreis).
3. Außerdem werden noch Naturreis, Schnellkoch- und Kochbeutelreis im Handel angeboten.

Quellreis: Diesen Reis im Verhältnis 1:2 (250 g Reis: 500 ml (½ l Wasser) zubereiten (z. B. Reisring, Safranreis).

Kochreis: Diesen Reis in viel Flüssigkeit kochen (250 g Reis – 2 l Wasser), anschließend zum Abtropfen auf ein Sieb geben, evtl. mit kaltem Wasser übergießen, gut abtropfen lassen.

Risotto: Zwiebelwürfel in Fett andünsten, Reis darin glasig dünsten lassen, mit Flüssigkeit auffüllen, ausquellen lassen.

Reis vor der Zubereitung waschen. Parboiled Reis nicht waschen. 40 g roher Reis = 125 g gekochter Reis.

Teigwaren

Teigwaren trocken in kochendes Wasser geben. Sie brauchen viel Kochwasser (2 l Wasser auf 250 g Teigwaren), um genügend quellen zu können.

Teigwaren im Anfang ab und zu umrühren, da sie sich leicht zusammenballen und auf dem Boden des Topfes festsetzen.

Teigwaren nicht zu weich kochen. Sie sollen noch „bißfest" sein.

Teigwaren zum Abtropfen auf ein Sieb geben, mit lauwarmem Wasser übergießen, damit sie nicht aneinanderkleben, abtropfen lassen.

Klöße

Kloßteig gut durcharbeiten, damit eine geschmeidige Masse entsteht und der Teig beim Kochen nicht auseinanderfällt.

Um sich von der Festigkeit der Teigmasse zu überzeugen, einen Probekloß kochen. Sollte er zu fest sein, die Teigmasse durch die Zugabe von gekochten Zutaten wie gekochtem Fleisch, Kartoffeln, Grießbrei oder geriebener Semmel lockern. Sollte der Probekloß auseinanderfallen, die Teigmasse durch Zusatz von rohen Zutaten wie Ei, Kartoffeln, Grieß oder Mehl binden.

Um Klöße abzustechen, den Löffel vorher in kochendes Salzwasser tauchen.

Läßt sich der Teig formen, auf einem bemehlten Holzbrett eine Rolle formen, in gleichmäßige Scheiben schneiden, mit mehlbestäubten Händen zu Klößen formen.

Klöße bis zum Kochen auf bemehlte Holzbretter legen.

Klöße in kochendes Salzwasser legen.

Nur so viel Klöße in den Topf geben, wie nebeneinander Platz haben (dabei das Aufgehen berücksichtigen).

Klöße sollen mehr ziehen als kochen (Flüssigkeit muß sich leicht bewegen).

Klöße im offenen Topf kochen, Dampf würde Klöße auseinanderreißen, mit Ausnahme von Hefeklößen.

Bauernfrühstück

(Abb. S. 218/219)

Bratzeit: Etwa 15 Minuten.
Pro Portion: E: 18 g, F: 35 g, Kh: 26 g, kJ: 2119. kcal: 512.

4 kleine Zwiebeln	abziehen, würfeln
50 g durchwachsenen Speck	in Streifen oder Würfel schneiden, auslassen
25 g Margarine	hinzufügen, zerlassen
1 Packung (450 g) Bratkartoffeln, tiefgekühlt	hinzufügen, braun braten, die Zwiebelwürfel hinzufügen, mitbraten lassen
4 Eier	mit
125 ml (1/8 l) Milch (3,5 % Fett)	
Salz, Pfeffer	
Paprika edelsüß	
geriebener Muskatnuß	verschlagen
125 g Schinkenspeck	in Würfel schneiden
2 Eßl. feingeschnittener Schnittlauch	die Zutaten zu der Eiermilch geben, über die Kartoffeln gießen, stocken lassen, die Kartoffeln einige Male wenden
Beilage:	Gurken-Salat.

Bratkartoffeln

Bratzeit: Etwa 10 Minuten.
Pro Portion: E: 4 g, F: 10 g, Kh: 38 g
kJ: 1146, kcal: 274.

1 kg Kartoffeln	waschen, in Wasser zum Kochen bringen, gar kochen lassen, abgießen, pellen, erkalten lassen, in Scheiben schneiden
1 große Zwiebel	abziehen, würfeln
50 g Margarine	in einer Bratpfanne zerlassen, Kartoffelscheiben, Zwiebelwürfel hineingeben, mit
Salz	bestreuen, braun braten
Kochzeit:	25–30 Minuten
Veränderung:	Übriggebliebene Salzkartoffeln ebenso braten, 30 g in Würfel geschnittenen durchwachsenen Speck in der Margarine auslassen.

Salzkartoffeln

Kochzeit: 20–25 Minuten.
Pro Portion: E: 3 g, F: O g, Kh: 28 g, kJ: 548, kcal: 131.

750 Kartoffeln	waschen, dünn schälen, Augen entfernen, nochmals waschen, größere Kartoffeln ein- oder zweimal durchschneiden, in
Salzwasser	zum Kochen bringen, gar kochen lassen, abgießen die Kartoffeln im offenen Topf unter öfterem Schütteln abdämpfen lassen
Veränderung:	Für Schal- oder Pellkartoffeln die Kartoffeln ungeschält kochen.

Petersilien-Kartoffeln

Kochzeit: 20–30 Minuten.
Pro Portion: E: 4 g, F: 8 g, Kh: 37 g
kJ: 1050, kcal: 251.

1 kg möglichst kleine gleichgroße Kartoffeln	waschen, in Wasser zum Kochen bringen, gar kochen lassen, abgießen, sofort pellen
40 g Butter oder Margarine	zerlassen, Kartoffeln,
Salz	
2 Eßl. gehackte Petersilie	hinzufügen, gut durchschwenken

Herzogin-Kartoffeln

(Pommes duchesse)

Backzeit: 10–12 Minuten.
Strom: 200–225, Gas: 4–5
Pro Portion: E: 6 g, F: 3 g, Kh: 28 g, kJ: 732, kcal: 175.

750 g Kartoffeln	schälen, waschen, in Hälften schneiden, in
Salzwasser	zum Kochen bringen, in 20-30 Minuten gar kochen lassen, abgießen, sofort durch die Kartoffelpresse geben, erkalten lassen die Kartoffeln mit
1 Ei	verrühren, mit
Salz	
geriebener Muskatnuß	abschmecken die Masse in einen Spritzbeutel mit großer Sterntülle füllen, in Form von Tuffs auf ein gefettetes Backblech spritzen
1 Eigelb	mit
1 Eßl. Milch (3,5% Fett)	verschlagen, den Kartoffelbrei damit bestreichen, das Backblech in den vorgeheizten Backofen schieben

Kümmel-Kartoffeln mit Quark

(Abb. nebenstehend)

Backzeit: Etwa 40 Minuten
Strom: 175 – 200, Gas: 2–3
Pro Portion: E: 12 g, F: 9 g, Kh: 41 g, kJ: 1293, kcal: 309.

	Für die Kümmel-Kartoffeln
1 kg kleine Kartoffeln	gründlich waschen, ungeschält halbieren, mit den Schnittflächen in
Kümmel grobes Salz	tauchen, auf ein gefettetes Backblech setzen, die Kartoffeln mit
2 Eßl. Speiseöl	bestreichen, in den vorgeheizten Backofen schieben
	für den Quark
250 g Speisequark (10 % Fett)	mit
3 Eßl. Milch	verrühren, mit
Salz	abschmecken, schaumig rühren.
Veränderung:	2 Eßl. feingehackte Kräuter und 1 Eßl. Zwiebelwürfel unter den Quark rühren.

Dampf-Kartoffeln

Bratzeit: 20–30 Minuten.
Pro Portion: E: 4 g, F: 17 g, Kh: 37 g
kJ: 1368, kcal: 327.

1 kg Kartoffeln	schälen, waschen, in Scheiben schneiden
75 g fetten Speck	in Würfel schneiden, in einer Bratpfanne auslassen, die Kartoffelscheiben hineingeben, mit
Salz	bestreuen, zunächst zugedeckt, dann in der offenen Pfanne hellbraun braten

Brüh-Kartoffeln

Garzeit: Etwa 20 Minuten.
Pro Portion: E: 4 g, F: 0 g, Kh: 31 g, kJ: 632, kcal: 151.

750 g Kartoffeln	schälen, waschen, in Scheiben schneiden
1 Bund Suppengrün	putzen, in Scheiben schneiden, waschen
30 g Butter oder Margarine	zerlassen, das Suppengrün kurz darin andünsten Kartoffelscheiben,
125 ml (⅛ l) Instant-Fleischbrühe Salz	hinzufügen, gar kochen lassen, die Brüh-Kartoffeln mit abschmecken

Röstkartoffeln

Bratzeit: Etwa 10 Minuten.
Pro Portion: E: 4 g, F: 10 g, Kh: 37 g, kJ: 1125, kcal: 269.

1 kg möglichst kleine (pflaumengroße) Kartoffeln waschen, in Wasser zum Kochen bringen, gar kochen lassen, abgießen, pellen

50 g Margarine in einer Bratpfanne zerlassen, die Kartoffeln hineingeben, mit

Salz bestreuen, goldgelb braten

Kochzeit: Etwa 20 Minuten

Kartoffelbrei

Kochzeit: Etwa 20 Minuten.
Pro Portion: E: 6 g, F: 18 g, Kh: 40 g
kJ: 1515, kcal: 362.

1 kg Kartoffeln schälen, waschen, in Stücke schneiden, in

Salzwasser zum Kochen bringen, gar kochen lassen, abgießen, sofort durch die Kartoffelpresse geben

75 g Butter
250 ml (¼ l) heiße Milch (3,5 % Fett) hinzufügen
den Topf auf die Kochstelle setzen, den Brei so lange schlagen, bis eine einheitliche Masse entstanden ist, mit Salz,

geriebener Muskatnuß abschmecken

Veränderung: Den Kartoffelbrei mit in Fett gebräunten Zwiebelringen oder geröstetem Semmelmehl anrichten.

Kartoffel-Kroketten

Backzeit: 2–3 Minuten.
Pro Portion: E: 8 g, F: 15 g, Kh: 39 g, kJ: 1419, kcal: 338.

750 g Kartoffeln schälen, waschen, in

Salzwasser zum Kochen bringen, gar kochen lassen, abgießen, sofort durch die Kartoffelpresse geben, erkalten lassen
die Kartoffeln mit

2 Eigelb verrühren, mit

Salz
geriebener Muskatnuß abschmecken
aus dem Teig knapp 2 cm dicke und 5 cm lange Röllchen formen

	die Röllchen zunächst in
1 verschlagenen Ei	dann in
50 g Semmelmehl	wenden, schwimmend in siedendem
Pflanzenfett	goldbraun backen
Kochzeit:	20–25 Minuten
Veränderung:	Anstelle der Röllchen Kugeln formen, für Mandel-Kroketten anstelle von Semmelmehl abgezogene, gehobelte Mandeln (etwa 100 g) verwenden.

Kochreis

Kochzeit: Etwa 20 Minuten.
Pro Portion: E: 5 g, F: 7 g, Kh: 50 g
kJ: 1222, kcal: 292.

1 mittelgroße Zwiebel	abziehen, würfeln, mit
2 l Wasser	
Salz	zum Kochen bringen
250 g Langkornreis (parboiled)	hineingeben, umrühren, zum Kochen bringen, sprudelnd kochen lassen den garen Reis auf ein Sieb geben, mit kaltem Wasser übergießen, gut abtropfen lassen, in
30 g Butter	erhitzen
Veränderung:	Etwas Currypulver mit der Butter erhitzen.

Risotto

Garzeit: Etwa 20 Minuten.
Pro Portion: E: 5 g, F: 5 g, Kh: 50 g, kJ: 1167. kcal: 279.

1 kleine Zwiebel	abziehen, würfeln
20 g Margarine	zerlassen, die Zwiebelwürfel darin andünsten
250 g italienischen Rundkorn- oder Langkornreis	hinzufügen, glasig dünsten lassen
500 ml (½ l) Instant-Fleischbrühe	hinzugießen, zum Kochen bringen, den Reis ausquellen lassen (Reis nicht umrühren, da er sonst breiig wird) den garen Reis in eine vorgewärmte Schüssel füllen, mit
1 Eßl. gemischten, gehackten Kräutern	bestreuen

Spätzle

Kochzeit: 3–5 Minuten.
Pro Portion: E: 9 g, F: 12 g, Kh: 37 g, kJ: 1280, kcal: 306.

200 g Weizenmehl	in eine Schüssel sieben, in die Mitte eine Vertiefung eindrücken
2 Eier	mit
½ gestrichenen Teel. Salz	
5 Eßl. Wasser	verschlagen, etwas davon in die Vertiefung geben, mit einem Handrührgerät mit Knethaken von der Mitte aus mit dem Mehl verrühren, nach und nach die übrige Flüssigkeit hinzugießen, darauf achten, daß keine Klumpen entstehen den Teig so lange rühren, bis er Blasen wirft, den Teig entweder mit einem Spätzlehobel oder durch ein grob-löcheriges Sieb (Gemüsedämpfer) in
kochendes Salzwasser	geben, gar kochen lassen (den Teig evtl. aber auch auf ein Holzbrett streichen, mit einem Messer kleine Stücke in kochendes Salzwasser schaben) die garen Spätzle auf ein Sieb geben, mit kaltem Wasser übergießen
40 g Butter	bräunen, die Spätzle darin schwenken

Semmelknödel

Garzeit: Etwa 20 Minuten.
Pro Kloß: E: 6 g, F: 10 g, Kh: 15 g
kJ: 736, kcal: 176.

50 g durchwachsenen Speck	in Würfel schneiden
2 mittelgroße Zwiebeln	abziehen, fein würfeln
20 g Margarine	zerlassen, die Speckwürfel darin knusprig braten, die Zwiebelwürfel hinzufügen, glasig dünsten lassen
300 g (etwa 8) alte Semmeln (Brötchen)	in kleine Würfel schneiden, in eine Schüssel geben
300 ml Milch (3,5 % Fett)	mit
30 g Butter	erhitzen, über die Semmelwürfel gießen, gut verrühren, die Speck-Zwiebel-Masse mit dem Fett darunter rühren
4 Eier	mit
2 Eßl. gehackter Petersilie	verschlagen, unter die abgekühlte Masse rühren, mit
Salz	abschmecken aus der Masse mit bemehlten Händen 12 Klöße formen, in
kochendes Salzwasser	geben, zum Kochen bringen, gar ziehen lassen (Wasser muß sich leicht bewegen)

Kartoffel-Klöße

(mit Semmelmehl)

Kochzeit für die Kartoffeln: 25–30 Minuten
Garzeit für die Klöße: 20–25 Minuten.
Pro Kloß: E: 3 g, F: 1 g, Kh: 14 g, kJ: 343, kcal: 82.

750 g Kartoffeln	waschen, in Wasser zum Kochen bringen, gar kochen lassen, abgießen, pellen, sofort durch die Kartoffelpresse geben, bis zum nächsten Tag kalt stellen
50 g Semmelmehl **20 g Weizenmehl** **2 Eier**	unterkneten, den Teig mit
Salz **geriebener Muskatnuß**	abschmecken aus dem Teig mit bemehlten Händen 12 Klöße formen, in
kochendes Salzwasser	geben, zum Kochen bringen, gar ziehen lassen (Wasser muß sich leicht bewegen) die garen Klöße gut abtropfen lassen
Kartoffel-Klöße	zu Sauerbraten oder Schweinebraten, Rotkohl oder Broccoli reichen.

Klöße von gekochten und rohen Kartoffeln

(6 Portionen)

Kochzeit für die Kartoffeln: 25–30 Minuten
Garzeit für die Klöße: 15–20 Minuten.
Pro Kloß: E: 2 g, F: 0 g, Kh: 14 g, kJ: 301, kcal: 72.

750 g Kartoffeln	waschen, in Wasser zum Kochen bringen, gar kochen lassen, abgießen, pellen, sofort durch die Kartoffelpresse geben, bis zum nächsten Tag kalt stellen
500 g geschälte rohe Kartoffeln	in eine Schüssel mit Wasser reiben, in einem Tuch fest auspressen, zu den gekochten Kartoffeln geben
1 Ei **65 g Weizenmehl** **1 Teel. Salz**	unterkneten aus dem Teig mit bemehlten Händen 18 Klöße formen, in
kochendes Salzwasser	geben, zum Kochen bringen, gar ziehen lassen (Wasser muß sich leicht bewegen) die garen Klöße gut abtropfen lassen
Klöße von gekochten und rohen Kartoffeln	zu Rouladen oder Schweinebraten reichen.

Nasi Goreng in Blätterteig

(6 Portionen – Abb. nebenstehend)

Backzeit: Etwa 15 Minuten.
Strom: 200–225, Gas: 4–5
Pro Portion: E: 10 g, F: 20 g, Kh: 31 g, kJ: 1445, kcal: 345.

1 Packung (450 g) Nasi Goreng, tiefgekühlt	nach Vorschrift auf der Packung zubereiten, etwas abkühlen lassen
1 Packung (300 g) Blätterteig, tiefgekühlt	nach Vorschrift auf der Packung auftauen lassen jede Teigplatte zu einem Quadrat (30 x 30 cm) ausrollen, halbieren, so daß Rechtecke (30 x 15 cm) entstehen das abgekühlte Nasi Goreng auf die Teigplatten geben, diese jeweils von der kürzeren Seite her aufrollen, an den Enden etwas andrücken die Rollen auf ein kalt abgespültes Backblech legen, mit
Kondensmilch	bestreichen, mit
20 g abgezogenen, gehackten Mandeln **Currypulver** **Paprika edelsüß**	bestreuen das Backblech in den vorgeheizten Backofen schieben

Veränderung: Die Teigrollen nur mit Kondensmilch bestreichen.

Makkaroni oder Spaghetti

Garzeit: Etwa 11 Minuten.
Pro Portion: E: 10 g, F: 12 g, Kh: 45 g
kJ: 1427 kcal: 341.

250 g Makkaroni oder 250 g Spaghetti	in fingerlange Stücke brechen in
2 l kochendes Salzwasser	geben, zum Kochen bringen, ab und zu umrühren, ausquellen lassen die garen Nudeln auf ein Sieb geben, mit lauwarmem Wasser abspülen, abtropfen lassen
40 g Butter	zerlassen, die Nudeln darin schwenken
20 g geriebenen Käse	mit
Pfeffer oder Paprika	mischen, die Nudeln damit bestreuen

Kartoffel-Pfannkuchen

(Puffer oder Reibekuchen)

40 Stück/pro Stück: E: 2 g, F: 7 g, Kh: 9 g
kJ: 435, kcal: 104.

2 kg Kartoffeln	schälen
1 mittelgroße Zwiebel	abziehen
	beide Zutaten waschen, reiben, mit
Salz	
4 Eiern	
60 g Weizenmehl	verrühren
	etwas von
250 ml (¼ l) Speiseöl	in einer Bratpfanne erhitzen, den Teig eßlöffelweise hineingeben, flach drücken, von beiden Seiten braun und knusprig backen.
Beilage:	Kompott, Apfelmus, Kümmel-Quark, Brot, Butter.

Béchamel-Kartoffeln

Garzeit: Etwa 25 Minuten.
Pro Portion: E: 7 g, F: 11 g, Kh: 36 g
kJ: 1184, kcal: 283.

750 g Kartoffeln	waschen, in Wasser zum Kochen bringen, in 20– 30 Minuten gar kochen lassen, abgießen, sofort pellen, erkalten lassen, in Scheiben schneiden
	für die Béchamel-Soße
2 kleine Zwiebeln	abziehen
40 g roher Schinken	
	beide Zutaten in kleine Würfel schneiden
30 g Margarine	zerlassen, die Schinkenwürfel darin auslassen
30 g Weizenmehl	mit den Zwiebelwürfeln unter Rühren so lange darin erhitzen, bis das Mehl hellgelb ist
375 ml (⅜ l) Milch (3,5 % Fett)	
125 ml (⅛ l) Wasser	hinzufügen, mit einem Schneebesen durchschlagen, darauf achten, daß keine Klumpen entstehen, die Soße zum Kochen bringen, etwa 5 Minuten kochen lassen nach Belieben durch ein Sieb streichen, die Kartoffeln hinzufügen, zum Kochen bringen, mit
Salz	
Pfeffer	
geriebener Muskatnuß	abschmecken, mit
2 Eßl. gehackter Petersilie	bestreuen

Folien-Kartoffeln mit Crème fraîche-Soße

Garzeit: 30–40 Minuten.
Strom: 200–225, Gas: 4–5
Pro Portion: E: 3 g, F: 11 g, Kh: 16 g, kJ: 782, kcal: 187.

4 mittelgroße Kartoffeln	waschen, ungeschält jeweils in ein genügend großes Stück
Alufolie	wickeln die Folienpakete auf dem Backblech in den vorgeheizten Backofen schieben
	für die Soße
1 Becher (150 g) Crème fraîche (30 % Fett)	verrühren, mit
Salz, Pfeffer	abschmecken
1 Eßl. gehackte Petersilie **evtl. etwas Kümmel**	unterrühren wenn die Kartoffeln gar sind, die Folie öffnen, die Kartoffeln mit einer Gabel aufbrechen, mit der Soße füllen

Kartoffel-Gratin

Backzeit: Etwa 1 Stunde.
Strom: 175–200, Gas: 4–5
Pro Portion: E: 26 g, F: 48 g, Kh: 43 g
kJ: 3100, kcal: 741.

1 kg Kartoffeln	waschen, schälen, in Scheiben schneiden
250 g gedünstete Champignons	in Scheiben schneiden
1 mittelgroße Zwiebel	abziehen, fein würfeln
30 g Butter	in einer flachen Auflaufform zerlassen, Champignonscheiben und Zwiebelwürfel darin andünsten, mit
Salz, Pfeffer	würzen, die Kartoffelscheiben schuppenförmig darauf anrichten, mit Salz bestreuen
250 ml (¼ l) Schlagsahne (30 % Fett)	mit
1 Eßl. feingeschnittenem Schnittlauch	verrühren, mit Salz abschmecken, über die Kartoffeln gießen
300 g Käse, z. B. Edamer	raspeln, darüber verteilen die Auflaufform zugedeckt auf dem Rost in den vorgeheizten Backofen schieben, etwa 15 Minuten vor Beendigung der Backzeit den Deckel abnehmen

Pizza Champignon

(Abb. nebenstehend)

Backzeit: 13–15 Minuten.
Strom: Etwa 225, Gas: 4–5
Die Pizza enthält: E: 25 g, F: 26 g, Kh: 95 g,
kJ: 3062, kcal: 735.

1 tiefgekühlte Pizza Champignon	auf ein Backblech legen, mit
1 Eßl. gemischten, gehackten Kräutern	bestreuen, in den vorgeheizten Backofen schieben die Pizza ist gar, wenn der Pizzarand knusprig braun und der Käse goldgelb zerlaufen ist
Beilage:	Tomaten-Möhren-Salat.
Veränderung:	Die Pizza vor dem Backen noch zusätzlich mit kleingeschnittenen Salamischeiben belegen.

Reisbrei

(Milchreis)

Garzeit: Etwa 40 Minuten.
Pro Portion: E: 11 g, F: 10 g, Kh: 40 g
kJ: 1259, kcal: 301.

1 l Milch (3,5% Fett)	mit
Salz, 20 g Zucker Zitronenschale (unbehandelt)	zum Kochen bringen
125 g Milchreis (Rundkorn)	hineingeben, umrühren, zum Kochen bringen, ausquellen lassen
Beigabe:	Zerlassene, gebräunte Butter, Zucker und Zimt.

Grießbrei

Garzeit: 10–15 Minuten.
Pro Portion: E: 12 g, F: 11 g, Kh: 54 g, kJ: 1561, kcal: 373.

1 l Milch (3,5 % Fett)	mit
Salz, 75 g Zucker Zitronenschale (unbehandelt) 10 g Butter	zum Kochen bringen
125 g Grieß	hineinstreuen, unter häufigem Umrühren ausquellen lassen

Kaiserschmarren

Backzeit: 8–10 Minuten.
Pro Portion: E: 15 g, F: 47 g, Kh: 36 g, kJ: 2732, kcal: 651.

100 g Weizenmehl in eine Schüssel sieben, in die Mitte eine Vertiefung eindrücken

4 Eier
Salz
2 Tropfen Backöl Zitrone
250 ml (¼ l) Schlagsahne (30 % Fett) mit verschlagen, etwas davon in die Vertiefung geben, von der Mitte aus Flüssigkeit und Mehl verrühren, nach und nach die übrige Flüssigkeit dazugeben, darauf achten, daß keine Klumpen entstehen

75 g Korinthen verlesen

75 g abgezogene, gemahlene Mandeln beide Zutaten zuletzt unter den Teig heben etwas von

60 g Margarine in einer Bratpfanne erhitzen, den Teig jeweils 1 cm dick hineingeben, auf der Unterseite hellgelb backen den Eierkuchen dann mit 2 Gabeln in kleine Stücke zerreißen, diese unter häufigem Wenden gut bräunen

Hefeklöße

Garzeit: 15–20 Minuten.
Pro Portion: E: 6 g, F: 7 g, Kh: 36 g
kJ: 996, kcal: 238.

300 g Weizenmehl in eine Schüssel sieben, mit

1 Päckchen Dr. Oetker Hefe sorgfältig vermischen

50 g Zucker
1 Päckchen Vanillin-Zucker
1 gestrichenen Teel. Salz
50 g zerlassene, lauwarme Butter oder Margarine
1 Ei
125 ml (⅛ l) lauwarme Milch (3,5 % Fett) hinzugeben, mit einem Handrührgerät mit Knethaken zuerst auf niedrigster, dann auf höchster Stufe in etwa 5 Minuten zu einem Teig verarbeiten, den Teig an einem warmen Ort so lange stehenlassen, bis er etwa doppelt so hoch ist, ihn dann gut durchkneten

den Teig zu einer Rolle formen, diese in 8 gleichmäßige Stücke schneiden, mit bemehlten Händen Klöße formen, auf ein bemehltes Backbrett legen
die Klöße an einem warmen Ort so lange gehen lassen, bis sie etwa doppelt so hoch sind, ein Tuch recht straff über einen möglichst breiten Topf mit kochendem Wasser spannen, es an den Topfgriffen festbinden, mit Weizenmehl bestreuen, die Klöße darauf legen, eine Schüssel darüber decken, gar werden lassen (Garprobe mit einem Holzstäbchen)

Beigabe: Zerlassene, gebräunte Butter, gebräunte, abgezogene, gehobelte Mandeln, Zucker und Zimt, Kompott.

Dampfnudeln

(Im Brattopf)

Kochzeit: 20–25 Minuten.
Pro Portion: E: 15 g, F: 18 g, Kh: 85 g, kJ: 2452, kcal: 586.

350 g Weizenmehl	in eine Schüssel sieben, mit
1 Päckchen Dr. Oetker Hefe	sorgfältig vermischen
50 g Zucker **1 Päckchen Vanillin-Zucker** **Salz** **50 g zerlassene, lauwarme Butter oder Margarine** **1 Ei** **150 ml lauwarme Milch (3,5 % Fett)**	hinzugeben, mit einem Handrührgerät mit Knethaken zuerst auf niedrigster, dann auf höchster Stufe in etwa 5 Minuten zu einem Teig verarbeiten den Teig an einem warmen Ort so lange stehenlassen, bis er etwa doppelt so hoch ist, ihn dann gut durchkneten
250 ml (¼ l) Milch (3,5 % Fett) **10 g Butter**	mit in einen Brattopf geben den Teig zu einer Rolle formen, diese in 8 gleichmäßige Stücke schneiden, zu Klößen formen, nebeneinander – nicht zu dicht – in die Milch setzen die Dampfnudeln an einem warmen Ort so lange gehen lassen, bis sie etwa doppelt so hoch sind den Topf zudecken, die Milch zum Kochen bringen, die Dampfnudeln bei schwacher Hitze gar kochen lassen

Kartoffel-Püfferchen

33 Stück/pro Stück: E: 3 g, F: 6 g, Kh: 21 g
kJ: 644, kcal: 154.

500 g Weizenmehl	in eine Schüssel sieben, mit
1 Päckchen Dr. Oetker Hefe	sorgfältig vermischen
1 kg Kartoffeln	schälen, waschen, fein reiben, mit
3 Eiern	
Salz	
125 ml (⅛ l) lauwarmer Milch (3,5 % Fett)	zu dem Mehl geben, alles mit einem Handrührgerät mit Rührbesen zuerst auf niedrigster, dann auf höchster Stufe zu einem Teig verarbeiten den Teig an einem warmen Ort so lange stehenlassen, bis er etwa doppelt so hoch ist, ihn dann auf der höchsten Stufe gut durchschlagen
250 g Rosinen	verlesen, zuletzt unter den Teig heben etwas von
200 g Margarine	in einer Bratpfanne erhitzen, den Teig eßlöffelweise hineingeben, etwas flach drücken, von beiden Seiten goldbraun backen.

Dicker Pickert

(Kastenform)

Backzeit: Etwa 1 Stunde.
Strom: 175–200, Gas: 3–4
Pro Portion: E: 5 g, F: 13 g, Kh: 30 g
kJ: 1117, kcal: 267.

500 g Kartoffeln	schälen, waschen, reiben
3 Eier	
Salz	beide Zutaten unterrühren
750 g Weizenmehl	sieben, mit
1 Päckchen Dr. Oetker Hefe	sorgfältig vermischen zunächst die Hälfte des Weizenmehl-Hefe-Gemisches unter die Kartoffeln rühren, dann den Rest mit
125 ml (⅛l) lauwarmer Milch (3,5 % Fett)	dazugeben (es muß ein dünnflüssiger Teig entstehen) den Teig so lange schlagen, bis er Blasen wirft, an einem warmen Ort so lange stehenlassen, bis er etwa doppelt so hoch ist, ihn noch einmal durchschlagen
125 g Rosinen	verlesen, darunter rühren, in eine gefettete Kastenform (35 x 11 cm) füllen

	den Teig an einem warmen Ort so lange gehen lassen, bis er etwa um die Hälfte höher ist, die Form auf dem Rost in den vorgeheizten Backofen schieben
	den fertigen Pickert stürzen, erkalten lassen, in 24 Scheiben schneiden
	etwas von
300 ml Speiseöl	in einer Bratpfanne erhitzen, die Scheiben von beiden Seiten darin braun braten

Quark-Püfferchen

Backzeit: Etwa 6 Minuten.
16 Stück/pro Stück: E: 7 g, F: 7 g, Kh: 22 g, kJ: 770, kcal: 184.

40 g Butter oder Margarine	geschmeidig rühren, nach und nach
60 g Zucker 2 Eier einige Tropfen Backöl Bittermandel oder Zitrone 1 Teel. Salz 500 g Speisequark (Magerstufe)	unterrühren
250 g Weizenmehl 9 g (3 gestrichene Teel.) Backpulver	mischen, sieben, eßlöffelweise unterrühren
125 g Korinthen	verlesen, zuletzt unter den Teig rühren
	etwas von
75 g Margarine	in einer Bratpfanne erhitzen, den Teig eßlöffelweise in die Pfanne geben, flach drücken
	die Püfferchen von beiden Seiten braun backen

Milchnudeln

Kochzeit: Etwa 30 Minuten.
Pro Portion: E: 17 g, F: 13 g, Kh: 79 g
kJ: 2163, kcal: 517.

1 l Milch (3,5 % Fett)	mit
Salz, 10 g Butter	zum Kochen bringen
250 g Nudeln	hineingeben, zum Kochen bringen, ab und zu umrühren, ausquellen lassen, mit
50 g Zucker 60 g vorgequollenen Rosinen	mischen

Aufläufe

Wichtige Hinweise

Aufläufe

Zum Backen von Aufläufen feuerfeste Formen aus Porzellan, Steingut oder Jenaer Glas verwenden.

Die Form vor dem Einfüllen gut mit streichfähiger Butter oder Margarine fetten.

Bei allen Aufläufen, die aufgehen (auflaufen) sollen, die Form nur ¾ füllen.

Die Oberfläche mit Semmelmehl oder geriebenem Käse bestreuen, Butterflöckchen darauf setzen.

Den Rand der Form nach dem Einfüllen gut säubern, um ein Verbrennen zu vermeiden.

Aufläufe in der Form, in der sie gebacken wurden, servieren.

Makkaroni-Auflauf

(Abb. S. 240/241)

Backzeit: 30–40 Minuten.
Strom: 225–250, Gas: 5–6
Pro Portion: E: 26 g, F: 18 g, Kh: 54 g, kJ: 2148, kcal: 512.

250 g Makkaroni	in fingerlange Stücke brechen, in
2 l kochendes Salzwasser	geben, zum Kochen bringen, ab und zu umrühren, in 10–12 Minuten gar kochen lassen die garen Nudeln auf ein Sieb geben, mit kaltem Wasser übergießen, abtropfen lassen
6 Scheiben gekochten Schinken (200 g)	in kleine Stücke schneiden
150 g Porree (vorbereitet gewogen)	putzen, waschen, einige Minuten in kochendes Wasser legen, abtropfen lassen, in feine Streifen schneiden Makkaroni und Schinken mischen, abwechselnd mit dem Porree in eine gefettete, mit
10 g Semmelmehl	ausgestreute Auflaufform schichten
3 Eier	mit Salz,
100 ml Milch (3,5 % Fett)	verschlagen, den Auflauf damit übergießen, mit
15 g Semmelmehl	bestreuen
20 g Butter	in Flöckchen darauf setzen, die Auflaufform auf dem Rost in den vorgeheizten Backofen schieben

Birnen-Speck-Auflauf

Backzeit: Etwa 35 Minuten.
Strom: Etwa 200, Gas: Etwa 3
Pro Portion: E: 12 g, F: 31 g, Kh: 31 g, kJ: 1975, kcal: 472.

500 g gedünstete Birnenhälften	abtropfen lassen, in eine gefettete flache Auflaufform geben, mit
75 g Schinkenspeck-Scheiben	belegen
250 ml (¼ l) Schlagsahne (30 % Fett)	mit
3 Eigelb	
Salz	
1 schwach gehäuften Teel. Zucker	verrühren
3 Eiweiß	steif schlagen, unterziehen
3 Scheiben Weißbrot (60 g)	halbieren, mit Sahne-Masse bestreichen, die übrige Sahne-Masse auf die Birnen geben, mit den Weißbrotscheiben belegen die Auflaufform auf dem Rost in den vorgeheizten Backofen schieben

Kirschmichel

Backzeit: 50–60 Minuten.
Strom: 175–200, Gas: 2–3
Pro Portion: E: 14 g, F: 18 g, Kh: 105 g
kJ: 2760, kcal 657.

60 g Butter oder Margarine	geschmeidig rühren, nach und nach
125 g Zucker	
1 Päckchen Vanillin-Zucker	
2 Eier	
150 g Grieß	unterrühren
125 g Weizenmehl	
9 g (3 gestrichene Teel.) Backpulver Backin	mischen, sieben, abwechselnd mit
250 ml (¼ l) Milch (3,5 % Fett)	unterrühren
500 g Sauerkirschen	waschen, entstielen, entsteinen, unter den Teig heben, in eine gefettete Auflaufform füllen, auf dem Rost in den vorgeheizten Backofen schieben

Eier-Auflauf

(Omelette soufflée – Abb. nebenstehend)

Backzeit: 25–30 Minuten
Strom: Etwa 175, Gas: 2–3
Pro Portion: E: 7 g, F: 6 g, Kh: 35 g
kJ: 944, kcal: 223.

4 Eigelb	mit
100 g Zucker	cremig schlagen
4 Eiweiß	steif schlagen, auf die Eigelbcreme geben
20 g Speisestärke	darauf sieben, alles vorsichtig unter die Eigelbcreme ziehen (nicht rühren) die Masse in eine gefettete flache Auflaufform geben, auf dem Rost in den vorgeheizten Backofen schieben. Den Auflauf nach dem Backen mit
20 g Puderzucker	bestäuben, sofort servieren.

Quarkcreme-Auflauf

Backzeit: 60–70 Minuten.
Strom: 175–200, Gas: 2–3
Pro Portion: E: 35 g, F: 10 g, Kh: 88 g, kJ: 2843, kcal: 591.

2 Päckchen Pudding-Pulver Vanille-Geschmack	mit ⅔ von
200 g Zucker	mischen
2½ Eigelb	hinzufügen, mit ¼ von
500 ml (½ l) kalter Milch (3,5% Fett)	anrühren, die übrige Milch zum Kochen bringen das Pudding- Pulver in die von der Kochstelle genommene Milch rühren, zum Kochen bringen, kurz aufkochen lassen den Topf von der Kochstelle nehmen
750 g Speisequark (Magerstufe)	hinzufügen, unter Rühren einmal aufkochen lassen die heiße Masse in eine Schüssel füllen
50 g Rosinen	verlesen, unterrühren
3 Eiweiß	steif schlagen, den restlichen Zucker eßlöffelweise unterschlagen, zuletzt unter die Quarkmasse heben, in eine gefettete Auflaufform füllen, glattstreichen
½ Eigelb	mit
1 Eßl. Milch (3,5 % Fett)	verschlagen, den Auflauf damit bestreichen die Auflaufform auf dem Rost in den vorgeheizten Backofen schieben

Nudel-Auflauf

Backzeit: 35–40 Minuten.
Strom: 225–250, Gas: 5–6
Pro Portion: E: 39 g, F: 48 g, Kh: 51 g, kJ: 3527, kcal: 843.

250 g Bandnudeln	in
1½ l kochendes Salzwasser	geben, zum Kochen bringen, ab und zu umrühren, in etwa 8 Minuten gar kochen lassen die garen Nudeln auf ein Sieb geben, mit kaltem Wasser übergießen, abtropfen lassen
2 mittelgroße Zwiebeln **1 Knoblauchzehe**	beide Zutaten abziehen, würfeln
20 g Butter	zerlassen, Zwiebel- und Knoblauchwürfel darin glasig dünsten lassen
500 g Hackfleisch (halb Rind-, halb Schweinefleisch)	hinzufügen, unter ständigem Rühren darin anbraten, dabei die Fleischklümpchen etwas zerdrücken das Hackfleisch mit
Salz **Pfeffer** **Paprika edelsüß** **gerebeltem Thymian**	würzen
500 g Tomaten	kurze Zeit in kochendes Wasser legen (nicht kochen lassen), in kaltem Wasser abschrecken, enthäuten, halbieren, die Stengelansätze herausschneiden, die Tomatenhälften in Stücke schneiden, zu dem Hackfleisch geben, etwa 5 Minuten mitschmoren lassen, mit Salz, Pfeffer, Paprika würzen ⅔ der Nudeln in eine gefettete Auflaufform füllen, die Hackfleischmasse darauf geben, mit den restlichen Nudeln bedecken
100 g geriebenen Käse, z. B. Gouda	darüber streuen
20 g Butter	in Flöckchen darauf setzen die Form auf dem Rost in den vorgeheizten Backofen schieben

Apfel-Auflauf

Backzeit: Etwa 30 Minuten.
Strom: 175–200, Gas: 2–3
Pro Portion: E: 7 g, F: 4 g, Kh: 71 g
kJ: 1485, kcal: 355.

500 g Äpfel	schälen, vierteln, entkernen, in Scheiben schneiden
2 Eier	mit
125 g Zucker	schaumig schlagen

125 g Weizenmehl hinzufügen
6 g (2 gestrichene Teel.) Backpulver Backin
1 Päckchen Vanillin-Zucker mischen, sieben, unterrühren
den Teig abwechselnd lagenweise mit den Apfelscheiben in eine gefettete Auflaufform schichten, die oberste Schicht soll aus Teig bestehen
die Auflaufform auf dem Rost in den vorgeheizten Backofen schieben

Beigabe: Vanille-Soße.

Kompott-Auflauf mit Schneehaube

Backzeit: 15–20 Minuten.
Strom: 175–200, Gas: 2–3
Pro Portion: E: 11 g, F: 9 g, Kh: 74 g, kJ: 1818, kcal: 431.

250 ml (¼ l) Milch (3,5 % Fett) erhitzen
100 g (etwa 9) Zwiebäcke darin einweichen
200 g Pflaumenkompott
150 g Birnenkompott
150 g Apfelkompott
das Kompott abtropfen lassen, in eine gefettete Auflaufform geben,
die durchweichten Zwiebäcke dicht nebeneinander darauf legen
einen Vanille-Pudding zubereiten aus:

500 ml (½ l) Milch (3,5 % Fett)
1 Päckchen Pudding-Pulver Vanille-Geschmack
50 g Zucker
1 Eigelb
den Pudding auf die Zwiebäcke geben
1 Eiweiß steif schlagen, mit
1 gestrichenen Teel. Zucker süßen, gleichmäßig auf den Pudding streichen
die Auflaufform auf dem Rost in den vorgeheizten Backofen schieben

Sauerkirsch-Quark-Auflauf

(Abb. nebenstehend)

Backzeit: Etwa 35 Minuten.
Strom: 200–225, Gas: 3–4
Pro Portion: E: 25 g, F: 5 g, Kh: 73 g, kJ: 1870, kcal: 447.

3 Eigelb	mit
125 g Zucker	cremig schlagen, mit
75 g Grieß	
2 Eßl. Zitronensaft	
500 g Magerquark	verrühren
3 Eiweiß	steif schlagen, vorsichtig unter die Quark-Masse heben
460 g entsteinte, gedünstete Sauerkirschen	gut abtropfen lassen, unter die Masse rühren, in eine gefettete flache Auflaufform füllen, auf dem Rost in den vorgeheizten Backofen schieben

Kartoffel-Porree-Auflauf

Backzeit: Etwa 1 Stunde.
Strom: 175–200, Gas: 3–4
Pro Portion: E: 30 g, F: 36 g, Kh: 36 g
kJ: 2580, kcal: 617.

1 Brötchen (Semmel)	in kaltem Wasser einweichen
1 mittelgroße Zwiebel	abziehen, fein würfeln
500 g Hackfleisch (halb Rind-, halb Schweinefleisch)	mit dem gut ausgedrückten Brötchen, den Zwiebelwürfeln vermengen, mit
Salz, Pfeffer	abschmecken
300 g Porree (vorbereitet gewogen)	putzen, in Scheiben schneiden, waschen, abtropfen lassen
	die Hälfte aus
1 Packung (450 g) Bratkartoffeln, tiefgekühlt	in eine gefettete Auflaufform geben, die Porreescheiben darauf geben, mit Salz,
gerebeltem Oregano	würzen
	das Fleisch darauf verteilen, mit den restlichen Kartoffelscheiben bedecken, mit Salz, Oregano würzen
250 ml (¼ l) Instant Fleischbrühe	mit
1 Eßl. Tomatenmark	verrühren, über die Zutaten gießen
	die Auflaufform auf dem Rost zugedeckt in den vorgeheizten Backofen schieben

Cannelloni in pikanter Tomaten-Soße

Backzeit: Etwa 35 Minuten.
Strom: 200–225, Gas: 3–4
Pro Portion: E: 37 g, F: 48 g, Kh: 54 g, kJ: 3510, kcal: 839.

1 kg Tomaten	kurze Zeit in kochendes Wasser legen (nicht kochen lassen), in kaltem Wasser abschrecken, enthäuten, die Stengelansätze herausschneiden, die Tomaten in Würfel schneiden
1 mittelgroße Zwiebel	abziehen, fein würfeln
2 Eßl. Olivenöl	erhitzen, die Zwiebelwürfel hellgelb darin dünsten, Tomatenwürfel,
1 schwach gehäuften Eßl. Tomatenmark	hinzufügen, zum Kochen bringen, kurz aufkochen lassen, mit
Salz, Pfeffer gerebeltem Oregano	würzen
1 Eßl. gehackte Petersilie	unterrühren
1 Brötchen (Semmel)	in kaltem Wasser einweichen
2 mittelgroße Zwiebeln	abziehen, fein würfeln
500 g Hackfleisch (halb Rind-, halb Schweinefleisch)	mit dem gut ausgedrückten Brötchen, den Zwiebelwürfeln,
1 Eßl. gehackter Petersilie	vermengen, mit Salz, Pfeffer abschmecken die Fleischmasse in einen Spritzbeutel füllen, in
16 rohe Cannelloni (aus der Packung)	spritzen etwas von der Tomaten-Masse in eine gefettete flache Auflaufform geben die gefüllten Cannelloni nebeneinander hineinlegen, die restliche Tomatenmasse darüber verteilen
20 g Butter	in Flöckchen darauf setzen, mit
50 g geriebenem Gouda-Käse	bestreuen die Auflaufform auf dem Rost in den vorgeheizten Backofen schieben

Tip: Cannelloni sind italienische Teigwaren (Pasta) und bedeuten übersetzt „große Röhren", es sind also große, hohle Teigrollen, die im Handel zu verschiedenen Mengen abgepackt angeboten werden. Man unterscheidet helle und grüne, d. h. mit Spinatpüree gefärbte Cannelloni. Sie werden vorgekocht, dann beliebig gefüllt und mit Soße und Käse überbacken.

Ungarischer Sauerkraut-Auflauf

(6 Portionen)

Dünstzeit: Etwa 50 Minuten
Einstellung für den Backofen
Strom: 200–225, Gas: 4–5
Backzeit: Etwa 30 Minuten.
Pro Portion: E: 21 g, F: 56 g, Kh: 23 g, kJ: 3033, kcal: 725.

30 g Schweineschmalz	zerlassen
750 g Sauerkraut	lockerzupfen, kurze Zeit darin erhitzen
250 ml (¼ l) Wasser **2 kleine Lorbeerblätter** **Salz** **Pfeffer** **Zucker**	hinzufügen, das Sauerkraut gar dünsten lassen (es darf keine Brühe mehr im Sauerkraut sein) das Sauerkraut evtl. mit Salz, Pfeffer, Zucker abschmecken
1 l Salzwasser	zum Kochen bringen
125 g Langkornreis (parboiled)	hineingeben, umrühren, zum Kochen bringen, 12–15 Minuten sprudelnd kochen lassen (es muß ständig etwas Dampf aus dem Topf entweichen) den garen Reis auf ein Sieb geben, mit kaltem Wasser übergießen
1 mittelgroße Zwiebel	abziehen, würfeln
20 g Schweineschmalz	zerlassen
375 g Hackfleisch (halb Rind-, halb Schweinefleisch)	mit Salz, Pfeffer würzen, mit den Zwiebelwürfeln in dem Schmalz unter ständigem Rühren anbraten, dabei die Fleischklümpchen zerdrücken, dann den Reis unterheben
2 Rauchenden (200 g)	waschen, in Scheiben schneiden Sauerkraut, Fleisch, Rauchenden abwechselnd lagenweise in eine gefettete Auflaufform füllen, die oberste Schicht soll aus Sauerkraut bestehen
1 Becher (150 g) saure Sahne (10 % Fett)	mit
250 ml (¼ l) Schlagsahne (30 % Fett)	verrühren, über den Auflauf gießen die Auflaufform auf dem Rost in den vorgeheizten Backofen schieben
Beigabe:	Brötchen, Bier.

Schnellkochen

Sauerbraten auf westfälische Art

(In der hohen Sicomatic-Schnellbratpfanne 3 l – Abb. S. 252/253)

Garzeit: Etwa 30 Minuten.
Pro Portion: E: 55 g, F: 29 g, Kh: 19 g, kJ: 2628, kcal: 628.

1 kg Rindfleisch (aus der Keule, ohne Knochen)	unter fließendem kaltem Wasser abspülen, trockentupfen, mit
Pfeffer gemahlener Gewürznelke	einreiben, in eine Schüssel legen
	für die Marinade
2 mittelgroße Zwiebeln	abziehen, kleinschneiden
1 Bund Suppengrün	putzen, kleinschneiden, waschen beide Zutaten mit
5 Pimentkörnern (Nelkenpfeffer) 2 Gewürznelken einigen Pfefferkörnern 2 Lorbeerblättern 1 Zweig Thymian	zu dem Fleisch geben
250 ml (¼ l) Weißwein	mit
250 ml (¼ l) Wein-Essig	verrühren, über das Fleisch gießen (Fleisch muß bedeckt sein), zugedeckt 2 -3 Tage an einem kühlen Ort stehenlassen, das Fleisch ab und zu wenden das genügend gesäuerte Fleisch trockentupfen, mit
Pfeffer, Salz	einreiben
50 g fetten Speck	in Würfel schneiden, in der Sicomatic-Schnellbratpfanne auslassen, das Fleisch von allen Seiten gut darin anbraten, die Marinade durch ein Sieb gießen, 250 ml (¼ l) davon abmessen, das Gemüse zu dem Fleisch geben, gut durchdünsten lassen
125 ml (⅛ l) Marinade	hinzugießen
40 g zerkrümelten Pumpernickel 1 Stück gelbe Zitronenschale (unbehandelt) 40 g verlesene Rosinen	hinzufügen, die Schnellbratpfanne schließen den Kochregler erst dann auf Stufe 2 schieben, wenn reichlich Dampf entwichen ist (nach etwa 1 Minute) nach Erscheinen des zweiten Ringes das Fleisch etwa 30 Minuten garen lassen die Schnellbratpfanne von der Kochstelle nehmen den Kochregler langsam stufenweise zurückziehen, die Schnellbratpfanne öffnen das Fleisch in Scheiben schneiden, auf einer vorgewärmten Platte anrichten, warm stellen
10 g Weizenmehl	mit
2 Eßl. kaltem Wasser	anrühren, die Flüssigkeit damit binden, die Soße mit Salz, Pfeffer,
Zucker	abschmecken

Borschtsch

(Im Sicomatic 7 l – 10 Portionen)

Garzeit: Etwa 25 Minuten.
Pro Portion: E: 16 g, F: 28 g, Kh: 14 g, kJ: 1623, kcal: 388.

1 kg Rote Bete **Salz**	waschen, schälen, in kleine Würfel schneiden, mit bestreuen, einige Zeit stehenlassen
500 g Rindfleisch (aus der Keule, ohne Knochen)	unter fließendem kaltem Wasser abspülen, trockentupfen
3 mittelgroße Zwiebeln	abziehen
250 g durchwachsener Speck	die drei Zutaten in kleine Würfel schneiden
250 g Sellerieknolle **250 g Kartoffeln**	beide Zutaten schälen, waschen, in Würfel schneiden
250 g Wirsing (vorbereitet gewogen) **1 Stange Porree (150 g)**	beide Zutaten putzen, waschen, in Streifen schneiden
30 g Pflanzenfett	im Sicomatic erhitzen, die Fleischwürfel von allen Seiten darin anbraten, alle Zutaten hinzufügen, mit Salz,
Pfeffer	würzen, den Sicomatic schließen, den Kochregler erst dann auf Stufe 2 schieben, wenn reichlich Dampf entwichen ist (nach etwa 1 Minute), nach Erscheinen des zweiten Ringes etwa 25 Minuten garen lassen, den Topf von der Kochstelle nehmen den Kochregler langsam stufenweise zurückziehen, den Topf öffnen die Suppe mit Salz, Pfeffer,
etwa 3 Eßl. Essig	abschmecken
150 g (1 Becher) Crème fraîche (30 % Fett)	unterrühren, mit
2 Eßl. gehackter Petersilie	bestreuen

Irish Stew

(Im Sicomatic 7 l – Abb. nebenstehend)

Garzeit: Etwa 15 Minuten.
Pro Portion: E: 27 g, F: 31 g, Kh: 22 g, kJ: 2063, kcal: 493.

Von

1 kg Wirsing oder Weißkohl die schlechten äußeren Blätter entfernen, den Kohl vierteln, den Strunk herausschneiden, den Kohl in Streifen schneiden, waschen, gut abtropfen lassen

3 mittelgroße Zwiebeln abziehen, würfeln

250 g Kartoffeln schälen, waschen

1 mittelgroße Möhre putzen, schrappen, waschen
die drei Zutaten kleinschneiden

500 g Hammelfleisch (ohne Fett und Knochen) unter fließendem kaltem Wasser abspülen, trockentupfen, in Würfel schneiden

30 g Pflanzenfett im Sicomatic erhitzen, die Fleischwürfel von allen Seiten gut darin anbraten
Zwiebelwürfel hinzufügen, kurz mitbraten lassen
kleingeschnittenes Gemüse und Kartoffeln, hinzufügen, mit

250 ml (¼ l) Wasser
Salz
Pfeffer
Kümmel würzen, den Sicomatic schließen, den Kochregler erst dann auf Stufe 2 schieben, wenn reichlich Dampf entwichen ist (nach etwa 1 Minute), nach Erscheinen des zweiten Ringes etwa 15 Minuten garen lassen
den Topf von der Kochstelle nehmen
den Kochregler langsam stufenweise zurückziehen, den Topf öffnen
den Eintopf mit Salz, Pfeffer abschmecken

Rindfleischbrühe

(Im Sicomatic 7 l)

Garzeit: Etwa 20 Minuten.
Pro Portion: E: 19 g, F: 16 g, Kh: 5 g, kJ: 1063, kcal: 254.

500 g Rindfleisch (Beinscheibe)
250 g zerkleinerte Rinderknochen beide Zutaten unter fließendem kaltem Wasser abspülen, in

1½ l kaltem Salzwasser im offenen Sicomatic zum Kochen bringen, abschäumen

1 Bund Suppengrün putzen, waschen, kleinschneiden

Fortsetzung Seite 258

1 mittelgroße Zwiebel abziehen
beide Zutaten mit

1 kleinen Lorbeerblatt
1 Gewürznelke
5 Pimentkörnern (Nelkenpfeffer) zu dem Fleisch geben, den Sicomatic schließen
den Kochregler erst dann auf Stufe 2 schieben, wenn reichlich Dampf entwichen ist (nach etwa 1 Minute) nach Erscheinen des zweiten Ringes das Fleisch etwa 20 Minuten garen lassen
den Topf von der Kochstelle nehmen, erst dann öffnen, wenn das Druckventil nicht mehr sichtbar ist die Brühe durch ein Sieb gießen, mit Salz abschmecken

Huhn im Topf

(In der hohen Sicomatic-Schnellbratpfanne 3 l)

Garzeit: Etwa 10 Minuten.
Pro Portion: E: 52 g, F: 33 g, Kh: 11 g, kJ: 2448, kcal: 585.

1 küchenfertige Poularde (1,2 kg) in 4 Portionsstücke schneiden, unter fließendem kaltem Wasser abspülen, trockentupfen, mit

Salz
Pfeffer bestreuen

125 g durchwachsenen Speck in Würfel schneiden, in der Sicomatic-Schnellbratpfanne auslassen, die Grieben herausnehmen, die Poulardenstücke von allen Seiten in dem ausgelassenen Fett anbraten (evtl. nacheinander), das Fleisch herausnehmen

175 g kleine Zwiebeln abziehen, in dem Bratfett andünsten
Fleischstücke, Speckgrieben,

200 ml (⅕ l) Instant-Fleischbrühe hinzufügen
die Sicomatic-Schnellbratpfanne schließen, den Kochregler erst dann auf Stufe 2 schieben, wenn reichlich Dampf entwichen ist (nach etwa 1 Minute) nach Erscheinen des zweiten Ringes die Poulardenstücke etwa 8 Minuten garen lassen, die Schnellbratpfanne von der Kochstelle nehmen, den Kochregler langsam stufenweise zurückziehen, die Schnellbratpfanne öffnen

250 g Champignons putzen, waschen, halbieren oder vierteln, zu dem Fleisch geben
die Schnellbratpfanne schließen
nach Erscheinen des zweiten Ringes die Champignons mit dem Fleisch 1–2 Minuten garen lassen
die Schnellbratpfanne von der Kochstelle nehmen, den Kochregler langsam stufenweise zurückziehen,

die Schnellbratpfanne öffnen
das Fleisch auf einer vorgewärmten Platte anrichten, warm stellen

25 g Weizenmehl mit
3 Eßl. kaltem Wasser anrühren, die Flüssigkeit damit binden, die Soße mit Salz, Pfeffer abschmecken

1 Eßl. gehackte Kerbelblättchen
1 Eßl. gehackte Petersilie unterrühren, die Soße über das Fleisch geben

Beilage: Salzkartoffeln oder Reis, grüner Salat.

Schweinebraten

(Im Sicomatic 2,6 l)

Garzeit: Etwa 45 Minuten.
Pro Portion: E: 35 g, F: 73 g, Kh: 8 g
kJ: 3368, kcal: 805.

1 kg Schweinenacken unter fließendem kaltem Wasser abspülen, trockentupfen, mit
Salz
Pfeffer
gerebeltem Thymian
gerebeltem Basilikum einreiben
3 Eßl. Speiseöl im Sicomatic erhitzen
das Fleisch von allen Seiten darin anbraten
2 mittelgroße Zwiebeln abziehen, vierteln
3 mittelgroße Tomaten waschen, die Stengelansätze herausschneiden, die Tomaten vierteln
Zwiebel- und Tomatenviertel zu dem Fleisch geben, kurz mitbraten lassen
hinzugießen, den Sicomatic schließen
100 ml (1/10 l) Rotwein hinzugießen, den Sicomatic schließen
erst dann den Kochregler auf Stufe 2 schieben, wenn reichlich Dampf entwichen ist (nach etwa 1 Minute) nach Erscheinen des zweiten Ringes das Fleisch etwa 45 Min. garen lassen
den Topf von der Kochstelle nehmen

den Kochregler langsam stufenweise zurückziehen, den Topf öffnen
das Fleisch in Scheiben schneiden, auf einer vorgewärmten Platte anrichten, warmstellen
das Gemüse mit der Flüssigkeit durch ein Sieb streichen
20 g Weizenmehl mit
2 Eßl. kaltem Wasser anrühren, die Flüssigkeit damit binden, die Soße mit Salz, Pfeffer abschmecken

Ungarisches Gulasch

(In der flachen Sicomatic-Schnellbratpfanne 3 l - Abb. nebenstehend)

Garzeit: 15–20 Minuten.
Pro Portion: E: 42 g, F: 21 g, Kh: 18g, kJ: 1883, kcal: 450.

2 Eßl. Speiseöl – im Sicomatic erhitzen
750 g Rindergulasch – von allen Seiten darin anbraten, mit
Salz
Pfeffer – würzen
600 g Gemüsezwiebeln – abziehen, würfeln, hinzufügen, durchdünsten lassen
1 gehäufter Teel. Paprika edelsüß
70 g Tomatenmark – beide Zutaten zu dem Gulasch geben, gut verrühren
2 Paprikaschoten (rot und grün, je 150 g) – halbieren, entstielen, entkernen, die weißen Scheidewände entfernen, die Schoten waschen, in Stücke schneiden
1 Peperoni – halbieren, entstielen, entkernen, waschen, in Streifen schneiden
beide Zutaten zu dem Gulasch geben, durchdünsten lassen
125 ml (⅛ l) Wasser – hinzugießen, den Sicomatic schließen, den Kochregler erst dann auf Stufe 2 schieben, wenn reichlich Dampf entwichen ist (nach etwa 1 Minute), nach Erscheinen des zweiten Ringes 15–20 Minuten garen lassen
den Topf von der Kochstelle nehmen
den Kochregler langsam stufenweise zurückziehen, den Topf öffnen
das Gulasch mit Salz, Pfeffer abschmecken

Veränderung: Knoblauchwürfel mit den Gemüsezwiebeln durchdünsten lassen.

Bayerische Zwiebel-Kartoffeln

(Im Sicomatic 3 l)

Garzeit: Etwa 4 Minuten.
Pro Portion: E: 8 g, F: 31 g, Kh: 40 g
kJ: 2038, kcal: 487.

750 g Kartoffeln – schälen, waschen
500 g Gemüsezwiebeln – abziehen, halbieren
beide Zutaten in Scheiben schneiden

Fortsetzung Seite 262

125 g durchwachsenen Speck	in Würfel schneiden, die Hälfte der Speckwürfel in den Sicomatic geben, Kartoffel- und Zwiebelscheiben lagenweise einschichten, dabei jede Schicht mit etwas von
125 ml (⅛ l) Schlagsahne (30 % Fett)	begießen, mit
Salz	
Pfeffer	
Kümmel	bestreuen die restlichen Speckwürfel auf den Kartoffel- und Zwiebelscheiben verteilen, den Sicomatic schließen den Kochregler erst dann auf Stufe 2 schieben, wenn reichlich Dampf entwichen ist (nach etwa 1 Minute) nach Erscheinen des zweiten Ringes die Zwiebel-Kartoffeln etwa 4 Minuten garen lassen den Topf von der Kochstelle nehmen, den Kochregler langsam stufenweise zurückziehen, den Topf öffnen
Tip:	Zwiebel-Kartoffeln zu kurzgebratenem Fleisch oder paniertem Fischfilet reichen.

Ochsenschwanz-Ragout

(Im Sicomatic 5 l)

Garzeit: Etwa 35 Minuten.
Pro Portion: E: 43 g, F: 30 g, Kh: 13 g, kJ: 2364, kcal: 565.

1½ kg Ochsenschwanz (in Stücke zerhackt)	unter fließendem kaltem Wasser abspülen
2 mittelgroße Zwiebeln	abziehen, vierteln
500 ml (½ l) Salzwasser	im offenen Sicomatic zum Kochen bringen Ochsenschwanzstücke, Zwiebelviertel,
1 Lorbeerblatt **2 Gewürznelken** **5 Pimentkörner**	hinzufügen, im offenen Topf zum Kochen bringen, abschäumen, den Sicomatic schließen den Kochregler erst dann auf Stufe 2 schieben, wenn reichlich Dampf entwichen ist (nach etwa 1 Minute) nach Erscheinen des zweiten Ringes die Ochsenschwanzstücke etwa 30 Minuten garen lassen den Topf von der Kochstelle nehmen, erst dann öffnen, wenn das Druckventil nicht mehr sichtbar ist die Ochsenschwanzstücke aus der Brühe nehmen, das Fleisch von den Knochen lösen, Haut und Knorpel entfernen die Brühe durch ein Sieb gießen, 375 ml (⅜ l) davon abmessen

	für die Soße
30 g Butter	zerlassen
40 g Weizenmehl	unter Rühren so lange darin erhitzen, bis es hell- bis dunkelbraun ist
375 ml (3/8 l) Ochsenschwanzbrühe	hinzugießen, mit einem Schneebesen durchschlagen, darauf achten, daß keine Klumpen entstehen
125 ml (1/4 l) Rotwein	hinzugießen, die Soße zum Kochen bringen, etwa 5 Minuten kochen lassen
6 Eßl. Madeira	unterrühren, die Soße mit
Salz, Pfeffer	
Zucker	abschmecken
	das Fleisch in die Soße geben, miterhitzen
Beilage:	Salzkartoffeln, Salat oder Butter-Böhnchen.

Rotkohl

(Im Sicomatic 5 l)

Garzeit: 3–4 Minuten.
Pro Portion: E: 4 g, F: 31 g, Kh: 12 g
kJ: 1146, kcal: 274.

	Von
1 1/4 kg Rotkohl	die groben äußeren Blätter entfernen, den Kohl vierteln, den Strunk herausschneiden, den Kohl waschen, sehr fein schneiden oder hobeln
50 g fetten Speck	in Würfel schneiden, im Sicomatic auslassen den Rotkohl mit
3 Eßl. Essig	hinzufügen, durchdünsten lassen
125 ml (1/8 l) Rotwein	
3 Gewürznelken	
3 Wacholderbeeren	
1 Lorbeerblatt	hinzufügen
375 säuerliche Äpfel	schälen, vierteln, entkernen, in Stücke schneiden, zu dem Kohl geben, mit
Salz	würzen
	den Sicomatic schließen, den Kochregeler erst dann auf Stufe 2 schieben, wenn reichlich Dampf entwichen ist (nach etwa 1 Minute), nach Erscheinen des zweiten Ringes das Gemüse 3–4 Minuten garen lassen den Topf von der Kochstelle nehmen den Kochregler langsam stufenweise zurückziehen, den Topf öffnen
2 Eßl. Johannisbeergelee (50 g)	unter den Rotkohl rühren, mit Salz,
Pfeffer, Zucker	
Essig	abschmecken

Rotbarsch in Tomaten-Soße

(Im Sicomatic 3 l – Abb. nebenstehend)

Garzeit: Etwa 3 Minuten.
Pro Portion: E: 40 g, F: 25 g, Kh: 9 g, kJ: 1874, kcal: 448.

4 Rotbarschfilets (je 200 g)	unter fließendem kaltem Wasser abspülen, trockentupfen, mit
2 Eßl. Zitronensaft	beträufeln, etwa 15 Minuten stehenlassen
750 g Fleischtomaten	kurze Zeit in kochendes Wasser legen (nicht kochen lassen), in kaltem Wasser abschrecken, enthäuten, die Stengelansätze herausschneiden, die Tomaten halbieren, in Würfel schneiden
1 mittelgroße Zwiebel **2 Knoblauchzehen**	beide Zutaten abziehen, würfeln
2 Eßl. Olivenöl	im Sicomatic erhitzen, Zwiebel- und Knoblauchwürfel darin andünsten die Tomatenwürfel hinzufügen, mit
Salz **Pfeffer**	würzen
50 g durchwachsenen Speck	in Würfel schneiden, mit
70 g Tomatenmark **1 Teel. zerdrückten grünen Pfefferkörnern** **2 Eßl. Schlagsahne (30%o Fett)** **1–2 Eßl. gehackten Basilikumblättchen**	verrühren, mit Salz würzen die Fischfilets trockentupfen, mit Salz, Pfeffer würzen, in die Soße geben den Sicomatic schließen, den Kochregler erst dann auf Stufe 1 schieben, wenn reichlich Dampf entwichen ist (nach etwa 1 Minute) nach Erscheinen des ersten Ringes die Fischfilets etwa 3 Minuten garen lassen den Topf von der Kochstelle nehmen, den Kochregler langsam stufenweise zurückziehen, den Topf öffnen den Fisch auf einer vorgewärmten Platte anrichten die Tomatensoße mit Salz, Pfeffer abschmecken
Beilage:	Salzkartoffeln oder Reis, grüner Salat.
Veränderung:	Die Soße durch ein Sieb streichen, evtl. mit hellem Soßen-Helfer binden.

Sicomatic®-SL

Zwiebelfleisch

(In der hohen Sicomatic-Schnellbratpfanne 3 l)

Garzeit: Etwa 20 Minuten.
Pro Portion: E: 42 g, F: 24 g, Kh: 21 g, kJ: 2155, kcal: 515.

750 g Rindfleisch (aus der Keule, ohne Knochen)	unter fließendem kaltem Wasser abspülen, trockentupfen, in 4–6 etwa 2 cm dicke Scheiben schneiden, mit
Salz, Pfeffer	bestreuen, mit
scharfem Senf	bestreichen
3 Eßl. Speiseöl	in der Sicomatic-Schnellbratpfanne erhitzen, die Fleischscheiben darin von beiden Seiten anbraten, herausnehmen
750 g Gemüsezwiebeln	abziehen, würfeln, in dem Bratfett glasig dünsten lassen, mit Salz, Pfeffer würzen, Fleischscheiben,
1 Loorbeerblatt	
10 Pfefferkörner	hinzufügen
125 ml (1/8 l) Weißwein	hinzugießen, die Sicomatic-Schnellbratpfanne schließen den Kochregler erst dann auf Stufe 2 schieben, wenn reichlich Dampf entwichen ist (nach etwa 1 Minute) nach Erscheinen des zweiten Ringes das Fleisch etwa 20 Minuten garen lassen die Schnellbratpfanne von der Kochstelle nehmen den Kochregler langsam stufenweise zurückziehen, die Schnellbratpfanne öffnen
20 g Weizenmehl	mit
3 Eßl. kaltem Wasser	anrühren, die Flüssigkeit damit binden, das Zwiebelfleisch mit Salz, Pfeffer abschmecken

Rinder-Rouladen

(In der hohen Sicomatic-Schnellbratpfanne 3 l)

Garzeit: Etwa 15 Minuten.
Pro Portion: E: 44 g, F: 39 g, Kh: 7 g
kJ: 2452, kcal: 586.

4 Scheiben Rindfleisch (je etwa 175 g, aus der Keule geschnitten)	mit
Salz, Pfeffer	bestreuen, mit
Senf	bestreichen
200 g ungebrühte Bratwurstmasse	gleichmäßig auf die Fleischscheiben streichen
3 mittelgroße Zwiebeln	abziehen, fein würfeln, mit
2 Eßl. gehackter Petersilie	auf die Bratwurstmasse verteilen

die Fleischscheiben von der schmalen Seite her aufrollen, mit Holzstäbchen oder Fäden zusammenhalten

30 g Pflanzenfett in der Sicomatic-Schnellbratpfanne erhitzen, die Rouladen von allen Seiten gut darin anbraten

125 ml (¼ l) Wasser hinzugießen, die Sicomatic-Schnellbratpfanne schließen den Kochregler erst dann auf Stufe 2 schieben, wenn reichlich Dampf entwichen ist (nach etwa 1 Minute), nach Erscheinen des zweiten Ringes die Rouladen in etwa 15 Minuten garen lassen

die Schnellbratpfanne von der Kochstelle nehmen, den Kochregler langsam stufenweise zurückziehen, die Schnellbratpfanne öffnen, die garen Rouladen auf einer vorgewärmten Platte anrichten, warm stellen

den Bratensatz mit Wasser auf 375 ml (⅜ l) auffüllen, zum Kochen bringen

20 g Weizenmehl mit

3 Eßl. kaltem Wasser anrühren, die Flüssigkeit damit binden, die Soße mit Salz, Pfeffer abschmecken

2 Eßl. Schlagsahne (30 % Fett) unterrühren

Fenchel mit Mandel-Butter

(Im Sicomatic 2,6 l)

Garzeit: Etwa 5 Minuten.
Pro Portion: E: 7 g, F: 14 g, Kh: 22 g, kJ: 1025, kcal: 245.

Von

1 kg Fenchelknollen das Grün abschneiden, beiseite legen, die Knollen putzen, waschen, vierteln, mit

Salz bestreuen

125 ml (½ l) Wasser in den Sicomatic gießen, den Einsatz hineinstellen, das Gemüse in den Einsatz geben

den Sicomatic schließen, den Kochregler erst dann auf Stufe 1 schieben, wenn reichlich Dampf entwichen ist (nach etwa 1 Minute)

nach Erscheinen des ersten Ringes den Fenchel etwa 5 Minuten garen lassen

den Topf von der Kochstelle nehmen

den Kochregler langsam stufenweise zurückziehen, den Topf öffnen, die Fenchelstücke auf einer vorgewärmten Platte anrichten, warm stellen

50 g Butter zerlassen

20 g abgezogene, gehobelte Mandeln darin leicht bräunen lassen, über den Fenchel geben

das Fenchelgrün vorsichtig abspülen, trockentupfen, fein hacken, über die Fenchelstücke verteilen

Salate

Wichtige Hinweise

Rohe Salate gründlich waschen, gut abtropfen lassen, erst dann anrichten. Wässeriger Salat schmeckt fade und nimmt das Öl nicht an

Geschnittenen Salat nicht im Wasser liegenlassen. Vitamine und Mineralstoffe sind zum Teil wasserlöslich.

Blattsalate nicht ausdrücken, am besten nach dem Waschen in einem Tuch oder Drahtkorb ausschwenken. Blattsalate erst kurz vor dem Verzehr anrichten, da das Aussehen durch längeres Stehen leidet.

Je nach Beschaffenheit und Verdaulichkeit Gemüse grob oder fein zerkleinern. Dazu Messer, Gemüsehobel, Rohkostraffel oder Küchenmaschine benutzen.

Rohe Salate besonders sorgfältig und appetitlich anrichten. Beim Zusammenstellen einer Rohkostplatte sowohl Geschmack als auch Farbe der Gemüsearten berücksichtigen.

Bunte Salatplatte

(6 Portionen - Abb. S. 268/269)

Pro Portion: E: 3 g, F: 16 g, Kh: 10 g
kJ: 824, kcal: 197.

3 kleine Tomaten kurze Zeit in kochendes Wasser legen (nicht kochen lassen), in kaltem Wasser abschrecken, enthäuten, die Stengelansätze herausschneiden, die Tomaten in Scheiben schneiden

½ Salatgurke (200 g) waschen, abtrocknen, längs halbieren, in Scheiben schneiden

125 g Staudensellerie (vorbereitet gewogen) waschen, evtl. halbieren, in 4 cm große Stücke schneiden

2 kleine Zucchini (200 g) waschen, evtl. halbieren, in Scheiben schneiden

125 g gedünstete Grüne Bohnen
125 g gedünstete Möhrenstifte

für die Salatsoße

2 Becher (je 150 g) Crème fraîche (30 % Fett) mit

1 schwach gehäuften EBl. Tomaten-Ketchup	
1 schwach gehäuften Teel. Rotisseur-Senf	
1 EBl. Milch (3,5 % Fett)	verrühren, mit
Salz	
Pfeffer	
Zucker	abschmecken
4 EBl. gehackte Kräuter (Kerbel, Zitronenmelisse, Dill, Schnittlauch, Petersilie)	unterrühren die Salatzutaten auf einer großen Platte anrichten, die Soße darüber verteilen.
Veränderung:	die Soße ohne Tomaten-Ketchup zubereiten.

Kopfsalat

Pro Portion: E: 2 g, F: 8 g, Kh: 4 g
kJ: 402, kcal: 96.

	Von
2 mittelgroßen Köpfen Salat (300 g)	die welken Blätter entfernen, die anderen vom Strunk lösen, die großen Blätter teilen, die Herzblätter ganz lassen den Salat in reichlich Wasser gründlich waschen, aber nicht drücken, auf einem Durchschlag abtropfen lassen oder in einem Tuch oder Drahtkorb ausschwenken
	für die Sahnesoße
1 Becher (150 g) saure Sahne (10 % Fett)	mit
1 EBl. Salatöl	
1 EBl. Milch (3,5 % Fett)	verrühren, mit
Salz	
Pfeffer	
Zucker	abschmecken
1 mittelgroße Zwiebel	abziehen, fein würfeln
2 EBl. gehackte Kräuter (Petersilie, Dill, Zitronenmelisse, Pimpinelle, Schnittlauch)	die Zutaten unterrühren den Salat kurz vor dem Anrichten mit der Soße vermengen.

Endivien-Salat

Pro Portion: E: 1 g, F: 11 g, Kh: 2 g
kJ: 460, kcal: 110.

Von

1 mittelgroßen Kopf Endiviensalat (375 g) — Wurzel und äußere Blätter abschneiden, die übrigen Blätter übereinanderlegen, in schmale Streifen schneiden, sorgfältig waschen, sollte der Salat bitter sein, ihn ½ Stunde in lauwarmes Wasser legen, gut abtropfen lassen

für die Salatsoße

3 Eßl. Salatöl — mit
2 Eßl. Essig — verrühren, mit
Salz
Pfeffer — abschmecken
Zucker
1 Eßl. gehackte Kräuter (Petersilie, Schnittlauch) — unterrühren
den Salat mit der Soße vermengen.

Veränderung: Endiviensalat mit Crème fraîche-Soße anrichten.

Feldsalat

(Rapunzeln)

Pro Portion: E: 1 g, F: 11 g, Kh: 2 g
kJ: 456, kcal: 109.

Von

200 g Feldsalat — die Wurzelenden abschneiden, fehlerhafte Blätter entfernen, größere Blätter evtl. einmal durchschneiden
den Salat gründlich waschen, gut abtropfen lassen

für die Salatsoße

3 Eßl. Salatöl — mit
1 Eßl. Essig — verrühren, mit
Salz
Pfeffer
Zucker — abschmecken
1 Eßl. gehackte Kräuter (Petersilie, Schnittlauch) — unterrühren
den Salat kurz vor dem Anrichten mit der Soße vermengen.

Chicorée-Salat

Pro Portion: E: 11 g, F: 16 g, Kh: 7 g
kJ: 954, kcal: 228.

750 g Chicorée (vorbereitet gewogen)	von schlechten Blättern befreien, halbieren, die Strünke keilförmig herausschneiden, weil sie bitter schmecken die Chicorée in etwa ½ cm breite Streifen schneiden, waschen, gut abtropfen lassen
150 g gekochten Schinken	in feine Streifen schneiden
	für die Salatsoße
1 Becher (150 g) Crème fraîche (30 % Fett)	mit
2 schwach gehäuften EBl. Tomaten-Ketchup	verrühren, mit
Salz, Pfeffer, Zucker	abschmecken Chicorée und Schinken mit der Soße vermengen.

Brunnenkresse-Salat

Pro Portion: E: 10 g, F: 32 g, Kh: 16 g
kJ: 1707, kcal: 408.

2 Bund (500 g) Brunnenkresse	verlesen, waschen, gut abtropfen lassen
4 Scheiben Weißbrot (je 20 g)	in kleine Würfel schneiden
75 g Butter	zerlassen, die Brotwürfel unter Wenden darin rösten, etwas abkühlen lassen, mit der Brunnenkresse vermengen, in eine Schale geben
	für die Salatsoße
1 Becher (150 g) Crème fraîche (30 % Fett)	mit
etwas Limettensaft	verrühren, mit
Salz, Pfeffer, Zucker	abschmecken
2 EBl. gehackte Petersilie 2 EBl. feingehackter Dill 2 hartgekochte, kleingehackte Eier	die drei Zutaten unter die Soße rühren, über die Salatzutaten geben, mit
1 hartgekochten, kleingehackten Ei	bestreuen.

Griechischer Salat mit Schafskäse

(Abb. nebenstehend)

Pro Portion: E: 8 g, F: 24 g, Kh: 6 g, kJ: 1184, kcal: 283.

2 große Fleischtomaten (300 g)	waschen, die Stengelansätze herausschneiden, die Tomaten in Scheiben schneiden
½ Salatgurke (200 g)	waschen, abtrocknen, halbieren, in etwas dickere Scheiben schneiden
200 g Schafskäse	in Stücke oder in Würfel schneiden
50 g schwarze Oliven	
	für die Salatsoße
3 Eßl. Olivenöl	mit
2 Eßl. Essig	verrühren, mit
Knoblauchpfeffer Salz Zucker schwarzem Pfeffer (aus der Mühle)	abschmecken
gehackte Basilikumblättchen gehackte Majoranblättchen	unterrühren die Salatzutaten in eine Salatschüssel schichten, dabei auf jede Schicht etwas von der Soße verteilen.

Sauerkraut-Ananas-Salat

Pro Portion: E: 2 g, F: 11 g, Kh: 19 g
kJ: 774, kcal: 185.

375 g Sauerkraut	lockerzupfen
250 g Ananasscheiben (aus der Dose)	abtropfen lassen, in kleine Stücke schneiden
	für die Salatsoße
3 Eßl. Salatöl	mit
2 Eßl. Zitronensaft	
3 Eßl. Ananassaft	verrühren, mit
Salz, Pfeffer	
Zucker	abschmecken
1 mittelgroße Zwiebel	abziehen, fein würfeln, unterrühren die Salatzutaten mit der Soße vermengen den Salat gut durchziehen lassen, evtl. mit Zucker,
Zitronensaft	abschmecken.

Eisbergsalat

Pro Portion: E: 3 g, F: 3 g, Kh: 6 g, kJ: 268, kcal: 64.

	Von
1 mittelgroßen Kopf Eisbergsalat (375 g)	die äußeren Blätter entfernen, den Salatkopf halbieren oder vierteln, zerpflücken, waschen, auf einem Durchschlag abtropfen lassen oder in einem Tuch oder Drahtkorb ausschwenken
1 mittelgroße Apfelsine (150 g)	schälen, filieren
	für die Joghurtsoße
1 Becher (150 g) Joghurt (3,5 % Fett)	mit
1 Teel. Salatöl	
1 Eßl. Essig	verrühren, mit
Salz, Zucker	abschmecken Eisbergsalat und Apfelsine mit der Soße vermengen.

Gurken-Salat

Pro Portion: E: 1 g, F: 11 g, Kh: 3 g
kJ: 485, kcal: 116.

1 mittelgroße Salatgurke (750 g)	waschen, abtrocknen, evtl. schälen, in feine Scheiben schneiden oder hobeln
	für die Salatsoße
3 Eßl. Salatöl	mit
2 Eßl. Essig	verrühren, mit
Salz	
Pfeffer	
Zucker	abschmecken
1 mittelgroße Zwiebel	abziehen, fein würfeln
2 Eßl. gehackte Kräuter (Dill, Petersilie)	
	die Zutaten unterrühren die Gurkenscheiben kurz vor dem Anrichten mit der Soße vermengen.
Anmerkung:	Gurkenscheiben nicht mehr einsalzen, weil dadurch der Salat schwer verdaulich wird und durch das Weggießen des Gurkenwassers wertvolle Nährstoffe verloren gehen.
Veränderung:	Anstelle von Salatgurke Zucchini verwenden.

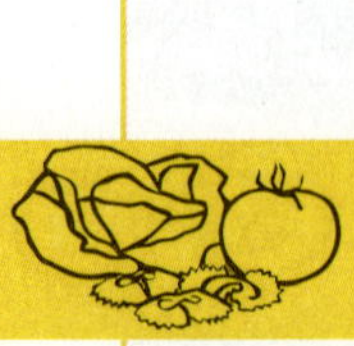

Radicchio-Salat

Pro Portion: E: 1 g, F: 11 g, Kh: 3 g
kJ: 485, kcal: 116.

	Von
250 g Radicchio	die welken Blätter entfernen, die Wurzeln abschneiden, den Radicchio auseinanderpflücken (große Blätter teilen), waschen, gut abtropfen lassen
	für die Salatsoße
3 Eßl. Salatöl	mit
2 Eßl. Essig	verrühren, mit
Salz, Pfeffer, Zucker	abschmecken
2 mittelgroße Zwiebeln	abziehen, fein würfeln
3 Eßl. gehackte Kräuter (Petersilie, Schnittlauch, Dill)	
	die Zutaten unterrühen den Salat kurz vor dem Anrichten mit der Soße vermengen.

Weißkohl-Salat

Pro Portion: E: 2 g, F: 11 g, Kh: 8 g
kJ: 590, kcal: 141.

	Von
750 g Weißkohl	die groben äußeren Blätter entfernen, den Kohl in Viertel schneiden, den Strunk herausschneiden, den Kohl waschen, sehr fein schneiden oder hobeln, mit
2 schwach gehäuften Teel. Salz	gut verkneten, etwa 1 Stunde stehenlassen, dann die sich gebildete Flüssigkeit abgießen
	für die Salatsoße
3 Eßl. Salatöl	mit
2 Eßl. Essig	verrühren, mit
Salz, Zucker schwarzem Pfeffer (aus der Mühle)	abschmecken
2 kleine Zwiebeln	abziehen, fein würfeln, unterrühren den Kohl mit der Soße vermengen den Salat gut durchziehen lassen
2 Eßl. gehackte Kräuter (Petersilie, Schnittlauch, Dill)	unterheben.

Chinakohl-Salat

Pro Portion: E: 3 g, F: 5 g, Kh: 5 g, kJ: 339, kcal: 81.

	Von
1 kg Chinakohl	die welken Blätter entfernen, den Kopf halbieren, in schmale Streifen schneiden, waschen, gut abtropfen lassen
	für die Salatsoße
4 Eßl. Schlagsahne (30 % Fett)	mit
Essig	verrühren, mit
Salz	
Pfeffer	
Zucker	abschmecken
2 Eßl. gehackte Kräuter (Petersilie, Schnittlauch)	unterrühen den Salat mit der Soße vermengen, etwas durchziehen lassen.

Spargel-Ananas-Salat

Pro Portion: E: 17 g, F: 42 g, Kh: 10 g
kJ: 2113, kcal: 505.

5 hartgekochte Eier	pellen, in Scheiben schneiden
125 g gekochten Schinken	in Streifen schneiden
150 g Ananasscheiben (aus der Dose)	abtropfen lassen
175 g gekochte Spargelstücke	abtropfen lassen beide Zutaten in Stücke schneiden
	für die Mayonnaise
1 Eigelb	mit
1 Eßl. Essig	
Salz, Pfeffer	
Zucker	in einer Rührschüssel mit einem Schneebesen oder mit einem Handrührgerät mit Rührbesen zu einer dicklichen Masse schlagen, darunter
125 ml (1/8 l) Salatöl	schlagen (bei dieser Zubereitung ist es nicht notwendig, das Öl tropfenweise zuzusetzen, es wird in Mengen von 1–2 Eßl. untergeschlagen, die an das Eigelb gegebenen Gewürze verhindern eine Gerinnung) die Salatzutaten mit der Mayonnaise vermengen den Salat gut durchziehen lassen.

Tomaten-Salat

Pro Portion: E: 1 g, F: 11 g, Kh: 6 g
kJ: 544, kcal: 130.

500 g feste Tomaten waschen, abtrocknen, die Stengelansätze herausschneiden, die Tomaten mit einem Tomatenmesser in Scheiben schneiden, in eine Salatschüssel geben, dabei jede Schicht mit

Salz
Pfeffer
Zucker
2 mittelgroßen, abgezogenen, gewürfelten Zwiebeln bestreuen

3 Eßl. Salatöl mit
2 Eßl. Essig verrühren, über die Tomaten geben den Salat mit

1 Eßl. gehackten Kräutern (Petersilie, Schnittlauch, Dill) bestreuen.

Bohnen-Salat

Dünstzeit: Etwa 30 Minuten.
Pro Portion: E: 3 g, F: 11 g, Kh: 7 g
kJ: 594, kcal: 142.

500 g Grüne Bohnen evtl. abfädeln, waschen, in etwa 4 cm lange Stücke brechen oder schneiden, in

125 ml (1/8 l) kochendes Salzwasser geben, gar dünsten, abtropfen lassen

für die Salatsoße

3 Eßl. Salatöl mit
1 Eßl. Essig verrühren, mit
Salz
Pfeffer
Zucker abschmecken
1 mittelgroße Zwiebel abziehen, fein würfeln
1 Eßl. gehackte Kräuter (Petersilie, Dill, Bohnenkraut)

die Zutaten unterrühren
die noch warmen Bohnen mit der Soße vermengen
den Salat gut durchziehen lassen,
evtl. mit Salz, Pfeffer, Zucker abschmecken

Fenchel-Orangen-Salat

Pro Portion: E: 4 g, F: 8 g, Kh: 25 g
kJ: 883, kcal: 211.

	Für die Salatsoße
2 Eßl. Salatöl	mit
1 Eßl. Essig	
5 Eßl. Wasser	
3 Eßl. Gin	
20 g Zucker	verrühren, mit
Salz	
Pfeffer	
Knoblauchsalz	abschmecken
500 g Fenchelknollen	waschen, die braunen Stellen abschneiden, die Knollen in dünne Streifen schneiden, mit Salatsoße beträufeln, etwas ziehen lassen
3 mittelgroße Orangen (je 150 g)	schälen, in dünne Scheiben schneiden, vierteln, abwechselnd mit dem Fenchel in eine Salatschüssel schichten, die Soße darüber geben.

Rotkohl-Salat mit Preiselbeer-Kompott

Dünstzeit: 15–20 Minuten.
Pro Portion: E: 2 g, F: 14 g, Kh: 19 g
kJ: 908, kcal: 217.

	Von
500 g Rotkohl (vorbereitet gewogen)	die groben äußeren Blätter entfernen, den Kohl in Hälften oder Viertel schneiden, den Strunk herausschneiden, den Kohl waschen, sehr fein schneiden oder hobeln
1 Eßl. Salatöl	erhitzen, den Kohl kurze Zeit darin andünsten
etwas Salzwasser	hinzugießen, halbweich dünsten, gut abtropfen lassen
	für die Salatsoße
3 Eßl. Salatöl	mit
2 Eßl. Essig	verrühren, mit
Salz	
Zucker	abschmecken
1 mittelgroße Zwiebel	abziehen, fein würfeln, unterrühren den noch warmen Rotkohl mit der Soße vermengen unter den abgekühlten Salat
100 g Preiselbeer-Kompott	rühren, gut durchziehen lassen

Möhren-Sellerie-Salat

Pro Portion: E: 3 g, F: 8 g, Kh: 17 g
kJ: 644, kcal: 154.

375 g gekochte Selleriescheiben	in Streifen schneiden
500 g Möhren	putzen, schrappen, waschen, raspeln
	für die Salatsoße
1 Becher (150 g) saure Sahne (10 % Fett)	mit
1 Eßl. Salatöl	verrühren, mit
Salz	
Pfeffer	
Zucker	abschmecken die Salatzutaten mit der Soße vermengen den Salat gut durchziehen lassen, mit
2 Eßl. gehackter Petersilie	bestreuen.

Bohnen-Gurken-Tomaten-Salat

(6 Portionen)

Pro Portion: E: 2 g, F: 14 g, Kh: 6 g
kJ: 686, kcal: 164.

1 kleine Salatgurke (375 g)	waschen, abtrocknen, evtl. schälen, in feine Scheiben schneiden oder hobeln
4 mittelgroße Tomaten	waschen, abtrocknen, die Stengelansätze herausschneiden, die Tomaten in Scheiben schneiden
400 g gedünstete Grüne Bohnen	
	für die Salatsoße
6 Eßl. Salatöl	mit
3 Eßl. Essig	verrühren, mit
Salz	
Pfeffer	
Zucker	abschmecken
2 mittelgroße Zwiebeln	abziehen, fein würfeln
2 Eßl. gehackte Kräuter (Petersilie, Schnittlauch, Dill)	die Zutaten unterrühren zunächst die Bohnen mit der Soße vermengen, dann Gurken und Tomaten vorsichtig unterheben den Salat gut durchziehen lassen.

Kohlrabi-Salat

Pro Portion: E: 4 g, F: 5 g, Kh: 9 g
kJ: 410, kcal: 98.

1 kg Kohlrabi	schälen, waschen, grob raspeln
	für die Salatsoße
2 schwach gehäufte Eßl. Crème fraîche (30% Fett)	mit
3 Eßl. Zitronensaft	
1 schwach gehäuften Teel. Zucker	verrühren, mit
Salz	abschmecken
2 Eßl. gehackte Kräuter (Petersilie, Schnittlauch)	unterrühren die Kohlrabi mit der Soße vermengen.

Zucchini-Tomaten-Salat

Pro Portion: E: 4 g, F: 6 g, Kh: 12 g
kJ: 498, kcal: 119.

3 Zucchini (500 g)	schälen, längs halbieren, in sehr dünne Scheiben schneiden
4 mittelgroße Tomaten	kurze Zeit in kochendes Wasser legen (nicht kochen lassen), in kaltem Wasser abschrecken, enthäuten, die Stengelansätze herausschneiden, die Tomaten in dünne Scheiben schneiden
1 Kästchen Kresse (15 g)	putzen, waschen, abtropfen lassen
	für die Salatsoße
3 schwach gehäufte Eßl. Joghurt (3,5 % Fett)	mit
4 Eßl. Schlagsahne (30 % Fett)	
1 Eßl. Essig	
1 mittelgroßen, abgezogenen, geriebenen Zwiebel	verrühren, mit
Salz	
schwarzem Pfeffer (aus der Mühle)	
Ingwerpulver	abschmecken, mit den Salatzutaten vermengen, auf
gewaschenen Salatblättern	anrichten, sofort servieren.

Rote Bete-Salat

Pro Portion: E: 2 g, F: 11 g, Kh: 24 g
kJ: 870, kcal: 208.

430 g gekochte Rote Bete-Scheiben	zum Abtropfen auf ein Sieb geben, den Saft auffangen, 4 Eßl. davon abmessen
4 mittelgroße Zwiebeln	abziehen, in Scheiben schneiden
2 mittelgroße Äpfel	schälen, achteln, entkernen, in Scheiben schneiden
1 Teel. feinwürfelig geschnittener Meerrettich	
	für die Salatsoße
4 Eßl. Rote Bete-Saft	mit
3 Eßl. Salatöl	
2 Eßl. Essig	verrühren, mit
Salz	
Pfeffer	
Zucker	abschmecken
feingehackten Borretsch	unterrühren die Salatzutaten mit der Soße vermengen den Salat gut durchziehen lassen.

Sellerie-Salat

Pro Portion: E: 2 g, F: 13 g, Kh: 11 g
kJ: 741, kcal: 177.

1 Sellerieknolle (750 g)	gründlich unter fließendem Wasser bürsten, schälen, raspeln
	für die Salatsoße
3 Eßl. Salatöl	mit
2 Eßl. Zitronensaft oder Essig	
2 Eßl. Schlagsahne (30 % Fett)	verrühren, mit
Salz	
Zucker	abschmecken
1 mittelgroße Zwiebel	abziehen, fein würfeln
1 Eßl. gehackte Kräuter (Petersilie, Schnittlauch)	
	die Zutaten unterrühren den Sellerie mit der Soße vermengen.
Veränderung:	Sellerie mit Möhren, Äpfeln oder Tomaten mischen, sollte der Salat zu trocken sein, etwas Milch hinzufügen.

Champignon-Radieschen-Feldsalat

(Abb. nebenstehend)

Pro Portion: E: 5 g, F: 21 g, Kh: 8 g, kJ: 1029, kcal: 246.

250 g Champignons	putzen, waschen, in Scheiben schneiden
	für die Marinade
3 Eßl. Essig	mit
1 Eßl. Salatöl	verrühren, mit
Salz, Pfeffer, Zucker	abschmecken die Champignons mit der Marinade vermengen von
1 Bund Radieschen (250 g mit Grün)	Wurzeln und Blätter abschneiden, die Radieschen waschen, in Scheiben schneiden von
100 g Feldsalat (Rapunzeln)	die Wurzelenden abschneiden, fehlerhafte Blätter entfernen, größere Blätter evtl. einmal durchschneiden den Salat gründlich waschen, gut abtropfen lassen
	für die Salatsoße
1½ Becher (225 g) Crème fraîche (30% Fett)	mit
1 schwach gehäuften Eßl. Tomaten-Ketchup	
1 Eßl. Milch (3,5 % Fett)	verrühren, mit
Salz, Pfeffer, Zucker	abschmecken
2 Eßl. feingeschnittenen Schnittlauch	unterrühren Radieschen, Feldsalat und Champignons in eine Salatschüssel schichten, die Soße darüber verteilen.

Möhren-Apfel-Salat

Pro Portion: E: 1 g, F: 2 g, Kh: 16 g, kJ: 351, kcal: 84.

500 g Möhren	putzen, schrappen, waschen
250 g Äpfel	schälen, vierteln, entkernen beide Zutaten raspeln
	für die Salatsoße
2–3 Eßl. Zitronensaft	mit
1 Teel. Salatöl	
Salz, Zucker	verrühren Möhren und Äpfel mit der Soße vermengen den Salat mit Salz, Zucker abschmecken.

Rettich-Salat

Pro Portion: E: 3 g, F: 13 g, Kh: 6 g
kJ: 615, kcal: 147.

3 mittelgroße Rettiche (750 g)	schälen, waschen, grob raspeln
	für die Salatsoße
3 Eßl. Salatöl	mit
2 Eßl. Essig oder Zitronensaft	verrühren, mit
Salz	
Zucker	abschmecken
1 mittelgroße Zwiebel	abziehen, fein würfeln
2 schwach gehäufte Eßl. saure Sahne (10 % Fett)	
1 Eßl. gehackte Kräuter (Petersilie, Schnittlauch)	
	die Zutaten unterrühren den Rettich mit der Soße vermengen den Salat etwa 1 Stunde durchziehen lassen.

Bunter Salat

Pro Portion: E: 5 g, F: 16 g, Kh: 12 g
kJ: 929, kcal: 222.

	Von
½ Kopfsalat (125 g)	die welken Blätter entfernen, die anderen vom Strunk lösen, die großen Blätter teilen, die Herzblätter ganz lassen den Salat in reichlich Wasser gründlich waschen, aber nicht drücken, gut abtropfen lassen
2 mittelgroße Tomaten (130 g)	waschen, abtrocknen, die Stengelansätze herausschneiden, die Tomaten in Achtel schneiden
1 kleine grüne Paprikaschote (125 g)	halbieren, entstielen, entkernen, die weißen Scheidewände entfernen, die Schote vierteln, waschen, in Streifen schneiden
½ Gemüsezwiebel (125 g)	abziehen, in dünne Scheiben schneiden
	von
½ Bund Radieschen (125 g mit Grün)	Wurzeln und Blätter abschneiden, die Radieschen waschen, in Scheiben schneiden

1 Stück Salatgurke (125 g)	waschen, abtrocknen, in dicke Scheiben schneiden, halbieren
	für die Salatsoße
1 Becher (150 g) Crème fraîche (30 % Fett)	mit
1 Becher (150 g) saurer Sahne (10 % Fett)	
5 Eßl. Milch (3,5 % Fett)	
2 gestrichenen Eßl. Tomaten-Ketchup	verrühren, mit
Paprika edelsüß	
Salz, Zucker	abschmecken
3 Eßl. gehackte Kräuter (Petersilie, Dill, Schnittlauch)	unterrühren die Salatzutaten vermengen, in eine Salatschüssel geben, die Soße darüber verteilen oder dazureichen.

Kartoffel-Salat

Pro Portion: E: 4 g, F: 11 g, Kh: 29 g
kJ: 996, kcal: 238.

750 g Salatkartoffeln	waschen, in
Salzwasser	zum Kochen bringen, in 25–30 Minuten gar kochen lassen, abgießen, heiß pellen, lauwarm in feine Scheiben schneiden
2 kleine Zwiebeln	abziehen, fein würfeln
250 ml (¼ l) Salzwasser	mit den Zwiebelwürfeln,
Zucker	
Pfeffer (aus der Mühle)	
etwas Instant-Fleischbrühe	zum Kochen bringen, über die Kartoffeln gießen die Flüssigkeit nach einigen Minuten wieder abgießen
	für die Salatsoße
3 Eßl. Salatöl	mit
3 Eßl. Essig	verrühren, mit
Salz	
Pfeffer	
Zucker	
Senf	abschmecken die Kartoffelscheiben mit der Soße vermengen den Salat 1–2 Stunden durchziehen lassen, evtl. mit Salz, Pfeffer abschmecken
2 Eßl. gehackte Kräuter (Petersilie, Dill, Schnittlauch)	vorsichtig unterheben.

Eierspeisen

Frische Eier sind zu erkennen an zähflüssigem Eiweiß und an kugelförmigem Eigelb.

Handels- und Gewichtsklassen

Im Handel wird die Güteklasse „A" oder „frisch" angeboten.
(Gewicht des einzelnen Eies in g):

1	70 und darüber
2	65 bis unter 70
3	60 bis unter 65
4	55 bis unter 60
5	50 bis unter 55
6	45 bis unter 50
7	unter 45

Wichtige Hinweise

Die gewaschenen Eier vor dem Kochen mit dem Eierpieker an der stumpfen Seite einstechen, damit sie nicht platzen.
Eier in kochendes Wasser legen, bei schwacher Hitze nach der Uhr im offenen Topf kochen lassen, mit kaltem Wasser abschrecken.

Eier vorsichtig aufschlagen und prüfen, ob sie gut sind (das einzelne Ei erst in eine Tasse gleiten lassen).

Ganze Eier vor dem Einrühren verquirlen oder verschlagen, damit Eigelb und Eiweiß richtig gemischt werden.

Bei Verwendung von Eigelb allein, dieses mit 1 Eßl. Milch oder Sahne gut verschlagen, dann in die Speise rühren. Legierte Speisen (s. Hinweise S. 80) dürfen nicht mehr kochen, da sonst das Ei gerinnt. Die Speise nur vorsichtig erwärmen, am besten im Wasserbad warm halten.

Beim Schlagen von Eiweiß zu Schnee (Schüssel und Rührbesen müssen unbedingt fettfrei sein) das Eiweiß sorgfältig vom Eigelb trennen, darauf achten, daß kein Eigelb in das Eiweiß läuft, da sich das Eiweiß sonst nicht aufschlagen läßt. So lange schlagen, bis ein fester Schnee entstanden ist, es muß ein Messerschnitt sichtbar bleiben, d. h. der Schnee darf beim Umdrehen des Gefäßes nicht herausfließen. Eierschnee wird durch Stehen wieder flüssig, deshalb sofort verwenden.

Eierschnee lose unterziehen (nicht rühren).

Übriggebliebenes Eigelb ist, mit Wasser bedeckt, 1–2 Tage haltbar.

Eierkuchen mit Äpfeln

(Abb. S. 288/289)

Pro Portion: E: 17 g, F: 51 g, Kh: 87 g
kJ: 3795, kcal: 907.

1 kg mürbe Äpfel	schälen, vierteln, entkernen, in dünne Scheiben schneiden
	für den Teig
250 g Weizenmehl	in eine Schüssel sieben, in die Mitte eine Vertiefung eindrücken
4 Eier	mit
Salz	
25 g Zucker	
375 ml (3/8 l) Milch (3,5% Fett)	
125 ml (1/8 l) Mineralwasser	verschlagen, etwas davon in die Vertiefung geben, von der Mitte aus Eier- Flüssigkeit und Mehl verrühren, nach und nach die übrige Eier-Flüssigkeit dazugeben, darauf achten, daß keine Klumpen entstehen etwas von
200 g Margarine	in einer Bratpfanne erhitzen, einen Teil der Apfelscheiben hineingeben, anbraten lassen, eine dünne Teiglage darauf geben, den Eierkuchen von beiden Seiten goldgelb backen bevor der Eierkuchen gewendet wird, etwas Margarine in die Pfanne geben die fertigen Eierkuchen mit
Zucker	
gemahlenem Zimt	bestreuen.

Gestürzte Eier

Gerinnungszeit: Etwa 30 Minuten.
Pro Portion: E: 12 g, F: 11 g, Kh: 0 g, kJ: 665, kcal: 159.

60 g gekochten Schinken	fein schneiden, mit
40 g geriebenem Käse, z. B. Gouda	vermengen 4 Tassen oder Förmchen gut ausfetten von
4 Eiern	jeweils 1 Ei in jede Tasse (Förmchen) aufschlagen, die Schinken-Käse-Masse darauf füllen die Förmchen mit Alufolie abdecken, in heißes, aber nicht kochendes Wasser stellen, stocken lassen
gewaschene Salatblätter	auf einer Platte anrichten, die Eier darauf stürzen

Schaum-Omelette mit Quarkfüllung

(2 Portionen - Abb. nebenstehend)

Backzeit: Etwa 10 Minuten.
Pro Portion: E: 28 g, F: 48 g, Kh: 49 g, kJ: 3188, kcal: 762.

	Für die Füllung
250 g Erdbeeren	waschen, abtropfen lassen, entstielen, pürieren
250 g Speisequark (20 % Fett)	mit
25 g Zucker	
1 Päckchen Vanillin-Zucker	
1 Eßl. Zitronensaft	verrühren
125 ml (⅛ l) Sahne	steif schlagen, unter den Quark heben, zuletzt die Erdbeeren darunter heben
	für das Omelette
3 Eigelb	mit
abgeriebener Schale einer halben Zitrone (unbehandelt)	
30 g Zucker	cremig schlagen
3 Eiweiß	steif schlagen, auf die Eigelbcreme geben
1 schwach gehäuften Teel. Speisestärke	darüber sieben, beides unter die Eigelbcreme heben
30 g Butter	in einer nicht zu kleinen Bratpfanne zerlassen, den Teig hineingeben (evtl. 2 Omelettes backen). Pfanne mit einem Deckel schließen, den Teig bei schwacher Hitze von unten goldgelb backen, das Omelette mit der Füllung bestreichen, zusammenklappen, auf einer vorgewärmten Platte anrichten, mit
Erdbeeren	garnieren

Gekochte Eier

Kochzeit: Weiche Eier 3–4 Minuten
harte Eier 8–10 Minuten.
Pro Portion: E: 7 g, F: 6 g, Kh: 0 g, kJ: 368, kcal: 88.

Eier	müssen frisch und sauber sein
Wassermenge	muß reichlich bemessen sein, damit sie sich beim Hineinlegen der Eier nicht zu sehr abkühlt
	sehr kalte Eier in lauwarmem Wasser vorwärmen, damit die Schalen beim Einlegen in das kochende Wasser nicht platzen, bzw. die Eier einstechen
	die fertigen Eier kurze Zeit in kaltes Wasser legen, damit sie sich besser pellen lassen

Omelette mit Champignon-Füllung

(2 Portionen)

Backzeit: Etwa 5 Minuten.
Pro Portion: E: 32 g, F: 71 g, Kh: 9 g, kJ: 3566, kcal: 852.

Für die Füllung

500 g Champignons putzen, waschen, in Scheiben schneiden
100 g durchwachsenen Speck in Würfel schneiden, in
20 g Margarine auslassen, die Champignonscheiben darin gar dünsten lassen, mit
Salz, Pfeffer würzen
2 Eßl. gehackte Petersilie unterrühren, warm stellen

für das Omelette

6 Eier mit
Salz
2 Eßl. Milch (3,5 % Fett) verschlagen
30 g Margarine in einer nicht zu kleinen Bratpfanne zerlassen, die Eier hineingeben (evtl. 2 Omelettes backen), Pfanne mit einem Deckel schließen, Eier-Masse bei schwacher Hitze langsam stocken lassen, die untere Seite muß bräunlich gebacken sein, die obere weich bleiben das Omelette mit der Füllung belegen, zusammenklappen, auf einer vorgewärmten Platte anrichten
das Omelette erst kurz vor dem Anrichten zubereiten

Eier-Frikassee

Pro Portion: E: 14 g, F: 15 g, Kh: 8 g
kJ: 1008, kcal: 241.

200 g gedünstete Champignons
175 g gekochte Spargelstücke beide Zutaten zum Abtropfen auf ein Sieb geben, das Champignon- und Spargelwasser mit Wasser auf 375 ml (3/8 l) auffüllen
6 hartgekochte Eier pellen
Champignons und Eier in Scheiben schneiden

für die Soße

20 g Butter oder Margarine zerlassen
25 g Weizenmehl unter Rühren so lange darin erhitzen, bis es hellgelb ist
375 ml (3/8 l) Champignon- und Spargelwasser hinzugießen, mit einem Schneebesen durchschlagen,

	darauf achten, daß keine Klumpen entstehen, die Soße zum Kochen bringen, die Zutaten in die Soße geben, etwa 10 Minuten darin ziehen lassen
1 Eigelb	mit
3 Eßl. Weißwein	verschlagen, das Frikassee damit abziehen (nicht mehr kochen lassen), mit
Salz, Zitronensaft	abschmecken, mit
1 Eßl. gehackter Petersilie	bestreuen.
Veränderung:	1 Teel. Kapern und Semmelklößchen zuletzt in das Frikassee geben.

Schaum-Omelette mit Kirschfüllung

(2 Portionen)

Backzeit: Etwa 10 Minuten.
Pro Portion: E: 11 g, F: 21 g, Kh: 53 g, kJ: 1928, kcal: 461.

	Für die Füllung
250 g gedünstete, entsteinte Sauerkirschen	zum Abtropfen auf ein Sieb geben, von dem Kirschsaft 250 ml (1/4 l) abmessen (evtl. mit Wasser ergänzen)
25 g Speisestärke	mit 4 Eßl. von dem Kirschsaft anrühren, den übrigen Saft zum Kochen bringen, mit der Speisestärke binden, die Kirschen,
1 Eßl. Kirschwasser	unterrühren
	für das Omelette
3 Eigelb	mit
abgeriebener gelber Schale einer halben Zitrone (unbehandelt)	
1½ Eßl. Zitronensaft	
30 g Zucker	cremig schlagen
3 Eiweiß	steif schlagen, auf die Eigelbcreme geben
1 schwach gehäuften Eßl. Speisestärke	darüber sieben, beides unter die Eigelbcreme heben
30 g Butter oder Margarine	in einer nicht zu kleinen Bratpfanne zerlassen, den Teig hineingeben (evtl. 2 Omelettes backen), Pfanne mit einem Deckel schließen, den Teig bei schwacher Hitze von unten goldgelb backen, das Omelette mit der Füllung bestreichen, zusammenklappen, auf einer vorgewärmten Platte anrichten

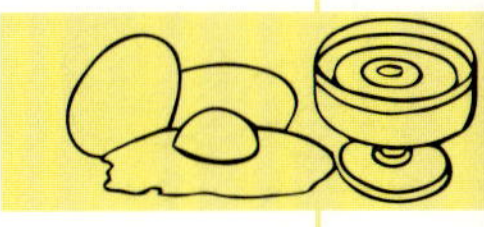

Eier mit Senf-Soße

(Abb. nebenstehend)

Garzeit: Etwa 25 Minuten
Strom: Etwa 200, Gas: Etwa 3
Pro Portion: E: 17 g, F: 44 g, Kh: 1 g, kJ: 2105, kcal: 503.

	4 feuerfeste Förmchen gut ausfetten, von
8 Eiern	jeweils 2 Eier in jedes Förmchen aufschlagen
75 g durchwachsenen Speck	in Würfel schneiden, über die Eier geben, mit
Salz, Pfeffer	bestreuen
2 Eßl. feingeschnittenen Schnittlauch	auf die Förmchen verteilen, auf dem Rost in den vorgeheizten Backofen schieben
	für die Senf-Soße
250 ml (¼ l) Schlagsahne (30% Fett)	in einem Topf auf die Hälfte einkochen lassen, mit
Salz	
2 schwach gehäufte Teel. Senf	verrühren die Eier vom Rand der Förmchen lösen, auf eine Platte heben, mit
Petersilie	garnieren, die Soße dazureichen.

Eierkuchen, goldgelb

Pro Portion: E: 17 g, F: 40 g, Kh: 51 g
kJ: 2766, kcal: 661.

250 g Weizenmehl	in eine Schüssel sieben, in die Mitte eine Vertiefung eindrücken
4 Eier	mit
Zucker, Salz	
375 ml (⅜ l) Milch (3,5 % Fett)	
125 ml (⅛ l) Mineralwasser	verschlagen, etwas davon in die Vertiefung geben, von der Mitte aus Eier-Flüssigkeit und Mehl verrühren, nach und nach die übrige Eier- Flüssigkeit dazugeben, darauf achten, daß keine Klumpen entstehen, etwas von
150 g Margarine	in einer Bratpfanne erhitzen, eine dünne Teiglage hineingeben, von beiden Seiten goldgelb backen, bevor der Eierkuchen gewendet wird, etwas Margarine in die Pfanne geben.

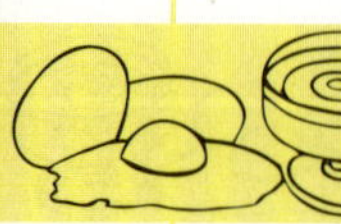

Eierkuchen mit Schinkenspeck

Pro Portion: E: 26 g, F: 57 g, Kh: 51 g
kJ: 3594, kcal: 859.

250 g Weizenmehl	in eine Schüssel sieben, in die Mitte eine Vertiefung eindrücken
4 Eier	mit
Salz	
375 ml (3/8 l) Milch (3,5 % Fett)	
125 ml (1/8 l) Mineralwasser	verschlagen, etwas davon in die Vertiefung geben, von der Mitte aus Eier-Flüssigkeit und Mehl verrühren, nach und nach die übrige Eier- Flüssigkeit dazugeben, darauf achten, daß keine Klumpen entstehen etwas von
150 g Margarine	in einer Bratpfanne erhitzen, etwas von
200 g Schinkenspeck-scheiben	darin bräunlich braten, eine dünne Lage Eierkuchen-Teig darauf geben, von beiden Seiten goldgelb backen bevor der Eierkuchen gewendet wird, etwas Margarine in die Pfanne geben.
Beigabe:	Grüner Salat.

Eier in Kerbel-Soße

Pro Portion: E: 11 g, F: 14 g, Kh: 5 g
kJ: 858, kcal: 205.

375 ml (3/8 l) Instant-Fleischbrühe	mit
1 abgespülten Bund Kerbel	einige Minuten aufkochen lassen, pürieren
25 g Margarine	zerlassen
20 g Weizenmehl	unter Rühren so lange darin erhitzen, bis es hellgelb ist, die KerbelBrühe hinzugießen, mit einem Schneebesen durch-schlagen,darauf achten, daß keine Klumpen entstehen, die Soße zum Kochen bringen, etwa 5 Minuten kochen lassen, mit
Salz	abschmecken
6 hartgekochte Eier	pellen, in Scheiben schneiden, in eine vorgewärmte Schüssel legen, die Soße darüber verteilen.

Rührei

Gerinnungszeit: Etwa 5 Minuten.
Pro Portion: E: 11 g, F: 19 g, Kh: 2 g, kJ: 971, kcal: 232.

6 Eier mit
6 Eßl. Milch (3,5 % Fett)
Salz kurz verschlagen
45 g Butter
oder Margarine in einer Bratpfanne zerlassen, die Eier-Milch hineingeben sobald die Masse zu stocken beginnt, sie mit einem Löffel strichweise vom Boden der Pfanne losrühren, so lange weiter erhitzen, bis keine Flüssigkeit mehr vorhanden ist
Rührei muß weiß und großflockig, aber nicht trocken sein

Veränderung: 3 Eßl. feingeschnittenen Schnittlauch unter das Rührei rühren.

Verlorene Eier

(Pochierte Eier)

Garzeit: 3–4 Minuten.
Verlorene Eier als Einlage für Suppen, auf gerösteten Brotscheiben als Vorspeise oder mit verschiedenen Soßen als selbständiges Gericht reichen.
Pro Portion: E: 7 g, F: 9 g, Kh: 0 g kJ: 368, kcal: 88.

1 l Wasser mit
3 Eßl. Essig zum Kochen bringen
6 Eier einzeln in einer Kelle aufschlagen, vorsichtig in das kochende Wasser geben (bei Gas die Flamme klein stellen, bei Strom die Kochplatte auf Stufe 0 schalten) die garen Eier mit einem Schaumlöffel herausnehmen, kurz in kaltes Wasser halten, ringsherum zu einer hübschen Form beschneiden

Spiegeleier

Bratzeit: Etwa 5 Minuten.
Pro Portion: E: 7 g, F: 10 g, Kh: 0 g, kJ: 527, kcal: 126.

20 g Butter
oder Margarine in einer Bratpfanne zerlassen
4 Eier vorsichtig aufschlagen, nebeneinander in das Fett gleiten lassen, das Eiweiß mit
Salz bestreuen, braten lassen

Veränderung: Schinkenspeck-Scheiben in dem Fett anbraten, die Eier darauf schlagen.

Obst und süße Speisen

Wichtige Hinweise

Pudding

Wie stellt man sicher, daß jeder gekochte Pudding seine Festigkeit behält?

Gekochte Puddinge sowie sämige Soßen und Suppen verdanken ihre Konsistenz der Speisestärke, die im Pudding bzw. Soßenpulver enthalten ist. Unter normalen Umständen behalten ein Pudding oder eine Soße die ursprüngliche Beschaffenheit so lange bei, wie sie genießbar bleiben (zumeist also bis zum Sauerwerden der verwendeten Milch). Trotzdem kann man hin und wieder beobachten, daß sich ein Pudding während des Abkühlens wieder verflüssigt oder daß eine anfangs sämige Suppe oder Soße dünnflüssig wird. Die Ursache ist ein äußerer Einfluß, nämlich die nachträgliche Einwirkung eines Enzyms, das die Stärke in Zucker umwandelt und sie dadurch ihre Dickungsfähigkeit verliert. Dieses Enzym, Diastase genannt, befindet sich z. B. in rohem Eigelb, in geringerem Umfang auch in Hühnereiweiß, sowie in zerkleinerten frischen Walnußkernen. Auch der menschliche Mundspeichel enthält dieses Enzym in beachtenswerter Menge. Dieses Enzym wird oberhalb 80° C, also erst recht beim Kochen, vollständig zerstört. Ein frisch gekochter Pudding enthält also keine Spur eines Enzyms.

Gerät ein solches Enzym nach dem Kochen in eine Puddingmischung oder in eine andere zum Abkühlen hingestellte stärkehaltige Zubereitung, so kann sich diese je nach Temperatur und Menge des zugefügten Enzyms in wenigen Minuten oder auch erst nach Stunden vollständig verflüssigen. Um dies zu vermeiden, ist es ratsam, bei nachträglicher Zugabe von Ei oder Nußkernen die Speise noch einmal kurz aufzukochen oder zumindest die Zutaten der noch kochendheißen Speise zuzugeben. Beim Abschmecken des noch warmen Puddings ist besondere Vorsicht geboten. Niemals darf der Pudding mit einem Löffel in Berührung kommen, den man vorher benutzt hat. Die Beachtung dieses Hinweises ist für das gute Gelingen von größter Bedeutung!

Pudding-Pulver oder Speisestärke, z. B. Gustin und Zucker, zusammen mit kaltem Wasser oder kalter Milch anrühren. Das Anrühren geht schnell und gut mit einer Gabel. Um eine Klümpchenbildung zu vermeiden, das angerührte Bindemittel in die kochende, von der Kochstelle genommene Flüssigkeit rühren, kurz aufkochen lassen.

Soll der Pudding (aber ohne Eizubereitung) nach dem Erkalten gestürzt werden, ihn sofort nach dem Kochen in eine mit kaltem Wasser ausgespülte Sturzform füllen. Bevor der Pudding auf eine Platte gestürzt wird, seine obere Seite mit Wasser bestreichen, damit man ihn

verschieben kann, falls er nicht in der Mitte liegt. Zur Verfeinerung Stärkemittel, Zucker, Eigelb und Anrührflüssigkeit verschlagen, dann unter Rühren in die kochende, von der Kochstelle genommene Milch geben, kurz aufkochen lassen.

Eiweiß zu steifem Schnee schlagen, sofort nach dem Kochen unter die heiße Speise heben.

Geleespeisen

Gelatine gibt es in folgenden Ausführungen:
1. Gemahlene Gelatine
2. Blatt-Gelatine

1 Päckchen gemahlene Gelatine entspricht 6 Blatt Gelatine.

Gemahlene Gelatine
weiß oder rot, mit etwas kaltem Wasser in einem kleinen Topf anrühren, 10 Minuten zum Quellen stehenlassen, unter ständigem Rühren bei schwacher Hitze erwärmen, bis sie gelöst ist. 3 Eßl. von der zu steifenden Speise mit der Gelatinelösung verrühren, unter die restliche Speise rühren.

Blatt-Gelatine
weiß oder rot, in kaltem Wasser etwa 5 Minuten einweichen, gut ausdrücken, mit 4 Eßl. heißem Wasser in einem kleinen Topf auflösen. 3 Eßl. von der zu steifenden Speise mit der Gelatinelösung verrühren, unter die restliche Speise rühren.

Gelatinespeisen, die gestürzt werden sollen, in mit kaltem Wasser ausgespülte Formen geben. Die Speise vor dem Stürzen vorsichtig mit einem Messer vom Formenrand lösen. Die Form einen Augenblick in heißes Wasser halten.

Gelatinespeisen immer rechtzeitig zubereiten, da sie Zeit zum Erstarren brauchen und kalt stehen müssen. Bei Zimmertemperaturen über 23 Grad C bleiben Gelatinespeisen flüssig, und bereits festgewordene Speisen können wieder flüssig werden.

Bei Verwendung von roter Gelatine zum Steifen von Buttermilch, Sauermilch, Joghurt und Quark, diese Speisen erst einige Stunden vor dem Verzehr zubereiten, da sie nach längerem Stehen – abgesehen von einer dünnen rosa Schicht an der Oberfläche – vollkommen weiß werden. Diese Entfärbung wird durch die in diesen Zutaten in ungekochtem Zustand enthaltenen Milchsäurebakterien verursacht. Nur dort, wo der Sauerstoff der Luft direkt an die Speise kommt, vermögen die Milchsäurebakterien nicht zu wirken. Die Entfärbung ist nur ein kleiner Schönheitsfehler und kann vermieden werden.

Creme-speisen

1. Die Creme ist eine halbsteife Süßspeise, die nicht gestürzt werden kann.

2. Als Bindemittel kann Speisestärke oder auch Gelatine (s. Geleespeisen) verwendet werden.

3. Eierschnee oder steifgeschlagene Schlagsahne erst dann unter die Speise heben, wenn diese anfängt, dicklich zu werden. Andernfalls steigt Schnee oder Sahne an die Oberfläche und die gelöste Gelatine setzt sich als Geleeschicht am Boden ab.

4. Creme nicht im Aluminiumtopf rühren oder schlagen, da sie sonst grau wird.

Obst

Frisches Obst waschen, abtropfen lassen oder mit einem Tuch gut abreiben (Äpfel, Birnen, Pflaumen).

Getrocknetes Obst in kaltem Wasser 12–24 Stunden einweichen.

Obst erst nach dem Waschen entsteinen oder schälen.

Obst nie längere Zeit im Wasser liegenlassen. Äpfel, Birnen und Bananen nach dem Schälen mit Zitronensaft beträufeln, damit sie nicht braun werden.

Besonders saftreiche Obstsorten im eigenen Saft dünsten.

Obstmus erst nach dem Durchrühren süßen, damit kein Zucker mit dem Rückstand verlorengeht.

Gewürze wie Zitronen- und Apfelsinenschalen usw. vor dem Anrichten des Obstes entfernen.

Crêpes Mandarin

(Abb. S. 300/301 – 6 Portionen)

Pro Portion: E: 6 g, F: 22 g, Kh: 49 g
kJ: 1803, kcal: 431.

100 g Weizenmehl	mit
50 g Zucker	mischen, mit
2 Eiern	
250 ml (¼ l) Milch (3,5 % Fett)	verrühren
20 g Butter	zerlassen, unterrühren
50 g Butter	in einem kleinen Topf zerlassen eine kleine Bratpfanne (Durchmesser 16–18 cm) erhitzen, mit etwas von der Butter auspinseln, eine dünne Teiglage hineingeben, von beiden Seiten goldgelb backen, aufrollen aus dem restlichen Teig weitere dünne Crêpes backen, warm stellen
2 Apfelsinen (unbehandelt)	abwaschen, abtrocknen, mit den Ecken von
10 Stück Würfelzucker	die Apfelsinenschale abreiben
60 g Butter	in einer Flambierpfanne erhitzen, den Würfelzucker,
40 g Zucker	darin auflösen, bräunen lassen
etwa 200 g Mandarinen-Orangen (aus der Dose)	abtropfen lassen, mit
2 Eßl. Zitronensaft	
150 ml Apfelsinensaft	hinzufügen, erhitzen, die aufgerollten Crêpes hineingeben, ebenfalls erhitzen, ab und zu mit der Flüssigkeit begießen, mit
6 Eßl. Grand Marnier	flambieren, sofort servieren.

Likör-Creme

Pro Portion: E: 5 g, F: 15 g, Kh: 33 g
kJ: 1264, kcal: 302.

500 ml (½ l) Milch (3,5 % Fett)	
1 Päckchen Galetta Schokoladen-Dessert	nach Vorschrift auf dem Päckchen schlagen
1 Päckchen Vanillin-Zucker	
2 Eßl. Curacao	hinzufügen
125 ml (⅛ l) Schlagsahne (30 % Fett)	steif schlagen, unterheben die Creme in eine Glasschale füllen, etwa 20 Minuten stehenlassen, damit sie fester wird.

Mandel-Pudding mit Aprikosen

(6 Portionen)

Pro Portion: E: 6 g, F: 17 g, Kh: 51 g
kJ: 1607, kcal: 384.

250 g getrocknete Aprikosen	vierteln, mit
125 ml (⅛ l) Wasser	
25 g Zucker	weich dünsten, abkühlen und evtl. abtropfen lassen, aus
500 ml (½ l) Milch	
1 Päckchen Mandella Pudding-Pulver Vanille-Geschmack	
40 g Zucker	einen Pudding nach der Vorschrift auf dem Päckchen (aber ohne Anrührflüssigkeit) zubereiten den Pudding kalt stellen, ab und zu umrühren, damit sich keine Haut bildet
250 ml (¼ l) Schlagsahne (30 % Fett)	steif schlagen, unter den erkalteten Pudding rühren, zuletzt die Aprikosenviertel unterheben die Speise in Dessertschälchen füllen, kühl stellen.

Rote Grütze

(6 Portionen)

Pro Portion: E: 3 g, F: 1 g, Kh: 45 g
kJ: 879, kcal: 210.

250 g Brombeeren (vorbereitet gewogen)	
250 g Johannisbeeren (vorbereitet gewogen)	
500 g Himbeeren (vorbereitet gewogen)	
250 g Erdbeeren (vorbereitet gewogen)	die Brombeeren und je ⅔ der übrigen Früchte mit
375 ml (⅜ l) Wasser	
125 g Zucker	zum Kochen bringen, gar kochen lassen, durch ein Sieb streichen
45 g Speisestärke, z. B. Gustin	mit 4 Eßl. von
125 ml (⅛ l) Weißwein	anrühren, die Fruchtmasse damit binden, den restlichen Weißwein und die Früchte unterrühren die Rote Grütze in eine Glasschale oder in Dessertschälchen füllen, kalt stellen.
Beigabe:	Angeschlagene Sahne.

Zitronen-Creme

Pro Portion: E: 5 g, F: 13 g, Kh: 21 g
kJ: 937, kcal: 224.

1 gehäuften Teel. Gelatine gemahlen, weiß	mit
3 Eßl. kaltem Wasser	in einem kleinen Topf anrühren, 10 Minuten zum Quellen stehenlassen
2 Eigelb	mit
2 Eßl. heißem Wasser	schaumig schlagen, nach und nach
75 g Zucker	unterschlagen, so lange schlagen, bis eine cremeartige Masse entstanden ist
5 Eßl. Zitronensaft abgeriebene gelbe Schale von ½ Zitrone (unbehandelt)	unterrühren die gequollene Gelatine unter Rühren erwärmen, bis sie gelöst ist, zunächst 3 Eßl. der Eigelbmasse hinzufügen, verrühren, dann unter die übrige Eigelbmasse schlagen, evtl. kalt stellen
2 Eiweiß	steif schlagen
125 ml (⅛ l) Schlagsahne (30 % Fett)	steif schlagen wenn die Masse anfängt dicklich zu werden, beide Zutaten (etwas Schlagsahne zum Verzieren zurücklassen) unterheben die Creme in eine Glasschale oder in Dessertgläser füllen, kalt stellen, damit sie fest wird, mit der zurückgelassenen Schlagsahne verzieren, mit
4 halbierten Maraschinokirschen	garnieren.

Vanille-Soße

Pro Portion: E: 5 g, F: 14 g, Kh: 18 g
kJ: 941, kcal: 225.

	Aus
1 Päckchen Soßen-Pulver Vanille-Geschmack 30 g Zucker 500 ml (½ l) Milch (3,5 % Fett)	nach der Vorschrift auf dem Päckchen eine Soße zubereiten, kalt stellen, ab und zu durchrühren
125 ml (⅛ l) Schlagsahne (30 % Fett)	fast steif schlagen, unter die erkaltete Soße heben.

Sahne-Reis mit Erdbeer-Soße

Garzeit: Etwa 20 Minuten.
Pro Portion: E: 8 g, F: 15 g, Kh: 58 g
kJ: 1703, kcal: 407.

500 ml (½ l) Milch (3,5 % Fett) mit
Salz
50 g Zucker
1 Päckchen Vanillin-Zucker zum Kochen bringen
100 g Milchreis (Rundkorn) hineingeben, umrühren, zum Kochen bringen, ausquellen lassen, dabei ab und zu umrühren (er muß noch körnig sein), kalt stellen
125 ml (⅛ l) Schlagsahne (30 % Fett) steif schlagen, unter den erkalteten Reisbrei heben, die Creme in eine Glasschale füllen, bis zum Verzehr kalt stellen

für die Erdbeer-Soße

500 g Erdbeeren waschen, gut abtropfen lassen, entstielen, im Mixer so lange schlagen, bis eine dickflüssige Soße mit teilweise noch vorhandenen Fruchtstückchen entstanden ist
die Soße mit
1 Päckchen Vanillin-Zucker
25 g Zucker verrühren

Ananas-Creme

Pro Portion: E: 1 g, F: 10 g, Kh: 29 g
kJ: 887, kcal: 212.

4 kleine Scheiben Ananas (125 g, aus der Dose) zum Abtropfen auf ein Sieb geben, den Saft mit Wasser auf 375 ml (⅜ l) auffüllen
30 g Speisestärke mit
50 g Zucker
1 Päckchen Vanillin-Zucker mischen, mit 6 Eßl. von dem Ananassaft anrühren, den übrigen Saft zum Kochen bringen, von der Kochstelle nehmen, die angerührte Mischung unter Rühren hineingeben, kurz aufkochen lassen, kalt stellen, ab und zu durchrühren
2 Eßl. Zitronensaft unter die lauwarme, noch nicht festgewordene Creme rühren

125 ml (1/8 l) Schlagsahne (30 % Fett) steif schlagen
die Ananasscheiben in kleine Stücke schneiden, Schlagsahne und Ananasstücke unter die Creme heben, in eine Glasschale oder in Dessertgläser füllen, kalt stellen, damit sie fester wird.

Buttermilch-Gelee

Pro Portion: E: 7 g, F: 11 g, Kh: 21 g
kJ: 883, kcal: 211.

1 Päckchen Blatt-Gelatine, weiß oder rot 5 Minuten in kaltem Wasser einweichen, gut ausdrücken, mit
4 Eßl. heißem Wasser in einem kleinen Topf auflösen
500 ml (1/2 l) Buttermilch mit
60 g Zucker verrühren, mit
abgeriebener gelber Zitronenschale (unbehandelt)
Zitronensaft abschmecken
zunächst 3 Eßl. der Buttermilch mit der aufgelösten Gelatine verrühren, dann unter die übrige Buttermilch schlagen
die Flüssigkeit in eine Glasschale oder in Dessertgläser füllen, kalt stellen, damit sie fest wird
125 ml (1/8 l) Schlagsahne (30 % Fett) steif schlagen, das Gelee damit verzieren.

Vanille-Pudding, gestürzt

Pro Portion: E: 5 g, F: 5 g, Kh: 25 g
kJ: 711, kcal: 170.

1 Päckchen Pudding-Pulver Vanille-Geschmack nach Vorschrift auf dem Päckchen zubereiten, in eine kalt ausgespülte Sturzform füllen, etwa 4 Stunden kalt stellen
den Pudding stürzen.

Beigabe: Frisches Obst oder Schokoladen-Soße.

Orangen-Weinschaumspeise

(Abb. nebenstehend)

Pro Portion: E: 6 g, F: 13 g, Kh: 36 g
kJ: 1318, kcal: 315.

2 Orangen (je 150 g)	schälen, filieren, in Stücke schneiden, mit
4 Eßl. Orangenlikör	auf 4 Dessertgläser verteilen
2 gestrichene Teel. Gelatine gemahlen, weiß	mit
3 Eßl. kaltem Wasser	in einem kleinen Topf anrühren, 10 Minuten zum Quellen stehenlassen, unter Rühren erwärmen, bis sie gelöst ist, mit
100 ml (1/10 l) Orangensaft	verrühren
2 Eigelb	mit
80 g Zucker	cremig schlagen, nach und nach
125 ml (1/8 l) Weißwein	hinzufügen, die Gelatinelösung darunter rühren, kalt stellen
2 Eiweiß	steif schlagen
125 ml (1/8 l) Schlagsahne (30 % Fett)	steif schlagen wenn die Masse anfängt dicklich zu werden, beide Zutaten unterheben, die Creme auf die Gläser verteilen, kalt stellen, damit sie fest wird.

Schokoladen-Creme

(Mousse au chocolat)

Pro Portion: E: 6 g, F: 22 g, Kh: 22 g
kJ: 1289, kcal: 308.

100 g Halbbitter-Schokolade **50 g Vollmilch-Schokolade**	die Schokolade in kleine Stücke brechen, in einem Topf im Wasserbad bei schwacher Hitze zu einer geschmeidigen Masse rühren, etwas abkühlen lassen
3 Eiweiß	so steif schlagen, daß ein Messerschnitt sichtbar bleibt die noch warme Schokolade darunter rühren
125 ml (1/8 l) Schlagsahne (30 % Fett)	steif schlagen, unterheben die Creme mindestens 2 Stunden kalt stellen, vor dem Servieren die Creme mit einem Eisportionierer oder mit einem Eßlöffel auf Dessertgläser verteilen.
Beigabe:	Angeschlagene Schlagsahne.

Quark-Creme
(gekocht)

Pro Portion: E: 15 g, F: 13 g
Kh: 35 g, kJ: 1339, kcal: 320.

1 Päckchen Soßen-Pulver Vanille-Geschmack	
20 g Speisestärke	
2 Eigelb	mit 6 Eßl. von
375 ml (3/8 l) kalter Milch (3,5 % Fett)	anrühren, die übrige Milch mit
25 g Butter	
Salz	zum Kochen bringen, das Soßen-Pulver in die von der Kochstelle genommene Milch rühren, zum Kochen bringen, kurz aufkochen lassen, kalt stellen, ab und zu durchrühren
250 g Magerquark	mit
75 g Zucker	geschmeidig rühren, die erkaltete Creme eßlöffelweise unterrühren, mit
Rum-Aroma	abschmecken
2 Eiweiß	steif schlagen, zuletzt unter die Quark-Creme heben, die Speise in eine Glasschale füllen, mit
10 g geraspelter Schokolade	bestreuen.

Obstsalat-Gelee

Pro Portion: E: 2 g, F: 0 g, Kh: 33 g
kJ: 695, kcal: 133.

1 mittelgroßer Apfel (125 g)	
1 mittelgroße Apfelsine (150 g)	
1 kleine Banane (125 g)	
	das Obst schälen, den Apfel achteln, entkernen, die Apfelsine in Stücke schneiden
1 Pfirsich (150 g)	
2 Nektarinen (je 150 g)	
	beide Zutaten waschen, abtrocknen, halbieren, entsteinen, achteln
	das Obst in feine Scheiben schneiden, mit
25 g Zucker	vermengen, auf Dessertschälchen verteilen
1 Päckchen Gelatine gemahlen, weiß	mit
4 Eßl. kaltem Wasser	in einem kleinen Topf anrühren, 10 Minuten zum Quellen stehenlassen
250 ml (1/4 l) Wasser	mit
75 g Zucker	erhitzen (Zucker muß sich lösen)

250 ml (¼ l) Weißwein	hinzugießen die gequollene Gelatine unter Rühren erwärmen, bis sie gelöst ist, unter die Flüssigkeit rühren ⅔ der Flüssigkeit auf die Dessertschälchen verteilen, fest werden lassen, dann die restliche Flüssigkeit darüber verteilen, kalt stellen.

Joghurt-Sahne-Creme

Pro Portion: E: 5 g, F: 13 g, Kh: 25 g
kJ: 1017, kcal: 243.

1 Päckchen Gelatine gemahlen weiß	mit
5 Eßl. kaltem Wasser	in einem kleinen Topf anrühren, 10 Minuten zum Quellen stehenlassen
1 Becher (150 g) Joghurt (3,5 % Fett)	mit
125 ml (⅛ l) Milch (3,5 % Fett)	
75 g Zucker	
1 Päckchen Vanillin-Zucker	
2 Eßl. Zitronensaft	verrühren die gequollene Gelatine unter Rühren erwärmen, bis sie gelöst ist, zunächst 3 Eßl. der Joghurt-Speise hinzufügen, verrühren, dann unter die übrige Joghurt-Speise schlagen, kalt stellen
125 ml (⅛ l) Schlagsahne (30 % Fett)	steif schlagen, wenn die Speise anfängt dicklich zu werden, die Schlagsahne unterheben, kalt stellen.

Backobst

Pro Portion: E: 2 g, F: 0 g, Kh: 56 g
kJ: 987, kcal: 236.

250 g gemischtes Backobst	in
750 ml (¾ l) Wasser	12–24 Stunden einweichen, mit dem Einweichwasser,
gelber Zitronenschale (unbehandelt)	
Stangenzimt	
60 g Zucker	zum Kochen bringen, weich kochen
2 Teel. Speisestärke	mit
1 Eßl. kaltem Wasser	anrühren, das Kompott damit binden
Kochzeit:	Etwa 25 Minuten.

Walnuß-Creme

Pro Portion: E: 9 g, F: 22 g, Kh: 28 g
kJ: 1586, kcal: 379.

2 gestrichene Teel. Gelatine gemahlen, weiß	mit
4 Eßl. kaltem Wasser	in einem kleinen Topf anrühren, 10 Minuten zum Quellen stehenlassen
2 Eigelb	mit
1 Eßl. heißem Wasser	schaumig schlagen, nach und nach
60 g Zucker **1 Päckchen Vanillin-Zucker**	unterschlagen, so lange schlagen, bis eine cremeartige Masse entstanden ist
6 Eßl. Eierlikör **60 g gemahlene Walnußkerne**	unterrühren die gequollene Gelatine unter Rühren erwärmen, bis sie gelöst ist, zunächst 3 Eßl. der Eigelbmasse hinzufügen, verrühren, dann unter die übrige Eigelbmasse schlagen, evtl. kalt stellen
2 Eiweiß	steif schlagen
125 ml (⅛ l) Schlagsahne (30 % Fett)	steif schlagen wenn die Masse anfängt dicklich zu werden, beide Zutaten (etwas Schlagsahne zum Verzieren zurücklassen) unterheben, die Creme in Dessertgläser füllen, kalt stellen, damit sie fest wird, mit der zurückgelassenen Schlagsahne verzieren.

Weißwein-Creme

(8 Portionen)

Pro Portion: E: 4 g, F: 12 g, Kh: 19 g
kJ: 935, kcal: 224.

1 Päckchen Gelatine gemahlen, weiß	mit
5 Eßl. kaltem Wasser	in einem kleinen Topf anrühren, 10 Minuten zum Quellen stehenlassen
2 Eigelb	mit
1 Eßl. heißem Wasser	schaumig schlagen, nach und nach
125 g Zucker **1 Päckchen Vanillin-Zucker**	hinzufügen, so lange schlagen, bis eine cremeartige Masse entstanden ist
375 ml (⅜ l) Weißwein **2 Eßl. Zitronensaft**	unterrühren die gequollene Gelatine unter Rühren erwärmen, bis sie gelöst ist, zunächst 3 Eßl. der Eigelbmasse

hinzufügen, verrühren, dann unter die übrige Eigelbmasse schlagen, evtl. kalt stellen

2 Eiweiß steif schlagen

250 ml (¼ l) Schlagsahne (30 % Fett) steif schlagen

wenn die Masse anfängt dicklich zu werden, beide Zutaten (etwas Schlagsahne zum Verzieren zurücklassen) unterheben

die Creme in eine Glasschale oder in Dessertgläser füllen, kalt stellen, damit sie fest wird, mit der zurückgelassenen Schlagsahne verzieren.

Aprikosen-Maracuja-Creme

(6 Portionen)

Pro Portion: E: 2 g, F: 1 g, Kh: 20 g
kJ: 442, kcal: 104.

250 g gedünstete Aprikosenhälften zum Abtropfen auf ein Sieb geben, von dem Saft 100 ml (⅒ l) abmessen, die Aprikosenhälften auf 6 Dessertgläser verteilen

1 Päckchen Aranca Aprikose-Maracuja-Geschmack mit

100 ml (⅒ l) Aprikosensaft

100 ml (⅒ l) Wasser

1 Eiweiß

1 Eigelb nach Vorschrift auf dem Päckchen zubereiten

die Creme über die Aprikosen verteilen, etwa 30 Minuten kalt stellen.

Weinschaum-Soße

(Chaudeau)

Pro Portion: E: 3 g, F: 3 g, Kh: 16 g
kJ: 510, kcal: 122.

1 Ei mit

1 Eigelb

60 g Zucker

125 ml (⅛ l) trockenen Weißwein in einen Kochtopf geben, mit einem Handrührgerät mit Rührbesen auf **niedrigster** Stufe im Wasserbad so lange schlagen, bis die Masse durch und durch schaumig ist (muß sich etwa verdoppeln – nicht kochen lassen).

Ausgebackene Ananas

(Abb. nebenstehend)

Backzeit: 1–2 Minuten.
Pro Portion: E: 9 g, F: 12 g, Kh: 70 g
kJ: 1799, kcal: 430.

500 g Ananasscheiben (aus der Dose)	abtropfen lassen
	für den Teig
175 g Weizenmehl 6 g (2 gestr. Teel.) Backpulver Backin	mischen, in eine Schüssel sieben, in die Mitte eine Vertiefung eindrücken
1 Ei	mit
25 g Zucker 200 ml (⅕ l) Milch (3,5 % Fett)	verschlagen, etwas davon in die Vertiefung geben, von der Mitte aus Eimilch und Mehl verrühren, die übrige Eimilch dazugeben, darauf achten, daß keine Klumpen entstehen
Pflanzenfett	die Ananasscheiben in den Teig tauchen, in siedendem goldgelb backen, auf einem Kuchenrost abtropfen lassen, mit
Zucker und Zimt	bestreuen, warm servieren
Veränderung:	Anstelle von Ananasscheiben Aprikosen- oder Pfirsichhälften oder Apfel- oder Birnenscheiben verwenden.
Beigabe:	Vanille-Soße.

Geeiste Weintrauben

Pro Portion: E: 1 g, F: 0 g, Kh: 41 g
kJ: 1000, kcal: 239.

250 g grüne Weintrauben 250 g blaue Weintrauben	die Weintrauben waschen, entstielen, halbieren, entkernen, mit
75 g Zucker 1 Päckchen Vanillin-Zucker	vermengen
Wassereis (aus dem Gefrierfach)	in sehr kleine Stücke zerstoßen, eine Glasschale zur Hälfte damit füllen die Weintrauben darauf geben
8 Eßl. Himbeergeist	darüber verteilen.

Müsli

(6 Portionen)

Pro Portion: E: 9 g, F: 16 g, Kh: 60 g
kJ: 1812, kcal: 433.

200 g Kernige Haferflocken	mit
250 ml (¼ l) Milch (3,5% Fett)	
125 ml (⅛ l) Schlagsahne (30 % Fett)	übergießen
4 mittelgroße Äpfel (600 g)	waschen, abtrocknen, vierteln, entkernen, kleinschneiden, mit
3 Eßl. Zitronensaft	beträufeln
2 kleine Bananen (270 g)	
4 mittelgroße Apfelsinen (700 g)	beide Zutaten schälen, die Bananen in Scheiben, die Apfelsinen in kleine Stücke schneiden das Obst mit
50 g gehackten Haselnußkernen	
2 Eßl. zähflüssigem Honig (40 g)	vermengen, unter die Haferflocken heben.

Obstsalat

(6 Portionen)

Pro Portion: E: 2 g, F: 4 g, Kh: 26 g
kJ: 607, kcal: 145.

2 mittelgroße Äpfel (250 g)	schälen, vierteln, entkernen
1 kleine Mango (250 g)	schälen, halbieren, entkernen
1 Nektarine (75 g)	
1 mittelgroßer Pfirsich (75 g)	beide Zutaten waschen, abtrocknen, halbieren, entsteinen
1 mittelgroße Apfelsine (150 g)	schälen, in Spalten teilen
1 Kiwi (50 g)	
1 Banane (150 g)	beide Zutaten schälen das Obst in kleine Stücke (Banane in Scheiben) schneiden
100 g Erdbeeren	waschen, gut abtropfen lassen, entstielen, in Stücke schneiden das Obst mit
3 Eßl. Zitronensaft	
30 g Zucker	vermengen den Obstsalat in eine Glasschale füllen, mit
30 g gehackten Walnußkernen	bestreuen.
Beigabe:	Schlagsahne, mit Eierlikör abgeschmeckt, oder Soße, zubereitet mit Soßen-Pulver Ohne Kochen, Vanille-Geschmack.

Johannisbeeren mit Cornflakes

Pro Portion: E: 5 g, F: 3 g, Kh: 31 g
kJ: 724, kcal: 173.

375 g Johannisbeertrauben	waschen, gut abtropfen lassen, entstielen die Johannisbeeren mit
50 g Zucker	vermengen, zum Saftziehen stehenlassen, auf 4 Dessertschälchen verteilen kurz vor dem Verzehr jeweils 2 Eßl. von
30 g Cornflakes	darauf geben
2 Becher (je 150 g) Joghurt (3,5 % Fett)	verrühren, darüber verteilen.

Apfelmus

Pro Portion: E: 1 g, F: 1 g, Kh: 47 g
kJ: 812, kcal: 194.

750 g Äpfel	waschen, von Stiel und Blüte befreien, in kleine Stücke schneiden, mit
5 Eßl. Wasser	zum Kochen bringen, weich kochen, durch ein Sieb streichen
100 g Zucker	hinzufügen.

Heidelbeer-Kompott

Pro Portion: E: 1 g, F: 1 g, Kh: 36 g
kJ: 632, kcal: 151.

500 g Heidelbeeren	verlesen, waschen, mit
75 g Zucker	bestreuen sobald die Früchte Saft gezogen haben, sie mit
gelber Zitronenschale (unbehandelt)	weich dünsten das Kompott erkalten lassen, evtl. mit
Zucker	abschmecken.

Putt-Äpfel

(Gebratene Äpfel – Abb. nebenstehend)

Backzeit: 30–45 Minuten, Strom: 200–225, Gas: 3–4
Pro Portion: E: 0 g, F: 3 g, Kh: 18 g
kJ: 406, kcal: 97.

8 mittelgroße Äpfel waschen, nicht schälen, von der Blütenseite her ausbohren, aber nicht durchstechen
die Äpfel in eine gefettete Auflaufform oder auf feuerfeste kleine Teller setzen, mit

20 g Butter
20 g Zucker
1 Päckchen Vanillin-Zucker füllen, auf dem Rost in den vorgeheizten Backofen schieben, weich backen

Beigabe: Soße, zubereitet aus Soßen- Pulver Vanille-Geschmack.

Apfel-Kompott

Pro Portion: E: 1 g, F: 1 g, Kh: 41 g
kJ: 711, kcal: 170.

750 g Äpfel schälen, vierteln oder achteln, entkernen

250 ml (¼ l) Wasser mit
75 g Zucker zum Kochen bringen, die Äpfel hineingeben, zum Kochen bringen, unter öfterem Schütteln weich (glasig) kochen
das Kompott erkalten lassen, mit

Zitronensaft
Zucker abschmecken.

Aprikosen-Kompott

Pro Portion: E: 1 g, F: 0 g, Kh: 36 g
kJ: 615, kcal: 147.

600 g Aprikosen kurze Zeit in kochendes Wasser legen (nicht kochen lassen), in kaltem Wasser abschrecken, halbieren, enthäuten, entsteinen, einige Steine aufbrechen, zu den Früchten geben, diese mit

75 g Zucker bestreuen
sobald die Früchte Saft gezogen haben, sie weich dünsten
das Kompott erkalten lassen, evtl. mit

Zucker abschmecken.

Rhabarber-Kompott

Pro Portion: E. 1 g, F: 0 g, Kh: 31 g
kJ: 540, kcal: 129.

500 g Rhabarber	waschen, in etwa 2 cm lange Stücke schneiden (nicht abziehen), mit
100 g Zucker	bestreuen sobald der Rhabarber Saft gezogen hat,
1 Päckchen Vanillin-Zucker	hinzufügen, den Rhabarber weich dünsten das Kompott erkalten lassen, evtl. mit
Zucker	abschmecken.

Pflaumen-Kompott

Pro Portion: E: 1 g, F: 0 g, Kh: 30 g
kJ: 510, kcal: 122.

500 g Pflaumen	waschen, halbieren, entsteinen
125 ml (⅛ l) Wasser	mit
50 g Zucker	zum Kochen bringen, Pflaumen,
1 Stück Stangenzimt	
3 Gewürznelken	
(nach Geschmack)	hineingeben, zum Kochen bringen, weich kochen das Kompott erkalten lassen, evtl. mit
Zucker	abschmecken.

Stachelbeer-Kompott

Pro Portion: E: 1 g, F: 0 g, Kh: 36 g
kJ: 644, kcal: 154.

500 g halbreife Stachelbeeren	von Stiel und Blüte befreien, waschen
125 ml (⅛ l) Wasser	mit
100 g Zucker	zum Kochen bringen, die Stachelbeeren hineingeben, zum Kochen bringen, weich kochen (nicht durchrühren) das Kompott erkalten lassen, evtl. mit
Zucker	abschmecken.

Erdbeer-Zauber

Pro Portion: E: 6 g, F: 5 g, Kh: 35 g
kJ: 1038, kcal: 248.

300 g Erdbeeren (vorbereitet gewogen)	waschen, gut abtropfen lassen, entstielen, mit
40 g Zucker	bestreuen
1 Päckchen Gelatine gemahlen, weiß	mit
5 Eßl. kaltem Wasser	in einem kleinen Topf anrühren, 10 Minuten zum Quellen stehenlassen, unter Rühren erwärmen, bis sie gelöst ist, unter
250 ml (¼ l) Roséwein	rühren die Erdbeeren so auf 4 Dessertgläser verteilen, daß sie schräg im Glas liegen (Glas schräg halten) die Weinflüssigkeit darüber verteilen die Gläser so in den Kühlschrank stellen, daß sie schräg stehen
1 Päckchen Paradies Creme Vanille-Geschmack	mit
300 ml kalter Milch (3,5 % Fett)	nach Vorschrift auf dem Päckchen zubereiten, auf dem Erdbeer-Gelee verteilen.

Birnen-Kompott

Pro Portion: E: 1 g, F: 0 g, Kh: 29 g
kJ: 510, kcal: 122.

500 g Birnen	schälen, halbieren, entkernen
250 ml (¼ l) Wasser	mit
50 g Zucker	
1 Päckchen Vanillin-Zucker	zum Kochen bringen, die Birnen hineingeben, zum Kochen bringen, weich kochen das Kompott erkalten lassen, evtl. mit
Zucker	abschmecken.
Veränderung:	1 Stück Stangenzimt und 3 Gewürznelken mitkochen.

Sauerkirsch-Kompott

Pro Portion: E: 1 g, F: 0 g, Kh: 48 g
kJ: 824, kcal: 197.

500 g Sauerkirschen	waschen, entstielen, entsteinen, mit
125 g Zucker	bestreuen sobald die Früchte Saft gezogen haben, sie weich dünsten das Kompott erkalten lassen, evtl. mit
Zucker	abschmecken.

Wichtige Hinweise
Notwendige Vorarbeiten

Mehl und Backin mischen.
Ist Speisestärke oder Kakao vorgeschrieben, so wird es mit dem Mehl gemischt (Ausnahme Marmor-Kuchen).

Mehl und Backin sieben.
Das Sieben lockert das Mehl auf und verteilt das Backin gleichmäßig im Mehl. Das Gebäck wird dadurch besser gelockert.

Die Früchte folgendermaßen vorbereiten:
a) Korinthen und Rosinen verlesen.
b) Mandeln, die abgezogen werden sollen, in kochendes Wasser geben und sie 2–3 Minuten darin ziehen lassen (Topf von der Kochstelle nehmen). Nachdem sie abgetropft sind, die Schalen abziehen und die Mandeln zerkleinern.

Für Rührteige die Kuchenformen mit streichfähiger Butter oder Margarine gut und gleichmäßig mit einem Pinsel ausfetten. Kein Öl verwenden, da dieses am Rand der Form herunterlaufen würde. Die Formen evtl. noch mit Semmelmehl ausstreuen. Bei Springformen nur den Boden fetten.

Kastenform evtl. nach dem Fetten mit Papier auslegen, dadurch läßt sich das Gebäck besser aus der Form nehmen und bleibt länger frisch. Das Papierfutter so herstellen: Den Boden der Form auf Backpapier (Back-Sauber) aufzeichnen, die Form kippen und die Seitenlinien aufzeichnen. So mit allen vier Seiten verfahren. Die Ecken ausschneiden und die Bodenlinien knicken.

Die einzelnen Arbeitsgänge

„Die Margarine (Butter) geschmeidig rühren . . ."
Wichtig dabei ist, daß das Fett weder zu flüssig noch zu fest ist. Flüssiges Fett kann überhaupt nicht geschmeidig gerührt werden, zu festes Fett muß vorher weich gemacht werden. Zu diesem Zweck wird die Rührschüssel mit heißem Wasser ausgespült und das Fett tüchtig durchgearbeitet. Das vollkommen streichfähige Fett auf höchster Stufe in etwa ½ Minute geschmeidig rühren.

„. . . Den mit Vanillin-Zucker gemischten Zucker nach und nach zu dem geschmeidig gerührten Fett geben . . ."
Dazu den Zucker eßlöffelweise zu dem Fett geben und sorgfältig verrühren.

„... die Gewürze (Backöle, Aromen) hinzufügen ...“

So lange rühren, bis eine gebundene Masse entstanden ist. Feinkörniger Zucker ist grobkörnigem vorzuziehen, da er sich leichter löst.

„... Eier hinzugeben ...“

Jedes Ei über einer Tasse aufschlagen und prüfen, ob es gut ist. Die Eier niemals auf einmal in das mit Zucker geschmeidig gerührte Fett geben, da sie sich dann schlecht unterrühren lassen. Jedes Ei jeweils etwa ½ Minute unterrühren, bevor das nächste folgt. Wichtig ist, daß die Fett-Zucker-Eiermasse so lange gerührt wird, bis beim Rühren keine Zuckerkörner mehr zu spüren sind.

„... Das mit Backin gemischte und gesiebte Mehl unterrühren ...“

Eßlöffelweise das mit Backin gemischte und gesiebte Mehl auf mittlerer Stufe unterrühren. Wenn der Teig zu fest ist, etwas Milch hinzufügen. Backin darf nicht unmittelbar mit Flüssigkeit in Berührung kommen, da seine Triebkraft sonst vorzeitig ausgelöst würde. Sobald Mehl (evtl. Milch) zum Teig gegeben wurden, nur kurz rühren, da sonst eine unregelmäßige Lockerung des Gebäkkes eintritt (Rührblasen). Den fertigen Teig auf mittlerer Stufe durchrühren.

„. . . Nur so viel Milch verwenden, daß der Teig schwer (reißend) von einem Löffel fällt . . .“
Die notwendige Milchmenge hängt von der Aufnahmefähigkeit des Mehls und der Größe der Eier ab. Der Teig hat die richtige Beschaffenheit, wenn er schwer (reißend) vom Löffel fällt. Bei Zugabe von zu viel Milch kann das Gebäck Wasserstreifen erhalten. Eine Ausnahme bilden Rührteige, die sehr viel Fett und Eier und wenig oder keine Flüssigkeit enthalten. Sie können weicher sein, da die rohen Eier im Laufe des Backprozesses durch die Hitze fest werden.

„. . . Je nach Rezept vorbereitete Früchte zuletzt unter den Teig rühren . . .“
Früchte unter den Teig auf mittlerer Stufe rühren. Durch zu langes Rühren werden die Früchte zerquetscht und färben den Teig schmutzig grau.

„. . . und ihn in die vorbereitete Form füllen . . .“
Den fertigen Teig (am besten mit einer Teigkarte) in die vorbereitete Form füllen und mit einer Gabel glattstreichen. Die Formen müssen etwa zwei Drittel mit Teig gefüllt sein.

Das Backen von Rührteigen

Alle Rührteige nach den Angaben unter den Rezepten backen. Bevor das Gebäck aus dem Backofen genommen wird, muß auf alle Fälle die Garprobe gemacht werden. Mit einem spitzen Hölzchen möglichst in die Mitte des Gebäcks stechen. Wenn kein Teig daran hängenbleibt, ist der Kuchen gar. Ihn aus dem Ofen nehmen, 5–10 Minuten stehenlassen. Den Kuchen auf einen Kuchenrost stürzen oder heben, damit er besser ausdünsten kann. Bei einer Springform das Gebäck vor dem Herausnehmen mit einem Messer vom Rand lösen (siehe Biskuitteig S. 365).

Frankfurter Kranz

(Abb. S. 324/325)

Backzeit: 35–45 Minuten
Strom: 175–200 (vorgeheizt), Gas: 2–3 (nicht vorgeheizt)

Für den Teig

100 g weiche Margarine oder Butter
mit einem Handrührgerät mit Rührbesen auf höchster Stufe in etwa ½ Minute geschmeidig rühren, nach und nach

150 g Zucker
1 Päckchen Vanillin-Zucker
4 Tropfen Backöl Zitrone
o d e r
½ Fläschchen Rum-Aroma
unterrühren, so lange rühren, bis eine gebundene Masse entstanden ist

3 Eier
nach und nach unterrühren (jedes Ei etwa ½ Minute) mit

150 g Weizenmehl
50 g Speisestärke Gustin
6 g (2 gestrichene Teel.) Backpulver Backin
mischen, sieben, eßlöffelweise auf mittlerer Stufe unterrühren
den Teig in eine gefettete Kranzform (Durchmesser etwa 24 cm) füllen

für die Buttercreme
aus

1 Päckchen Pudding-Pulver Vanille-Geschmack
100 g Zucker
500 ml (½) Milch
nach Vorschrift auf dem Päckchen (aber mit 100 g Zucker) einen Pudding zubereiten, kalt stellen, ab und zu durchrühren

250 g Butter
geschmeidig rühren, den Pudding eßlöffelweise darunter geben (darauf achten, daß weder Butter noch Pudding zu kalt sind, da dann die sogenannte Gerinnung eintritt)

für den Krokant

1 Messerspitze Butter mit
60 g Zucker
125 g abgezogenen, gehackten Mandeln unter Rühren so lange erhitzen, bis der Krokant genügend gebräunt ist, ihn auf ein Stück Alufolie geben, erkalten lassen, den Kranz zweimal durchschneiden, die untere Gebäcklage mit

roter Konfitüre bestreichen, die 3 Gebäcklagen mit Buttercreme zu einem Kranz zusammensetzen, ihn mit Creme bestreichen (etwas zurücklassen), mit Krokant bestreuen, mit zurückgelassener Creme verzieren, mit

Kirschen oder roter Konfitüre garnieren (das Gebäck am besten einen Tag vor dem Verzehr füllen).

Veränderung: Den Kranz in einer Springform mit Rohrboden (Durchmesser etwa 24 cm) backen.

Sand-Kuchen

Backzeit: 65–75 Minuten
Strom: 165—185 (vorgeheizt)
Gas: 2–3 (nicht vorgeheizt)

250 g Margarine oder Butter zerlassen, in eine Rührschüssel geben, kalt stellen das wieder festgewordene Fett mit einem Handrührgerät mit Rührbesen in etwa ½ Minute geschmeidig rühren, nach und nach

200 g Zucker
1 Päckchen Vanillin-Zucker
Salz
einige Tropfen Backöl Zitrone unterrühren, so lange rühren, bis eine gebundene Masse entstanden ist

4 Eier nach und nach unterrühren (jedes Ei etwa ½ Minute)

125 g Weizenmehl mit
125 g Speisestärke Gustin

Fortsetzung Seite 332

1½ g (½ gestrichener Teel.) Backpulver Backin mischen, sieben, eßlöffelweise auf mittlerer Stufe unterrühren
den Teig in eine gefettete, mit Papier (s. S. 327) ausgelegte Kastenform (30 x 11 cm) füllen

für den Guß

100 g Schokolade
etwas Kokosfett in kleine Stücke brechen, mit in einem kleinen Topf im Wasserbad bei schwacher Hitze zu einer geschmeidigen Masse verrühren, den erkalteten Kuchen damit überziehen.

Makronen-Kuchen

Backzeit: 60–80 Minuten.
Strom: 165–185 (vorgeheizt)
Gas: 2–3 (nicht vorgeheizt)

Für den Teig

200 g weiche Margarine oder Butter mit einem Handrührgerät mit Rührbesen auf höchster Stufe in etwa ½ Minute geschmeidig rühren, nach und nach

175 g Zucker
1 Päckchen Vanillin-Zucker
Salz unterrühren, so lange rühren, bis eine gebundene Masse entstanden ist

2 Eier
2 Eigelb nach und nach unterrühren (jedes Ei – Eigelb – etwa ½ Minute)

200 g Weizenmehl
50 g Speisestärke Gustin
3 g (1 gestrichener Teel.) Backpulver Backin mit mischen, sieben, eßlöffelweise auf mittlerer Stufe unterrühren
den Teig in eine gefettete, mit Papier (s. S. 327) ausgelegte Kastenform (30 x 11 cm) füllen, in die Mitte des Teiges der Länge nach mit einem Löffel eine Vertiefung, etwa 4 cm tief und 4 cm breit, eindrücken

	für die Makronen-Masse
2 Eiweiß	mit dem Handrührgerät mit Rührbesen steif schlagen, es muß so fest sein, daß ein Messerschnitt sichtbar bleibt, nach und nach eßlöffelweise
100 g Zucker **3 Tropfen Backöl Zitrone**	unterschlagen
175 g nicht abgezogene, gemahlene Mandeln	vorsichtig auf niedrigster Stufe unterrühren die Masse in die Teigvertiefung füllen

Englischer Kuchen

Backzeit: Etwa 80 Minuten
Strom: 175–185 (vorgeheizt)
Gas: 2–3 (nicht vorgeheizt)

100 g weiche Margarine oder Butter	mit einem Handrührgerät mit Rührbesen auf höchster Stufe in etwa ½ Minute geschmeidig rühren, nach und nach
150 g Zucker **1 Päckchen Vanillin-Zucker** **½ Fläschchen Backöl Zitrone** **Salz**	unterrühren, so lange rühren, bis eine gebundene Masse entstanden ist
2 Eier	nach und nach unterrühren (jedes Ei etwa ½ Minute)
250 g Weizenmehl **6 g (2 gestrichene Teel.) Backpulver Backin**	mit mischen, sieben, abwechselnd eßlöffelweise mit
125 ml (⅛ l) Schlagsahne	auf mittlerer Stufe unterrühren
150 g Rosinen **150 g Korinthen**	verlesen, mit
50 g feingewürfeltem Zitronat (Sukkade) **50 g kleingeschnittenen, kandierten Kirschen**	vorsichtig auf mittlerer Stufe unter den Teig rühren, ihn in eine gefettete, mit Papier (s. S. 327) ausgelegte Kastenform (30 x 11 cm) füllen

Donau-Wellen

Backzeit: 35–40 Minuten
das Gebäck auskühlen lassen
Strom: 175–200 (vorgeheizt)
Gas: 5 Minuten vorheizen 3–4, backen 3–4

	Für den Teig
250 g weiche Margarine oder Butter	mit einem Handrührgerät mit Rührbesen auf höchster Stufe in etwa ½ Minute geschmeidig rühren, nach und nach
200 g Zucker 1 Päckchen Vanillin-Zucker Salz	unterrühren, so lange rühren, bis eine gebundene Masse entstanden ist
5 Eier	nach und nach unterrühren (jedes Ei etwa ½ Minute)
375 g Weizenmehl 9 g (3 gestrichene Teel.) Backpulver Backin	mit mischen, sieben, eßlöffelweise auf mittlerer Stufe unterrühren knapp ⅔ des Teiges auf ein gefettetes Backblech streichen
20 g Kakao 1 Eßl. Milch	sieben, mit unter den restlichen Teig rühren, gleichmäßig auf dem hellen Teig verteilen vor den Teig einen mehrfach umgeknickten Streifen Alufolie legen
etwa 720 g entsteinte Sauerkirschen (aus dem Glas)	gut abtropfen lassen, auf dem dunklen Teig verteilen
	für die Buttercreme aus
1 Päckchen Pudding-Pulver Vanille-Geschmack 100 g Zucker 500 ml (½ l) Milch	nach Vorschrift auf dem Päckchen (aber mit 100 g Zucker) einen Pudding zubereiten, kalt stellen, ab und zu durchrühren
250 g Butter	geschmeidig rühren den erkalteten Pudding eßlöffelweise darunter rühren (darauf achten, daß weder Butter noch Pudding zu kalt sind, da dann die sogenannte Gerinnung eintritt) die erkaltete Gebäckplatte gleichmäßig mit der Buttercreme bestreichen, kalt stellen
	für den Guß
200 g Zartbitter-Schokolade etwas Kokosfett	in kleine Stücke brechen, mit in einem kleinen Topf im Wasserbad bei schwacher Hitze zu einer geschmeidigen Masse verrühren den Guß auf die festgewordene Buttercreme streichen.

Haselnuß-Berge

Backzeit: Etwa 15 Minuten
Strom: 175–200 (vorgeheizt)
Gas: 5 Minuten vorheizen 3–4,
backen 3–4

	Für den Teig
150 g weiche Margarine oder Butter	mit einem Handrührgerät mit Rührbesen auf höchster Stufe in etwa ½ Minute geschmeidig rühren, nach und nach
150 g Zucker **1 Päckchen-Vanillin-Zucker** **Salz**	unterrühren, so lange rühren, bis eine gebundene Masse entstanden ist
2 Eier	nach und nach unterrühren (jedes Ei etwa ½ Minute)
150 g Weizenmehl	mit
1 Messerspitze Backpulver Backin	mischen, sieben, eßlöffelweise auf mittlerer Stufe unterrühren
250 g gemahlene Haselnußkerne	auf mittlerer Stufe unterrühren den Teig in einen Spritzbeutel (ohne Tülle) füllen, walnußgroße Häufchen auf ein Backblech spritzen
	für den hellen Guß
125 g Puderzucker	sieben, mit
etwa 1 Eiweiß	glattrühren, so daß eine dünnflüssige Masse entsteht die Hälfte der erkalteten Plätzchen auf der Unterseite damit bestreichen
	für den dunklen Guß
50 g Halbbitter-Kuvertüre	in einem kleinen Topf im Wasserbad bei schwacher Hitze zu einer geschmeidigen Masse verrühren, die übrigen Plätzchen auf der Unterseite damit bestreichen.

Spritz-Gebäck

(Abb. nebenstehend)

Backzeit:
Etwa 10 Minuten.
Strom: 175–200 (vorgeheizt)
Gas: 5 Minuten vorheizen 3–4, backen 3–4

375 g weiche Margarine oder Butter mit einem Handrührgerät mit Rührbesen auf höchster Stufe in etwa ½ Minute geschmeidig rühren, nach und nach

250 g Zucker
2 Päckchen Vanillin-Zucker
Salz unterrühren, so lange rühren, bis eine gebundene Masse entstanden ist

500 g Weizenmehl sieben, ⅔ davon eßlöffelweise auf mittlerer Stufe unterrühren
den Teigbrei mit dem Rest des Mehls,

125 g abgezogenen, gemahlenen Mandeln auf der Tischplatte zu einem glatten Teig verkneten, zu Rollen formen, diese in eine Gebäck-Presse geben, auf ein Backblech spritzen, nach Belieben

10 g Kakao sieben, mit
10 g Zucker mischen, unter knapp ⅓ des Teiges kneten, etwas von dem dunklen Teig mit hellem Teig in die Gebäck-Presse geben, auf ein Backblech spritzen

Veränderung: Den Teig durch einen Fleischwolf mit Spezialvorsatz drehen, als Stangen, S-Formen oder Kränzchen auf ein Backblech legen, die Enden in aufgelöste Schokolade tauchen oder zur Hälfte damit bestreichen.

Creme-Schnitten

Backzeit: 15–20 Minuten
das Gebäck vom Backblech lösen, erkalten lassen, halbieren
Strom: 175–200 (vorgeheizt)
Gas: 5 Minuten vorheizen 3–4, backen 3–4

Für den Teig

125 g weiche Margarine oder Butter mit einem Handrührgerät mit Rührbesen auf höchster Stufe in etwa ½ Minute geschmeidig rühren, nach und nach

Fortsetzung Seite 338

100 g Zucker 1 Päckchen Vanillin-Zucker, Salz abgeriebene gelbe Schale von einer halben Zitrone (unbehandelt)	unterrühren, so lange rühren, bis eine gebundene Masse entstanden ist
2 Eier	nach und nach unterrühren (jedes Ei etwa ½ Minute)
100 g Weizenmehl 3 g (1 gestrichener Teel.) Backpulver Backin	mit mischen, sieben, eßlöffelweise auf mittlerer Stufe unterrühren
75 g abgezogene, gemahlene Mandeln	auf mittlerer Stufe unterrühren den Teig etwa 1 cm dick auf ein gefettetes Backblech streichen vor den Teig einen mehrfach umgeknickten Streifen Alufolie legen eine Gebäckhälfte mit
1 Eßl. durch ein Sieb gestrichener Himbeer-Konfitüre	bestreichen, die andere Hälfte darauf legen, gut andrücken (die Ränder evtl. etwas gerade schneiden)
	für die Buttercreme aus
1 Päckchen Pudding-Pulver Himbeer-Geschmack 50 g Zucker 250 ml (¼ l) Milch	nach Vorschrift auf dem Päckchen (aber nur mit ¼ l Milch) einen Pudding zubereiten, kalt stellen, ab und zu durchrühren in den abgekühlten Pudding
3 Eßl. Himbeergeist	rühren
150 g Butter	geschmeidig rühren den erkalteten Pudding eßlöffelweise darunter rühren (darauf achten, daß weder Butter noch Pudding zu kalt sind, da dann die sogenannte Gerinnung eintritt) die Buttercreme gleichmäßig auf die Gebäckplatte streichen
100 g Marzipan-Rohmasse	mit
25 g gesiebtem Puderzucker	verkneten, dünn auf
gesiebtem Puderzucker	in der Größe des Gebäckstückes ausrollen, auf die Creme legen, leicht andrücken
	für den Guß
100 g Puderzucker	sieben, mit
etwa 1 Eiweiß	glattrühren, so daß eine dünnflüssige Masse entsteht das Gebäck damit überziehen

zum Verzieren

50 g Zartbitter-Schokolade mit
etwas Kokosfett in einem kleinen Topf im Wasserbad bei schwacher Hitze geschmeidig rühren auf der Oberfläche des Gebäcks Schnitten von beliebiger Größe vorzeichnen (mit einem spitzen Messer), mit dem Guß verzieren (mit Hilfe eines Pergamentpapiertütchens), in Schnitten schneiden.

Sahne-Waffeln

(harte Waffeln)

250 g weiche Margarine oder Butter mit einem Handrührgerät mit Rührbesen auf höchster Stufe in etwa ½ Minute geschmeidig rühren, nach und nach

100 g Zucker
1 Päckchen Vanillin-Zucker
Salz unterrühren, so lange rühren, bis eine gebundene Masse entstanden ist

4 Eigelb nach und nach unterrühren (jedes Eigelb etwa ½ Minute)

125 g Weizenmehl mit
125 g Speisestärke Gustin
6 g (2 gestrichene Teel.) Backpulver Backin mischen, sieben, abwechselnd mit

250 ml (¼ l) Schlagsahne auf mittlerer Stufe unterrühren

4 Eiweiß steif schlagen, vorsichtig auf mittlerer Stufe unterrühren den Teig in nicht zu großer Menge in ein gut erhitztes, mit

Speckschwarte oder etwas Speiseöl gefettetes Waffeleisen füllen, goldbraun backen die Waffeln einzeln auf einem Kuchenrost erkalten lassen, mit

Puderzucker bestäuben.

Französische Schokoladen-Torte

Backzeit: Etwa 1 Stunde
Strom: 175–200 (vorgeheizt)
Gas: 3–4 (nicht vorgeheizt)

	Für den Teig
250 g weiche Margarine oder Butter	mit einem Handrührgerät mit Rührbesen auf höchster Stufe in etwa ½ Minute geschmeidig rühren, nach und nach
250 g Zucker **1 Päckchen Vanillin-Zucker** **Salz**	unterrühren, so lange rühren, bis eine gebundene Masse entstanden ist
6 Eier	nach und nach unterrühren (jedes Ei etwa ½ Minute)
250 g Weizenmehl	mit
6 g (2 gestrichene Teel.) Backpulver	mischen, sieben, eßlöffelweise auf mittlerer Stufe unterrühren
250 g Zartbitter-Schokolade	reiben, mit
100 g abgezogenen, gemahlenen Mandeln	auf mittlerer Stufe unter den Teig rühren, ihn in eine Springform (Durchmesser etwa 28 cm, Boden gefettet) füllen
	zum Aprikotieren
2 Eßl. durch ein Sieb gestrichene Aprikosen-Konfitüre	mit
1 Eßl. Wasser	unter Rühren aufkochen lassen das Gebäck sofort nach dem Backen damit bestreichen, gut auskühlen lassen
	für den Guß
100 g Zartbitter-Schokolade	
etwas Kokosfett	in kleine Stücke brechen, mit in einem kleinen Topf im Wasserbad bei schwacher Hitze zu einer geschmeidigen Masse verrühren das erkaltete Gebäck damit überziehen, mit
gehackten Pistazienkernen **oder** **abgezogenen, gehackten Mandeln** **oder** **Krokant**	garnieren.

Schichtkuchen, gegrillt

Grillzeit Strom: Etwa 2 Minuten
Gas: Etwa 2 Minuten

	Für den Teig
250 g weiche Margarine oder Butter	mit einem Handrührgerät mit Rührbesen auf höchster Stufe in etwa ½ Minute geschmeidig rühren, nach und nach
250 g Zucker **1 Päckchen Vanillin-Zucker** **Salz** **3 Eßl. Rum**	unterrühren, so lange rühren, bis eine gebundene Masse entstanden ist
2 Eier **4 Eigelb**	nach und nach unterrühren (jedes Ei – Eigelb – etwa ½ Minute)
150 g Weizenmehl	mit
100 g Speisestärke Gustin **9 g (3 gestrichene Teel.) Backpulver Backin**	mischen, sieben, eßlöffelweise auf mittlerer Stufe unterrühren
4 Eiweiß	steif schlagen, vorsichtig auf mittlerer Stufe unter den Teig rühren den gefetteten Boden einer Kastenform (35 x 11 cm) mit Papier (s. S. 327) auslegen, 1 gut gehäuften Eßl. Teig gleichmäßig mit einem Pinsel darauf streichen die Form auf dem Rost in den Backofen schieben (Abstand zwischen Grill und Teigschicht etwa 20 cm) die Teigschicht unter dem vorgeheizten Grill hellbraun backen als zweite Schicht wieder 1-2 Eßl. Teig auf die gebakkene Schicht streichen, die Form wieder unter den Grill schieben, auf diese Weise den ganzen Teig verarbeiten (die Einschubhöhe nach Möglichkeit so verändern, daß der Abstand von etwa 20 cm zwischen Grill und Teigschicht bestehen bleibt), den fertigen Kuchen mit einem Messer vorsichtig vom Rand der Form lösen, auf ein Backblech stürzen, das Papier abziehen, sofort noch etwa 5 Minuten in den heißen Backofen schieben
	für den Guß
100 g Schokolade	in kleine Stücke brechen, mit
25 g Kokosfett	in einem kleinen Topf im Wasserbad bei schwacher Hitze zu einer geschmeidigen Masse verrühren, den erkalteten Kuchen damit überziehen.

Apfel-Kuchen, sehr fein

(Abb. nebenstehend)

Backzeit: 40–50 Minuten
Strom: 175–200 (vorgeheizt)
Gas: 5 Minuten vorheizen 3–4,
backen 3–4

	Für den Teig
125 g weiche Margarine oder Butter	mit einem Handrührgerät mit Rührbesen auf höchster Stufe in etwa ½ Minute geschmeidig rühren, nach und nach
125 g Zucker **1 Päckchen Vanillin-Zucker** **Salz** **4 Tropfen Backöl Zitrone**	unterrühren, so lange rühren, bis eine gebundene Masse entstanden ist
3 Eier	nach und nach unterrühren (jedes Ei etwa ½ Minute)
200 g Weizenmehl	mit
6 g (2 gestrichene Teel.) Backpulver	mischen, sieben, abwechselnd eßlöffelweise mit
1–2 Eßl. Milch	auf mittlerer Stufe unterrühren (nur so viel Milch verwenden, daß der Teig schwer – reißend – von einem Löffel fällt) den Teig in eine Springform (Durchmesser etwa 28 cm, Boden gefettet) füllen, glattstreichen
	für den Belag
750 g Äpfel	schälen, vierteln, entkernen, mehrmals der Länge nach einritzen, kranzförmig auf den Teig legen
	zum Aprikotieren
2 Eßl. durch ein Sieb gestrichene Aprikosen-Konfitüre	mit
1 Eßl. Wasser	unter Rühren aufkochen lassen den Kuchen sofort nach dem Backen damit bestreichen.
Veränderung:	Anstelle der Äpfel 600 g entsteinte Sauerkirschen

Rodon-Kuchen

Backzeit: 50–60 Minuten
Strom: 175–200
(vorgeheizt)
Gas: 2–3
(nicht vorgeheizt)

	Für den Teig
200 g weiche Butter	mit einem Handrührgerät mit Rührbesen auf höchster Stufe in etwa ½ Minute geschmeidig rühren, nach und nach
200 g Zucker **1 Päckchen Vanillin-Zucker, Salz**	unterrühren, so lange rühren, bis eine gebundene Masse entstanden ist
4 Eier	nach und nach unterrühren (jedes Ei etwa ½ Minute)
500 g Weizenmehl	mit
1 Päckchen Backpulver Backin	mischen, sieben, abwechselnd eßlöffelweise mit
gut 125 ml (⅛ l) Milch	auf mittlerer Stufe unterrühren (nur so viel Milch verwenden, daß der Teig schwer – reißend – von einem Löffel fällt)
150 g Korinthen **150 g Rosinen**	verlesen, vorsichtig auf mittlerer Stufe unter den Teig rühren, ihn in eine gefettete Napfkuchenform (Durchmesser etwa 24 cm) füllen
	für den Guß nach Belieben
200 g Puderzucker	mit
30 g Kakao	mischen, sieben, mit
etwa 3 Eßl. heißem Wasser	glattrühren, so daß eine dickflüssige Masse entsteht
25 g Kokosfett	zerlassen, unterrühren den erkalteten Kuchen damit überziehen.

Nuß-Nougat-Törtchen

Backzeit: Etwa 30 Minuten
Strom: Etwa 175 (vorgeheizt)
Gas: 5 Minuten vorheizen etwa 3, backen etwa 3

	Für den Teig
1 Packung Kuchenmischung Nußkuchen	mit
100 g weicher Margarine, 2 Eiern 75 ml (5 Eßl.) Wasser	nach Vorschrift auf der Packung zubereiten die Hälfte der

Glasurmischung (aus der Packung)	unter den Teg rühren
20 Papier-Backförmchen	auf ein Backblech stellen, den Teig hineinfüllen
	für den Belag
etwa 400 g gedünstete Aprikosen	abtropfen lassen den Aprikosensaft etwas einkochen lassen die Aprikosenhälften damit bestreichen, mit dem restlichen Saft die erkalteten Törtchen bestreichen, mit jeweils 1 Aprikosenhälfte belegen
100 g Nuß-Nougat	mit
2 gehäuften Eßl. Crème fraîche	zu einer geschmeidigen Masse verrühren, die restliche Glasurmischung unterrühren
125 ml (1/8 l) Schlagsahne	steif schlagen, vorsichtig unter die Nougat-Masse rühren, die Törtchen damit verzieren, mit
Mokka-Bohnen	garnieren.

Feigen-Törtchen

Backzeit: Etwa 15 Minuten
Strom: Etwa 200 (vorgeheizt)
Gas: 5 Minuten vorheizen 3–4, backen 3–4

	Für den Teig
1 Packung Grundteigmischung Obst-Kuchenteig	mit
125 g weicher Margarine **1 Ei** **30 ml (2 Eßl.) Wasser**	nach Vorschrift auf der Packung zubereiten den Teig in einen Spritzbeutel (mit gezackter Tülle) füllen, spiralförmig (Durchmesser etwa 6 cm) auf ein gefettetes Backblech spritzen
etwa 375 g frische Feigen	vorsichtig waschen, trockentupfen, Stiele und Blüten entfernen, die Feigen in Scheiben schneiden, auf dem Teig verteilen
	zum Aprikotieren
2 Eßl. Aprikosen-Konfitüre	durch ein Sieb streichen, mit
1 Eßl. Wasser	unter Rühren aufkochen lassen, sofort nach dem Backen die Törtchen damit bestreichen, mit
Hagelzucker	bestreuen.

Prinzregenten-Torte

Backzeit: 8—10 Minuten
Strom: 175—200 (vorgeheizt)
Gas: 5 Minuten vorheizen 3—4, backen 3—4

	Für den Teig
250 g weiche Margarine oder Butter	mit einem Handrührgerät mit Rührbesen auf höchster Stufe in etwa ½ Minute geschmeidig rühren, nach und nach
250 g Zucker 1 Päckchen Vanillin-Zucker Salz	unterrühren, so lange rühren, bis eine gebundene Masse entstanden ist
4 Eier	nach und nach unterrühren (jedes Ei etwa ½ Minute)
200 g Weizenmehl 50 g Speisestärke Gustin 3 g (1 gestrichener Teel.) Backpulver Backin	mit mischen, sieben, eßlöffelweise auf mittlerer Stufe unterrühren aus dem Teig 7 Böden herstellen etwa 2 Eßl. des Teiges jeweils auf einen gefetteten Springformboden (Durchmesser etwa 28 cm) streichen (darauf achten, daß die Teiglage am Rand nicht zu dünn ist, damit der Boden dort nicht zu dunkel wird) jeden Boden ohne Springformring backen, bis er hellbraun ist die Böden sofort nach dem Backen vom Springformboden lösen
	für die Buttercreme
	aus
1 Päckchen Pudding-Pulver für Schokoladen-Pudding, z.B. Gala 100 g Zucker 500 ml (½ l) Milch	nach Vorschrift auf dem Päckchen (aber mit 100 g Zucker) einen Pudding zubereiten, kalt stellen, ab und zu durchrühren
250 g Butter	geschmeidig rühren, den Pudding eßlöffelweise darunter geben (darauf achten, daß weder Butter noch Pudding zu kalt sind, da dann die sogenannte Gerinnung eintritt) die einzelnen Böden mit der Buttercreme bestreichen, zu einer Torte zusammensetzen, die oberste Schicht muß aus einem Boden bestehen

für den Guß

100 g Schokolade mit
etwas Kokosfett in einem kleinen Topf im Wasserbad bei schwacher Hitze zu einer geschmeidigen Masse verrühren, die Torte damit überziehen.

Veränderung: Etwas von der Buttercreme in einen Spritzbeutel füllen, die Torte damit verzieren, mit Schokoladenplätzchen garnieren.

Apfelsinen-Kuchen

(Rehrückenform)

Backzeit: Etwa 45 Minuten
Strom: 175–200 (vorgeheizt)
Gas: 3–4 (nicht vorgeheizt)

Für den Teig

150 g weiche Margarine oder Butter mit einem Handrührgerät mit Rührbesen auf höchster Stufe in etwa ½ Minute geschmeidig rühren, nach und nach

150 g Zucker
1 Päckchen Vanillin-Zucker
Salz
abgeriebene gelbe Schale von einer halben Apfelsine (unbehandelt) unterrühren, so lange rühren, bis eine gebundene Masse entstanden ist

3 Eier nach und nach unterrühren (jedes Ei etwa ½ Minute)

150 g Weizenmehl mit
3 g (1 gestrichener Teel.) Backpulver Backin mischen, sieben, eßlöffelweise auf mittlerer Stufe unterrühren
den Teig in eine gefettete Rehrückenform (30 x 11 cm) füllen

zum Tränken

125 ml (⅛ l) ausgepreßten Apfelsinensaft mit
etwas abgeriebener gelber Apfelsinen- und Zitronenschale (unbehandelt)
75 g Zucker verrühren

Fortsetzung Seite 348

den Kuchen nach dem Backen stürzen, wieder in die Form geben, die flache Seite mit einem Holzstäbchen mehrmals einstechen, mit etwas Saft beträufeln (am besten mit einem Pinsel), kurz einziehen lassen den Kuchen wieder stürzen, die gewölbte Seite einstechen, den erkalteten Kuchen mit

Puderzucker bestäuben.

Marmor-Kuchen

Backzeit: 50–65 Minuten
Strom: 175–200 (vorgeheizt)
Gas: 2–3 (nicht vorgeheizt)

300 g weiche Margarine oder Butter	mit einem Handrührgerät mit Rührbesen auf höchster Stufe in etwa ½ Minute geschmeidig rühren, nach und nach
275 g Zucker **1 Päckchen Vanillin-Zucker** **1 Fläschchen Rum-Aroma** **Salz**	unterrühren, so lange rühren, bis eine gebundene Masse entstanden ist
5 Eier	nach und nach unterrühren (jedes Ei etwa ½ Minute)
375 g Weizenmehl **12 g (4 gestrichene Teel.) Backpulver Backin**	mit mischen, sieben, abwechselnd eßlöffelweise mit
etwa 3 Eßl. Milch	auf mittlerer Stufe unterrühren (nur so viel Milch verwenden, daß der Teig schwer – reißend – von einem Löffel fällt) ⅔ des Teiges in eine gefettete Napfkuchenform (Durchmesser etwa 24 cm) füllen
20 g Kakao	sieben, mit
20 g Zucker **2–3 Eßl. Milch**	unter den Rest des Teiges rühren, so daß er wieder schwer vom Löffel fällt den dunklen Teig auf dem hellen verteilen, mit einer Gabel spiralförmig durch die Teigschichten ziehen, damit ein Marmormuster entsteht den erkalteten Kuchen mit
Puderzucker	bestäuben.

Rhabarber-Kuchen mit Baiser

Für den Teig

Backzeit: Etwa 25 Minuten
Strom: 175–200 (vorgeheizt)
Gas: 5 Minuten vorheizen 3–4, backen 3–4

250 g weiche Margarine oder Butter
mit einem Handrührgerät mit Rührbesen auf höchster Stufe in etwa ½ Minute geschmeidig rühren, nach und nach

100 g Zucker
1 Päckchen Vanillin-Zucker
Salz
unterrühren, so lange rühren, bis eine gebundene Masse entstanden ist

1 Ei
unterrühren (etwa ½ Minute)

250 g Weizenmehl
mit

7½ g (2½ gestrichene Teel.) Backpulver Backin
mischen, sieben, eßlöffelweise auf mittlerer Stufe unterrühren
den Teig auf ein gefettetes Backblech streichen,
vor den Teig einen mehrfach umgeknickten Streifen Alufolie legen

für den Belag

1½ kg Rhabarber
waschen, in Stücke schneiden (nicht abziehen),
gleichmäßig auf den Teig legen

für das Baiser

Etwa 8 Minuten
Strom: 200–225
Gas: 4–5

3 Eiweiß
steif schlagen, nach und nach

150 g Zucker
unterschlagen
die Baisermasse auf den Rhabarber streichen, nochmals in den vorgeheizten Backofen schieben, goldbraun werden lassen

Ananas-Marzipan-Kuchen

Backzeit: 60–70 Minuten
Strom: 175–200 (vorgeheizt)
Gas: 3–4 (nicht vorgeheizt)

	Für den Teig
200 g Marzipan-Rohmasse	mit einem Handrührgerät mit Rührbesen gut verrühren
175 g weiche Margarine oder Butter	hinzufügen, alles zu einer geschmeidigen Masse verrühren, nach und nach
175 g Zucker **1 Päckchen Vanillin-Zucker, Salz**	unterrühren, so lange rühren, bis eine gebundene Masse entstanden ist
3 Eier	nach und nach unterrühren (jedes Ei etwa ½ Minute)
300 g Weizenmehl **6 g (2 gestrichene Teel.) Backpulver Backin**	mit mischen, sieben, eßlöffelweise auf mittlerer Stufe unterrühren
3 Ananasscheiben (etwa 200 g, aus der Dose)	gut abtropfen lassen, in kleine Stücke schneiden, vorsichtig auf mittlerer Stufe unter den Teig rühren, ihn in eine gefettete, mit Papier (s. S. 327) ausgelegte Kastenform (30 x 11 cm) füllen
	für den Guß
100 g Zartbitter-Schokolade	in kleine Stücke brechen, mit
etwas Kokosfett	in einem kleinen Topf im Wasserbad bei schwacher Hitze zu einer geschmeidigen Masse verrühren den erkalteten Kuchen damit überziehen, nach Belieben mit
Ananasstücken	garnieren.

„Spiegeleier"-Kuchen

Backzeit: 65–85 Minuten
das Gebäck erkalten lassen
Strom: 165–175 (vorgeheizt)
Gas: 2–3 (nicht vorgeheizt)

	Für den Belag aus
2 Päckchen Pudding-Pulver Vanille-Geschmack **80 Zucker** **750 ml (¾ l) Milch**	nach Vorschrift auf dem Päckchen (aber nur mit ¾ l Milch) einen Pudding zubereiten, kalt stellen, ab und zu durchrühren

Fortsetzung Seite 352

	für den Teig
150 g weiche Margarine oder Butter	mit einem Handrührgerät mit Rührbesen auf höchster Stufe in etwa ½ Minute geschmeidig rühren, nach und nach
150 g Zucker **1 Päckchen Vanillin-Zucker,** **Salz**	unterrühren, so lange rühren, bis eine gebundene Masse entstanden ist
3 Eier	nach und nach unterrühren (jedes Ei etwa ½ Minute)
300 g Weizenmehl	mit
6 g (2 gestrichene Teel.) **Backpulver Backin**	mischen, sieben, abwechselnd eßlöffelweise mit
2 Eßl. Milch	auf mittlerer Stufe unterrühren den Teig auf ein gefettetes Backblech streichen, vor den Teig einen mehrfach umgeknickten Streifen Alufolie legen unter den erkalteten Pudding
500 g (1 Becher) Crème fraîche	rühren, die Masse gleichmäßig auf den Teig streichen
700 g Aprikosen (aus der Dose)	abtropfen lassen, 500 ml (½ l) Saft abmessen die Aprikosen auf dem Pudding verteilen (mit der Wölbung nach oben)
	für den Guß
2 Päckchen Tortenguß, **50 g Zucker** **500 ml (½ l) Aprikosensaft**	nach Vorschrift auf dem Päckchen zubereiten, auf dem Belag verteilen, fest werden lassen das Gebäck so schneiden, daß jeweils 1 Aprikosenhälfte in der Mitte eines Stückes liegt.

Ottilien-Kuchen

Backzeit: 65–85 Minuten
Strom: 165–175 (vorgeheizt)
Gas: 2–3 (nicht vorgeheizt)

250 g weiche Margarine oder Butter	mit einem Handrührgerät mit Rührbesen auf höchster Stufe in etwa ½ Minute geschmeidig rühren, nach und nach

200 g Zucker 1 Päckchen Vanillin-Zucker ½ Fläschchen Rum-Aroma Salz	unterrühren, so lange rühren, bis eine gebundene Masse entstanden ist
4 Eier	nach und nach unterrühren (jedes Ei etwa ½ Minute)
200 g Weizenmehl 50 g Speisestärke Gustin 3 g (1 gestrichener Teel.) Backpulver Backin	mit mischen, sieben, eßlöffelweise auf mittlerer Stufe unterrühren
100 g Schokolade	kleinschneiden, mit
100 g abgezogenen, gemahlenen Mandeln 50 g feingewürfeltem Zitronat (Sukkade)	vorsichtig auf mittlerer Stufe unter den Teig rühren, ihn in eine gefettete, mit Papier (s. S. 327) ausgelegte Kastenform (30 x 11 cm) füllen den erkalteten Kuchen mit
Puderzucker	bestäuben.

Wiener Sand-Torte

Backzeit: 60–85 Minuten.
Strom: 150–175 (vorgeheizt)
Gas: 2–3 (nicht vorgeheizt)

6 Eier	mit einem Handrührgerät mit Rührbesen auf höchster Stufe kurz durchschlagen, mit
375 g feinkörnigem Zucker 2 Päckchen Vanillin-Zucker Salz	(eßlöffelweise hinzufügen) 1½–2 Minuten schlagen
175 g Weizenmehl 175 g Speisestärke Gustin 4½ g (1½ gestrichene Teel.) Backpulver Backin	mit mischen, sieben, eßlöffelweise auf mittlerer Stufe unterrühren
375 g zerlassene Butter	auf mittlerer Stufe (heiß – aber nicht mehr kochend) vorsichtig unterrühren den Teig in eine Springform (Durchmesser etwa 28 cm, Boden gefettet) füllen

Obst-Torte

Backzeit: 20–25 Minuten
Strom: 175–200 (vorgeheizt)
Gas: 3–4 (nicht vorgeheizt)

	Für den Teig
75 g weiche Margarine oder Butter	mit einem Handrührgerät mit Rührbesen auf höchster Stufe in etwa ½ Minute geschmeidig rühren, nach und nach
75 g Zucker **1 Päckchen Vanillin-Zucker** **Salz**	unterrühren, so lange rühren, bis eine gebundene Masse entstanden ist
2 Eier	nach und nach unterrühren (jedes Ei etwa ½ Minute)
125 g Weizenmehl	mit
3 g (1 gestrichener Teel.) Backpulver Backin	mischen, sieben, nach und nach mit
1 Eßl. Milch	auf mittlerer Stufe unterrühren den Teig in eine gefettete Obstform (Durchmesser etwa 28 cm) füllen, glattstreichen
	für den Belag
1 kg rohes Obst (z.B. Erdbeeren, Brombeeren, Himbeeren, Johannisbeeren, Kiwis, Heidelbeeren, Weintrauben)	waschen (Himbeeren nur verlesen), gut abtropfen lassen, entstielen, verlesen oder schälen, in Scheiben schneiden, mit
Zucker	bestreuen, kurze Zeit stehenlassen
o d e r **beliebiges gedünstetes oder eingemachtes Obst**	abtropfen lassen, die Früchte auf den Tortenboden legen
	für den Tortenguß
1 Päckchen Tortenguß **Zucker nach Angabe auf dem Tortenguß-Päckchen** **250 ml (¼ l) Wasser oder Fruchtsaft**	nach Vorschrift auf dem Päckchen zubereiten, auf das Obst geben.

Heidesand

Backzeit: 10–15 Minuten
Strom: 175–200 (vorgeheizt)
Gas: 5 Minuten vorheizen 2–3, backen 2–3

250 g Butter	zerlassen, bräunen, in eine Rührschüssel geben, kalt stellen die wieder festgewordene Butter mit einem Handrührgerät mit Rührbesen in etwa ½ Minute geschmeidig rühren, nach und nach
200 g Zucker **1 Päckchen Vanillin-Zucker** **Salz** **2–3 Eßl. Milch**	unterrühren, so lange rühren, bis eine gebundene Masse entstanden ist
375 g Weizenmehl	mit
3 g (1 gestrichenerTeel.) Backpulver	mischen, sieben, ⅔ davon eßlöffelweise auf mittlerer Stufe unterrühren den Teigbrei mit dem Rest des Mehls auf der Tischplatte zu einem glatten Teig verkneten, daraus etwa 3 cm dicke Rollen formen, kalt stellen, bis sie hart geworden sind die Rollen in etwa ½ cm dicke Scheiben schneiden, auf ein Backblech legen

Marzipan-Stangen

Backzeit: 8–10 Minuten
Strom: 175–200 (vorgeheizt)
Gas: 5 Minuten vorheizen 3–4, backen 3–4

Für den Teig

200 g Marzipan-Rohmasse	mit einem Handrührgerät mit Rührbesen auf höchster Stufe gut verrühren
125 g weiche Margarine	hinzufügen, zu einer geschmeidigen Masse verrühren, nach und nach
100 g Zucker **1 Päckchen Vanillin-Zucker** **Salz** **abgeriebene gelbe Schale von einer Zitrone (unbehandelt)**	unterrühren, so lange rühren, bis eine gebundene Masse entstanden ist
2 Eier	nach und nach unterrühren (jedes Ei etwa ½ Minute)
200 g Weizenmehl	mit
3 g (1 gestrichener Teel.) Backpulver	mischen, sieben, eßlöffelweise auf mittlerer Stufe unterrühren

den Teig in einen Spritzbeutel mit kleiner Lochtülle füllen, 5 cm lange, spiralförmige Stangen auf ein mit Papier (s. S. 374) belegtes Backblech spritzen

für den Guß

100 g Halbbitter-Kuvertüre
etwas Kokosfett

mit
in einem kleinen Topf im Wasserbad bei schwacher Hitze zu einer geschmeidigen Masse verrühren die Hälfte der erkalteten Stangen damit verzieren (mit Hilfe eines Pergamentpapiertütchens), die übrigen Stangen mit den Enden hineintauchen.

Waffel-Törtchen mit Schokoladen-Sahne

Für die Schokoladen-Sahne

500 ml (½ l) Schlagsahne

zum Kochen bringen, von der Kochstelle nehmen

100 g Zartbitter-Schokolade

in Stücke brechen, in der Sahne auflösen, mehrere Stunden kalt stellen (am besten über Nacht)

für den Teig

1 Packung Kuchenmischung Zitronenkuchen

mit

150 g weicher Margarine
3 Eiern
1 Becher (150)
Crème fraîche

nach Vorschrift auf der Packung (mit den hier angegebenen Zutaten) zubereiten
den Teig in nicht zu großer Menge in ein gut erhitztes, gefettetes Waffeleisen füllen, goldbraun backen, einzeln auf einem Kuchenrost erkalten lassen die **gut** gekühlte Schokoladen-Sahne fast steif schlagen, ⅓ der

Glasurmischung (aus der Packung)

unterrühren, die Sahne vollkommen steif schlagen
die Waffeln mit der restlichen Glasurmischung bestäuben
jeweils 5 Waffeln mit Sahne zu einer Torte zusammensetzen.

Rehrücken

Backzeit: 50–60 Minuten
Strom: 175–200 (vorgeheizt)
Gas: 2–3
(nicht vorgeheizt)

	Für den Teig
100 weiche Margarine oder Butter	mit einem Handrührgerät mit Rührbesen auf höchster Stufe in etwa ½ Minute geschmeidig rühren, nach und nach
150 g Zucker **1 Päckchen Vanillin-Zucker** **Salz**	unterrühren, so lange rühren, bis eine gebundene Masse entstanden ist
4 Eier	nach und nach unterrühren (jedes Ei etwa ½ Minute)
100 g Schokolade	reiben, unterrühren
50 g Weizenmehl	mit
2 Päckchen Schokoladen-Pudding-Pulver **4½ g (1½ gestrichene Teel.) Backpulver Backin**	mischen, sieben, abwechselnd eßlöffelweise mit
2 Eßl. Milch	auf mittlerer Stufe unterrühren (nur so viel Milch verwenden, daß der Teig schwer – reißend – von einem Löffel fällt), zuletzt
75 g abgezogene, gemahlene Mandeln	unter den Teig rühren, ihn in eine gefettete Rehrückenform (30 x 11 cm) füllen
	für den Guß
100 g Zartbitter-Schokolade	in kleine Stücke brechen, mit
etwas Kokosfett	in einem kleinen Topf bei schwacher Hitze zu einer geschmeidigen Masse verrühren, den erkalteten Kuchen damit überziehen, mit
40 g abgezogenen, gesplitterten Mandeln	spicken.

Königs-Kuchen

Backzeit: 80–100 Minuten
Strom: 175–200 (vorgeheizt)
Gas: 2–3 (nicht vorgeheizt)

250 g weiche Margarine oder Butter	mit einem Handrührgerät mit Rührbesen auf höchster Stufe in etwa ½ Minute geschmeidig rühren, nach und nach

200 g Zucker 1 Päckchen Vanillin-Zucker ½ Fläschchen Backöl Zitrone o d e r 1 Fläschchen Rum-Aroma Salz	unterrühren, so lange rühren, bis eine gebundene Masse entstanden ist
5 Eier	nach und nach unterrühren (jedes Ei etwa ½ Minute)
500 g Weizenmehl	mit
12 g (4 gestrichene Teel.) Backpulver	mischen, sieben, abwechselnd eßlöffelweise mit
knapp 125 ml (⅛ l) Milch	auf mittlerer Stufe unterrühren (nur so viel Milch verwenden, daß der Teig schwer – reißend – von einem Löffel fällt)
125 g Korinthen 250 g Rosinen	verlesen, mit
100 g feingewürfeltem Zitronat (Sukkade)	vorsichtig auf mittlerer Stufe unter den Teig rühren, ihn in eine gefettete, mit Papier (s. S. 327) ausgelegte Kastenform (35 x 11 cm) füllen

Eiserkuchen

125 g Butter	zerlassen, in eine Rührschüssel geben, kalt stellen
250 g Zucker 1 Päckchen Vanillin-Zucker, Salz	in das wieder etwas festgewordene Fett geben, mit einem Handrührgerät mit Rührbesen auf höchster Stufe so lange rühren, bis Butter und Zucker weißschaumig geworden sind, nach und nach
2 Eier	unterrühren (jedes Ei etwa ½ Minute)
250 g Weizenmehl	sieben, abwechselnd mit
500 ml (½ l) Milch	auf mittlerer Stufe unterrühren den Teig in nicht zu großer Menge in ein gut erhitztes, mit
Speckschwarte oder etwas Speiseöl	gefettetes Eiserkucheneisen füllen, goldbraun backen die Blättchen schnell aus dem Eisen lösen, noch heiß zu Röllchen oder Tüten wickeln damit die Eiserkuchen knusprig bleiben, sie in gut schließenden Blechdosen aufbewahren.
Beigabe oder Füllung:	Schlagsahne, zubereitet mit Sahnesteif.

Biskuitteig

Wichtige Hinweise
Notwendige Vorarbeiten

Haselnußkerne oder Mandeln nach der Anweisung unter Rührteig S. 326 vorbereiten.

Für Biskuitteige den Boden der Backbleche und der Backformen mit Papier belegen (Abs. a–c).

Es ist empfehlenswert, Backformen und Backbleche mit „Back-Sauber" (Back-Trennpapier) oder Pergamentpapier auszulegen.

a) Das Papier für eine Springform so herstellen: Die Form umdrehen (Boden nach oben), das Papier darauf legen. Mit einem Messerrücken das am Rand überstehende Papier abstreifen.

b) Das Ausfetten der Form. Den Boden an etwa 4 Stellen mit streichfähiger Butter oder Margarine einfetten – am besten mit einem Pinsel. **Den Rand nicht fetten.**

c) Das Papier auf den Boden legen und gut andrücken.
Dazu das Papier von einer Seite ausgehend auf den Boden der zusammengesetzten Springform legen. Mit den Händen glattstreichen, so daß keine Unebenheiten oder Falten entstehen.

Die einzelnen Arbeitsgänge

„... Eier ..."
Zum Backen sollten stets frische Eier verwendet werden. Trotzdem sollte jedes Ei über einer Tasse aufgeschlagen werden um zu prüfen, ob es gut ist. Ein schlechtes Ei – als letztes hinzugegeben – verdirbt die schon verrührten Zutaten.

„... und heißes Wasser in 1 Minute schaumig schlagen ..."
Zum Ei das Wasser geben. Ist die Wassermenge in dem Rezept in einer Spanne angegeben, sich nach der Größe der Eier richten. Bei kleinen Eiern die größere und bei großen Eiern die kleinere Wassermenge nehmen.

„. . . und den mit Vanillin-Zucker gemischten Zucker in 1 Minute einstreuen. Dann noch etwa 2 Minuten schlagen. Unter die Eiercreme die Gewürze geben . . .“
Das Gerät ausschalten.

„. . . Darüber die Hälfte des mit Speisestärke und Backin gemischten Mehls sieben und kurz auf niedrigster Stufe unterrühren. Den Rest des Mehls auf dieselbe Weise unterarbeiten . . .“
Mischen und Sieben lockern das Mehl auf und verteilen Speisestärke (Pudding-Pulver, Kakao) und Backin gleichmäßig darin. Das Gebäck wird dadurch besser gelockert.

„. . . und den Teig in die mit Papier ausgelegte Form (Backblech) füllen.“
Am besten den Teig mit einem Teigschaber in die vorbereitete Form füllen und gleichmäßig verteilen.

Das Backen von Biskuitteigen

Biskuitteige müssen sofort nach der Zubereitung gebacken werden, damit sie nicht wieder zusammenfallen und zwar nach den Angaben unter den Rezepten. Bevor das Gebäck aus dem Backofen genommen wird, muß auf alle Fälle geprüft werden, ob es gar ist. Dieses am besten durch leichtes Auflegen der flachen Hand feststellen. Der gare Biskuit darf sich nicht mehr feucht anfühlen und muß in der Krume weich und watteähnlich sein. Ein zu stark ausgebackener Biskuit ist trocken und fest.

Wenn der Biskuit etwas abgekühlt ist, ihn mit einem Messer vom Springformrand lösen und diesen entfernen.

Damit das Gebäck besser ausdünsten kann, es auf einen Kuchenrost legen. Aus demselben Grund das Papier sofort danach vom Biskuitboden abziehen. (Soll der Biskuitboden nicht am gleichen Tag verwendet werden, das Papier bis zum Gebrauch des Bodens darauf lassen.)

Das Füllen von Torten

Den Biskuitboden so auf einen Bogen Papier legen, daß die Unterseite, die besonders schön glatt ist, nach oben kommt. Er kann mit einem Zwirnsfaden oder großen Messer in Schichten geteilt werden.
Damit die Schichten gleichmäßig dick werden, den Tortenrand vorher mit einem kleinen, spitzen Messer ringsherum etwa 1 cm tief einschneiden.

Einen Zwirnsfaden in den Einschnitt legen, die Enden des Zwirnsfadens über Kreuz legen und fest anziehen, dabei durchschneidet der Faden das Gebäck.

Damit die Tortenschicht nicht bricht, sie mit einem Papier abheben. Dazu das Papier an der vorderen Kante nach unten knicken und unter die obere Schicht schieben. Mit den Zeigefingern ab und zu an die obere Schicht fassen, damit das Papier nachgezogen wird.

Die obere Schicht abheben.
Beim Abheben der Schicht muß darauf geachtet werden, daß das Papier möglichst waagerecht gehalten wird, da der Biskuitboden ansonsten leicht durchbrechen kann.

Soll der Biskuitboden mit einem Messer geteilt werden, am besten ein Messer nehmen, das länger ist als der Boden.

Zum Füllen eignet sich Buttercreme, zubereitet mit Dr. Oetker Pudding-Pulver, Torten-Creme- Pulver, oder Konfitüre (Marmelade). Bei Buttercremefüllung zur Abwechslung auch eine Schicht mit Konfitüre bestreichen. Dazu ein Messer, eine Teigkarte oder ein Pfannenmesser nehmen.

Mit Hilfe des Papiers die beiden Schichten wieder aufeinanderlegen. Hierbei ist wichtig, daß die Schichten „Kante auf Kante" gesetzt werden.

Die andere Schicht mit Buttercreme bestreichen und die dritte Schicht darauf legen.

Obere Seite und Rand der Torte mit Buttercreme bestreichen. Für das Verteilen der Creme am Rand am besten ein Tafelmesser nehmen.

Das Verzieren der gefüllten Torte

Den Rand der Torte mit Schokoladenstreuseln, abgezogenen, gehobelten Mandeln, gemahlenen Haselnußkernen oder gebräunten Haferflocken bestreuen. Dazu z. B. die Streusel ganz dicht an die Torte geben und sie am Rand mit einer Teigkarte oder einem Messer hoch schieben.

Bevor die Torte verziert wird, die Oberfläche mit einem Dr. Oetker Tortenteiler einteilen.

Beim Verzieren Spritzbeutel senkrecht halten. Mit der rechten Hand Beutel zuhalten, Creme (Sahne) herausdrücken. Linke Hand führt den Beutel. Ihn nicht mit der ganzen Hand umfassen, sondern mit Daumen und Zeigefinger Tülle bzw. Tüllenansatz führen. Creme (Sahne) wird sonst durch Handwärme flüssig . Bei dieser Buttercreme-Torte als Randverzierung dicht aneinanderliegende Fragezeichen spritzen. Sobald eins gespritzt ist, den Weg etwas zurückgehen, dabei auf den unteren Bogen noch einen zweiten spritzen, erst dann das nächste Fragezeichen spritzen. In die Mitte der Torte Ringe spritzen, mit Schokoladen-Dekor-Blättern garnieren.

Die Mitte dieser Buttercreme-Torte mit rotem Gelee bestreichen, mit einer Zahl verzieren, mit einem Kranz von Tuffs umgeben. Als Randverzierung eine fast senkrechte Wellenlinie spritzen, diese aber nach jeder Auf- und Abwärtsbewegung nach links oder rechts verschieben. Der Rand der Torte ist mit Schokoladen-Streuseln bestreut.

In die Mitte dieser Sahne-Torte einen Kranz von Sternchen, die zu einer waagerecht liegenden Spitze verlängert werden, spritzen und mit Haselnußkernen garnieren. Die Randverzierung genau so spritzen. Der Rand der Torte ist mit abgezogenen, gemahlenen, gerösteten Haselnußkernen bestreut.

Die Tortenverzierung dieser Buttercreme-Torte besteht aus unterschiedlich großen Sternchen, sie werden vom Rand zur Mitte hin kleiner und da zu einem Kranz ergänzt. Mit Schokoladen-Dekor-Blättern garnieren. Die Mitte ist mit Kakao ausgefüllt.
Der Rand der Torte ist mit geraspelter Schokolade bestreut.

Diese Buttercreme-Torte mit einfachen Linien, als Gittermuster gespritzt, verzieren.
Kleine Rosetten bilden am Rand den Abschluß.
Der Rand der Torte ist mit geraspelter Schokolade bestreut.

Für Buttercremetütchen auf jedes Stück, von der Mitte ausgehend, dicht aneinandergelegte, größer werdende Schlingen spritzen. In die Mitte einen Tuff spritzen. Als Abschluß in jedes Tütchen eine Kirsche legen. Der Rand der Torte ist mit abgezogenen, gehobelten, gebräunten Mandeln bestreut.

Bei dieser Sahne-Torte an den Rand jedes Tortenstückes ein Fragezeichen mit einer auslaufenden, leicht gedrehten Rosette spritzen. Davor jeweils einen Ring setzen und ihn mit einer Erdbeere garnieren. Der Rand der Torte ist mit gehackten Pistazien bestreut.

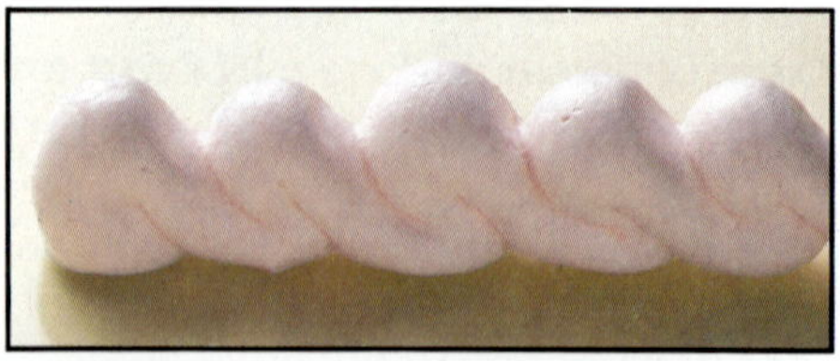

Die Randverzierung dieser Sahne-Torte (eingefärbt mit rotem Fruchtsaft oder Lebensmittelfarbe) ist verziert (glatte Tülle) durch fast senkrecht stehende Wellenlinien. Zur Mitte hin ist sie verziert durch schräg gelegte Ringe und gedrehte Tuffs. Rand und Mitte der Torte sind mit Kokosraspeln bestreut.

Die obere Seite dieser Sahne-Torte mit Tortenguß versehen, mit Schlagsahne ein Blumenmuster spritzen. In jede Blüte etwas rotes Gelee geben.
Den Rand der Torte mit Schlagsahne bespritzen.

Für diese Torte Marzipan-Rohmasse mit Puderzucker verkneten (auf 200 g Marzipan = 75 g Puderzucker). Eine Platte in Größe der Torte und einen Streifen in Höhe des Randes daraus schneiden. Torte damit be- und umlegen. Torte dünn mit Puderzuckerguß (gesiebter Puderzucker, verrührt mit Eiweiß, eingefärbt mit grüner Lebensmittelfarbe) bestreichen, mit Puderzuckerguß verzieren (mit Hilfe eines Pergamentpapiertütchens), mit kleinen Ostereiern, eingefärbten Marzipanblättern garnieren.

Das Überziehen von Torten mit Guß

Die Torte vor dem Auftragen des Gusses mit Konfitüre bestreichen, damit der Guß nicht einsickert. Dazu eine glatte, nicht stückige Konfitüre verwenden. (Stückige Konfitüre vorher durch ein Sieb streichen.)
Den Guß mitten auf die Torte gießen.

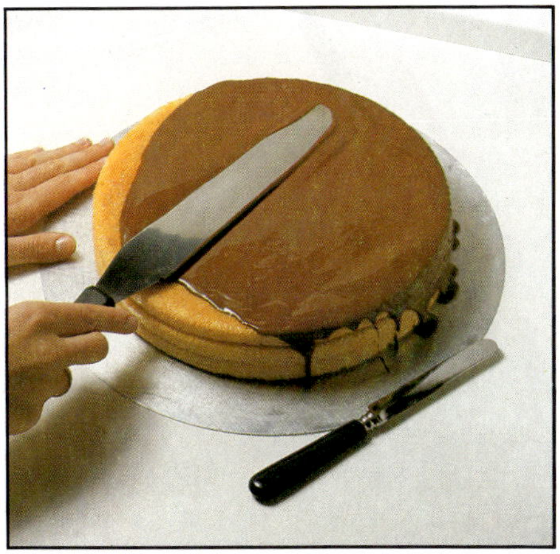

Ihn schnell mit einem großen Messer verstreichen, und zwar so, daß er an den Rändern herunterläuft. Das Messer dabei schräg halten und nur leicht aufdrücken. Wenn bei der Verteilung des Gusses die Richtung des Messers geändert werden muß, es nicht jedesmal aus dem Guß herausziehen, weil dadurch leicht Krümel von dem Biskuitboden abgehoben werden und diese den Guß unansehnlich machen.
Der heruntergelaufene Guß wird am Tortenrand mit einem schräg gehaltenen Messer glatt- und hochgestrichen.

Es ist wichtig, daß die Torte so schnell wie möglich auf eine Tortenplatte (mit Hilfe eines großen Messers) umgesetzt wird. Dabei muß sie zuerst mit dem Messer von der Platte gelöst werden. Durch leichte Schrägstellung der Platte und Führung der Torte durch das Messer sollte sie vorsichtig auf die Tortenplatte gleiten.

Einzelne Arbeitsgänge zur Herstellung der Biskuitrolle

Das Backblech mit „Back-Sauber" (Back-Trennpapier) oder Pergamentpapier belegen. Dazu das Blech an etwa 3 Stellen mit streichfähiger Butter oder Margarine einfetten – am besten mit einem Pinsel –, das Papier darauf legen, gut andrücken, an der offenen Seite des Blechs so zu einer Falte knicken, daß ein Rand entsteht (damit der Teig nicht auslaufen kann).
Den Teig etwa 1 cm dick auf das vorbereitete Blech streichen.

Nach dem Backen den Biskuit sofort mit einem Messer von den Rändern des Blechs und von dem Papierrand lösen, mit Hilfe des anhaftenden Papiers hochheben, auf ein mit Zucker bestreutes Geschirrtuch stürzen.

Das Backpapier mit kaltem Wasser (mit einem Pinsel) bestreichen und es vorsichtig, aber schnell abziehen.

Den Biskuit sofort mit Konfitüre bestreichen.
Es empfiehlt sich, die im Rezept angegebene Konfitürenmenge gleichmäßig mit einem Löffel auf der Biskuitplatte zu verteilen und sie dann schnell mit einer Teigkarte zu verstreichen.

Den Biskuit schnell aufrollen.
Dieser Arbeitsgang muß schnell erfolgen, denn – je abgekühlter die Biskuitplatte ist, desto schneller kann sie beim Aufrollen brechen. Als Hilfestellung kann das unter der Biskuitrolle liegende Geschirrtuch dienen, welches durch leichtes Anheben das Aufrollen der Platte erleichtert.

Erdbeer-Rolle

(Abb. S. 360/361)

Backzeit: 10–15 Minuten
Strom: 200–225 (vorgeheizt)
Gas: 5 Minuten vorheizen 3–4, backen 3–4

	Für den Teig
4 Eier	
3–4 Eßl. heißes Wasser*	mit einem Handrührgerät mit Rührbesen auf höchster Stufe in 1 Minute schaumig schlagen
	mit
125 g Zucker	
1 Päckchen Vanillin-Zucker	mischen, in 1 Minute einstreuen, dann noch etwa 2 Minuten schlagen
75 g Weizenmehl	mit
50 g Speisestärke Gustin	
1 Messerspitze Backpulver Backin	mischen, die Hälfte davon auf die Eiercreme sieben, kurz auf niedrigster Stufe unterrühren den Rest des Mehl-Gemisches auf dieselbe Weise unterarbeiten den Teig etwa 1 cm dick auf ein mit Papier (s. S. 374) belegtes Backblech streichen, an der offenen Seite des Blechs das Papier unmittelbar vor dem Teig zur Falte knicken, so daß ein Rand entsteht, sofort backen den Biskuit nach dem Backen sofort auf ein mit
Zucker	bestreutes Geschirrtuch stürzen, das Backpapier mit kaltem Wasser bestreichen, vorsichtig, aber schnell abziehen den Biskuit mit dem Geschirrtuch aufrollen, kalt stellen
	für die Füllung
500 g Erdbeeren	waschen, gut abtropfen lassen, entstielen, in Stücke schneiden, 4 Eßl. davon durch ein Sieb streichen
500 ml (½ l) Schlagsahne	½ Minute schlagen
75 g Puderzucker	sieben, mit
1 Päckchen Vanillin-Zucker	
2 Päckchen Sahnesteif	mischen, einstreuen, die Sahne steif schlagen unter gut die Hälfte der Sahne Erdbeerstücke und -pülpe rühren die ausgekühlte Rolle vorsichtig auseinanderrollen, mit der Erdbeer-Sahne gleichmäßig bestreichen, aufrollen, die äußere braune Haut entfernen, die Rolle mit der zurückgelassenen Sahne bestreichen, mit einer Gabel verzieren, mit
gehackten Pistazienkernen	bestreuen.

* Bei großen Eiern die kleinere, bei kleinen Eiern die größere Wassermenge nehmen.

Biskuit-Rolle

Backzeit: 10–15 Minuten
Strom: 200–225 (vorgeheizt)
Gas: 5 Minuten vorheizen 3–4, backen 3–4

	Für den Teig
3 Eier	
5–6 Eßl. heißes Wasser*	mit einem Handrührgerät mit Rührbesen auf höchster Stufe in 1 Minute schaumig schlagen
150 g Zucker	mit
1 Päckchen Vanillin-Zucker	mischen, in 1 Minute einstreuen, dann noch etwa 2 Minuten schlagen
100 g Weizenmehl	mit
50 g Speisestärke Gustin	
3 g (1 gestrichener Teel.) Backpulver Backin	mischen, die Hälfte davon auf die Eiercreme sieben, kurz auf niedrigster Stufe unterrühren den Rest des Mehl-Gemisches auf dieselbe Weise unterarbeiten den Teig etwa 1 cm dick auf ein mit Papier (s. S. 374) belegtes Backblech streichen, an der offenen Seite des Blechs das Papier unmittelbar vor dem Teig zur Falte knicken, so daß ein Rand entsteht, sofort backen den Biskuit sofort nach dem Backen auf ein mit
Zucker	bestreutes Geschirrtuch stürzen, das Backpapier mit kaltem Wasser bestreichen, vorsichtig, aber schnell abziehen den Biskuit sofort gleichmäßig mit
250–375 g Konfitüre	bestreichen, von der kürzeren Seite her aufrollen, die Rolle mit
Puderzucker	bestäuben.

* Bei großen Eiern die kleinere, bei kleinen Eiern die größere Wassermenge nehmen.

Weincreme-Beeren-Schnitten

Backzeit: 10–15 Minuten
Strom: 200–225 (vorgeheizt)
Gas: 5 Minuten vorheizen 3–4, backen 3–4

Für den Teig

3 Eier **4 Eßl. heißes Wasser**	mit einem Handrührgerät mit Rührbesen auf höchster Stufe in 1 Minute schaumig schlagen
150 g Zucker	mit
1 Päckchen Vanillin-Zucker	mischen, in 1 Minute einstreuen, dann noch etwa 2 Minuten schlagen mit
100 g Weizenmehl **50 g Speisestärke Gustin** **3 g (1 gestrichener Teel.) Backpulver Backin**	mischen, die Hälfte davon auf die Eiercreme sieben, kurz auf niedrigster Stufe unterrühren den Rest des Mehl-Gemisches auf dieselbe Weise unterarbeiten den Teig auf ein mit Papier (s. S. 374) belegtes Backblech streichen, an der offenen Seite des Blechs das Papier unmittelbar vor dem Teig zur Falte knicken, so daß ein Rand entsteht, sofort backen den Biskuit nach dem Backen sofort auf ein mit
Zucker	bestreutes Geschirrtuch stürzen, das Backpapier mit kaltem Wasser bestreichen, vorsichtig, aber schnell abziehen

für den Belag

5 Blatt Gelatine, weiß **1 Blatt Gelatine, rot**	etwa 5 Minuten in
kaltem Wasser	einweichen
250 ml (¼ l) Rotwein	mit
125 ml (⅛ l) Wasser **100 g Zucker** **1 Eßl. Zitronensaft**	verrühren die gut ausgedrückte Gelatine in
4 Eßl. kochendheißem Wasser	auflösen, etwas abkühlen lassen, in die Weinflüssigkeit rühren, kalt stellen sobald die Masse anfängt dicklich zu werden,
500 ml (½ l) Schlagsahne	steif schlagen, unterheben die Weincreme (evtl. noch etwas stehenlassen, damit sie fester wird) auf die Biskuitplatte streichen, kalt stellen

etwa 1 kg vorbereitetes rohes Obst (z.B. Himbeeren, Heidelbeeren, Johannisbeeren, Brombeeren)	mit
Puderzucker	bestäuben, kurze Zeit stehenlassen, gut abtropfen lassen, gleichmäßig auf die Weincreme verteilen
	für den Guß
2 Päckchen Tortenguß, klar **100 g Zucker** **500 ml (½ l) Fruchtsaft** **(mit Wasser aufgefüllt)**	nach Vorschrift auf dem Päckchen zubereiten, auf das Obst geben, kalt stellen das Gebäck in Schnitten von beliebiger Größe schneiden.

Löffel-Biskuits

Backzeit: Etwa 10 Minuten
Strom: 175–200 (vorgeheizt)
Gas: 5 Minuten vorheizen 2–3, backen 2–3

2 Eier **50 g Zucker** **1 Päckchen Vanillin-Zucker**	mit einem Handrührgerät mit Rührbesen auf höchster Stufe in 1 Minute cremig schlagen
50 g Weizenmehl	mit
30 g Speisestärke Gustin **3 g (1 gestrichener Teel.)** **Backpulver Backin**	mischen, auf die Eiercreme sieben, kurz auf niedrigster Stufe unterrühren den Teig in einen Spritzbeutel (mit Lochtülle) füllen, in Form von Löffel-Biskuits (nicht zu groß, Teig geht noch auf) auf ein gefettetes, leicht mit Weizenmehl bestäubtes Backblech spritzen, sofort backen

Aprikosen-Sahne-Torte

Für den Knetteig

Backzeit: etwa 15 Minuten
Strom: 200–225 (vorgeheizt)
Gas: 5 Minuten vorheizen 3–4, backen 3–4

150 g Weizenmehl in eine Rührschüssel sieben

40 g Zucker
1 Päckchen Vanillin-Zucker
100 g weiche Butter hinzufügen

die Zutaten mit einem Handrührgerät mit Knethaken zunächst kurz auf niedrigster, dann auf höchster Stufe gut durcharbeiten, anschließend auf der Tischplatte zu einem glatten Teig verkneten, sollte er kleben, ihn eine Zeitlang kalt stellen
den Teig auf dem gefetteten Boden einer Springform (Durchmesser etwa 28 cm) ausrollen, mehrmals mit einer Gabel einstechen, mit Springformring backen
sofort nach dem Backen den Boden vom Springformboden lösen, erkalten lassen, auf eine Tortenplatte legen

für den Biskuitteig

Backzeit: 20–30 Minuten
Strom: 175–200 (vorgeheizt)
Gas: 3–4 (nicht vorgeheizt)

3 Eier
3–4 Eßl. heißes Wasser* mit einem Handrührgerät mit Rührbesen auf höchster Stufe in 1 Minute schaumig schlagen

125 g Zucker mit
1 Päckchen Vanillin-Zucker mischen, in 1 Minute einstreuen, dann noch etwa 2 Minuten schlagen

75 g Weizenmehl mit
75 g Speisestärke Gustin
15 g Kakao
6 g (2 gestrichene Teel.) Backpulver Backin mischen, die Hälfte davon auf die Eiercreme sieben, kurz auf niedrigster Stufe unterrühren
den Rest des Mehl-Gemisches auf dieselbe Weise unterarbeiten, dabei

75 g zerlassene, abgekühlte Butter nach und nach hinzufügen
den Teig in eine mit Papier (s. S. 362/363) ausgelegte Springform (Durchmesser etwa 28 cm) füllen, sofort backen
den Tortenboden gut auskühlen lassen, einmal durchschneiden

* Bei großen Eiern die kleinere, bei kleinen Eiern die größere Wassermenge nehmen.

	für die Füllung
1 kg gedünstete Aprikosen	abtropfen lassen, sie bis auf 12 Aprikosenhälften in kleine Stücke schneiden 250 ml (¼ l) Saft abmessen (evtl. mit Wasser ergänzen)
30 g Speisestärke **25 g Zucker**	mit 4 Eßl. von dem Saft anrühren, den übrigen Saft zum Kochen bringen, die Speisestärke unter Rühren in den von der Kochstelle genommenen Saft geben, kurz aufkochen lassen, die Aprikosenstückchen unterrühren, die Masse kalt stellen, mit
etwa 2 Eßl. Zitronensaft	abschmecken
500 ml (½ l) Schlagsahne	½ Minute schlagen
50 g Puderzucker	sieben, mit
2 Päckchen Sahnesteif	mischen, einstreuen, die Sahne steif schlagen, gut die Hälfte der Schlagsahne unter die erkaltete Aprikosenmasse rühren den Knetteigboden mit
3 Eßl. Aprikosen-Konfitüre	bestreichen, den unteren Biskuitboden darauf legen, mit der Aprikosen-Sahne bestreichen, den oberen darauf legen, gut andrücken Rand und obere Seite der Torte gleichmäßig mit etwas von der zurückgelassenen Sahne bestreichen, die obere Seite der Torte in 12 Stücke einteilen, die Torte mit der restlichen Sahne verzieren, mit den Aprikosenhälften garnieren
½ Teel. Gelatine gemahlen, weiß	mit
1 Eßl. Aprikosensaft (evtl. Wasser)	in einem kleinen Topf anrühren, 10 Minuten zum Quellen stehenlassen, unter Rühren erwärmen, bis sie gelöst ist, die Aprikosenhälften damit bestreichen den Rand der Torte mit
etwa 60 g abgezogenen, gehackten, gebräunten Mandeln	bestreuen.

Biskuitrollen-Bombe

Backzeit: 10–15 Minuten
Strom: 200–225 (vorgeheizt)
Gas: 5 Minuten vorheizen 3–4, backen 3–4

	Für den Teig
2 Eier 3–4 Eßl. heißes Wasser*	mit einem Handrührgerät mit Rührbesen auf höchster Stufe in 1 Minute schaumig schlagen
100 g Zucker	mit
1 Päckchen Vanillin-Zucker	mischen, in 1 Minute einstreuen, dann noch etwa 2 Minuten schlagen
75 g Weizenmehl	mit
40 g Speisestärke Gustin 3 g (1 gestrichener Teel.) Backpulver Backin	mischen, die Hälfte davon auf die Eiercreme sieben, kurz auf niedrigster Stufe unterrühren den Rest des Mehl-Gemisches auf dieselbe Weise unterarbeiten den Teig etwa 1 cm dick auf ein mit Papier (s. S. 374) belegtes Backblech streichen, an der offenen Seite des Blechs das Papier unmittelbar vor dem Teig zur Falte knicken, so daß ein Rand entsteht, sofort backen den Biskuit nach dem Backen sofort auf ein mit
Zucker	bestreutes Geschirrtuch stürzen, das Backpapier mit kaltem Wasser bestreichen, vorsichtig, aber schnell abziehen den Biskuit sofort gleichmäßig mit
200–250 g roter Konfitüre	bestreichen, von der kürzeren Seite her aufrollen, die erkaltete Rolle in etwa 1 cm dicke Scheiben schneiden, eine Schüssel (Durchmesser etwa 23 cm, 2,5 l Inhalt) damit auslegen (einige Scheiben zurücklassen)
	für die Füllung
500 ml (½ l) Schlagsahne	½ Minute schlagen
50 g Zucker	mit
1 Päckchen Vanillin-Zucker 2 Päckchen Sahnesteif	mischen, einstreuen, die Sahne steif schlagen, mit
ca. 2 Eßl. Kirschwasser	abschmecken die Sahne in die mit Biskuitscheiben ausgelegte Schüssel füllen, mit den restlichen Biskuitscheiben bedecken die Biskuitrollen-Bombe bis zum Servieren kalt stellen, auf eine runde Platte stürzen, mit
Schlagsahne (nach Belieben) Sauerkirschen	garnieren.

* Bei großen Eiern die kleinere, bei kleinen Eiern die größere Wassermenge nehmen.

Zuger Kirsch-Torte

Backzeit: 25–30 Minuten
Strom: 175–200 (vorgeheizt)
Gas: 3–4 (nicht vorgeheizt)

Für den Biskuitteig

4 Eigelb, 1 Eiweiß 2–3 Eßl. heißes Wasser*	mit einem Handrührgerät mit Rührbesen auf höchster Stufe in 1 Minute schaumig schlagen
100 g Zucker 1 Päckchen Vanillin-Zucker	mit mischen, in 1 Minute einstreuen, dann noch etwa 2 Minuten schlagen
75 g Weizenmehl 50 g Speisestärke 3 g (1 gestrichener Teel.) Backpulver	mit mischen, die Hälfte davon auf die Eiercreme sieben, kurz auf niedrigster Stufe unterrühren den Rest des Mehl-Gemisches auf dieselbe Weise unterarbeiten den Teig in eine mit Papier (s. S. 362/363) ausgelegte Springform (Durchmesser etwa 28 cm) füllen, sofort backen den Tortenboden gut auskühlen lassen

für die Baisermasse

Backzeit: Etwa 1½ Stunden
Strom: 100–110 (vorgeheizt)
Gas: 1, nach 30–40 Minuten Ofen ausschalten, Boden noch etwa 20 Minuten im Ofen stehenlassen

3 Eiweiß	steif schlagen, nach und nach eßlöffelweise
150 g Zucker 1 Päckchen Vanillin-Zucker	unterschlagen
100 g abgezogene, gemahlene Mandeln	vorsichtig unterheben aus der Masse zwei Baiserböden herstellen dazu jeweils die Hälfte in eine gefettete, mit Papier (s. S. 362/363) ausgelegte Springform (Durchmesser etwa 28 cm) geben, glattstreichen sobald die Böden gebacken sind, das Papier mit Wasser bestreichen, abziehen, die Basierböden in gut schließendem Kochtopf aufbewahren, damit sie nicht weich werden

* Bei großen Eiern die kleinere, bei kleinen Eiern die größere Wassermenge nehmen.

	für die Buttercreme aus
1 Päckchen Pudding-Pulver Himbeer-Geschmack 100 g Zucker ½ l (500 ml) Milch	nach Vorschrift auf dem Päckchen (aber mit 100 g Zucker) einen Pudding zubereiten, kalt stellen, ab und zu durchrühren
250 g Butter	geschmeidig rühren, den Pudding eßlöffelweise darunter geben (darauf achten, daß weder Butter noch Pudding zu kalt sind, da dann die sogenannte Gerinnung eintritt)
	zum Tränken des Biskuitbodens
6 Eßl. Wasser 60 g Zucker	aufkochen, erkalten lassen
6 Eßl. Kirschwasser	hinzufügen einen der Baiserböden mit ¼ der Buttercreme bestreichen, den Biskuitboden darauf legen, mit dem Kirschwasser beträufeln, mit knapp der Hälfte der übrigen Buttercreme bestreichen, den zweiten Baiserboden darauf legen, gut andrücken, Rand und obere Schicht der Torte mit der restlichen Creme gleichmäßig bestreichen
50 g abgezogene, gehobelte Mandeln	auf einem Backblech im Backofen unter Wenden leicht gelblich rösten, erkalten lassen, den Rand der Torte damit bestreuen ein Messer in heißes Wasser tauchen, ein Gittermuster auf der Torte ziehen, kurz vor dem Servieren mit
25 g Puderzucker	bestäuben. Die Torte läßt sich gut schneiden, wenn sie einen Tag vor dem Verzehr gefüllt wird.

Bismarck-Eiche

Backzeit: 10–15 Minuten
Strom: 200–225 (vorgeheizt)
Gas: 5 Minuten vorheizen 3–4, backen 3–4

	Für den Teig
4 Eier 3–4 Eßl. heißes Wasser*	mit einem Handrührgerät mit Rührbesen auf höchster Stufe in 1 Minute schaumig schlagen
125 g Zucker	mit
1 Päckchen Vanillin-Zucker	mischen, in 1 Minute einstreuen, dann noch etwa 2 Minuten schlagen
75 g Weizenmehl	mit
50 g Speisestärke Gustin 1 Messerspitze Backpulver Backin	mischen, die Hälfte davon auf die Eiercreme sieben, kurz auf niedrigster Stufe unterrühren den Rest des Mehl-Gemisches auf dieselbe Weise unterarbeiten den Teig etwa 1 cm dick auf ein mit Papier (s. S. 374) belegtes Backblech streichen, an der offenen Seite des Blechs das Papier unmittelbar vor dem Teig zur Falte knicken, so daß ein Rand entsteht, sofort backen den Biskuit nach dem Backen sofort auf ein mit
Zucker	bestreutes Geschirrtuch stürzen, das Backpapier mit kaltem Wasser bestreichen, vorsichtig, aber schnell abziehen, den Biskuit mit dem Geschirrtuch aufrollen, kalt stellen
	für die Füllung aus
1 Päckchen Pudding-Pulver Feiner Schokoladen-Pudding 75–100 g Zucker 500 ml (½ l) Milch	nach Vorschrift auf dem Päckchen einen Pudding zubereiten, kalt stellen, ab und zu durchrühren
200 g Butter	geschmeidig rühren, den Pudding eßlöffelweise darunter geben (darauf achten, daß weder Butter noch Pudding zu kalt sind, da dann die sogenannte Gerinnung eintritt) die ausgekühlte Rolle vorsichtig auseinanderrollen, mit der Buttercreme (etwas zum Bestreichen zurücklassen) gleichmäßig bestreichen, aufrollen, die äußere braune Haut entfernen, die Rolle zunächst dünn mit etwas Creme bestreichen, dann mit der restlichen Creme bestreichen, die Rolle durch wellenförmige Längsstriche mit einer Gabel verzieren.

* Bei großen Eiern die kleinere, bei kleinen Eiern die größere Wassermenge nehmen.

Buchweizenmehl-Torte

Backzeit: 30–35 Minuten
Strom: 175–200 (vorgeheizt)
Gas: 3–4 (nicht vorgeheizt)

	Für den Teig
6 Eier	mit einem Handrührgerät mit Rührbesen auf höchster Stufe in 1 Minute schaumig schlagen
100 g Zucker	mit
1 Päckchen Vanillin-Zucker	mischen, in 1 Minute einstreuen, dann noch etwa 2 Minuten schlagen
100 g Buchweizenmehl	mit
100 g Speisestärke Gustin **9 g (3 gestrichene Teel.) Backpulver Backin**	mischen, die Hälfte davon auf die Eiercreme sieben, kurz auf niedrigster Stufe unterrühren den Rest des Mehl-Gemisches auf dieselbe Weise unterarbeiten den Teig in eine mit Papier (s. S. 362/363) ausgelegte Springform (Durchmesser etwa 28 cm) füllen, sofort backen den Tortenboden gut auskühlen lassen, zweimal durchschneiden die Böden mit
etwa 300 g Pflaumenmus oder Preiselbeer-Konfitüre	zu einer Torte zusammensetzen und bestreichen
500 ml (½ l) Schlagsahne	½ Minute schlagen
2 Päckchen Sahnesteif	einstreuen, die Sahne steif schlagen den Rand der Torte gleichmäßig mit Sahne bestreichen, mit der restlichen Sahne die obere Seite bestreichen, mit einem Löffel Verzierungen eindrücken die Torte nach Belieben mit
Preiselbeeren	garnieren.

Sacher-Torte

Backzeit: 35–40 Minuten
Strom: 175–200 (vorgeheizt)
Gas: 3–4 (nicht vorgeheizt)

	Für den Teig
6 Eier **2 Eßl. heißes Wasser**	mit einem Handrührgerät mit Rührbesen auf höchster Stufe in 1 Minute schaumig schlagen
175 g Zucker	mit
1 Päckchen Vanillin-Zucker	mischen, in 1 Minute einstreuen, dann noch etwa 2 Minuten schlagen
100 g Weizenmehl	mit
2 Päckchen Pudding-Pulver Feiner Schokoladen-Pudding **3 g (1 gestrichener Teel.) Backpulver**	mischen, ⅓ davon auf die Eiercreme sieben, kurz auf niedrigster Stufe unterrühren, den Rest des Mehl-Gemisches (jeweils 1/3) auf dieselbe Weise unterarbeiten, dabei
100 g zerlassene, abgekühlte Butter	nach und nach hinzufügen den Teig in eine mit Papier (s. S. 362/363) ausgelegte Springform (Durchmesser etwa 28 cm) füllen, sofort backen den Tortenboden gut auskühlen lassen
	für die Füllung
200 g Aprikosen-Konfitüre	gut verrühren, den Tortenboden einmal durchschneiden, mit ⅔ der Konfitüre füllen, Rand und obere Seite der Torte dünn und gleichmäßig mit der restlichen Konfitüre bestreichen
	für den Guß
125 g Zartbitter-Schokolade	in kleine Stücke brechen, mit
etwas Kokosfett	in einem kleinen Topf bei schwacher Hitze zu einer geschmeidigen Masse verrühren, die Torte damit überziehen sobald der Guß etwas festgeworden ist, die Torte in 16–18 Stücke einteilen.
Beigabe:	Steifgeschlagene Schlagsahne.

Möhren-Nuß-Torte

Backzeit: 50–55 Minuten
Strom: 175–200 (vorgeheizt)
Gas: 3–4 (nicht vorgeheizt)

250 g gemahlene Haselnußkerne	ohne Fett in einer Pfanne rösten, erkalten lassen
50 g Mandeln	mahlen
300 g Möhren	putzen, schrappen, waschen, reiben
6 Eigelb	
150 g braunen Rohrzucker	mit einem Handrührgerät mit Rührbesen auf höchster Stufe in etwa 4 Minuten cremig schlagen
abgeriebene Schale einer Zitrone (unbehandelt)	
3 Eßl. Zitronensaft	
½ Teel. Anis-Samen	unterrühren, Haselnüsse, Mandeln, Möhren kurz auf niedrigster Stufe unterrühren
50 g Weizenmehl	mit
4½ g (1½ gestrichene Teel.)	
Backpulver Backin	mischen, sieben, mit
50 g Semmelmehl	kurz auf niedrigster Stufe unter die Mandel-Möhren-Masse rühren
6 Eiweiß	steif schlagen, nach und nach
100 Zucker	unterrühren, vorsichtig unter den Teig rühren, den Teig in eine mit Papier (s. S. 362/363) ausgelegte Springform (Durchmesser etwa 28 cm) füllen, sofort backen den Tortenboden etwas auskühlen lassen
	zum Aprikotieren
3 Eßl. Aprikosen-Konfitüre	durch ein Sieb streichen, mit
1 Eßl. Wasser	unter Rühren aufkochen lassen, die Torte damit bestreichen, erkalten lassen
	für den Guß
100–125 g Puderzucker	sieben, mit
1½–2 Eßl. Zitronensaft	glattrühren, die Torte damit bestreichen den Rand der Torte mit
40 g abgezogenen in Scheiben geschnittenen Haselnußkernen	bestreuen.
Beigabe:	Steifgeschlagene Schlagsahne.

Buttercreme-Torte

Backzeit: 20–30 Minuten
Strom: 175–200 (vorgeheizt)
Gas: 3–4 (nicht vorgeheizt)

3 Eier **3–4 Eßl. heißes Wasser***	mit einem Handrührgerät mit Rührbesen auf höchster Stufe in 1 Minute schaumig schlagen
150 g Zucker **1 Päckchen Vanillin-Zucker**	mischen, in 1 Minute einstreuen, dann noch etwa 2 Minuten schlagen mit
100 g Weizenmehl **100 g Speisestärke Gustin** **9 g (3 gestrichene Teel.) Backpulver Backin**	mischen, die Hälfte davon auf die Eiercreme sieben, kurz auf niedrigster Stufe unterrühren den Rest des Mehl-Gemisches auf dieselbe Weise unterarbeiten
oder	
4 Eier **2 Eßl. heißes Wasser**	mit einem Handrührgerät mit Rührbesen auf höchster Stufe in 1 Minute schaumig schlagen
150 g Zucker	mit
1 Päckchen Vanillin-Zucker	mischen, in 1 Minute einstreuen, dann noch etwa 2 Minuten schlagen mit
100 g Weizenmehl **100 g Speisestärke Gustin** **6 g (2 gestrichene Teel.) Backpulver Backin**	mischen, die Hälfte davon auf die Eiercreme sieben den Rest des Mehl-Gemisches auf dieselbe Weise unterarbeiten den Teig in eine mit Papier (s. S. 362/363) ausgelegte Springform (Durchmesser etwa 28 cm) füllen, sofort backen den Tortenboden gut auskühlen lassen

* Bei großen Eiern die kleinere, bei kleinen Eiern die größere Wassermenge nehmen.

Fortsetzung Seite 392

für die Schokoladen-Buttercreme
aus

1 Päckchen Pudding-Pulver Feiner Schokoladen-Pudding
25 g Zucker
500 ml (½ l) Milch

nach Vorschrift auf dem Päckchen (aber nur mit 25 g Zucker) einen Pudding zubereiten

100 g Zartbitter-Schokolade

in kleine Stücke brechen, in den heißen Pudding geben, so lange rühren, bis sie gelöst ist, den Pudding kalt stellen, ab und zu durchrühren

oder

für die helle Buttercreme
aus

1 Päckchen Pudding-Pulver Vanille-, Mandel-, Sahne oder Karamel-Geschmack
100 g Zucker
500 ml (½ l) Milch

nach Vorschrift auf dem Päckchen einen Pudding zubereiten, kalt stellen, ab und zu durchrühren

oder

für die Mokka-Buttercreme
aus

1 Päckchen Pudding-Pulver Feiner Schokoladen-Pudding
100 g Zucker
1 Eßl. Instant-Kaffee
500 ml (½ l) Milch

nach Vorschrift auf dem Päckchen einen Pudding zubereiten, kalt stellen, ab und zu durchrühren

250 g Butter

geschmeidig rühren, den erkalteten Pudding eßlöffelweise darunter geben (darauf achten, daß weder Butter noch Pudding zu kalt sind, da dann die sogenannte Gerinnung eintritt)

den Tortenboden zweimal durchschneiden, den unteren Boden mit gut ¼ der Buttercreme bestreichen (nach Belieben den Boden zunächst mit 2-3 Eßl. Konfitüre bestreichen), den zweiten darauf legen, mit knapp der Hälfte der restlichen Creme bestreichen, mit dem dritten Boden bedecken

Rand und obere Seite der Torte dünn und gleichmäßig mit etwas von der zurückgelassenen Creme bestreichen, den Rand der Torte mit

Schokoladen-Streuseln oder abgezogenen, gehobelten, gebräunten Mandeln

bestreuen, die Torte mit der restlichen Creme verzieren, nach Belieben garnieren.

Mokka-Sahne-Torte

Backzeit: 20–30 Minuten
Strom: 175–200 (vorgeheizt)
Gas: 3–4 (nicht vorgeheizt)

	Für den Teig
2 Eier **2–3 Eßl. heißes Wasser***	mit einem Handrührgerät mit Rührbesen auf höchster Stufe in 1 Minute schaumig schlagen
100 g Zucker **1 Päckchen Vanillin-Zucker**	mit mischen, in 1 Minute einstreuen, dann noch etwa 2 Minuten schlagen
75 g Weizenmehl **50 g Speisestärke Gustin** **3 g (1 gestrichener Teel.) Backpulver Backin**	mit mischen, die Hälfte davon auf die Eiercreme sieben, kurz auf niedrigster Stufe unterrühren den Rest des Mehl-Gemisches auf dieselbe Weise unterarbeiten den Teig in eine mit Papier (s. S. 362/363) ausgelegte Springform (Durchmesser etwa 28 cm) füllen, sofort backen den Tortenboden gut auskühlen lassen
	für die Füllung
2 schwach gehäufte Teel. Instant-Kaffee **750 ml (3/4 l) Schlagsahne**	in 2 Eßl. von auflösen, die übrige Sahne 1/2 Minute schlagen
50–75 g Puderzucker **1 Päckchen Vanillin-Zucker** **3 Päckchen Sahnesteif**	sieben, mit mischen, einstreuen, die Sahne steif schlagen, den aufgelösten Kaffee unterrühren den Tortenboden einmal durchschneiden, den unteren Boden mit 2/3 der Mokka-Sahne bestreichen, den oberen darauf legen, gut andrücken, Rand und obere Seite der Torte gleichmäßig mit etwas von der zurückgelassenen Sahne bestreichen, den Rand mit
geschabter Schokolade	bestreuen, die Torte mit der restlichen Sahne verzieren, mit
12 Mokka-Bohnen	garnieren.

* Bei großen Eiern die kleinere, bei kleinen Eiern die größere Wassermenge nehmen.

Trüffel-Torte

Backzeit: 20–30 Minuten
Strom: 175–200 (vorgeheizt)
Gas: 3–4 (nicht vorgeheizt)

	Für den Teig
4 Eier 3–4 Eßl. heißes Wasser*	mit einem Handrührgerät mit Rührbesen auf höchster Stufe in 1 Minute schaumig schlagen
175 g Zucker 1 Päckchen Vanillin-Zucker	mit mischen, in 1 Minute einstreuen, dann noch etwa 2 Minuten schlagen
100 g Weizenmehl 100 g Speisestärke 30 g Kakao 9 g (3 gestrichene Teel.) Backpulver	mit mischen, ⅓ davon auf die Eiercreme sieben, kurz auf niedrigster Stufe unterrühren den Rest des Mehl-Gemisches (jeweils ⅓) auf dieselbe Weise unterarbeiten den Teig in eine mit Papier (s. S. 362/363) ausgelegte Springform (Durchmesser etwa 28 cm) füllen, sofort backen den Tortenboden gut auskühlen lassen
	für die Füllung
125 g Butter	geschmeidig rühren
150 g Puderzucker 100 g Kakao	mischen, sieben, nach und nach abwechselnd mit
1 Ei 1 Beutel Rum-Aroma	unterrühren, 16 Teel. davon abnehmen, jedesmal so viel, daß sich aus einem Teel. Masse eine kirschgroße Kugel formen läßt, die Masse kalt stellen unter den Rest der Füllung
2 Eßl. Wasser 1 Päckchen Vanillin-Zucker	rühren, den Tortenboden zweimal durchschneiden, mit der Kakaomasse füllen
	für den Guß
100 g Schokolade etwas Kokosfett	in kleine Stücke brechen, mit in einem kleinen Topf im Wasserbad bei schwacher Hitze zu einer geschmeidigen Masse verrühren, die Torte gleichmäßig damit überziehen den Rand und einen 2 cm breiten Rand auf der Torte mit
75 g Schokoladen-Streuseln	bestreuen aus der kalt gestellten Masse Kugeln formen, in den restlichen Schokoladen-Streuseln wälzen (in einem Kaffeesieb), kranzförmig auf die Torte legen.

* Bei großen Eiern die kleinere, bei kleinen Eiern die größere Wassermenge nehmen.

Orangen-Plätzchen

Backzeit: Etwa 10 Minuten
Strom: 175–200 (vorgeheizt)
Gas: 5 Minuten vorheizen 3–4, backen 3–4

	Für den Teig
2 Eier **abgeriebene gelbe Schale von einer Orange (unbehandelt)** **2 Eßl. Orangensaft**	mit einem Handrührgerät mit Rührbesen auf höchster Stufe in 1 Minute schaumig schlagen
100 g Zucker **1 Päckchen Vanillin-Zucker**	mit mischen, in 1 Minute einstreuen, dann noch etwa 2 Minuten schlagen
100 g Weizenmehl **50 g Speisestärke Gustin** **1 Päckchen Soßen-Pulver Vanille-Geschmack**	mit mischen, die Hälfte davon auf die Eiercreme sieben, kurz auf niedrigster Stufe unterrühren den Rest des Mehl-Gemisches auf dieselbe Weise unterarbeiten mit 2 Teelöffeln Teighäufchen (nicht zu dicht nebeneinander) auf ein gefettetes, leicht mit Weizenmehl bestäubtes Backblech setzen, sofort backen
	für den Guß
100 g Puderzucker **etwa 2 Eßl. Orangensaft**	sieben, mit glattrühren, so daß eine dickflüssige Masse entsteht die Plätzchen damit verzieren (mit Hilfe eines Teelöffels), nach Belieben mit
kandierten Orangenstücken	garnieren.

Schwarzwälder Kirsch-Torte

Backzeit: etwa 15 Minuten
Strom: 200–225 (vorgeheizt)
Gas: 5 Minuten vorheizen 3–4, backen 3–4

	Für den Knetteig
125 g Weizenmehl	mit
10 g Kakao	
1 Messerspitze Backpulver Backin	mischen, in eine Rührschüssel sieben
50 g Zucker	
1 Päckchen Vanillin-Zucker	
Salz	
75 g weiche Margarine oder Butter	hinzufügen die Zutaten mit einem Handrührgerät mit Knethaken zunächst kurz auf niedrigster, dann auf höchster Stufe gut durcharbeiten, anschließend auf der Tischplatte zu einem glatten Teig verkneten, sollte er kleben, ihn eine Zeitlang kalt stellen den Teig auf dem gefetteten Boden einer Springform (Durchmesser etwa 28 cm) ausrollen, mehrmals mit einer Gabel einstechen, mit Springformring backen sofort nach dem Backen den Boden vom Springformboden lösen, erkalten lassen, auf eine Tortenplatte legen
	für den Biskuitteig
4 Eier	
2 Eßl. heißes Wasser	mit einem Handrührgerät mit Rührbesen auf höchster Stufe in 1 Minute schaumig schlagen
100 g Zucker	mit
1 Päckchen Vanillin-Zucker	mischen, in 1 Minute einstreuen, dann noch etwa 2 Minuten schlagen
75 g Weizenmehl	mit
30 g Speisestärke Gustin	
10 g Kakao	
gut 1 Messerspitze gemahlenem Zimt	
1½ g (½ gestrichener Teel.) Backpulver Backin	mischen, die Hälfte davon auf die Eiercreme sieben, kurz auf niedrigster Stufe unterrühren den Rest des Mehl-Gemisches auf dieselbe Weise unterarbeiten

Fortsetzung Seite 398

	den Teig in eine mit Papier (s. S. 362/363) ausgelegte Springform (Durchmesser etwa 28 cm) füllen, sofort backen den Tortenboden gut auskühlen lassen
	für die Füllung
etwa 720 g entsteinte Sauerkirschen (aus dem Glas)	abtropfen lassen
oder	
750 g Sauerkirschen	waschen, entsteinen, mit
75 g Zucker	mischen, kurze Zeit zum Saftziehen stehenlassen, eben zum Kochen bringen, abtropfen und erkalten lassen, 250 ml (¼ l) Saft abmessen (evtl. mit Wasser ergänzen)
30 g Speisestärke Gustin	mit 4 Eßl. von dem Saft anrühren, den übrigen Saft zum Kochen bringen, die Speisestärke unter Rühren in den von der Kochstelle genommenen Saft geben, kurz aufkochen lassen, die Kirschen unterrühren, die Masse kalt stellen, mit
etwa 25 g Zucker etwa 3 Eßl. Kirschwasser	abschmecken
750 ml (¾ l) Schlagsahne	½ Minute schlagen
50 g Puderzucker	sieben, mit
1 Päckchen Vanillin-Zucker 3 Päckchen Sahnesteif	mischen, einstreuen, die Sahne steif schlagen zunächst die Hälfte der Kirschmasse, dann ⅓ der Sahne auf den Knetteigboden streichen den Biskuitboden einmal durchschneiden, eine Hälfte auf die Sahne legen, gut andrücken, mit der übrigen Kirschmasse, dann mit der Hälfte der übrigen Sahne bestreichen, mit dem oberen Boden bedecken den Rand gleichmäßig, die obere Schicht bergartig mit der übrigen Sahne bestreichen die Torte mit
30 g geraspelter Schokolade	bestreuen.
Veränderung:	Die Torte nicht bergartig, sondern glatt bestreichen und mit der restlichen Sahne verzieren.

Festliche Mokkacreme-Torte

Backzeit: 20–30 Minuten
Strom: 175–200 (vorgeheizt)
Gas: 3–4 (nicht vorgeheizt)

	Für den Teig
2 Eier	
2–3 Eßl. heißes Wasser*	mit einem Handrührgerät mit Rührbesen auf höchster Stufe in 1 Minute schaumig schlagen
100 g Zucker	mit
1 Päckchen Vanillin-Zucker	mischen, in 1 Minute einstreuen, dann noch etwa 2 Minuten schlagen
75 g Weizenmehl	mit
50 g Speisestärke	
3 g (1 gestrichener Teel. Backpulver	mischen, die Hälfte davon auf die Eiercreme sieben, kurz auf niedrigster Stufe unterrühren den Rest des Mehl-Gemisches auf dieselbe Weise unterarbeiten den Teig in eine mit Papier (s. S. 362/363) ausgelegte Springform (Durchmesser etwa 22 cm) füllen, sofort backen den Tortenboden gut auskühlen lassen
	für die Füllung von
300 ml kalter Milch	3 Eßl. abnehmen, erhitzen
2 Teel. Instant-Kaffee	darin auflösen, die restliche Milch hinzufügen, verrühren aus
1 Päckchen Torten-Creme-Pulver Schololade	
100 g Butter	und der Kaffee-Milch nach Vorschrift auf dem Päckchen eine Creme zubereiten
1 Eßl. Mokka-Likör	darunter rühren den Tortenboden zweimal durchschneiden, mit Creme zu einer Torte zusammensetzen, Rand und obere Seite mit Creme bestreichen
	für den Marzipanbelag und zum Garnieren
200 g Marzipan-Rohmasse	mit
100 g gesiebtem Puderzucker	verkneten, dünn auf

* Bei großen Eiern die kleinere, bei kleinen Eiern die größere Wassermenge nehmen.

Fortsetzung Seite 400

gesiebtem Puderzucker	ausrollen, eine Decke in der Größe der Torte und einen Streifen in der Höhe des Tortenrandes daraus schneiden, die Decke auf die Torte, den Streifen um die Torte legen
gesiebtem Kakao	das restliche Marzipan mit verkneten, Röschen und Blätter daraus formen, beiseite legen
	für den Guß
100 g Mokka-Schokolade **etwas Kokosfett**	in kleine Stücke brechen, mit in einem kleinen Topf im Wasserbad bei schwacher Hitze zu einer geschmeidigen Masse verrühren, die Torte damit überziehen
	zum Verzieren
etwa 50 g Puderzucker **1 Teel. Kakao** **Wasser**	mischen, sieben, mit glattrühren, so daß eine dickflüssige Masse entsteht, die Torte damit verzieren, mit den Röschen und Blättern garnieren (mit etwas Puderzuckerguß festkleben).

Nuß-Sahne-Torte

Backzeit: 20–30 Minuten
Strom: 175–200 (vorgeheizt)
Gas: 3–4 (nicht vorgeheizt)

	Für den Teig
2 Eier **2–3 Eßl. heißes Wasser***	mit einem Handrührgerät mit Rührbesen auf höchster Stufe in 1 Minute schaumig schlagen
100 g Zucker **1 Päckchen Vanillin-Zucker**	mischen, in 1 Minute einstreuen, dann noch etwa 2 Minuten schlagen
75 g Weizenmehl **50 g Speisestärke Gustin** **3 g (1 gestrichener Teel.) Backpulver Backin**	mit mischen, die Hälfte davon auf die Eiercreme sieben, kurz auf niedrigster Stufe unterrühren den Rest des Mehl-Gemisches auf dieselbe Weise unterarbeiten den Teig in eine mit Papier (s. S. 362/363) ausgelegte Springform (Durchmesser etwa 28 cm) füllen, sofort backen, den Tortenboden gut auskühlen lassen

* Bei großen Eiern die kleinere, bei kleinen Eiern die größere Wassermenge nehmen.

	für die Füllung
500 ml (½ l) Schlagsahne	½ Minute schlagen
25 g Puderzucker	sieben, mit
1 Päckchen Vanillin-Zucker	
2 Päckchen Sahnesteif	mischen, einstreuen, die Sahne steif schlagen unter ⅔ der Sahne
150 g gemahlene Haselnußkerne oder 150 g gemahlene, geröstete Haselnußkerne	(2 Eßl. Haselnußkerne zurücklassen) rühren, den Tortenboden einmal durchschneiden, den unteren Boden mit der Füllung bestreichen, den oberen darauf legen, gut andrücken, Rand und obere Seite der Torte mit einem Teil der zurückgelassenen Sahne gleichmäßig bestreichen, den Rand mit den 2 Eßl. Haselnußkernen bestreuen, die Torte mit der restlichen Sahne verzieren, mit
12–16 Haselnußkernen	garnieren.

Erdbeer-Sahne-Torte

Backzeit: 20–30 Minuten
Strom: 175–200 (vorgeheizt)
Gas: 3–4 (nicht vorgeheizt)

	Für den Teig
2 Eier	
2–3 Eßl. heißes Wasser*	mit einem Handrührgerät mit Rührbesen auf höchster Stufe in 1 Minute schaumig schlagen
100 g Zucker	mit
1 Päckchen Vanillin-Zucker	mischen, in 1 Minute einstreuen, dann noch etwa 2 Minuten schlagen
75 g Weizenmehl	mit
50 g Speisestärke Gustin	
3 g (1 gestrichener Teel.) Backpulver Backin	mischen, die Hälfte davon auf die Eiercreme sieben, kurz auf niedrigster Stufe unterrühren den Rest des Mehl-Gemisches auf dieselbe Weise unterarbeiten den Teig in eine mit Papier (s. S. 362/363) ausgelegte Springform (Durchmesser etwa 28 cm) füllen, sofort backen den Tortenboden gut auskühlen lassen

* Bei großen Eiern die kleinere, bei kleinen Eiern die größere Wassermenge nehmen.

Fortsetzung Seite 402

für die Füllung aus

1 Päckchen Soßen-Pulver Vanille-Geschmack
25 g Zucker
knapp 250 ml (¼ l) Milch nach Vorschrift auf dem Päckchen (aber nur mit knapp ¼ l Milch) einen Pudding zubereiten, kalt stellen, ab und zu durchrühren

500 g Erdbeeren waschen, gut abtropfen lassen, entstielen

500 ml (½ l) Schlagsahne ½ Minute schlagen

50 g Puderzucker sieben, mit

1 Päckchen Vanillin-Zucker
1 Päckchen Sahnesteif mischen, einstreuen, die Sahne steif schlagen den Tortenboden einmal durchschneiden, den unteren Boden mit dem Pudding bestreichen, mit den Erdbeeren belegen, ¾ der Sahne gleich mäßig darüber geben, den oberen Boden darauf legen, gut andrücken Rand und obere Seite der Torte gleichmäßig mit etwas von der zurückgelassenen Sahne bestreichen, die Torte mit der restlichen Sahne verzieren, mit

halbierten Erdbeeren garnieren.

Biskuit-Schnitten

Backzeit: 10–15 Minuten
Strom: 200–225 (vorgeheizt)
Gas: 5 Minuten vorheizen 3–4, backen 3–4

Für den Teig

3 Eier
5–6 Eßl. heißes Wasser* mit einem Handrührgerät mit Rührbesen auf höchster Stufe in 1 Minute schaumig schlagen

150 g Zucker
1 Päckchen Vanillin-Zucker mischen, in 1 Minute einstreuen, dann noch etwa 2 Minuten schlagen

* Bei großen Eiern die kleinere, bei kleinen Eiern die größere Wassermenge nehmen.

Fortsetzung Seite 405

100 g Weizenmehl 50 g Speisestärke 3 g (1 gestrichener Teel.) Backpulver Backin	mit mischen, die Hälfte davon auf die Eiercreme sieben, kurz auf niedrigster Stufe unterrühren den Rest des Mehl-Gemisches auf dieselbe Weise unterarbeiten den Teig etwa 1 cm dick auf ein mit Papier (s. S. 374) belegtes Backblech streichen, an der offenen Seite des Blechs das Papier unmittelbar vor dem Teig zur Falte knicken, so daß ein Rand entsteht, sofort backen den Biskuit nach dem Backen sofort auf ein mit
Zucker	bestreutes Geschirrtuch stürzen, das Backpapier mit kaltem Wasser bestreichen, vorsichtig, aber schnell abziehen
	für die Füllung
	aus
1 Päckchen Pudding-Pulver Vanille-Geschmack 50 g Zucker 500 ml (½ l) Milch	nach Vorschrift auf dem Päckchen einen Pudding zubereiten, in die eine Hälfte
50 g Butter	rühren, beide Hälften kalt stellen, ab und zu durchrühren
100 g Butter	geschmeidig rühren, den Pudding (ohne Butter) eßlöffelweise darunter geben (darauf achten, daß weder Butter noch Pudding zu kalt sind, da dann die sogenannte Gerinnung eintritt) den Biskuit in Hälften schneiden, die eine mit
2–3 Eßl. Konfitüre	und dem Pudding bestreichen. die andere Biskuithälfte darauf legen, die Oberfläche dünn mit Buttercreme bestreichen den Biskuit in Schnitten von etwa 4½ x 3½ cm schneiden, jede mit Buttercreme verzieren.
Veränderung:	Einige Schnitten mit Schokoladen-Guß überziehen, bevor die Butter-Creme darauf gespritzt wird.

Mandarinen-Omelettes

Backzeit: 8–12 Minuten
Strom: 200–225 (vorgeheizt)
Gas: 3–4 (nicht vorgeheizt)

Als Vorarbeiten 30 cm breite Alufolie so falzen, daß 7 mal ein 15 cm langes Stück aufeinander liegt, zwei Kreise von jeweils 15 cm Durchmesser nebeneinander aufzeichnen, ausschneiden, so daß 14 runde Folienblätter entstehen, diese über den Boden einer Konservendose (Durchmesser etwa 10 cm) legen, so daß Förmchen mit einem 2 cm hohen Rand entstehen

Für den Teig

2 Eier
60 g Zucker
1 Päckchen Vanillin-Zucker

in eine Rührschüssel geben, über Wasserdampf mit einem Handrührgerät mit Rührbesen auf höchster Stufe in 1 Minute schaumig schlagen, die Schüssel aus dem Wasserbad nehmen, die Masse in etwa 5 Minuten kalt schlagen

50 g Weizenmehl
50 g Speisestärke Gustin

mischen, auf die Eiercreme sieben, kurz auf niedrigster Stufe unterrühren, dabei

100 g zerlassene, abgekühlte Butter

nach und nach hinzufügen
den Teig auf die gut gefetteten Folienförmchen verteilen, auf ein Backblech stellen, sofort backen
sofort nach dem Backen die Omelettes aus den Förmchen lösen, zur Hälfte leicht überschlagen (am besten über einen Rührlöffel), erkalten lassen, leicht mit

Puderzucker

bestäuben

für die Füllung

etwa 300 g Mandarinenspalten (aus der Dose)

abtropfen lassen, den Saft auffangen
mit den Ecken von

1 Stück Würfelzucker

die

gelbe Schale von etwa ½ Zitrone (unbehandelt)

abreiben, die Zitrone auspressen, 2 Eßl. Zitronensaft zu dem Mandarinensaft geben, das Zuckerstück hinzufügen, unter Rühren auflösen

375 ml (3/8 l) Schlagsahne

in eine Schüssel geben, den Saft hinzufügen, ½ Minute schlagen

2 schwach gehäufte Teel. Zucker

mit

2 Päckchen Sahnesteif

mischen, einstreuen, die Sahne steif schlagen, in die Omelettes spritzen, mit den Mandarinenspalten garnieren.

Zauber-Torte

Backzeit: Etwa 25 Minuten
Strom: 175–200 (vorgeheizt)
Gas: 3–4 (nicht vorgeheizt)

	Für den Teig
2 Eier 2 Eßl. heißes Wasser	mit einem Handrührgerät mit Rührbesen auf höchster Stufe in 1 Minute schaumig schlagen
75 g Zucker	mit
1 Päckchen Vanillin-Zucker	mischen, in 1 Minute einstreuen, dann noch etwa 2 Minuten schlagen
75 g Weizenmehl	mit
1½ g (½ gestrichener Teel.) Backpulver Backin	mischen, auf die Eiercreme sieben
50 g abgezogene, gemahlene, leicht geröstete Mandeln 50 g geriebene Zartbitter-Schokolade	
	beide Zutaten auf das Mehl geben, alles kurz auf niedrigster Stufe unterrühren den Teig in eine mit Papier (s. S. 362/363) ausgelegte Springform (Durchmesser etwa 22 cm) füllen, sofort backen den Tortenboden gut auskühlen lassen, einmal durchschneiden den unteren Boden auf eine Tortenplatte legen, den Springformring darum legen (mit einem Pergamentpapierstreifen auslegen)
	für die Füllung
1 Päckchen Gelatine gemahlen, weiß	mit
4 Eßl. kaltem Wasser	in einem kleinen Topf anrühren, 10 Minuten zum Quellen stehenlassen, unter Rühren erwärmen, bis sie gelöst ist, die Hälfte davon mit
abgeriebener gelber Schale von einer halben Orange (unbehandelt) 150 ml Orangensaft 25 g Zucker	verrühren, kalt stellen
50 g Zartbitter-Schokolade	in einem kleinen Topf im Wasserbad bei schwacher Hitze zu einer geschmeidigen Masse verrühren

500 ml (½ l) Schlagsahne

steif schlagen, etwa ⅔ davon unter den dicklich gewordenen Orangensaft rühren
die Orangen-Sahne (etwas zum Bestreichen zurücklassen) auf den unteren Boden streichen
unter die restliche Sahne die abgekühlte Schokolade, die restliche Gelatine rühren
die Schokoladen- Sahne in einen Spritzbeutel mit „Gebäckfüll-Tülle" geben, unregelmäßig tupfenweise in die Orangen-Sahne spritzen (Oberfläche evtl. glattstreichen), mit der oberen Tortenbodenhälfte bedecken, leicht andrücken, mit etwas von der zurückgelassenen Orangen-Sahne bestreichen, kalt stellen, damit die Füllung fest wird
den Springformring (Pergamentpapierstreifen) vorsichtig von der Torte lösen
den Rand der Torte mit der restlichen Orangen-Sahne bestreichen, die Torte mit

geschabter Schokolade

bestreuen.

Schokoladen-Sahne-Torte

Backzeit: 20–30 Minuten
Strom: 175–200 (vorgeheizt)
Gas: 3–4 (nicht vorgeheizt)

Für den Teig

2 Eier
2–3 Eßl. heißes Wasser*

mit einem Handrührgerät mit Rührbesen auf höchster Stufe in 1 Minute schaumig schlagen
mit

100 g Zucker
1 Päckchen Vanillin-Zucker

mischen, in 1 Minute einstreuen, dann noch etwa 2 Minuten schlagen
mit

75 g Weizenmehl
50 g Speisestärke
3 g (1 gestrichener Teel.) Backpulver

mischen, die Hälfte davon auf die Eiercreme sieben, kurz auf niedrigster Stufe unterrühren
den Rest des Mehl-Gemisches auf dieselbe Weise unterarbeiten
den Teig in eine mit Papier (s. S. 362/363) ausgelegte Springform (Durchmesser etwa 28 cm) füllen, sofort backen
den Tortenboden gut auskühlen lassen

* Bei großen Eiern die kleinere, bei kleinen Eiern die größere Wassermenge nehmen.

	für die Füllung
175 g Schokolade	in kleine Stücke brechen, in einem kleinen Topf bei schwacher Hitze zu einer geschmeidigen Masse verrühren, abkühlen lassen
1 Päckchen Gelatine gemahlen, weiß	mit
4 Eßl. kaltem Wasser	in einem kleinen Topf anrühren, 10 Minuten zum Quellen stehenlassen, unter Rühren erwärmen, bis sie gelöst ist
750 ml (¾ l) Schlagsahne	fast steif schlagen, die Gelatinelösung darunter rühren, die Sahne vollkommen steif schlagen, 2 Eßl. davon unter die noch flüssige Schokolade rühren, dieses dann unter die restliche Sahne rühren den Tortenboden einmal durchschneiden den unteren Boden mit gut ⅔ der Füllung bestreichen, den oberen darauf legen, gut andrücken Rand und obere Seite der Torte mit etwas von der zurückbelassenen Sahne bestreichen. den Rand mit
25 g geraspelter Schokolade	bestreuen, die Torte mit der restlichen Sahne verzieren, mit
Schokoladen-Täfelchen	garnieren.

Zitronen-Sahne-Rolle

Backzeit: 10–15 Minuten
Strom: 200–225 (vorgeheizt)
Gas: 5 Minuten vorheizen 3–4, backen 3–4

	Für den Teig
4 Eier	
3–4 Eßl. heißes Wasser*	mit einem Handrührgerät mit Rührbesen auf höchster Stufe in 1 Minute schaumig schlagen
125 g Zucker	
1 Päckchen Vanillin-Zucker	mischen, in 1 Minute einstreuen, dann noch etwa 2 Minuten schlagen
75 g Weizenmehl	mit

* Bei großen Eiern die kleinere, bei kleinen Eiern die größere Wassermenge nehmen.

50 g Speisestärke Gustin 1 Messerspitze Backpulver Backin	mischen, die Hälfte davon auf die Eiercreme sieben, kurz auf niedrigster Stufe unterrühren den Rest des Mehl-Gemisches auf dieselbe Weise unterarbeiten den Teig etwa 1 cm dick auf ein mit Papier (s. S. 374) belegtes Backblech streichen, an der offenen Seite des Blechs das Papier unmittelbar vor dem Teig zur Falte knicken, so daß ein Rand entsteht, sofort backen den Biskuit nach dem Backen sofort auf ein mit
Zucker	bestreutes Geschirrtuch stürzen, das Backpapier mit kaltem Wasser bestreichen, vorsichtig, aber schnell abziehen den Biskuit mit dem Geschirrtuch aufrollen, kalt stellen
	für die Füllung
2 gestrichene Teel. Gelatine gemahlen, weiß	mit
2 Eßl. kaltem Wasser	in einem kleinen Topf anrühren, 10 Minuten zum Quellen stehenlassen, mit den Ecken von
3 Stück Würfelzucker	die
gelbe Schale von etwa ½ Zitrone (unbehandelt)	abreiben, die gequollene Gelatine mit dem Würfelzucker unter Rühren erwärmen, bis alles gelöst ist
5 Eßl. Zitronensaft	hinzufügen
500 ml (½ l) Schlagsahne	steif schlagen, die Gelatinelösung unter Schlagen nach und nach hinzufügen, die Sahne vollkommen steif schlagen
100 g Puderzucker	sieben, unterrühren die ausgekühlte Rolle vorsichtig auseinanderrollen, mit ⅔ der Zitronen-Sahne bestreichen, aufrollen, dabei die äußere braune Haut entfernen die Rolle zunächst dünn mit etwas Sahne, dann mit der restlichen Sahne bestreichen die Rolle durch wellenförmige Längsstriche mit einer Gabel verzieren.

Knetteig

Wichtige Hinweise

Notwendige Vorarbeiten

Das Fett muß bei der Verarbeitung mit einem Handrührgerät oder mit einer Küchenmaschine weich (streichfähig) sein.

Soll ein Knetteig unter Verwendung von Früchten zubereitet werden, sie folgendermaßen vorbereiten:
a) Korinthen und Rosinen verlesen.
b) Mandeln, die abgezogen werden sollen, in kochendes Wasser geben und sie 2–3 Minuten darin ziehen lassen (Topf von der Kochstelle nehmen). Nachdem sie abgetropft sind, die Schalen abziehen und die Mandeln zerkleinern.

Für Knetteige Backbleche und -formen im allgemeinen nicht fetten.
Eine Ausnahme bilden Obst-Formen, Tortelettformen und Backbleche für wasser- oder milchreiche Teige.

Die einzelnen Arbeitsgänge

„Mehl und Backin mischen und in eine Rührschüssel sieben ..."
Mischen und Sieben lockern das Mehl auf und verteilen das Backin gleichmäßig im Mehl. Das Gebäck wird dadurch besser gelockert. Ist außerdem Kakao angegeben, ihn zum Mehl geben.

„Alle übrigen im Rezept aufgeführten Zutaten hinzufügen ..."
Eier immer vor der Zugabe einzeln über einer Tasse aufschlagen und prüfen, ob sie frisch sind. Falls Flüssigkeit vorgeschrieben ist, sie auf den Zucker geben.
Das Fett (Margarine oder Butter) soll weich (streichfähig) sein. Nur so lassen sich die Zutaten gut verarbeiten.
Mehr Mehl, als im Rezept angegeben, darf bei fettreichen Teigen nicht genommen werden, da der Teig dadurch krümelig und das Gebäck hart wird.
Sind Früchte vorgeschrieben, sie zuletzt unterkneten.

„. . . Die Zutaten zunächst auf niedrigster Stufe kurz, dann auf höchster Stufe gut durcharbeiten . . .“
Die Zutaten lassen sich am besten verarbeiten, wenn das Fett weich (streichfähig) ist. Deshalb das zu verarbeitende Fett rechtzeitig aus dem Kühlschrank nehmen.

„. . . Anschließend mit den Händen auf der mit Weizenmehl bestäubten Tischplatte zu einem glatten Teig verkneten . . .“
Dabei nicht zu viel Mehl auf die Tischplatte sieben, damit der Teig nicht brüchig wird. Den Teig mit geschlossenen flachen Händen schnell verkneten.

„. . . Diesen zu einer Rolle formen. Sollte der Teig kleben, ihn eine Zeitlang kalt stellen oder noch etwas Mehl hinzugeben.“
Damit sich der Teig besser ausrollen läßt, ihn zu einer Rolle formen. Das Kleben fettreicher Teige wird durch Kaltstellen beseitigt. An wasserreiche (milchreiche) Teige noch etwas Mehl geben.
Bevor der Teig ausgerollt wird, die Tischplatte von Teigresten reinigen, damit er nicht kleben kann, und sie gleichmäßig bemehlen.

Das Ausrollen des Teiges
Um die Teigbeschaffenheit beim Ausrollen nicht zu verderben, nicht zu große Teigstücke ausrollen (besonders bei Kleingebäck). Beim Ausrollen muß sich die Teigrolle wirklich drehen und leicht über den Teig gehen (nicht zu stark drücken). Während des Ausrollens ab und zu mit einem großen Messer unter dem Teig herstreichen, damit er sofort gelöst wird, wenn er irgendwo kleben sollte.

Für Kleingebäck den Teig so ausstechen, daß möglichst wenig Abfall entsteht (Dr. Oetker Ausstechförmchen), denn Knetteig wird durch erneutes Zusammenkneten und Ausrollen nicht besser.

Knetteigböden für Obsttorten entweder in Springformen oder in gefetteten Obst-Formen backen. Bei einer Springform ⅔ der angegebenen Teigmenge auf dem Boden der Form ausrollen. Den Rest des Teiges (je nach Rezept) mit einem gestrichenen Eßl. Mehl verkneten, zu einer Rolle formen, als Rand auf den Teigboden legen und mit 2 Fingern so an den Springformring drücken, daß der Rand etwa 3 cm hoch wird. Danach den Boden mehrmals mit einer Gabel einstechen, damit er keine Luftblasen bekommt.

Das Backen von Knetteigen

Alle Knetteige nach den Angaben unter den Rezepten backen. Wenn der Teig gebacken ist, das Gebäck sofort aus der Form lösen oder vom Backblech nehmen. Dann auf einen Kuchenrost zum Auskühlen legen (Kleingebäck einzeln nebeneinander).

Wiener Apfel-Strudel

(Abb. S. 412/413)

Backzeit: 45–55 Minuten
Strom: 175–200 (vorgeheizt)
Gas: 5 Minuten vorheizen 3–4, backen 3–4

Für den Teig

200 g Weizenmehl in eine Rührschüssel sieben

Salz
75 ml (5 Eßl.) lauwarmes Wasser
50 g zerlassene Butter oder Margarine oder 3 Eßl. Speiseöl hinzufügen

die Zutaten mit einem Handrührgerät mit Knethaken zunächst kurz auf niedrigster, dann auf höchster Stufe gut durcharbeiten, anschließend auf der Tischplatte zu einem glatten Teig verkneten, ihn auf Pergamentpapier in einen heißen, trockenen Kochtopf (vorher Wasser darin kochen) legen, mit einem Deckel verschließen, ½ Stunde ruhen lassen

für die Füllung

1–1½ kg Äpfel schälen, vierteln, entkernen, in feine Streifen schneiden

1 Beutel Rum-Aroma
3 Tropfen Backöl Zitrone untermischen

50 g Rosinen verlesen

75 g Butter zerlassen

den Strudelteig etwas auf einem bemehlten, großen weißen Tuch (Tischtuch) ausrollen, dünn mit etwas von der Butter bestreichen, dann mit den Händen zu einem Rechteck (50 x 70 cm) ausziehen, er muß durchsichtig sein, die Ränder, wenn sie dicker sind, abschneiden, ⅔ der Butter auf den Teig streichen

50 g Semmelmehl auf ⅔ des Teiges streuen (von einer der längeren Seiten ausgehend, an den kürzeren Seiten etwa 3 cm frei lassen)

nacheinander Äpfel, Rosinen,

Fortsetzung Seite 418

100 g Zucker
1 Päckchen Vanillin-Zucker
50 g abgezogene, gehackte Mandeln

darauf verteilen, die freigebliebenen Teigränder auf die Füllung schlagen, den Teig von der längeren Seite her, mit der Füllung beginnend, aufrollen, an den Enden gut zusammendrücken, auf ein gefettetes Backblech legen, mit Butter bestreichen
während des Backens den Strudel mit der restlichen Butter bestreichen

Veränderung: Anstelle eines großen 2 kleine Strudel backen.

Apfel-Streusel-Kuchen

Für den Teig

Backzeit: 10–12 Minuten
Strom: 220–225 (vorgeheizt)
Gas: 5 Minuten vorheizen 3–4, backen 3–4

150 g Weizenmehl mit
1 Messerspitze Backpulver Backin mischen, in eine Rührschüssel sieben
100 g Zucker
1 Päckchen Vanillin-Zucker
Salz, 1 Ei
100 g weiche Butter hinzufügen
die Zutaten mit einem Handrührgerät mit Knethaken zunächst kurz auf niedrigster, dann auf höchster Stufe gut durcharbeiten, anschließend auf der Tischplatte zu einem glatten Teig verkneten, sollte er kleben, ihn eine Zeitlang kalt stellen
gut ⅔ des Teiges auf dem gefetteten Boden einer Springform (Durchmesser etwa 28 cm) ausrollen, mehrmals mit einer Gabel einstechen, mit Springformring backen
den Boden erkalten lassen
den Rest des Teiges zu einer Rolle formen, sie als Rand auf den vorgebackenen Boden legen, so an die Form drücken, daß ein etwa 2 cm hoher Rand entsteht

für die Füllung

etwa 1½ kg Äpfel schälen, vierteln, entkernen, in kleine Stücke schneiden, mit
75 g Zucker
1 Messerspitze gemahlenem Zimt
75 g Butter unter Rühren leicht dünsten, abkühlen lassen, auf den vorgebackenen Boden streichen

für die Streusel

Backzeit: Etwa 40 Minuten.
Strom: 200–225 (vorgeheizt)
Gas: 3–4 (nicht vorgeheizt)

150 g Weizenmehl
100 g Zucker
1 Päckchen Vanillin-Zucker
in eine Rührschüssel sieben

100 g weiche Butter
hinzufügen, mit dem Handrührgerät mit Knethaken zu Streuseln von gewünschter Größe verarbeiten, gleichmäßig auf der Füllung verteilen

Pflaumen-Streusel-Kuchen

Backzeit: 40–50 Minuten
Strom: Etwa 175 (vorgeheizt)
Gas: 3–4 (nicht vorgeheizt)

Für den Teig

1 Packung Grundteigmischung Streuselteig
mit

1 Ei
125 g Butter
nach Vorschrift auf der Packung zubereiten, $\frac{2}{3}$ der Streusel in eine Springform (Durchmesser etwa 26 cm, Boden gefettet) geben, zu einem Boden leicht andrücken

für die Füllung

460 g Pflaumen (aus dem Glas)
gut abtropfen lassen, gleichmäßig auf dem Teig verteilen (etwa 1 cm Teig am Rand frei lassen)

500 ml (½ l) Flüssigkeit (Pflaumensaft mit Schlagsahne aufgefüllt)
mit

2 Päckchen Garant Grieß-Pudding
nach Vorschrift auf dem Päckchen (aber nur mit ½ l Flüssigkeit) einen Pudding zubereiten, gleichmäßig auf die Pflaumen streichen, die restlichen Streusel darüber verteilen
die Form auf dem Rost auf die untere Schiene in den Backofen schieben

Mohn-Apfel-Torte

Backzeit: Etwa 40 Minuten
Strom: 175–200 (vorgeheizt)
Gas: 3–4 (nicht vorgeheizt)

	Für den Teig
200 g Weizenmehl	mit
3 g (1 gestrichener Teel.) Backpulver Backin	mischen, in eine Rührschüssel sieben
125 g Zucker 1 Päckchen Vanillin-Zucker Salz ½ Eigelb 1 Eiweiß 125 g weiche Butter 150 g gemahlene, leicht geröstete Haselnußkerne	hinzufügen die Zutaten mit einem Handrührgerät mit Knethaken zunächst kurz auf niedrigster, dann auf höchster Stufe gut durcharbeiten, anschließend auf der Tischplatte zu einem glatten Teig verkneten, sollte er kleben, ihn eine Zeitlang kalt stellen
	für die Mohn-Füllung
250 g frisch gemahlenen Mohn	mit
150 ml heißer Milch 50 g Butter	gut verrühren, etwa 15 Minuten zum Quellen stehenlassen, kalt stellen
	für die Apfel-Füllung
etwa 1 kg Äpfel (z. B. Boskop)	schälen, vierteln, entkernen, in sehr kleine Stücke schneiden, mit
75 g Zucker 1 Messerspitze gemahlenem Zimt	unter Rühren leicht dünsten lassen, kalt stellen knapp ⅓ des Teiges dünn ausrollen, mit einer runden, gezackten Form (Durchmesser etwa 3 cm) ausstechen, beiseite legen gut die Hälfte des restlichen Teiges auf dem gefetteten Boden einer Springform (Durchmesser etwa 28 cm) ausrollen, den Rest des Teiges zu einer Rolle formen, sie als Rand auf den Teigboden legen, so an die Form drücken, daß ein etwa 3 cm hoher Rand entsteht unter die abgekühlte Mohnmasse

1 Päckchen Soßen-Pulver Vanille-Geschmack 125 g Zucker, 1 Ei	rühren, auf den Teigboden streichen, die erkaltete Apfel-Füllung gleichmäßig darauf verteilen, mit den Teigplätzchen belegen
½ Eigelb	mit
1 Teel. Milch	verschlagen, die Teigplätzchen damit bestreichen

Käse-Gebäck

(Quark-Blätterteig)

Backzeit: Etwa 10 Minuten
Strom: 200–225 (vorgeheizt)
Gas: 5 Minuten vorheizen 4–5, backen 4–5

250 g Weizenmehl	mit
6 g (2 gestrichene Teel.) Backpulver Backin	mischen, in eine Rührschüssel sieben
250 g Speisequark Salz 250 g weiche Butter	hinzufügen die Zutaten mit einem Handrührgerät mit Knethaken zunächst kurz auf niedrigster, dann auf höchster Stufe gut durcharbeiten, anschließend auf der Tischplatte zu einem glatten Teig verkneten den Teig etwa ½ cm dick ausrollen, mehrfach übereinanderschlagen, wieder ausrollen das Übereinanderschlagen und Ausrollen ein- bis zweimal wiederholen, den Teig (am besten über Nacht) kalt stellen den Teig knapp ½ cm dick ausrollen, Streifen und Vierecke ausrädern, mit
Kondensmilch	bestreichen, mit
Salz geriebenem Parmesan- oder Schweizer Käse Kümmel grob gemahlenem grünem oder rotem Pfeffer	bestreuen, auf ein mit kaltem Wasser abgespültes Backblech legen

Käse-Kuchen mit Streuseln

Für den Teig
Backzeit: Etwa 10 Minuten
Strom: 200–225 (vorgeheizt)
Gas: 5 Minuten vorheizen 3–4, backen 3–4

150 g Weizenmehl	mit
1½ g (½ gestrichener Teel.) Backpulver Backin	mischen, in eine Rührschüssel sieben
75 g Zucker	
1 Päckchen Vanillin-Zucker	
Salz, 1 Ei	
75 g weiche Butter	hinzufügen, die Zutaten mit einem Handrührgerät mit Knethaken zunächst kurz auf niedrigster, dann auf höchster Stufe gut durcharbeiten, anschließend auf der Tischplatte zu einem glatten Teig verkneten, sollte er kleben, ihn eine Zeitlang kalt stellen gut ⅔ des Teiges auf dem gefetteten Boden einer Springform (Durchmesser etwa 28 cm) ausrollen, unter den Rest des Teiges
1 gestrichenen Eßl. Weizenmehl	kneten, zu einer Rolle formen, sie als Rand auf den Teigboden legen, so an die Form drücken, daß ein etwa 3 cm hoher Rand entsteht, den Teigboden mehrmals mit einer Gabel einstechen

für die Füllung

750 g Speisequark	mit
150 g Zucker	
3 Eßl. Zitronensaft	
50 g Speisestärke Gustin	
3 Eigelb	gut verrühren
3 Eiweiß	steif schlagen
250 ml (¼ l) Schlagsahne	steif schlagen beide Zutaten unter die Quarkmasse heben, gleichmäßig auf den vorgebackenen Boden streichen

für die Streusel
Backzeit: 70–80 Minuten.
Strom: etwa 175 (vorgeheizt)
Gas: 2–2 (nicht vorgeheizt)

100 g Weizenmehl	in eine Rührschüssel sieben
75 g Zucker	
1 Päckchen Vanillin-Zucker	
75 g weiche Butter	hinzufügen, mit dem Handrührgerät mit Knethaken zu Streuseln von gewünschter Größe verarbeiten, gleichmäßig auf der Füllung verteilen den Kuchen nach der Backzeit (Backofen ausschalten) noch 15 Minuten bei geöffneter Backofentür im Backofen stehenlassen.

Apfel- oder Kirsch-Torte, gedeckt

Für den Teig

Backzeit: 15–20 Minuten
Strom: 200–225 (vorgeheizt)
Gas: 5 Minuten vorheizen 3–4, backen 3–4

300 g Weizenmehl	mit
6 g (2 gestrichene Teel.) Backpulver Backin	mischen, in eine Rührschüssel sieben
100 g Zucker **1 Päckchen Vanillin-Zucker** **Salz** **½ Eigelb, 1 Eiweiß** **1 Eßl. Milch** **150 g weiche Margarine oder Butter**	hinzufügen die Zutaten mit einem Handrührgerät mit Knethaken zunächst kurz auf niedrigster, dann auf höchster Stufe gut durcharbeiten, anschließend auf der Tischplatte zu einem glatten Teig verkneten, sollte er kleben, ihn eine Zeitlang kalt stellen knapp die Hälfte des Teiges auf dem gefetteten Boden einer Springform (Durchmesser etwa 28 cm) ausrollen, mehrmals mit einer Gabel einstechen, mit Springformring backen
	für die Apfel-Füllung
50 g Rosinen	verlesen
etwa 2 kg Äpfel	schälen, vierteln, entkernen, in kleine Stücke schneiden, mit
1 Eßl. Wasser **50 g Zucker** **½ Teel. gemahlenem Zimt**	und den Rosinen unter Rühren dünsten, etwas abkühlen lassen, mit
etwa 50 g Zucker **einigen Tropfen Rum-Aroma oder Backöl Zitrone**	abschmecken

oder *für die Kirsch-Füllung*

Backzeit: 20–30 Minuten
Strom: 200–225 (vorgeheizt)
Gas: 3–4 (nicht vorgeheizt)

1 kg Sauerkirschen	waschen, abtropfen lassen, entstielen, entsteinen, mit
100 g Zucker	mischen, kurze Zeit zum Saftziehen stehenlassen, nur eben zum Kochen bringen, abtropfen lassen, wenn Saft und Kirschen kalt sind, 250 ml (¼ l) Saft abmessen (evtl. mit Wasser ergänzen)
20 g Speisestärke Gustin	mit 4 Eßl. von dem Saft anrühren, den übrigen Saft zum Kochen bringen, die Speisestärke unter Rühren in den von der Kochstelle genommenen Saft geben, kurz aufkochen lassen, die Kirschen unterrühren, kalt stellen, mit
etwa 1 Eßl. Zucker	abschmecken
	den übrigen Teig zu einer Platte in der Größe der Springform ausrollen, den Rest zu einer Rolle formen, sie als Rand auf den vorgebackenen Boden legen, so an die Form drücken, daß ein etwa 3 cm hoher Rand entsteht
	die Füllung auf den Boden streichen, die Teigplatte darauf legen mit
½ Eigelb **1 Eßl. Milch**	verschlagen, die Teigplatte damit bestreichen, mit einer Gabel mehrmals einstechen oder mit einem Teigrädchen ein Gittermuster rädern

Vanille-Mürbchen

Backzeit: 10–15 Minuten
Strom: 175–200 (vorgeheizt)
Gas: 5 Minuten vorheizen 3–4, backen 3–4

250 g Weizenmehl	in eine Rührschüssel sieben
1 Beutel Vanille-Aroma	
1 Becher (150 g) Crème fraîche	
175 g weiche Butter	hinzufügen die Zutaten mit einem Handrührgerät mit Knethaken zunächst kurz auf niedrigster, dann auf höchster Stufe gut durcharbeiten, anschließend auf der Tischplatte zu einem glatten Teig verkneten, sollte er kleben, ihn eine Zeitlang kalt stellen den Teig etwa ½ cm dick ausrollen, zunächst mit einer runden Form (Durchmesser etwa 6 cm) ausstechen, die Teigplättchen mit einer kleineren Form (Durchmesser etwa 4 cm) dann so ausstechen, daß Ringe und Plätzchen entstehen, diese mit
Kondensmilch	bestreichen, in
etwa 75 g Hagelzucker	drücken, mit der unteren Seite auf ein Backblech legen

Obst-Törtchen

(12–14 Stück)

Backzeit: 10–15 Minuten
Strom: 175–200 (vorgeheizt)
Gas: 5 Minuten vorheizen 3–4, backen 3–4

	Für den Teig
200 g Weizenmehl	mit
3 g (1 gestrichener Teel.) Backpulver Backin	mischen, in eine Rührschüssel sieben
75 g Zucker	
1 Päckchen Vanillin-Zucker	
Salz, 4 Tropfen Backöl, Zitrone	
2 Eßl. Wasser	
100 g weiche Margarine oder Butter	hinzufügen die Zutaten mit einem Handrührgerät mit Knethaken zunächst kurz auf niedrigster, dann auf höchster Stufe gut durcharbeiten, anschließend auf der Tischplatte zu einem glatten Teig verkneten, sollte er kleben, ihn eine Zeitlang kalt stellen den Teig etwa 3 mm dick ausrollen, mit einer runden Form (Durchmesser etwa 10 cm) ausstechen, auf ein Backblech legen, mehrmals mit einer Gabel einstechen die erkalteten Plätzchen gleichmäßig mit
Sahnesteif	bestreuen, um zu verhindern, daß die mit Obst belegten Plätzchen durchweichen

für den Belag

500–750 g rohes Obst (z. B. Erdbeeren, Himbeeren, Heidelbeeren, Weintrauben) waschen (Himbeeren nur verlesen), gut abtropfen lassen, entstielen oder verlesen, mit

Zucker bestreuen, kurze Zeit stehenlassen

o d e r

gedünstetes oder eingemachtes Obst (z. B. Aprikosen, Pfirsiche, Sauerkirschen, Stachelbeeren, Mandarinen) abtropfen lassen, die Früchte auf die Plätzchen legen (einen etwa 1 cm breiten Rand frei lassen)

für den Guß

1 Päckchen Tortenguß
Zucker nach Angabe auf dem Tortenguß-Päckchen
250 ml (¼ l) Wasser oder Fruchtsaft nach Vorschrift auf dem Päckchen zubereiten, über das Obst verteilen

250 ml (¼ l) Schlagsahne ½ Minute schlagen

1 Päckchen Sahnesteif mit

1 Päckchen Vanillin-Zucker mischen, einstreuen, die Sahne steif schlagen die Törtchen am Rand damit verzieren.

Kaffee-Gebäck

(Quark-Blätterteig)

Backzeit: Etwa 15 Minuten
Strom: 200–225 (vorgeheizt)
Gas: 5 Minuten vorheizen 4–5, backen 4–5

Für den Teig

250 g Weizenmehl mit

6 g (2 gestrichene Teel.) Backpulver Backin mischen, in eine Rührschüssel sieben

250 g Speisequark
1 Päckchen Vanillin-Zucker
Salz
250 g weiche Butter hinzufügen

die Zutaten mit einem Handrührgerät mit Knethaken zunächst kurz auf niedrigster, dann auf höchster Stufe gut durcharbeiten, anschließend auf der Tischplatte zu einem glatten Teig verkneten

den Teig etwa ½ cm dick ausrollen, mehrfach übereinanderschlagen, wieder ausrollen
das Übereinanderschlagen und Ausrollen ein- bis zweimal wiederholen, den Teig kalt stellen den Teig knapp ½ cm dick ausrollen, mit einem Kuchenrädchen in Vierecke teilen, jeweils in die Mitte

Konfitüre
geben, zu beliebigen Formen zusammenschlagen, auf ein mit kaltem Wasser abgespültes Backblech legen

für den Guß

100 g Puderzucker
sieben, mit

1–2 Eßl. heißem Wasser
glattrühren, so daß eine dickflüssige Masse entsteht, die warmen Gebäckteilchen damit bestreichen.

Linzer Torte

Backzeit: 25–30 Minuten
Strom: 175–200 (vorgeheizt)
Gas: 3–4 (nicht vorgeheizt)

200 g Weizenmehl
mit

3 g (1 gestrichener Teel.) Backpulver
mischen, in eine Rührschüssel sieben

125 g Zucker
1 Päckchen Vanillin-Zucker
2 Tropfen Backöl Bittermandel
1 Messerspitze gemahlene Nelken
1 gestrichenen Teel. gemahlenen Zimt, Salz
½ Eigelb, 1 Eiweiß
125 g weiche Butter
125 g nicht abgezogene, gemahlene Mandeln
hinzufügen
die Zutaten mit einem Handrührgerät mit Knethaken zunächst kurz auf niedrigster, dann auf höchster Stufe gut durcharbeiten, anschließend auf der Tischplatte zu einem glatten Teig verkneten
knapp die Hälfte des Teiges zu einer Platte in der Größe einer Springform (Durchmesser etwa 26 cm) ausrollen, 16–20 Streifen daraus rädern
den übrigen Teig auf dem Springformboden ausrollen, mit

100 g Himbeer-Konfitüre
bestreichen, dabei am Rand etwa 1 cm Teig frei lassen
die Teigstreifen gitterförmig über die Konfitüre legen

½ Eigelb
mit

1 Teel. Milch
verschlagen, die Teigstreifen damit bestreichen

Mazarin-Torte

(Mandel-Torte)

Backzeit: Etwa 40 Minuten
Strom: 175–200 (vorgeheizt)
Gas: 3–4 (nicht vorgeheizt)

	Für den Teig
250 g Weizenmehl	mit
1 Messerspitze Backpulver Backin	mischen, in eine Rührschüssel sieben
1 Päckchen Vanillin-Zucker	
Salz	
½ Eigelb	
1 Eiweiß	
1 Eßl. Milch	
125 g weiche Butter	hinzufügen die Zutaten mit einem Handrührgerät mit Knethaken zunächst kurz auf niedrigster, dann auf höchster Stufe gut durcharbeiten, anschließend auf der Tischplatte zu einem glatten Teig verkneten, sollte er kleben, ihn eine Zeitlang kalt stellen
	für die Füllung
150 g Butter	geschmeidig rühren, nach und nach
125 g gesiebten Puderzucker	
2 Eier	
150 g abgezogene, gemahlene Mandeln	
2 Eßl. Mandel-Likör	
20 g Weizenmehl	unterrühren die Hälfte des Teiges auf dem gefetteten Boden einer Springform (Durchmesser etwa 28 cm) ausrollen, etwas von dem restlichen Teig dünn ausrollen, 16 kleine Motive ausstechen, den restlichen Teig dünn ausrollen, eine Platte in Größe der Springform daraus schneiden, den Rest des Teiges zu einer Rolle formen, sie als Rand auf den Teigboden legen, so an die Form drücken, daß ein etwa 2 cm hoher Rand entsteht die Füllung auf den Teigboden streichen, die Teigplatte darauf legen
½ Eigelb	mit
1 Teel. Milch	verschlagen, die Teigplatte damit bestreichen, mehrmals mit einer Gabel einstechen die 16 Teigmotive an den Rand der Torte legen, mit jeweils einer von
16 abgezogenen Mandelhälften	belegen, mit Eigelbmilch bestreichen

Aprikosen-Mandel-Schnitten

Backzeit: Etwa 40 Minuten.
Strom: 175–200 (vorgeheizt)
Gas: 5 Minuten vorheizen 3–4, backen 3–4

	Für den Teig
300 g Weizenmehl	mit
75 g Speisestärke 3 g (1 gestrichener Teel.) Backpulver	mischen, in eine Rührschüssel sieben
175 g Zucker 1 Päckchen Vanillin-Zucker Salz, 1 Ei 175 g weiche Margarine	hinzufügen die Zutaten mit einem Handrührgerät mit Knethaken zunächst kurz auf niedrigster, dann auf höchster Stufe gut durcharbeiten, anschließend auf der Tischplatte zu einem glatten Teig verkneten, sollte er kleben, ihn eine Zeitlang kalt stellen den Teig auf einem gefetteten Backblech ausrollen, vor den Teig einen mehrfach umgeknickten Streifen Alufolie legen
	für den Belag
2 Becher (je 150 g) Crème fraîche	mit
75 g Zucker 1 Päckchen Vanillin-Zucker 1 Päckchen Soßen-Pulver Vanille-Geschmack 125 g abgezogenen, gemahlenen Mandeln 1 Ei	gut verrühren, gleichmäßig auf dem Teig verteilen
etwa 1 kg Aprikosen	waschen, abtrocknen, halbieren, entsteinen, mit der Wölbung nach unten gleichmäßig auf die Crème fraîche-Masse legen, in jede Aprikosenhälfte eine von
70 g abgezogenen, halbierten Mandeln	legen das Gebäck sofort nach dem Backen mit etwas von
30 g Puderzucker	bestäuben, erkalten lassen, mit dem restlichen Puderzucker bestäuben das Gebäck in Schnitten schneiden, so daß jeweils 1 Schnitte aus 2 Aprikosenhälften besteht.

Haselnuß-Kranz

Backzeit: Etwa 45 Minuten
Strom: 175–200 (vorgeheizt)
Gas: 5 Minuten vorheizen 3–4,
backen 3–4

	Für den Teig
300 g Weizenmehl	mit
6 g (2 gestrichene Teel.) Backpulver Backin	mischen, in eine Rührschüssel sieben
100 g Zucker **1 Päckchen Vanillin-Zucker** **Salz** **1 Ei** **2 Eßl. Milch oder Wasser** **125 g weiche Margarine oder Butter**	hinzufügen die Zutaten mit einem Handrührgerät mit Knethaken zunächst kurz auf niedrigster, dann auf höchster Stufe gut durcharbeiten, anschließend auf der Tischplatte zu einem glatten Teig verkneten, sollte er kleben, ihn eine Zeitlang kalt stellen
	für die Füllung
200 g gemahlene Haselnußkerne	mit
100 g Zucker **4–5 Tropfen Backöl Bittermandel** **½ Eigelb** **1 Eiweiß** **3–4 Eßl. Wasser**	verrühren, so daß eine geschmeidige Masse entsteht, den Teig zu einem Rechteck (etwa 35 x 45 cm) ausrollen, die Nußmasse darauf streichen, den Teig von der längeren Seite her aufrollen, als Kranz auf ein gefettetes Backblech legen
½ Eigelb	mit
1 Eßl. Milch	verschlagen, den Kranz damit bestreichen, sternförmig einschneiden

Obst-Torte

Backzeit: 15–20 Minuten
Strom: 200–225 (vorgeheizt)
Gas: 5 Minuten vorheizen 3–4,
backen 3–4

Für den Teig

150 g Weizenmehl mit
1½ g (½ gestrichener Teel.) Backpulver Backin mischen, in eine Rührschüssel sieben

75 g Zucker
1 Päckchen Vanillin-Zucker
Salz
1 Ei
75 g weiche Margarine oder Butter hinzufügen
die Zutaten mit einem Handrührgerät mit Knethaken zunächst kurz auf niedrigster, dann auf höchster Stufe gut durcharbeiten, anschließend auf der Tischplatte zu einem glatten Teig verkneten, sollte er kleben, ihn eine Zeitlang kalt stellen
⅔ des Teiges auf dem Boden einer Springform* (Durchmesser etwa 28 cm) ausrollen, unter den Rest des Teiges
1 gestrichenen Eßl. Weizenmehl kneten, zu einer Rolle formen, sie als Rand auf den Teigboden legen, so an die Form drücken, daß ein 2–3 cm hoher Rand entsteht, den Teigboden mehrmals mit einer Gabel einstechen
den ausgekühlten Tortenboden gleichmäßig mit
Sahnesteif bestreuen, damit der mit Obst belegte Boden nicht durchweicht

für den Belag

1 kg rohes Obst (z. B. Erdbeeren, Himbeeren, Johannisbeeren, Heidelbeeren, Weintrauben) waschen (Himbeeren nur verlesen), gut abtropfen lassen, entstielen oder verlesen, mit

* Für eine Obstform mit gewelltem Rand (Durchmesser etwa 28 cm) ⅔ des Teiges zu einer Platte von 29 cm Durchmesser ausrollen, in die gefettete Form (Formenboden noch mit Semmelmehl bestreuen) legen, den Rest zu einer Rolle formen, sie in die Rille der Form legen, gut andrücken, so daß eine glatte Oberfläche entsteht, den Teigboden mehrmals mit einer Gabel einstechen.

Zucker	bestreuen, kurze Zeit stehenlassen
o d e r	
gedünstetes oder eingemachtes Obst (z. B. Aprikosen, Pfirsiche, Sauerkirschen, Stachelbeeren)	abtropfen lassen, die Früchte auf den Tortenboden legen
	für den Guß
1 Päckchen Tortenguß Zucker nach Angabe auf dem Tortenguß-Päckchen 250 ml (¼ l) Wasser oder Fruchtsaft	nach Vorschrift auf dem Päckchen zubereiten, auf das Obst geben, die Torte am Rand mit
abgezogenen, gehobelten Mandeln	garnieren.

Nuß-Taler

Backzeit: 10–15 Minuten
Strom: 175–200 (vorgeheizt)
Gas: 5 Minuten vorheizen 2–3, backen 2–3

375 g Weizenmehl	mit
125 g Speisestärke 6 g (2 gestrichene Teel.) Backpulver Backin	mischen, in eine Rührschüssel sieben
250 g Zucker 1 Päckchen Vanillin-Zucker 3 Tropfen Backöl Bittermandel Salz 2 Eier 250 g weiche Butter	hinzufügen die Zutaten mit einem Handrührgerät mit Knethaken zunächst kurz auf niedrigster, dann auf höchster Stufe gut durcharbeiten
250 g Haselnußkerne	vierteln, kurz unterkneten, anschließend alles auf der Tischplatte zu einem glatten Teig verkneten, aus dem Teig 2½ cm dicke Rollen formen, so lange kalt stellen, bis sie hart geworden sind, die Rollen in etwa ½ cm dicke Scheiben schneiden, auf ein Backblech legen

Streusel-Plätzchen mit Pfiff

Backzeit: Etwa 15 Minuten
Strom: 175–200 (vorgeheizt)
Gas: 5 Minuten vorheizen 3–4, backen 3–4

	Für den Teig
250 g Weizenmehl	mit
3 g (1 gestrichener Teel.) Backpulver Backin	mischen, in eine Rührschüssel sieben
100 g Zucker 1 Päckchen Vanillin-Zucker Salz 175 g weiche Margarine oder Butter 75 g abgezogene, gemahlene Mandeln	hinzufügen die Zutaten mit einem Handrührgerät mit Knethaken zunächst kurz auf niedrigster, dann auf höchster Stufe gut durcharbeiten, anschließend auf der Tischplatte zu einem glatten Teig verkneten, sollte er kleben, ihn eine Zeitlang kalt stellen den Teig etwa 2 mm dick ausrollen, mit einer runden Form (Durchmesser etwa 6 cm) ausstechen, auf ein Backblech legen
	für die Streusel
250 g Weizenmehl	in eine Rührschüssel sieben
125 g Zucker 1 Päckchen Vanillin-Zucker 1 Messerspitze gemahlenen Zimt 125 g weiche Butter	hinzufügen die Zutaten mit dem Handrührgerät mit Knethaken zu Streuseln von gewünschter Größe verarbeiten, gleichmäßig auf die Teigplätzchen verteilen, mit
kandierten Kirschen	belegen
Veränderung:	Anstelle von kandierten Kirschen die Plätzchen mit gedünsteten Sauerkirschen belegen.

Schoko-Eierlikör-Kränzchen

(15 Stück)

Backzeit: Etwa 15 Minuten
Strom: 175–200 (vorgeheizt)
Gas: 5 Minuten vorheizen 3–4,
backen 3–4

	Für den Teig
250 g Weizenmehl	mit
1 Messerspitze Backpulver Backin	mischen, in eine Rührschüssel sieben
2 Päckchen Vanillin-Zucker	
Salz	
1 Becher (150 g) Crème fraîche	
175 g weiche Margarine oder Butter	hinzufügen die Zutaten mit einem Handrührgerät mit Knethaken zunächst kurz auf niedrigster, dann auf höchster Stufe gut durcharbeiten, anschließend auf der Tischplatte zu einem glatten Teig verkneten, sollte er kleben, ihn eine Zeitlang kalt stellen den Teig knapp ½ cm dick ausrollen, mit einer runden Form 30 Plätzchen (Durchmesser etwa 9 cm) ausstechen, die Plätzchen in der Mitte nochmals so ausstechen (Durchmesser etwa 3 cm), daß Ringe entstehen, auf ein Backblech legen, mit
Milch	bestreichen
	für die Füllung
1 Päckchen Gelatine gemahlen, weiß	mit
4 Eßl. kaltem Wasser	in einem kleinen Topf anrühren, 10 Minuten zum Quellen stehenlassen aus
1 Päckchen Pudding-Pulver Schokolade	
75 g Zucker	
375 ml (⅜ l) Milch	nach Vorschrift auf dem Päckchen (aber nur mit ⅜ l Milch) einen Pudding zubereiten, die gequollene Gelatine hinzufügen, so lange rühren, bis sie gelöst ist, den Pudding kalt stellen, ab und zu durchrühren
200 ml (⅕ l) Schlagsahne	steif schlagen
3–4 Eßl. Eierlikör	
	beide Zutaten unter den abgekühlten Pudding rühren, noch etwas kalt stellen die Hälfte der Ringe auf der Unterseite mit der Creme bespritzen, die übrigen darauf legen, mit
Puderzucker	bestäuben.

Erdnuß-Teilchen

Backzeit: 20–25 Minuten
Strom: 175–200 (vorgeheizt)
Gas: 5 Minuten vorheizen 3–4, backen 3–4

	Für den Teig
200 g Weizenmehl	mit
1 Messerspitze Backpulver Backin	mischen, in eine Rührschüssel sieben
75 g Zucker **1 Päckchen Vanillin-Zucker** **Salz** **1 Eigelb** **125 g weiche Margarine oder Butter**	hinzufügen die Zutaten mit einem Handrührgerät mit Knethaken zunächst kurz auf niedrigster, dann auf höchster Stufe gut durcharbeiten, anschließend auf der Tischplatte zu einem glatten Teig verkneten, eine Zeitlang kalt stellen
	für die Füllung
125 g gemahlene Erdnußkerne (ungesalzen)	mit
125 g Marzipan-Rohmasse **30 g Zucker** **30 g weicher Butter** **1 Eiweiß** **2–3 Eßl. Rum**	verrühren, so daß eine geschmeidige Masse entsteht den Teig zu einem Rechteck (40 x 30 cm) ausrollen, die Nußmasse darauf streichen, den Teig jeweils von den längeren Seiten her zur Mitte hin aufrollen (die eine Seite knapp $\frac{2}{3}$, die andere Seite gut $\frac{1}{3}$), mit einem scharfen Messer gut 1 cm breite Stücke davon abschneiden, auf ein Backblech legen
	für den Guß
etwa 100 g Zartbitter-Schokolade	in einem kleinen Topf im Wasserbad bei schwacher Hitze zu einer geschmeidigen Masse verrühren das erkaltete Gebäck auf der Unterseite damit bestreichen.

Schwarz-Weiß-Gebäck

Backzeit: 10–15 Minuten
Strom: 175–200 (vorgeheizt)
Gas: 5 Minuten vorheizen 3–4, backen 3–4

	Für den hellen Teig
250 g Weizenmehl	mit
3 g (1 gestrichener Teel.) Backpulver Backin	mischen, in eine Rührschüssel sieben
150 g Zucker **1 Päckchen Vanillin-Zucker** **Salz** **1 Fläschchen Rum-Aroma** **1 Ei** **125 g weiche Margarine oder Butter**	hinzufügen die Zutaten mit einem Handrührgerät mit Knethaken zunächst kurz auf niedrigster, dann auf höchster Stufe gut durcharbeiten, anschließend auf der Tischplatte zu einem glatten Teig verkneten, sollte er kleben, ihn eine Zeitlang kalt stellen
	für den dunklen Teig
15 g Kakao	mit
15 g Zucker **1 Eßl. Milch**	verrühren, unter die Hälfte des Teiges kneten die beiden Teige folgendermaßen zusammensetzen:
	für ein Schnecken-Muster den hellen und den dunklen Teig zu gleichmäßig großen Rechtecken ausrollen, eines dünn mit
Eiweiß	bestreichen, das zweite darauf legen, ebenfalls bestreichen, fest zusammenwickeln
	für ein Schachbrett-Muster aus dem je 1 cm dick ausgerollten hellen Teig 6, aus dem dunklen Teig 6 je 1 cm breite Streifen von gleicher Länge schneiden, mit Eiweiß bestreichen, abwechselnd je 4 und 3 übereinanderlegen, in dünn ausgerollten Teig wickeln folgende Plätzchen lassen sich leichter herstellen: aus dem 1 cm dick ausgerollten dunklen Teig 1 cm breite Streifen schneiden, sie mit Eiweiß bestreichen, hellen und dunklen Teig jeweils etwa ½ cm dick ausrollen, um die dunklen Teigstreifen wickeln, den restlichen Teig kurz zusammenkneten, zu einer Rolle (Durchmesser etwa 2½ cm) formen sämtliche Teigstangen eine Zeitlang kalt stellen, in gleichmäßige Scheiben schneiden, auf ein Backblech legen

Tee-Gebäck

Backzeit: Für jedes Gebäck 8–10 Minuten
Strom: 175–200 (vorgeheizt)
Gas: 5 Minuten vorheizen 3–4, backen 3–4

250 g Weizenmehl	mit
3 g (1 gestrichener Teel.) Backpulver Backin	mischen, in eine Rührschüssel sieben
75 g Zucker **1 Päckchen Vanillin-Zucker** **Salz** **1 Ei** **125 g weiche Margarine**	hinzufügen die Zutaten mit einem Handrührgerät mit Knethaken zunächst kurz auf niedrigster, dann auf höchster Stufe kurz durcharbeiten, anschließend auf der Tischplatte zu einem glatten Teig verkneten, sollte er kleben, ihn eine Zeitlang kalt stellen aus diesem Teig verschiedene Plätzchen zubereiten:
	für Brezeln aus dem Teig bleistiftdicke Rollen formen, zu Brezeln legen, mit
Milch	bestreichen, in
Zucker	drücken, auf ein Backblech legen
	für Frucht-Plätzchen den Teig dünn ausrollen, runde Plätzchen und Ringe in gleicher Größe ausstechen, auf ein Backblech legen die erkalteten Plätzchen mit
Konfitüre	bestreichen, auf jedes einen mit
Puderzucker	bestäubten Ring legen
	für gefüllte Plätzchen den Teig dünn ausrollen, mit einer runden Form Plätzchen ausstechen, auf ein Backblech legen, die Hälfte der erkalteten Plätzchen auf der Unterseite mit
Konfitüre oder Gelee	bestreichen, die übrigen darauf legen, mit
Puderzucker	bestäuben
	für Zucker- oder Mandel-Plätzchen den Teig dünn ausrollen, runde Plätzchen ausstechen, auf ein Backblech legen, mit
Milch	bestreichen, mit
Zucker oder abgezogenen, gehackten, gehobelten oder gemahlenen Mandeln	bestreuen

Nuß- oder Kokosecken

Backzeit: 20–30 Minuten.
Strom: 175–200 (vorgeheizt)
Gas: 5 Minuten vorheizen 3–4, backen 3–4

	Für den Teig
150 g Weizenmehl	mit
1½ g (½ gestrichener Teel.) Backpulver Backin	mischen, in eine Rührschüssel sieben
65 g Zucker 1 Päckchen Vanillin-Zucker Salz, 1 Ei 65 g weiche Margarine	hinzufügen die Zutaten mit einem Handrührgerät mit Knethaken zunächst kurz auf niedrigster, dann auf höchster Stufe kurz durcharbeiten, anschließend auf der Tischplatte zu einem glatten Teig verkneten, sollte er kleben, ihn eine Zeitlang kalt stellen, den Teig zu einem Rechteck (32 x 24 cm) auf einem Backblech ausrollen, mit
2 Eßl. Aprikosen-Konfitüre	bestreichen
	für den Belag
100 g Butter 100 g Zucker 1 Päckchen Vanillin-Zucker 2 Eßl. Wasser	langsam erwärmen, zerlassen
75 g gemahlene Haselnußkerne 125 g gehobelte Haselnußkerne o d e r 200 g Kokosraspeln	unterrühren, etwas abkühlen lassen, die Masse gleich- mäßig auf dem Teig verteilen, vor den Teig einen mehrfach umgeknickten Streifen Alufolie legen das Gebäck etwas abkühlen lassen, in Vierecke (8 x 8 cm) schneiden, diese so in Hälften teilen, daß Dreiecke entstehen
	für den Guß
50 g Kuvertüre	mit
etwas Kokosfett	in einem kleinen Topf im Wasserbad bei schwacher Hitze zu einer geschmeidigen Masse verrühren, die beiden spitzen Ecken des Gebäcks damit bestreichen.

Dukaten-Plätzchen

Backzeit: Etwa 10 Minuten
Strom: 175–200 (vorgeheizt)
Gas: 5 Minuten vorheizen 3–4,
backen 3–4

	Für den Teig
250 g Weizenmehl	mit
3 g (1 gestrichener Teel.) Backpulver	mischen, in eine Rührschüssel sieben
75 g Zucker **1 Päckchen Vanillin-Zucker** **Salz, 1 Ei** **1 Eßl. Milch** **125 g weiche Margarine oder Butter**	hinzufügen die Zutaten mit einem Handrührgerät mit Knethaken zunächst kurz auf niedrigster, dann auf höchster Stufe gut durcharbeiten, anschließend auf der Tischplatte zu einem glatten Teig verkneten, sollte er kleben, ihn eine Zeitlang kalt stellen, den Teig dünn ausrollen, mit einer runden Form (Durchmesser etwa 4 cm) ausstechen, auf ein Backblech legen
	für die Füllung
125 g Kokosfett	zerlassen, kalt stellen
75 g Puderzucker **30 g Kakao**	mischen, in eine Rührschüssel sieben
1 Päckchen Vanillin-Zucker **einige Tropfen Rum-Aroma** **1 Ei**	hinzufügen, nach und nach mit und dem lauwarmen Kokosfett verrühren die Füllung kalt stellen, sobald sie etwas fester ist, die Hälfte der Plätzchen auf der Unterseite damit bestreichen, die übrigen darauf legen
	für den Guß
etwa 75 g Kuvertüre	mit
etwas Kokosfett	in einem kleinen Topf im Wasserbad bei schwacher Hitze zu einer geschmeidigen Masse verrühren, die Plätzchen (wenn die Füllung etwas fester geworden ist) bis knapp zur Hälfte hineintauchen.

Mandel-Gebäck

Backzeit: 10–15 Minuten
Strom: 175–200 (vorgeheizt)
Gas: 5 Minuten vorheizen 3–4, backen 3–4

Für den Teig

375 g Weizenmehl	mit
3 g (1 gestrichener Teel.) Backpulver Backin	mischen, in eine Rührschüssel sieben
125 g Zucker **1 Päckchen Vanillin-Zucker,** **Salz** **etwas abgeriebene Zitronenschale (unbehandelt)** **1 Ei** **250 weiche Butter**	hinzufügen die Zutaten mit einem Handrührgerät mit Knethaken zunächst kurz auf niedrigster, dann auf höchster Stufe gut durcharbeiten
100 g abgezogene, gehobelte Mandeln	kurz auf mittlerer Stufe unterkneten, anschließend alles auf der Tischplatte zu einem glatten Teig verkneten aus dem Teig gut 2½ cm dicke Rollen formen, so lange kalt stellen, bis sie hart geworden sind die Rollen in etwa ½ cm dicke Scheiben schneiden, auf ein Backblech legen

für den Guß

etwa 175 g Kuvertüre	mit
etwas Kokosfett	in einem kleinen Topf im Wasserbad bei schwacher Hitze zu einer geschmeidigen Masse verrühren die erkalteten Plätzchen zur Hälfte hineintauchen.

Wichtige Hinweise
Notwendige Vorarbeiten

Im Handel ist Frisch-Hefe und Trocken-Backhefe erhältlich. Das Backen mit Trocken-Backhefe erfordert keine besonderen Vorarbeiten. Die Hefe wird sofort aus dem Päckchen ins Mehl gestreut und mit dem Mehl sorgfältig vermischt (Ausnahme: Bei zutatenreichen Teigen, z.B. Hefe-Napfkuchen und Stollen, **muß** die Hefe angerührt werden). Backbleche und -formen im allgemeinen fetten, am zweckmäßigsten mit streichfähiger Butter oder Margarine, und, je nach Rezept, mit Semmelmehl ausstreuen.

Die einzelnen Arbeitsgänge

„Das Mehl in eine Rührschüssel sieben und die Hefe gleichmäßig mit einer Gabel unterrühren ..."
Trocken-Backhefe ist in einem Spezialverfahren haltbar gemacht und hat außerdem den zeitsparenden Vorteil, daß sie nicht angerührt oder im „Vorteig" angesetzt werden muß.

„... Alle übrigen im Rezept angegebenen Zutaten zu dem Mehl geben..."
Nur in Gegenwart von Wärme entfaltet Hefe ihre volle Triebkraft - vor allem die Flüssigkeit (Milch oder Wasser) sollte etwa 37 °C haben. Zweckmäßigerweise wird die Flüssigkeit während des Rührens nach und nach hinzugegeben, so teilt sich die Wärme dem Teig gleichmäßig mit.

„Die folgenden 2 Arbeitsphasen zeigen die Zubereitung für einen Hefe-Napfkuchen, denn bei **zutatenreichen Teigen** (dazu gehört z. B. auch der Stollen), muß die Hefe angerührt werden. Wichtig dabei ist, daß die angesetzte Hefe tatsächlich gegangen ist. Voraussetzung dafür ist, daß sie zusammen mit etwas Zucker und mit lauwarmer Milch angerührt wird und 15 Minuten bei Zimmertemperatur stehenbleibt. Nur in Gegenwart von Wärme entfaltet die Hefe ihre volle Triebkraft – die Milch sollte etwa handwarm sein, also etwa 37 °C haben.

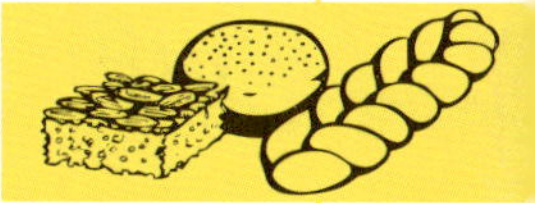

Die übrigen Zutaten dürfen erst bei der Teigbereitung selbst mit der Hefe in Berührung kommen, vor allem Salz und Fett, denn sie würden die Tätigkeit der Hefe hemmen. Deshalb sollten diese Zutaten an den Rand der Schüssel gegeben werden und erst nachdem die Hefe mit dem Mehl vermischt ist, untergerührt werden.

„. . . Die Zutaten zunächst kurz auf niedrigster, dann auf höchster Stufe etwa 5 Minuten verarbeiten. Der Teig muß glatt sein . . .“
Das Kneten des Hefeteiges bewirkt eine besonders gute Verbindung aller Zutaten untereinander unter Einschlagen von Luft. Die Hefe wandelt dabei Zucker und Mehl (Stärke), also Kohlenhydrate in Kohlensäure und Alkohol um und bewirkt dadurch eine Lockerung des Teiges. Am schnellsten kann sie Zucker verarbeiten, während sie Mehl (Stärke) vorher abbauen muß.

„. . . Den Teig zugedeckt an einem warmen Ort so lange stehenlassen, bis er sich sichtbar vergrößert hat."
Hefeteige nicht sofort nach der Zubereitung backen, sondern vorher genügend aufgehen lassen. Sie an einen warmen Ort stellen, z. B. Gas- oder Elektroherd. Gas: Auf 8 drei Minuten vorheizen. Flamme ausdrehen, Schüssel mit Teig so lange hineinstellen, bis er sich sichtbar vergrößert hat.
Strom: 30–50 einschalten, Schüssel mit Teig so lange hineinstellen, bis er sich sichtbar vergrößert hat. Backofentür mit Holzlöffel geöffnet halten.

„. . . Den Teig, je nach Rezept, weiter verarbeiten (in eine vorbereitete Napfkuchenform füllen oder ausrollen, formen, flechten usw.), in jedem Fall vor dem Backen nochmals gehen lassen."

Das Backen von Hefeteigen

Hefeteige sollten in jedem Fall vor dem Backen nochmals an einem warmen Ort gehen, dadurch wird eine weitere Lockerung des Teiges hervorgerufen. Um ein schnelleres „Gehen" des Teiges zu erzielen, ihn mit einem Geschirrtuch abdecken. Alle Hefeteige nach den Angaben unter den Rezepten backen.

Hefe-Zopf

(Abb. S. 446/447)

Backzeit: Etwa 35 Minuten
Strom: 175–200 (vorgeheizt)
Gas: 5 Minuten vorheizen 3–4, backen 3–4

500 g Weizenmehl **1 Päckchen Trocken-Backhefe**	in eine Rührschüssel sieben, mit sorgfältig vermischen
50 g Zucker **1 Päckchen Vanillin-Zucker** **Salz** **2 Eier** **1 Eiweiß** **250 ml (1/4 l)** **lauwarme Schlagsahne**	hinzufügen die Zutaten mit einem Handrührgerät mit Knethaken zunächst kurz auf niedrigster, dann auf höchster Stufe in etwa 5 Minuten zu einem Teig verarbeiten, sollte er kleben, noch etwas Mehl hinzufügen (aber nicht zu viel, Teig muß weich bleiben) den Teig so lange an einem warmen Ort stehenlassen, bis er sich sichtbar vergrößert hat, ihn dann auf höchster Stufe nochmals gut durchkneten
150 g Rosinen	verlesen, kurz auf mittlerer Stufe unterkneten aus 2/3 des Teiges 3 etwa 40 cm lange Rollen formen, als Zopf auf ein gefettetes Backblech legen, mit einem Rollholz der Länge nach eine Vertiefung eindrücken
1 Eigelb **1 Eßl. Milch**	mit verschlagen, die Vertiefung mit etwas davon bestreichen von dem Rest des Teiges 3 etwa 35 cm lange Rollen formen, daraus einen Zopf flechten, auf den größeren legen, ebenfalls mit Eigelbmilch bestreichen, den Zopf nochmals so lange an einem warmen Ort gehen lassen, bis er sich sichtbar vergrößert hat, in den Backofen schieben

Hefe-Zopf „Dreierlei"

Backzeit: Etwa 35 Minuten
Strom: 175–200 (vorgeheizt)
Gas: 5 Minuten vorheizen 3–4,
backen 3–4

500 g Weizenmehl in eine Rührschüssel sieben, mit
1 Päckchen Trocken-Backhefe sorgfältig vermischen
80 g Zucker
1 Päckchen Vanillin-Zucker
½ Teel. Salz
1 Becher (150 g) Crème fraîche
150 ml lauwarme Milch
75 g zerlassene, abgekühlte Margarine hinzufügen
die Zutaten mit einem Handrührgerät mit Knethaken zunächst auf niedrigster, dann auf höchster Stufe in etwa 5 Minuten zu einem Teig verarbeiten, sollte er kleben, noch etwas Mehl hinzufügen (aber nicht zu viel, Teig muß weich bleiben)
den Teig so lange an einem warmen Ort stehenlassen, bis er sich sichtbar vergrößert hat

4 kleine Ananasscheiben (aus der Dose) gut abtropfen lassen, in sehr kleine Stücke schneiden
100 g Rosinen verlesen
70 g nicht abgezogene Mandeln in Scheiben schneiden
den gegangenen Teig auf höchster Stufe nochmals gut durchkneten
den Teig in 3 gleich große Stücke teilen, unter das erste Teigstück die Ananasstücke kneten (evtl. noch etwas Mehl unterkneten), unter das zweite Teigstück die Rosinen, unter das dritte Teigstück die Mandeln kneten
die 3 Teigstücke etwas länglich formen, als Zopf auf ein gefettetes Backblech legen, nochmals so lange an einem warmen Ort gehen lassen, bis er sich sichtbar vergrößert hat, den Teig mit Wasser bestreichen, in den Backofen schieben
den Zopf sofort nach dem Backen nochmals mit Wasser bestreichen.

Marzipan-Stollen

Backzeit: 45–55 Minuten
Strom: Vorheizen 250, backen 150–175
Gas: 5 Minuten vorheizen 2–3, backen 2–3

250 g Rosinen verlesen, mit
4 Eßl. Rum beträufeln, mehrere Stunden (am besten über Nacht) stehenlassen

1 Päckchen Trocken-Backhefe	mit
1 Teel. Zucker	in einem Schüsselchen mit
150 ml lauwarmer Milch	sehr sorgfältig anrühren, etwa 15 Minuten bei Zimmertemperatur stehenlassen
375 g Weizenmehl	in eine Rührschüssel sieben, in die Mitte eine Vertiefung eindrücken
75 g Zucker **1 Päckchen Vanillin-Zucker** **Salz** **2 Messerspitzen gemahlenen Kardamom** **2 Messerspitzen gemahlene Nelken** **2 Messerspitzen gemahlene Muskatblüte** **1 Ei** **150 g sehr weiche Margarine oder Butter**	an den Rand des Mehls geben die angesetzte Hefe in die Vertiefung geben die Zutaten mit einem Handrührgerät mit Knethaken zunächst auf niedrigster, dann auf höchster Stufe in etwa 5 Minuten zu einem Teig verarbeiten, sollte er kleben, noch etwas Mehl hinzufügen (aber nicht zu viel, Teig muß weich bleiben) den Teig so lange an einem warmen Ort stehenlassen, bis er sich sichtbar vergrößert hat, ihn auf höchster Stufe nochmals gut durchkneten
125 g Korinthen	verlesen, mit den Rum-Rosinen
100 g gewürfeltem Zitronat (Sukkade) **100 g abgezogenen, gehackten Mandeln**	kurz auf mittlerer Stufe unterkneten den Teig zu einem Rechteck (30 x 20 cm) ausrollen
200 g Marzipan-Rohmasse	gut durchkneten, zu einem Rechteck (30 x 15 cm) ausrollen, dieses so auf die Teigplatte legen, daß an den Längsseiten etwas Teig frei bleibt den Teig von der längeren Seite her nicht zu locker aufrollen, zu einem Stollen formen den Stollen auf ein mit Papier (S. 374) belegtes Backblech legen, nochmals so lange an einem warmen Ort gehen lassen, bis er sich sichtbar vergrößert hat, in den Backofen schieben den Stollen sofort nach dem Backen mit
75 g zerlassener Butter	bestreichen, mit
50 g Puderzucker	bestäuben.

Käse-Kuchen, einmal anders

Backzeit: Etwa 25 Minuten
Strom: 200–225 (vorgeheizt)
Gas: 5 Minuten vorheizen 3–4, backen 3–4

	Für den Teig
375 g Weizenmehl	in eine Rührschüssel sieben, mit
1 Päckchen Trocken-Backhefe	sorgfältig vermischen
75 g Zucker	
Salz	
1 Ei	
200 ml ($\frac{1}{5}$ l) lauwarme Schlagsahne	
100 g zerlassene, abgekühlte Margarine	hinzufügen die Zutaten mit einem Handrührgerät mit Knethaken zunächst auf niedrigster, dann auf höchster Stufe in etwa 5 Minuten zu einem Teig verarbeiten, sollte er kleben, noch etwas Mehl hinzufügen (aber nicht zu viel, Teig muß weich bleiben) den Teig so lange an einem warmen Ort stehenlassen, bis er sich sichtbar vergrößert hat
	für die Füllung
250 g gedünstete Pfirsiche	abtropfen lassen
300 g Doppelrahm-Frischkäse	mit
75 g Zucker	
1 Päckchen Vanillin-Zucker	
1 Eigelb	
3 Eßl. Pfirsichsaft	gut verrühren die Pfirsiche in kleine Würfel schneiden
1 Eiweiß	steif schlagen beide Zutaten unter die Käsecreme rühren den gegangenen Teig auf höchster Stufe nochmals gut durchkneten knapp die Hälfte des Teiges auf $\frac{2}{3}$ eines gefetteten Backblechs (etwa 35 x 30 cm) ausrollen, am Rand etwas hochdrücken, die Füllung gleichmäßig darauf streichen, dabei an der offenen Seite des Blechs etwa 2 cm Teig frei lassen, die überstehenden Teigränder auf die Füllung schlagen den Rest des Teiges als Decke ausrollen, auf die Füllung legen, die Ränder gut andrücken den Teig nochmals so lange an einem warmen Ort gehen lassen, bis er sich sichtbar vergrößert hat, in den Backofen schieben das Gebäck sofort nach dem Backen mit
20 g zerlassener Butter	bestreichen, mit
20 g Zucker	bestreuen.

Mandel-Brot

Backzeit: Etwa 35 Minuten
Strom: 175–200 (vorgeheizt)
Gas: 3–4 (nicht vorgeheizt)

500 g Weizenmehl
1 Päckchen Trocken-Backhefe in eine Rührschüssel sieben, mit sorgfältig vermischen
75 g Zucker
1 Päckchen Vanillin-Zucker
½ Teel. Salz
1 Ei
250 ml (¼ l) lauwarme Schlagsahne
100 g zerlassene, abgekühlte Butter oder Mararine hinzufügen

die Zutaten mit einem Handrührgerät mit Knethaken zunächst auf niedrigster, dann auf höchster Stufe in etwa 5 Minuten zu einem Teig verarbeiten, sollte er kleben, noch etwas Mehl hinzufügen (aber nicht zu viel, Teig muß weich bleiben)
den Teig so lange an einem warmen Ort stehenlassen, bis er sich sichtbar vergrößert hat, ihn dann auf höchster Stufe nochmals gut durchkneten

150 g Rosinen verlesen
100 g Mandeln (nicht abgezogen) in Scheiben schneiden
beide Zutaten kurz auf mittlerer Stufe unterkneten, den Teig in Länge einer Kastenform (35 x 11 cm) formen, in die gefettete Form legen, nochmals an einem warmen Ort so lange gehen lassen, bis er sich sichtbar vergrößert hat, ihn mit Wasser bestreichen, in den Backofen schieben
das Gebäck sofort nach dem Backen nochmals mit Wasser bestreichen.

Butter-Kuchen

Backzeit: Etwa 15 Minuten
Strom: 200–225 (vorgeheizt)
Gas: 5 Minuten vorheizen 4–5, backen 4–5

	Für den Teig
500 g Weizenmehl	in eine Rührschüssel sieben, mit
1 Päckchen Trocken-Backhefe	sorgfältig vermischen
75 g Zucker **1 Päckchen Vanillin-Zucker** **Salz** **250 ml (¼ l) lauwarme Milch** **75 g zerlassene, abgekühlte Butter oder Margarine**	hinzufügen die Zutaten mit einem Handrührgerät mit Knethaken zunächst auf niedrigster, dann auf höchster Stufe in etwa 5 Minuten zu einem Teig verarbeiten, sollte er kleben, noch etwas Mehl hinzufügen (aber nicht zu viel, Teig muß weich bleiben) den Teig so lange an einem warmen Ort stehenlassen bis er sich sichtbar vergrößert hat, ihn dann auf höchster Stufe nochmals gut durchkneten, auf einem gefetteten Backblech ausrollen, vor den Teig einen mehrfach umgeknickten Streifen Alufolie legen
	für den Belag
125 g Butter	in Flöckchen gleichmäßig auf den Teig setzen oder zerlassen darauf streichen
75 g Zucker	mit
1 Päckchen Vanillin-Zucker	mischen, darüber streuen
50 g abgezogene, gehobelte Mandeln	gleichmäßig darüber verteilen, den Teig nochmals so lange an einem warmen Ort gehen lassen, bis er sich sichtbar vergrößert hat, in den Backofen schieben
Veränderung:	250 ml (¼ l) Schlagsahne steif schlagen, sofort nach dem Backen gleichmäßig auf den Butterkuchen streichen.

Hefe-Boller

(16 Stück)

Backzeit: Etwa 15 Minuten
Strom: 200–225 (vorgeheizt)
Gas: 5 Minuten vorheizen 4–5,
backen 4–5

	Für den Teig
500 g Weizenmehl	in eine Rührschüssel sieben, mit
1 Päckchen Trocken-Backhefe	sorgfältig vermischen
80 g Zucker **1 Päckchen Vanillin-Zucker** **½ Teel. gemahlenen Zimt** **Salz** **250 ml (¼ l) lauwarme Milch** **100 g zerlassene, abgekühlte Margarine**	hinzufügen
	die Zutaten mit einem Handrührgerät mit Knethaken zunächst auf niedrigster, dann auf höchster Stufe in etwa 5 Minuten zu einem Teig verarbeiten, sollte er kleben, noch etwas Mehl hinzufügen (aber nicht zu viel, Teig muß weich bleiben) den Teig so lange an einem warmen Ort stehenlassen, bis er sich sichtbar vergrößert hat
	für die Füllung
1 Päckchen Soßen-Pulver Vanille-Geschmack **40 g Zucker** **1 Eigelb**	mit 3 Eßl. von
125 ml (⅛ l) Milch	anrühren, die restliche Milch mit
125 ml (⅛ l) Schlagsahne	zum Kochen bringen, das Soßen-Pulver unter Rühren in die von der Kochstelle genommene Flüssigkeit geben, kurz aufkochen lassen, unter Rühren abkühlen lassen den gegangenen Teig nochmals auf höchster Stufe gut durchkneten, etwa ½ cm dick ausrollen, mit einer runden Form (Durchmesser etwa 8 cm) 32 Platten ausstechen auf die Hälfte der Teigplatten in die Mitte jeweils etwas von der erkalteten Pudding-Creme geben, die Teigränder mit
Eiweiß	bestreichen, die übrigen Teigplatten darauf legen, die Teigränder gut andrücken die Teigstücke auf gefettete Backbleche legen, nochmals so lange an einem warmen Ort gehen lassen,

	bis sie sich sichtbar vergrößert haben, in den Backofen schieben das Gebäck sofort nach dem Backen vom Backblech lösen, die Oberseite mit
75 g zerlassener Butter	bestreichen, in
100 g Zucker	wenden.
Veränderung:	Anstelle der Pudding-Füllung Pflaumenmus verwenden.

Gefüllter, aufgeschnittener Kranz

Backzeit: 25–35 Minuten
Strom: 175–200 (vorgeheizt)
Gas: 5 Minuten vorheizen 3–4, backen 3–4

	Für den Teig
500 g Weizenmehl	in eine Rührschüssel sieben, mit
1 Päckchen Trocken-Backhefe	sorgfältig vermischen
100 g Zucker Salz 1 Ei knapp 200 ml (⅕ l) lauwarme Milch 125 g zerlassene, abgekühlte Butter oder Margarine	hinzufügen die Zutaten mit einem Handrührgerät mit Knethaken zunächst auf niedrigster, dann auf höchster Stufe in etwa 5 Minuten zu einem Teig verarbeiten, sollte er kleben, noch etwas Mehl hinzufügen (aber nicht zu viel, Teig muß weich bleiben) den Teig so lange an einem warmen Ort stehenlassen, bis er sich sichtbar vergrößert hat, ihn dann auf höchster Stufe nochmals gut durchkneten, zu einem Rechteck (40 x 50 cm) ausrollen, mit
50 weicher Butter oder Margarine	bestreichen, in der Mitte der Länge nach durchschneiden
	für die Füllung
75 g Korinthen 125 g Rosinen	beide Zutaten verlesen, mit

50 g gewürfeltem Zitronat (Sukkade)	
50 g abgezogenen, gehackten Mandeln	
50 g Zucker	
1 Päckchen Vanillin-Zucker	mischen, so auf die Teigstücke streuen, daß an der durchgeschnittenen Seite je 2 cm frei bleiben, jede Teighälfte von der längeren Seite her von außen nach innen aufrollen, die Rollen umeinanderschlingen, als Kranz auf ein gefettetes Backblech legen, mit
Kondensmilch	bestreichen, die aufliegenden Rollen mit einem in Wasser getauchten Messer etwa 1 cm tief einschneiden, den Kranz nochmals so lange an einem warmen Ort gehen lassen, bis er sich sichtbar vergrößert hat, in den Backofen schieben
	für den Guß
50 g Puderzucker	sieben, mit
etwa 1 Eßl. heißem Wasser	glattrühren, so daß eine dickflüssige Masse entsteht den Kranz sofort nach dem Backen damit bestreichen.
Veränderung:	200 g Marzipan-Rohmasse mit 2 Eigelb und 1 Eßl. Wasser zu einer geschmeidigen Masse verrühren, auf den mit Fett bestrichenen Teig streichen. Den Kranz evtl. etwas länger backen.

Party-Pizzas

Backzeit: Etwa 15 Minuten
Strom: 200–225 (vorgeheizt)
Gas: 5 Minuten vorheizen 4–5, backen 4–6

	Für den Teig
500 g Weizenmehl	in eine Rührschüssel sieben, mit
1 Päckchen Trocken-Backhefe	sorgfältig vermischen
1 Teel. Zucker	
2 Teel. Salz	
1 Messerspitze Pfeffer	
1 Messerspitze Paprikapulver	
2 Eier	
125 ml (⅛ l) lauwarme Milch	
100 g zerlassene, abgekühlte Margarine	hinzufügen

die Zutaten mit einem Handrührgerät mit Knethaken zunächst auf niedrigster, dann auf höchster Stufe in etwa 5 Minuten zu einem Teig verarbeiten
den Teig so lange an einem warmen Ort stehenlassen, bis er sich sichtbar vergrößert hat

für den Belag

250 g Artischockenherzen (aus der Dose)
4 Ananasscheiben (aus der Dose)
175 g gekochte Spargelstücke
115 g gedünstete Champignons
175 g Mandarinenspalten (aus der Dose)

die Zutaten abtropfen lassen

4 Tomaten

waschen, abtrocknen, die Stengelansätze herausschneiden, die Tomaten in Scheiben schneiden

125 g Salamischeiben
125 g gekochte Schinkenscheiben

beide Zutaten in größere Stücke schneiden
den gegangenen Teig auf höchster Stufe nochmals durchkneten
den Teig zu einer Rolle formen, in 8 gleich große Stücke teilen, jedes Stück etwas ausrollen, auf ein gefettetes Backblech legen, zu einer ovalen Form auseinanderdrücken
die Teigstücke beliebig belegen, mit

Salz
Pfeffer
gerebeltem Oregano
gerebeltem Majoran

bestreuen

250 g Emmentaler Käse

grob raspeln, auf den Pizzas verteilen
die Teigstücke nochmals so lange an einem warmen Ort gehen lassen, bis sie sich sichtbar vergrößert haben, in den Backofen schieben
die Pizzas mit

gehackter Petersilie

bestreuen.

Streusel-, Apfel- oder Pflaumen-Kuchen

Für den Teig

500 g Weizenmehl in eine Rührschüssel sieben, mit

1 Päckchen Trocken-Backhefe sorgfältig vermischen

75 g Zucker
1 Päckchen Vanillin-Zucker
Salz
250 ml (¼ l) lauwarme Milch
75 g zerlassene, abgekühlte Butter oder Margarine hinzufügen,
die Zutaten mit einem Handrührgerät mit Knethaken zunächst auf niedrigster, dann auf höchster Stufe in etwa 5 Minuten zu einem Teig verarbeiten, sollte er kleben, noch etwas Mehl hinzufügen (aber nicht zu viel, Teig muß weich bleiben)
den Teig so lange an einem warmen Ort stehenlassen bis er sich sichtbar vergrößert hat, ihn dann auf höchster Stufe nochmals gut durchkneten, auf einem gefetteten Backblech ausrollen, vor den Teig einen mehrfach umgeknickten Streifen Alufolie legen

für den Streusel-Kuchen

Backzeit: 20–30 Minuten
Strom: 200–225 (vorgeheizt)
Gas: 5 Minuten vorheizen 4–5, backen 4–5

300 g Weizenmehl in eine Rührschüssel sieben, mit

150 g Zucker
1 Päckchen Vanillin-Zucker mischen

150–200 g weiche Butter hinzufügen, alle Zutaten mit dem Handrührgerät mit Knethaken zu Streuseln von gewünschter Größe verarbeiten,
gleichmäßig auf dem Teig verteilen
den Teig nochmals so lange an einem warmen Ort gehen lassen, bis er sich sichtbar vergrößert hat, in den Backofen schieben

für den Apfel-Kuchen

Backzeit: 20–30 Minuten
Strom: 200–225 (vorgeheizt)
Gas: 5 Minuten vorheizen 4–5, backen 4–5

etwa 1½ kg Äpfel schälen, vierteln, entkernen, in dicke Scheiben schneiden, gleichmäßig auf den Teig legen, mit

Fortsetzung Seite 464

20 g abgezogenen, gesplitterten Mandeln
20 g verlesenen Rosinen bestreuen, den Teig nochmals so lange an einem warmen Ort gehen lassen, bis er sich sichtbar vergrößert hat, in den Backofen schieben

zum Aprikotieren
gut 3 Eßl. Aprikosen-Konfitüre mit
1 Eßl. Wasser unter Rühren aufkochen lassen, den Apfel-Kuchen sofort nach dem Backen damit bestreichen

für den Pflaumen-Kuchen

Backzeit: 20–30 Minuten.
Strom: 200–225 (vorgeheizt)
Gas: 5 Minuten vorheizen 4–5, backen 4–5

3 kg Pflaumen waschen, gut abtropfen lassen, einzeln mit einem Tuch abreiben, entsteinen, mit der Innenseite nach oben auf den Teig legen
den Teig nochmals so lange an einem warmen Ort gehen lassen, bis er sich sichtbar vergrößert hat, in den Backofen schieben
den etwas ausgekühlten Kuchen mit
Zucker bestreuen.

Marzipan-Krokant-Gebäck

Backzeit: Etwa 30 Minuten
Strom: 175–200 (vorgeheizt)
Gas: 3–4 (nicht vorgeheizt)

Für den Teig
375 g Weizenmehl in eine Rührschüssel sieben, mit
1 Päckchen Trocken-Backhefe sorgfältig vermischen
60 g Zucker
1 Päckchen Vanillin-Zucker
¼ Teel. Salz
1 Ei
knapp 200 ml (⅕ l) lauwarme Milch
100 g zerlassene, abgekühlte Margarine hinzufügen
die Zutaten mit einem Handrührgerät mit Knethaken zunächst auf niedrigster, dann auf höchster Stufe in etwa 5 Minuten zu einem Teig verarbeiten, sollte er kleben, noch etwas Mehl hinzufügen (aber nicht zu viel, Teig muß weich bleiben)

Fortsetzung Seite 466

den Teig so lange an einem warmen Ort stehenlassen, bis er sich sichtbar vergrößert hat

für die Füllung

1 Messerspitze Butter mit
40 g Zucker
80 g abgezogenen, gehackten Mandeln unter Rühren so lange erhitzen, bis der Krokant genügend gebräunt ist, ihn auf einen Teller geben, erkalten lassen

200 g Marzipan-Rohmasse
25 g Butter
1 Ei mit dem Handrührgerät mit Rührbesen zu einer geschmeidigen Masse verrühren

den gegangenen Teig auf höchster Stufe nochmals gut durchkneten, zu einem Rechteck (45 x 30 cm) ausrollen, mit der Marzipan-Masse bestreichen, mit dem Krokant bestreuen

den Teig von der kürzeren Seite her aufrollen, in eine gefettete, mit Semmelmehl ausgestreute Kastenform (35 x 11 cm) geben, nochmals so lange an einem warmen Ort gehen lassen, bis er sich sichtbar vergrößert hat

die Oberfläche der Länge nach 1 cm tief einschneiden, in den Backofen schieben

das Gebäck sofort nach dem Backen aus der Form nehmen, von allen Seiten mit
30 g zerlassener Butter bestreichen, mit
Puderzucker bestäuben.

Hefe-Napfkuchen

Backzeit: Etwa 50 Minuten
Strom: 175–200 (vorgeheizt)
Gas: 2–3 (nicht vorgeheizt)

1 Päckchen Trocken-Backhefe mit
1 Teel. Zucker
200 ml (1/5 l) lauwarmer Schlagsahne in einem Schüsselchen sehr sorgfältig anrühren, etwa 15 Minuten bei Zimmertemperatur stehenlassen

500 g Weizenmehl in eine Rührschüssel sieben, in die Mitte eine Vertiefung eindrücken

125 g Zucker
1 Päckchen Vanillin-Zucker
6 Tropfen Backöl
Zitrone, Salz
75 g abgezogene, gemahlene Mandeln
3 Eier
200 g zerlassene, abgekühlte Margarine an den Rand des Mehls geben
die angesetzte Hefe in die Vertiefung geben
die Zutaten mit einem Handrührgerät mit Knethaken zunächst auf niedrigster, dann auf höchster Stufe in etwa 5 Minuten zu einem Teig verarbeiten, sollte er kleben, noch etwas Mehl hinzufügen (aber nicht zu viel, Teig muß weich bleiben)
den Teig an einem warmen Ort so lange stehenlassen, bis er sich sichtbar vergrößert hat, ihn dann auf höchster Stufe nochmals gut durchkneten

150 g Rosinen verlesen, kurz auf mittlerer Stufe unterkneten
den Teig in eine gefettete, mit Semmelmehl ausgestreute Napfkuchenform (Durchmesser etwa 24 cm) füllen, nochmals so lange an einem warmen Ort gehen lassen, bis er sich sichtbar vergrößert hat, in den Backofen schieben

Bienenstich

Backzeit: Etwa 15 Minuten
Strom: 200–225 (vorgeheizt)
Gas: 5 Minuten vorheizen 3–4, backen 3–4

Für den Teig
500 g Weizenmehl in eine Rührschüssel sieben, mit
1 Päckchen Trocken-Backhefe sorgfältig vermischen
75 g Zucker
1 Päckchen Vanillin-Zucker
Salz, 2 Eier
125 ml (⅛ l) lauwarme Milch
100 g zerlassene, abgekühlte Butter oder Margarine hinzufügen, die Zutaten mit einem Handrührgerät mit

Fortsetzung Seite 468

Knethaken zunächst auf niedrigster, dann auf höchster Stufe in etwa 5 Minuten zu einem Teig verarbeiten, sollte er kleben, noch etwas Mehl hinzufügen (aber nicht zu viel, Teig muß weich bleiben)
den Teig so lange an einem warmen Ort stehenlassen, bis er sich sichtbar vergrößert hat, ihn dann auf höchster Stufe nochmals gut durchkneten, auf einem gefetteten Backblech ausrollen, mehrmals mit einer Gabel einstechen
vor den Teig einen mehrfach umgeknickten Streifen Alufolie legen

für den Belag

100 g Butter	mit
150 g Zucker **1 Päckchen Vanillin-Zucker** **2–3 Eßl. Milch**	unter Rühren zerlassen
200 g abgezogene, gehobelte Mandeln	unterrühren, die Masse etwas abkühlen lassen, gleichmäßig auf dem Teig verteilen den Teig nochmals so lange an einem warmen Ort gehen lassen, bis er sich sichtbar vergrößert hat, in den Backofen schieben

für die Füllung

	aus
2 Päckchen Pudding-Pulver Vanille-Geschmack **75 g Zucker** **750 ml (¾ l) Milch**	nach Vorschrift auf dem Päckchen (aber nur mit ¾ l Milch) einen Pudding zubereiten, kalt stellen, ab und zu durchrühren
250 ml (¼ l) Schlagsahne	½ Minute schlagen
1 Päckchen Sahnesteif	einstreuen, die Sahne steif schlagen, vorsichtig unter den erkalteten Pudding rühren das erkaltete Gebäck vierteln, jedes Stück waagerecht durchschneiden, mit der Creme füllen.
Tip:	Anstelle der Schlagsahne 100 g Butter unter den noch heißen Pudding rühren, kalt stellen, ab und zu durchrühren.

Berliner

500 g Weizenmehl	in eine Rührschüssel sieben, mit
1 Päckchen Trocken-Backhefe	sorgfältig vermischen
30 g Zucker **1 Päckchen Vanillin-Zucker** **3 Tropfen Backöl Bittermandel** **1 gestrichenen Teel. Salz** **2 Eier** **1 Eigelb** **125 ml (⅛ l) lauwarme Milch** **100 g zerlassene, abgekühlte Butter oder Margarine**	hinzufügen
	die Zutaten mit einem Handrührgerät mit Knethaken zunächst auf niedrigster, dann auf höchster Stufe in etwa 5 Minuten zu einem Teig verarbeiten, sollte er kleben, noch etwas Mehl hinzufügen (aber nicht zu viel, Teig muß weich bleiben) den Teig so lange an einem warmen Ort stehenlassen, bis er sich sichtbar vergrößert hat, ihn dann auf höchster Stufe nochmals gut durchkneten den Teig etwa ½ cm dick ausrollen, mit einer runden Form (Durchmesser etwa 7 cm) ausstechen die Hälfte der Teigplatten am Rand dünn mit
Eiweiß	bestreichen, in die Mitte jeweils
Konfitüre	geben, die übrigen Teigplatten darauf legen, die Teigränder gut andrücken, die Teigstücke nochmals so lange an einem warmen Ort gehen lassen, bis sie sich sichtbar vergrößert haben die Bällchen schwimmend in siedendem
Ausbackfett	auf beiden Seiten backen, mit einem Schaumlöffel herausnehmen, auf einem Kuchenrost abtropfen lassen, in
Zucker	wälzen.
Tip:	Nach Belieben die Berliner mit Zucker-Guß bestreichen. Dafür gesiebten Puderzucker mit so viel lauwarmem Wasser oder Eiweiß verrühren, daß ein streichfähiger Guß entsteht.

Mohn-Rolle

Backzeit: Etwa 40 Minuten
Strom: 150–175 (vorgeheizt)
Gas: 5 Minuten vorheizen 2–3, backen 2–3

	Für den Teig
375 g Weizenmehl	in eine Rührschüssel sieben, mit
1 Päckchen Trocken-Backhefe	sorgfältig vermischen
75 g Zucker 1 Päckchen Vanillin-Zucker Salz, 1 Ei knapp 200 ml (⅕ l) lauwarme Milch 75 g zerlassene, abgekühlte Butter oder Margarine	hinzufügen die Zutaten mit einem Handrührgerät mit Knethaken zunächst auf niedrigster, dann auf höchster Stufe in etwa 5 Minuten zu einem Teig verarbeiten den Teig so lange an einem warmen Ort stehenlassen, bis er sich sichtbar vergrößert hat
	für die Füllung
250 g frisch gemahlenen Mohn	mit
150 g zerlassener Butter 150 g Zucker 2 Eiern 25 g abgezogenen, gemahlenen Mandeln 100 g gewürfeltem Zitronat (Sukkade) 75 g verlesenen Rosinen 2 Tropfen Backöl Bittermandel	zu einer geschmeidigen Masse verrühren den gegangenen Teig auf höchster Stufe nochmals gut durchkneten, zu einem Rechteck (35 x 40 cm) ausrollen die Füllung gleichmäßig darauf verstreichen (an den Seiten je 2 cm frei lassen), die Ränder an den beiden kürzeren Seiten etwas einschlagen, den Teig von der längeren Seite fest aufrollen die Rolle auf ein gefettetes Backblech legen, an einem warmen Ort nochmals so lange gehen lassen, bis sie sich sichtbar vergrößert hat die Rolle der Länge nach etwa 1½ cm tief einschneiden mit
Kondensmilch	bestreichen, in den Backofen schieben
	für den Guß
75 g Puderzucker	sieben, mit
1½–2 Eßl. Zitronensaft	glattrühren, so daß eine dickflüssige Masse entsteht, das Gebäck sofort nach dem Backen damit bestreichen, mit
abgezogenen, gehobelten Mandeln	bestreuen.

Hannoverscher Apfel-Kuchen

Backzeit: 20–30 Minuten
Strom: 200–225 (vorgeheizt)
Gas: 5 Minuten vorheizen 3–4, backen 3–4

Für den Teig

1 Packung Grundteigmischung Hefe-Teig
150 ml lauwarmes Wasser

nach Vorschrift auf der Packung zubereiten, gehen lassen

für die Füllung

1½ kg Äpfel

schälen, vierteln, entkernen, in Stücke schneiden, mit

50 g verlesenen Rosinen
40 g Zucker
1 gestrichenen Teel. gemahlenem Zimt
30 g Butter

unter Rühren leicht dünsten, abkühlen lassen
den gegangenen Teig nochmals gut durchkneten, gut die Hälfte des Teiges auf ⅔ eines gefetteten Backblechs ausrollen, am Rand etwas hochdrücken, die erkaltete Füllung gleichmäßig auf dem Teig verteilen, dabei an der offenen Seite des Blechs etwa 2 cm Teig frei lassen, die überstehenden Teigränder auf die Füllung schlagen den Rest des Teiges als Decke ausrollen, auf die Füllung legen, die Ränder gut andrücken, die Decke mit

40 g weicher Butter

bestreichen

zum Bestreuen

50 g Zucker

mit

1 Päckchen Vanillin-Zucker
50 g abgezogenen, gehobelten Mandeln

mischen, gleichmäßig auf dem Teig verteilen, ihn nochmals so lange an einem warmen Ort gehen lassen, bis er sich sichtbar vergrößert hat, in den Backofen schieben

Käse-Hörnchen mit Aprikosen

(15 Stück)

Backzeit: 10–15 Minuten
Strom: 200–225 (vorgeheizt)
Gas: 5 Minuten vorheizen 4–5, backen 4–5

Für den Teig

375 g Weizenmehl	in eine Rührschüssel sieben, mit
1 Päckchen Trocken-Backhefe	sorgfältig vermischen
20 g Zucker 1 Päckchen Vanillin-Zucker ½ Teel. Salz 200 ml (⅕ l) lauwarme Milch 50 g zerlassene, abgekühlte Margarine	hinzufügen die Zutaten mit einem Handrührgerät mit Knethaken zunächst auf niedrigster, dann auf höchster Stufe in etwa 5 Minuten zu einem Teig verarbeiten, sollte er kleben, noch etwas Mehl hinzufügen (aber nicht zu viel, Teig muß weich bleiben) den Teig so lange an einem warmen Ort stehenlassen, bis er sich sichtbar vergrößert hat, ihn dann auf höchster Stufe nochmals gut durchkneten den Teig zu einem Rechteck (50 x 30 cm) ausrollen, in Vierecke (10 x 10 cm) schneiden

für die Füllung

15 gedünstete Aprikosenhälften	halbieren, jeweils 2 Aprikosenstücke auf jedes Teigstück geben, die Teigvierecke von einer Spitze ausgehend, aufrollen, als Hörnchen auf ein gefettetes Backblech legen, nochmals so lange an einem warmen Ort gehen lassen, bis sie sich sichtbar vergrößert haben die Hörnchen mit Wasser bestreichen, mit
100 g geraspeltem Emmentaler Käse	bestreuen, in den Backofen schieben

Buchteln

Backzeit: 20–30 Minuten
Strom: 200–225 (vorgeheizt)
Gas: 3–4 (nicht vorgeheizt)

500 g Weizenmehl in eine Rührschüssel sieben, mit
1 Päckchen Trocken-Backhefe sorgfältig vermischen

125 g Zucker
1 Päckchen Vanillin-Zucker
4 Tropfen Backöl Zitrone
Salz
1 Ei
200 ml (⅕ l) lauwarme Milch
100 g zerlassene, abgekühlte Butter oder Margarine hinzufügen

die Zutaten mit einem Handrührgerät mit Knethaken zunächst auf niedrigster, dann auf höchster Stufe in etwa 5 Minuten zu einem Teig verarbeiten

den Teig so lange an einem warmen Ort stehenlassen, bis er sich sichtbar vergrößert hat, ihn dann auf höchster Stufe nochmals gut durchkneten

den Teig zu einer Rolle formen, in 12 gleich große Stücke schneiden, zu Bällchen formen

50 g Butter in einer rechteckigen Auflaufform (etwa 20 x 30 cm) zerlassen, die Teigbällchen von allen Seiten darin wenden (nicht zu dicht legen), sie nochmals an einen warmen Ort stehenlassen, bis sie sich sichtbar vergrößert haben, in den Backofen schieben

die garen Buchteln nach Belieben mit
Puderzucker bestäuben.

Beigabe: Kompott oder Vanille-Soße.

Tip: Buchteln als Kaffeegebäck oder auch als leichte, sommerliche Mittags-Mahlzeit reichen.

Plunderteig

Wichtige Hinweise
Notwendige Vorarbeiten

Das Backen mit Trocken-Backhefe erfordert keine besonderen Vorarbeiten. Die Hefe wird sofort aus dem Päckchen ins Mehl gestreut und mit dem Mehl sorgfältig mit einem Löffel vermischt.
Backbleche im allgemeinen fetten, am zweckmäßigsten mit streichfähiger Butter oder Margarine.

Die einzelnen Arbeitsgänge

„Das Mehl in eine Rührschüssel sieben und die Hefe gleichmäßig unterrühren . . .“
Die Hefe ist in einem Spezialverfahren haltbar gemacht und hat außerdem den zeitsparenden Vorteil, daß sie nicht angerührt oder im „Vorteig“ angesetzt werden muß.

„. . . Alle übrigen im Rezept angegebenen Zutaten zu dem Mehl geben . . .“
Bei der Zubereitung von Plunderteig wird der Hefeteig, der als Grundlage dient, †kalt geführt†. Das heißt, die Zutaten Fett und Milch brauchen nicht lauwarm zu sein. Plunderteig wird ähnlich wie Blätterteig kühl bearbeitet.

„. . . Die Zutaten zunächst kurz auf niedrigster, dann auf höchster Stufe etwa 5 Minuten verarbeiten. Der Teig muß glatt sein . . .“
Das Kneten des Hefeteiges bewirkt eine besonders gute Verbindung aller Zutaten untereinander, unter Einschlagen von Luft. Die Hefe wandelt dabei Zucker und Mehl (Stärke), also Kohlenhydrate in Kohlensäure und Alkohol um und bewirkt dadurch eine Lockerung des Teiges. Am schnellsten kann sie Zucker verarbeiten, während sie Mehl (Stärke) vorher abbauen muß . Den Teig 5 Minuten bei Zimmertemperatur ruhen lassen.

„Den Teig ausrollen, die Hälfte mit Butter belegen, zusammenklappen.“
Teig auf der mit Mehl bestäubten Tischplatte zu einem Rechteck (25 x 40 cm) ausrollen. Die Hälfte der Teigplatte (25 x 20 cm) mit **kalter, in dünne Scheiben geschnittener Butter belegen,** die andere Teighälfte darauf klappen, mit der Teigrolle leicht andrücken.

„. . . wieder ausrollen, zusammenklappen, kühl stellen.“
Teigpaket mit der breiten Seite zur Tischkante legen, wieder zu einem Rechteck (25 x 40 cm) ausrollen. Dieses von den kürzeren Seiten her zur Mitte hin so zusammenklappen, daß die Teigkanten aneinanderstoßen. Teig nochmals von der längeren Seite her so überschlagen, daß 4 Teiglagen entstehen, 15 Minuten in den Kühlschrank stellen.

„Teig nochmals ausrollen, zusammenklappen, kühl stellen."
Teigpaket wieder mit der breiten Seite zur Tischkante legen, wieder zu einem Rechteck (25 x 40 cm) ausrollen. Dieses von den kürzeren Seiten her zur Mitte hin so zusammenklappen, daß die Teigkanten aneinanderstoßen. Den Teig von der längeren Seite her dann nochmals überschlagen, daß wieder 4 Teiglagen entstehen, nochmals 15 Minuten in den Kühlschrank stellen.

Aus diesem Teig lassen sich die verschiedensten Gebäcke zubereiten. Den Teig, je nach Rezept, weiterverarbeiten (ausrollen, formen), 15 Minuten bei Zimmertemperatur ruhen lassen.

Das Backen von Plunderteigen

Bei Plunderteig handelt es sich um eine Mischung von Hefeteig und Blätterteig. Wichtig ist, daß dieser Teig nach den einzelnen Arbeitsgängen jeweils 15 Minuten zum Ruhen in den Kühlschrank gestellt wird. Nach dem Formen sollten alle Plunderteige etwa 15 Minuten zugedeckt bei Zimmertemperatur ruhen, damit sich das Fett mit den übrigen Zutaten besser verbindet. Die Teige nach den Angaben unter den Rezepten backen.

Plunder-Kranz

(Abb. S. 476/477)

Backzeit: 35–40 Minuten
Strom: 175–200 (vorgeheizt)
Gas: 5 Minuten vorheizen 3–4, backen 3–4

Für den Teig

375 g Weizenmehl in eine Rührschüssel sieben, mit

1 Päckchen Trocken-Backhefe sorgfältig vermischen

50 g Zucker
1 Päckchen Vanillin-Zucker
Salz, 1 Ei
50 g in Stücke geschnittene Butter
200 ml (1/5 l) kalte Milch hinzufügen, alles mit einem Handrührgerät mit Knethaken zuerst auf niedrigster, dann auf höchster Stufe in etwa 5 Minuten zu einem Teig verarbeiten, 5 Minuten bei Zimmertemperatur ruhen lassen den Teig auf der mit

Weizenmehl bestäubten Tischplatte zu einem Rechteck (25 x 40 cm) ausrollen

150 g kalte Butter in Scheiben schneiden
die Hälfte der Teigplatte (25 x 20 cm) damit belegen, die andere Teighälfte darauf klappen, mit der Teigrolle leicht andrücken
das Teigpaket mit der breiten Seite zur Tischkante legen, wieder zu einem Rechteck (25 x 40 cm) ausrollen, von den kürzeren Seiten her zur Mitte hin so zusammenklappen, daß die Teigkanten aneinanderstoßen
den Teig nochmals von der längeren Seite her so überschlagen, daß 4 Teiglagen entstehen, 15 Minuten in den Kühlschrank legen
das Teigpaket mit der breiten Seite zur Tischkante legen, noch einmal ausrollen und zusammenschlagen, wie oben beschrieben
den Teig nochmals 15 Minuten kühl stellen

für die Füllung

200 g Marzipan-Rohmasse
50 g Butter mit einem Handrührgerät mit Rührbesen geschmeidig rühren

1 Eßl. Rum unterrühren
den Teig zu einem Rechteck (50 x 40 cm) ausrollen, die Marzipanmasse darauf streichen, mit

175 g verlesenen Rosinen
50 g abgezogenen, gehackten Mandeln bestreuen
die Teigplatte der Länge nach durchschneiden,

Fortsetzung Seite 482

beide Teighälften von der längeren Seite her aufrollen, umeinanderschlingen, als Kranz auf ein gefettetes Backblech legen
den Teig nochmals 15 Minuten bei Zimmertemperatur ruhen lassen

zum Aprikotieren

1 Eßl. Aprikosen-Konfitüre durch ein Sieb streichen, mit
1 Eßl. Wasser unter Rühren kurz aufkochen lassen, sofort nach dem Backen den Kranz damit bestreichen, etwas abkühlen lassen

für den Guß

50 g Puderzucker sieben, mit
1–2 Eßl. Rum glattrühren, so daß eine dünnflüssige Masse entsteht, den Plunder- Kranz damit überziehen, mit
abgezogenen, gehobelten Mandeln bestreuen.

Tip: Plunder-Gebäck schmeckt am besten, wenn es ganz frisch serviert wird.

Haselnuß-Plunder-Schnitten

Backzeit: 40–50 Minuten
Strom: 175–200 (vorgeheizt)
Gas: 5 Minuten vorheizen 3–4, backen 3–4

Den Teig nach
Rezept Plunder-Kranz (S. 481) zubereiten

für die Füllung

200 g gemahlene Haselnußkerne
100 g Zucker
1 Päckchen Vanillin-Zucker
1 Ei
1 Eiweiß mit einem Handrührgerät mit Rührbesen verrühren, so daß eine geschmeidige Masse entsteht
den Teig zu einem Rechteck (45 x 40 cm) ausrollen, die Nußmasse darauf streichen, mit
60 g Rum-Rosinen bestreuen
den Teig von der längeren Seite her aufrollen, in der Mitte der Länge nach durchschneiden, beide Teile so umeinanderschlingen, daß die Schnittflächen oben liegen, auf ein Backblech legen

1 Eigelb	mit
1 EßI. Milch	verschlagen, den Teig damit bestreichen, nochmals 15 Minuten bei Zimmertemperatur ruhen lassen
	für den Guß
75 g Puderzucker	sieben, mit
1 ½ EßI. Wasser	glattrühren, so daß eine dünnflüssige Masse entsteht das Gebäck sofort nach dem Backen damit bestreichen.
Tip:	Anstelle von gemahlenen Haselnußkernen gemahlene Walnußkerne verwenden.

Buntes Plunder-Gebäck

Backzeit: Etwa 15 Minuten
Strom: 200–225 (vorgeheizt)
Gas: 5 Minuten vorheizen etwa 4, backen etwa 4

	Den Teig nach
Rezept Plunder-Kranz (S. 481)	zubereiten
	für die Füllung aus
1 Päckchen Soßen-Pulver Vanille-Geschmack	
25 g Zucker	
250 ml (¼ l) Milch	einen Pudding (mit den hier angegebenen Zutaten) zubereiten, kalt stellen, ab und zu durchrühren den Teig zu einem Rechteck (48 x 18 cm) ausrollen, daraus Vierecke (8 x 9 cm) schneiden, auf ein Backblech legen, in die Mitte jeweils 2 Teel. von dem erkalteten Pudding geben, mit
Pfirsichspalten Kirschen	garnieren, die Ecken der Teigstücke einschneiden, nochmals 15 Minuten bei Zimmertemperatur ruhen lassen
	für den Guß
100 g Puderzucker	sieben, mit
etwa 4 EßI. Pfirsichsaft	glattrühren, so daß eine dünnflüssige Masse entsteht das Gebäck sofort nach dem Backen (auch die Mitte) damit bestreichen.

Marzipan-Plunder-Gebäck

Backzeit: Etwa 15 Minuten
Strom: 200–225 (vorgeheizt)
Gas: 5 Minuten vorheizen etwa 4,
backen etwa 4

Rezept Plunder-Kranz (S. 481)

Den Teig nach zubereiten

für die Füllung

150 g Marzipan-Rohmasse
50 g abgezogene, gemahlene Mandeln
1 Ei
2 Tropfen Backöl Bittermandel
½–1 Eßl. Orangen-Likör

mit einem Handrührgerät mit Rührbesen verrühren, so daß eine geschmeidige Masse entsteht
den Teig zu einem Rechteck (44 x 36 cm) ausrollen, die Marzipanmasse auf die Hälfte des Teiges (44 x 18 cm) streichen, die andere Teighälfte darauf klappen, mit der Teigrolle leicht andrücken
den Teig in der Mitte der Länge nach durchschneiden jeden Teigstreifen in 4 cm breite Stücke schneiden, diese jeweils in der Mitte 5–6 cm lang einschneiden, das eine Ende einmal durchziehen
die Teigstücke auf ein Backblech legen, die Seiten etwas auseinanderziehen, die Teigstücke nochmals 15 Minuten bei Zimmertemperatur ruhen lassen

für den Guß

100 g Puderzucker
2–3 Eßl. Orangensaft

sieben, mit glattrühren, so daß eine dünnflüssige Masse entsteht das Gebäck sofort nach dem Backen damit bestreichen.

Tip: Ähnlich wie für das Marzipan-Plunder-Gebäck können aus dem Grundteig (S. 481) noch andere Kleingebäcke hergestellt werden, z.B. Plunder-Taschen, -Quadrate, -Hörnchen, mit verschiedenem Obst oder Käse gefüllt.
Besonders geeignet für Obstfüllungen sind Sauerkirschen, Aprikosen, Pfirsiche, Äpfel und verfeinerter Sahne-Quark. Aber auch Schokoladenoder Nougat-Füllungen sind empfehlenswert.

Quark-Ölteig

Wichtige Hinweise
Notwendige Vorarbeiten

Mehl und Backin mischen und sieben.
Mischen und Sieben lockern das Mehl auf und verteilen das Backin gleichmäßig im Mehl. Das Gebäck wird dadurch besser gelockert.

Für Quark-Ölteige Backbleche und -formen fetten.
Dazu am besten streichfähige Butter oder Margarine verwenden und sie gut und gleichmäßig mit einem Pinsel verteilen.

Die einzelnen Arbeitsgänge

„Das mit Backin gemischte und gesiebte Mehl, Quark, Milch, je nach Rezept Ei, Öl, Zucker, Vanillin-Zucker und Salz auf der höchsten Stufe etwa 1 Minute verarbeiten."
Die Zutaten in der angegebenen Reihenfolge in die Rührschüssel geben. Dabei das Ei über einer Tasse aufschlagen und prüfen, ob es frisch ist.

Das Öl ist bei dieser Teigart von ausschlaggebender Bedeutung und sollte nicht durch ein festes Fett ersetzt werden. Jedes Speiseöl, das neutral im Geschmack ist, kann verwendet werden.

Den Teig mit bemehlten Händen auf der Tischplatte zu einer Rolle formen. Falls der Teig zu weich ist, noch etwas Mehl hinzufügen, aber nicht zu viel, damit das Gebäck nicht hart wird.

Aus diesem Teig lassen sich die verschiedensten Gebäcke zubereiten. Er kann nach Belieben ausgerollt, geformt, gefüllt oder belegt werden. Für Kleingebäck den Teig gut ½ cm dick ausrollen, ihn in Vierecke teilen und diese in der Mitte mit etwas Konfitüre belegen. Die Teigstücke zu Dreiecken, Taschen usw. zusammenschlagen, mit Milch bestreichen und auf einem gefetteten Backblech backen.

Das Backen von Quark-Ölteigen

Alle Quark-Ölteige nach den Angaben unter den Rezepten backen. Wenn der Teig gebacken ist, wird das Gebäck sofort aus der Form gelöst oder vom Backblech genommen und zum Auskühlen auf einen Kuchenrost gelegt. Gebäcke aus Quark-Ölteig sollten möglichst frisch gegessen werden.

Rosen-Kuchen

(Abb. S. 486/487)

Backzeit: Etwa 40 Minuten
Strom: 175–200 (vorgeheizt)
Gas: 3–4 (nicht vorgeheizt)

Für den Teig

400 g Weizenmehl mit
1 Päckchen und 6 g (2 gestrichene Teel.) Backpulver Backin mischen, in eine Rührschüssel sieben
200 g Speisequark
6 Eßl. Milch, 1 Ei
125 ml (8 Eßl.) Speiseöl
100 g Zucker
1 Päckchen Vanillin-Zucker, Salz hinzufügen
die Zutaten mit einem Handrührgerät mit Knethaken auf höchster Stufe etwa 1 Minute verarbeiten, anschließend auf der Tischplatte zu einer Rolle formen, den Teig zu einem Rechteck (50 x 40 cm) ausrollen,
mit
75 g weicher Butter bestreichen

für die Füllung

75 g Rosinen
75 g Korinthen
beide Zutaten verlesen
50 g Zucker mit
1 Päckchen Vanillin-Zucker
100 g abgezogenen, gehackten Mandeln mischen, auf den Teig streuen, von der längeren Seite her aufrollen, die Rolle in 16 Stücke schneiden, diese in eine Springform (Durchmesser etwa 28 cm, Boden gefettet) setzen, mit
Kondensmilch bestreichen.

Eierschecke

Backzeit: Etwa 30 Minuten
Strom: 175–200 (vorgeheizt)
Gas: 5 Minuten vorheizen 3–4, backen 3–4

	Für den Teig
250 g Weizenmehl	mit
9 g (3 gestrichene Teel.) Backpulver Backin	mischen, in eine Rührschüssel sieben
125 g Speisequark	
4 Eßl. Milch	
4 Eßl. Speiseöl	
60 g Zucker	
1 Päckchen Vanillin-Zucker	
Salz	hinzufügen die Zutaten mit einem Handrührgerät mit Knethaken auf höchster Stufe etwa 1 Minute verarbeiten, anschließend auf der Tischplatte zu einer Rolle formen den Teig auf einem gefetteten Backblech ausrollen, vor den Teig einen mehrfach umgeknickten Streifen Alufolie legen
	für den Quark-Belag
500 g Speisequark (Magerstufe)	mit
30 g weicher Butter	
80 g Zucker	
1 Ei	
2 Tropfen Backöl Bittermandel	
2 Eßl. Milch	
1 Päckchen Käsekuchen-Hilfe	gut verrühren
40 g Rosinen	verlesen, unterrühren die Masse gleichmäßig auf den Teig streichen
	für die Eier-Creme
	aus
1 Päckchen Soßen-Pulver Vanille-Geschmack	
30 g Zucker	
250 ml (¼ l) Milch	nach Vorschrift auf dem Päckchen (aber nur mit ¼ l Milch) einen Pudding zubereiten, unter Rühren erkalten lassen
100 g Butter	geschmeidig rühren, nach und nach
75 g gesiebten Puderzucker	
3 Eigelb	unter den kalten Pudding rühren
3 Eiweiß	steif schlagen, vorsichtig unter die Creme rühren die Creme auf den Quark-Belag streichen.

Apfel-Taschen

Backzeit: Etwa 15 Minuten
Strom: 175–200 (vorgeheizt)
Gas: 5 Minuten vorheizen 3–4,
backen 3–4

	Für die Füllung
750 g Äpfel	schälen, vierteln, entkernen, in kleine Stücke schneiden, mit
50 g verlesenen Rosinen	
50–75 g Zucker	unter Rühren leicht dünsten, erkalten lassen, mit
3–4 Tropfen Backöl Zitrone	abschmecken
	für den Teig
300 g Weizenmehl	mit
1 Päckchen Backpulver Backin	mischen, in eine Rührschüssel sieben
150 g Speisequark (Magerstufe)	
6 Eßl. Milch	
6 Eßl. Speiseöl	
75 g Zucker	
1 Päckchen Vanillin-Zucker	
Salz	hinzufügen die Zutaten mit einem Handrührgerät mit Knethaken auf höchster Stufe etwa 1 Minute verarbeiten, auf der Tischplatte zu einer Rolle formen den Teig dünn ausrollen, runde Platten (Durchmesser etwa 10 cm) ausstechen die eine Hälfte jeder Teigplatte mit etwas Apfelfüllung belegen, den Rand jeder Teigplatte mit
Milch	bestreichen, die andere Teighälfte darüber klappen, die Taschen gut an den Rändern andrücken, auf ein gefettetes Backblech legen
	für den Guß
100 g Puderzucker	sieben, mit so viel
heißem Wasser	glattrühren, daß eine dickflüssige Masse entsteht sofort nach dem Backen die Apfel-Taschen damit bestreichen.
Tip:	Anstelle von Äpfeln Sauerkirschen, Pfirsiche oder Aprikosen verwenden. Das Obst nach Belieben mit 50–100 g gestiftelten Mandeln bestreuen.

Mohn-Gitter-Torte

Backzeit: 50–55 Minuten
Strom: 175–200 (vorgeheizt)
Gas: 3–4 (nicht vorgeheizt)

	Für die Füllung
125 ml (1/8 l) Milch	mit
150 g Zucker	
100 g Butter oder Margarine	zum Kochen bringen, von der Kochstelle nehmen
400 g frisch gemahlenen Mohn	
1 gestrichenen Teel. gemahlenen Zimt	
1 Ei	
2 Eßl. Schlagsahne oder Kondensmilch	
5 Eßl. Weinbrand	
5 Eßl. Rosenwasser	
100 g verlesene Rosinen oder Korinthen	hinzufügen, gut unterrühren, die Mohnmasse kalt stellen
	für den Teig
300 g Weizenmehl	mit
1 Päckchen Backpulver Backin	mischen, in eine Rührschüssel sieben
125 g Speisequark	
5 Eßl. Milch	
5 Eßl. Speiseöl	
75 g Zucker	
1 Päckchen Vanillin-Zucker	
Salz	hinzufügen, die Zutaten mit einem Handrührgerät mit Knethaken auf höchster Stufe etwa 1 Minute verarbeiten, anschließend auf der Tischplatte zu einer Rolle formen knapp 1/5 des Teiges beiseite legen, den restlichen Teig in 4 gleich große Stücke teilen, jeweils zu einem Boden in der Größe einer Springform (Durchmesser etwa 28 cm) ausrollen den letzten Boden sofort in die Springform (Boden gefettet) legen aus dem fünften Teigstück eine Rolle formen, sie als Rand auf den Boden legen, so an die Form drücken, daß ein etwa 2 cm hoher Rand entsteht 1/3 der erkalteten Mohnmasse in die Form geben, mit einer Teigplatte bedecken, das zweite Drittel der Mohnmasse darauf streichen, mit einer Teigplatte bedecken, mit der restlichen Mohnmasse bestreichen aus der letzten Teigplatte

Fortsetzung Seite 496

16–20 gleichmäßig breite Streifen rädern, gitterförmig auf die Mohnmasse legen, mit

Milch bestreichen

zum Glasieren

25 g Zucker mit
1 Eßl. Wasser unter Rühren gut aufkochen lassen, das Gebäck sofort nach dem Backen damit bestreichen.

Butter- oder Zucker-Kuchen

Backzeit: Etwa 20 Minuten
Strom: 175–200 (vorgeheizt)
Gas: 5 Minuten vorheizen 3–4, backen 3–4

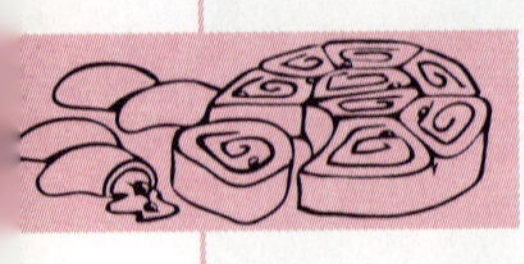

Für den Teig

300 g Weizenmehl mit
1 Päckchen Backpulver mischen, in eine Rührschüssel sieben

150 g Speisequark
6 Eßl. Milch
6 Eßl. Speiseöl
75 g Zucker
1 Päckchen Vanillin-Zucker
Salz hinzufügen
die Zutaten mit einem Handrührgerät mit Knethaken auf höchster Stufe etwa 1 Minute verarbeiten, anschließend auf der Tischplatte zu einer Rolle formen, dabei
75 g verlesene Rosinen unterkneten, den Teig auf einem gefetteten Backblech ausrollen

für den Belag

125 g Butter in Flöckchen gleichmäßig auf den Teig legen oder zerlassen darauf streichen

75 g Zucker mit
1 Päckchen Vanillin-Zucker
50 g abgezogenen, gehobelten Mandeln mischen, gleichmäßig auf dem Teig verteilen, vor den Teig einen mehrfach umgeknickten Streifen Alufolie legen

Schinken-Röllchen

Backzeit: Etwa 15 Minuten
Strom: 175–200 (vorgeheizt)
Gas: 5 Minuten vorheizen 3–4, backen 3–4

	Für den Teig
250 g Weizenmehl	mit
9 g (3 gestrichene Teel.) Backpulver	mischen, in eine Rührschüssel sieben
125 g Speisequark 4 Eßl. Milch 4 Eßl. Speiseöl 1 Eigelb ½ Eiweiß 1 gestrichenen Teel. Salz	hinzufügen die Zutaten mit einem Handrührgerät mit Knethaken auf höchster Stufe etwa 1 Minute verarbeiten, anschließend auf der Tischplatte zu einer Rolle formen den Teig etwa 3 mm dick ausrollen, Rechtecke (7 x 14 cm) ausrädern, mit
½ Eiweiß	bestreichen
	für die Füllung
100 g rohen Schinken 100 g gekochten Schinken 2 kleine Gewürzgurken	fein würfeln etwas von der Füllung auf jedes Teigstück geben, diese jeweils von der kürzeren Seite her aufrollen, auf ein gefettetes Backblech legen, mit
Kondensmilch	bestreichen.

Gerollte Schnitten

(Abb. S. 499)

Backzeit: 20–35 Minuten
Strom: 175–200 (vorgeheizt)
Gas: 5 Minuten vorheizen 3–4, backen 3–4

	Für den Teig
300 g Weizenmehl	mit
1 Päckchen Backpulver Backin	mischen, in eine Rührschüssel sieben
150 g Speisequark 6 Eßl. Milch 6 Eßl. Speiseöl 1 Päckchen Vanillin-Zucker Salz	hinzufügen

Fortsetzung Seite 498

	die Zutaten mit einem Handrührgerät mit Knethaken auf höchster Stufe etwa 1 Minute verarbeiten, anschließend auf der Tischplatte zu einer Rolle formen, den Teig zu einem Rechteck (60 x 30 cm) ausrollen, mit der Hälfte von
100 g weicher Butter	bestreichen
	für die Füllung
200 g Marzipan-Rohmasse	gut durchkneten, halbieren, 2 Vierecke (29 x 29 cm) daraus rollen, nebeneinander auf die Teigplatte legen, mit dem restlichen Fett bestreichen
250 g Rosinen	verlesen
100 g Haselnußkerne	hacken, die Zutaten mit
75 g gewürfeltem Zitronat (Sukkade) 1 gut gehäuften Eßl. Zucker 1 Päckchen Vanillin-Zucker 1 Fläschchen Rum-Aroma 1 Messerspitze gemahlenem Zimt	mischen, auf der mit Butter bestrichenen Platte verteilen, etwas andrücken den Teig in der Mitte durchschneiden, so daß 2 Vierecke (30 x 30 cm) entstehen jedes Teigstück für sich ausrollen, beide nebeneinander auf ein gefettetes Backblech legen die Rollen der Länge nach (etwa 25 cm) etwa 2 cm tief einschneiden, mit
Milch	bestreichen
	zum Aprikotieren
3 Eßl. Aprikosen-Konfitüre	mit
1 Eßl. Wasser	unter Rühren aufkochen lassen, die Rollen sofort nach dem Backen damit bestreichen
	für den Guß
100 g Puderzucker	sieben, mit
etwa 1 Eßl. Apfelsinensaft	glattrühren, so daß eine dickflüssige Masse entsteht die Rollen sofort damit bestreichen, mit
abgezogenen, gehobelten, gebräunten Mandeln	bestreuen.

Blätterteig

Wichtige Information

Blätterteig selbst herzustellen ist sehr arbeitsaufwendig und gewährt nicht immer ein gutes Ergebnis. Der Teig muß — wie das Wort schon sagt — „blättern". Dieses „Blättern" hängt im wesentlichen von dem richtigen Fett ab, das unter der Bezeichnung „Ziehmargarine" nur beim Bäcker erhältlich ist. Es ist einfacher und deshalb empfehlenswert, tiefgekühlten Blätterteig zu verwenden, der ebenso gut und vor allem gelingsicher ist.

Holländische Kirsch-Törtchen

(Abb. S. 500/501)

Backzeit: 10–15 Minuten
Strom: 200–225 (vorgeheizt)
Gas: 5 Minuten vorheizen 4–5, backen 4–5

1 Packung (300 g) tiefgekühlten Blätterteig
bei Zimmertemperatur auftauen lassen (nicht durchkneten), 4 Teigplatten nach Vorschrift auf der Packung so aneinanderlegen, daß ein Rechteck entsteht, die fünfte Platte längs halbieren, an das Rechteck legen die Teigplatte zu einem Rechteck (48 x 32 cm) ausrollen, 6 Platten (Durchmesser 16 cm) ausstechen oder -schneiden, auf ein mit kaltem Wasser abgespültes Backblech legen, mehrmals mit einer Gabel einstechen, vor dem Backen jeweils 15 Minuten ruhen lassen, aus den Teigresten Plätzchen ausstechen, mit Wasser bestreichen, mit

Hagelzucker oder abgezogenen, gehackten Mandeln
bestreuen, mit auf das Backblech legen
sofort nach dem Backen die Böden vom Backblech lösen, auf einem Kuchenrost erkalten lassen, evtl. an den Kanten mit einem spitzen Messer begradigen

für den Guß

1 Eßl. Kirsch-Konfitüre
durch ein Sieb streichen, unter Rühren aufkochen lassen, zwei Böden auf der Unterseite damit bestreichen

50 g Puderzucker
sieben, mit

knapp 1 Eßl. Wasser
glattrühren, so daß eine dünnflüssige Masse entsteht, so auf die Konfitüre streichen (am besten mit einem Messer), daß der Guß rosa erscheint

für die Füllung

etwa 450 g gedünstete Sauerkirschen
abtropfen lassen, 125 ml (1/8 l) Saft abmessen

15 g Speisestärke
mit dem Saft anrühren, unter Rühren zum Kochen bringen, kurz aufkochen lassen, die Kirschen (12 Kirschen zum Garnieren zurücklassen) unterrühren, kalt stellen,

evtl. mit
Zucker abschmecken
400 ml Schlagsahne ½ Minute schlagen
20 g Puderzucker sieben, mit
1 Päckchen Vanillin-Zucker
1 Päckchen Sahnesteif mischen, einstreuen, die Sahne steif schlagen
die mit Guß bestrichenen Böden mit Sahne verzieren,
mit den zurückgelassenen Kirschen garnieren
auf 4 Böden einen dicken Sahnering spritzen,
jeweils in die Mitte ¼ der Kirschmasse geben
jeweils 3 Böden zu einem Törtchen zusammensetzen.

Erdbeer-Schnitten

Backzeit: 15–20 Minuten
Strom: 200–225 (vorgeheizt)
Gas: 5 Minuten vorheizen 4–5, backen 4–5

Für den Teig
1 Packung (300 g) tiefgekühlten Blätterteig bei Zimmertemperatur auftauen lassen (nicht durchkneten)

für die Füllung
aus
1 Päckchen Pudding-Pulver Vanille-Geschmack
40 g Zucker
125 ml (⅛ l) Milch
250 ml (¼ l) Schlagsahne nach Vorschrift auf dem Päckchen (mit den hier angegebenen Zutaten) einen Pudding zubereiten,
kalt stellen, ab und zu durchrühren

für den Belag
750 g Erdbeeren waschen, gut abtropfen lassen, entstielen, halbieren, mit
50 g Zucker bestreuen, zum Saftziehen stehenlassen
den Teig zunächst zu einem Rechteck (34 x 30 cm) ausrollen, dann 2 Rechtecke (30 x 14 cm) daraus schneiden,
auf ein mit kaltem Wasser abgespültes Backblech legen
aus dem restlichen Teig schmale Streifen schneiden, umeinanderschlingen, auf die mit

Fortsetzung Seite 504

Kondensmilch bestrichenen Teigkanten legen, mit Kondensmilch bestreichen

die Teigplatten mehrmals mit einer Gabel einstechen, während des Backens evtl. nochmals einstechen

sofort nach dem Backen das Gebäck vom Backblech lösen, auf einem Kuchenrost

erkalten lassen, mit dem Pudding bestreichen

die Erdbeeren gut abtropfen lassen, schuppenförmig auf den Pudding legen

für den Guß

1 Päckchen Tortenguß
30 g Zucker
250 ml (¼ l) Erdbeersaft (mit Wasser aufgefüllt)

nach Vorschrift auf dem Päckchen zubereiten, über die Erdbeeren verteilen, die Längsseiten mit

15 g abgezogenen, gehackten Mandeln

bestreuen.

Aprikosen-Teilchen

Backzeit: Etwa 15 Minuten
Strom: 200–225 (vorgeheizt)
Gas: 5 Minuten vorheizen 4–5, backen 4–5

1 Packung (300 g) tiefgekühlten Blätterteig

bei Zimmertemperatur auftauen lassen (nicht durchkneten)

den Teig zu einem Rechteck (45 x 20 cm) ausrollen, Quadrate für Windmühlen und Kuverts (10 x 10 cm), Rechtecke und Kreise daraus schneiden

etwa 400 g gedünstete Aprikosenhälften

gut abtropfen lassen, die Teigstücke damit belegen, auf ein mit Wasser abgespültes Backblech legen, mit

abgezogenen Mandeln

und ausgestochenen Teigmotiven garnieren

1 Eigelb mit

1 Eßl. Milch

verschlagen, die Teigstücke damit bestreichen (an den Rändern darf keine Eigelbmilch herunterlaufen)

zum Aprikotieren

2 Eßl. Aprikosen-Konfitüre

durch ein Sieb streichen, mit

1 Eßl. Wasser

unter Rühren aufkochen lassen, sofort nach dem Backen die Gebäckstücke damit bestreichen.

Himbeer-Sahne in Pasteten

Backzeit: 15–20 Minuten
(Deckel etwas früher herausnehmen)
Strom: 200–225 (vorgeheizt)
Gas: 5 Minuten vorheizen 4–5, backen 4–5

Für den Teig

1 Packung (300 g) tiefgekühlten Blätterteig

bei Zimmertemperatur auftauen lassen (nicht durchkneten)
den Teig zu einem Rechteck (etwa 43 x 118 cm) ausrollen, mit einer runden Form (Durchmesser etwa 8,5 cm)
10 Platten ausstechen, die Platten nochmals so ausstechen (Durchmesser etwa 5 cm), daß Ringe und Deckel entstehen
10 Ringe und 4 Deckel beiseite legen, die restlichen Deckel und den restlichen Teig übereinanderlegen, nochmals zu einem Rechteck (etwa 25,5 x 18,5 cm) ausrollen, mit einer runden Form (Durchmesser etwa 8,5 cm) 6 Platten und davon wieder 6 Ringe ausstechen, diese wieder beiseite legen, den restlichen Teig nochmals zu einer Platte (4 x 8,5 cm) ausrollen, 4 Platten (Durchmesser etwa 8,5 cm) ausstechen, diese auf ein mit kaltem Wasser abgespültes Backblech legen, mehrmals mit einer Gabel einstechen, den Rand dieser Platten dünn mit

Kondensmilch

bestreichen, je 3 Ringe mit Kondensmilch bestreichen, jeweils 4 Ringe auf eine Platte legen (an den Rändern darf keine Milch herunterlaufen), aus dem restlichen Teig mit einer runden, gezackten Form Plätzchen ausstechen, auf die mit Kondensmilch bestrichenen Deckel legen, mit auf das Backblech legen

für die Füllung

250 g Himbeeren

sorgfältig verlesen, je 1 Eßl. davon in die erkalteten Pasteten füllen, die übrigen (einige zum Garnieren zurücklassen) durch ein Sieb streichen

125 ml (⅛ l) Schlagsahne

½ Minute schlagen

25 g Puderzucker

sieben, mit

1 Päckchen Sahnesteif

mischen, einstreuen, die Sahne steif schlagen, die Himbeeren unterheben
die Himbeer-Sahne in die Pasteten füllen, mit zurückgelassenen Himbeeren garnieren, die Deckel darauf legen.

Tip: Anstelle von Himbeeren Erdbeeren, Johannisbeeren, Brombeeren oder gedünstete Preiselbeeren verwenden.

Schweine-Öhrchen

Backzeit: 15–20 Minuten
Strom: 175–200 (vorgeheizt)
Gas: 5 Minuten vorheizen 3–4, backen 3–4

Für den Teig

1 Packung (300 g) tiefgekühlten Blätterteig bei Zimmertemperatur auftauen lassen
den Teig zu einem Rechteck (55 x 22 cm) ausrollen, mit

25 g zerlassener, abgekühlter Butter bestreichen

50 g Zucker
1 Päckchen Vanillin-Zucker mischen, den Teig damit bestreuen, von der Teigplatte den linken Teil der langen Seite zu ⅔ und den rechten zu ⅓ zusammenlegen, so daß die Kanten aneinanderstoßen, dann den Teig an der längeren Seite zur Hälfte überschlagen, so vor sich liegen lassen, dieses Teigstück zu einer Platte (30 x 30 cm) ausrollen, die linke und die rechte Seite so zur Mitte überschlagen, daß in der Mitte 2 cm Teig frei bleiben, die linke breite Kante auf die rechte legen, den Teig so lange kalt stellen, bis er schnittfest geworden ist, knapp 1 cm dicke Scheiben davon abschneiden, auf ein mit kaltem Wasser abgespültes Backblech legen
die heißen Schweine-Öhrchen mit Zucker bestreuen.

Schuhsohlen, gefüllt

Backzeit: Etwa 10 Minuten
Strom: 200–225 (vorgeheizt)
Gas: 5 Minuten vorheizen 4–5, backen 4–5

1 Packung (300 g) tiefgekühlten Blätterteig auftauen lassen, den Teig dünn ausrollen, mit einer runden Form (Durchmesser etwa 6 cm) ausstechen, jede Teigplatte von beiden Seiten so auf

Zucker ausrollen, daß ovale Teigstücke entstehen, auf ein mit kaltem Wasser abgespültes Backblech legen

für die Füllung

250 ml (¼ l) Schlagsahne ½ Minute schlagen

1 Päckchen Vanillin-Zucker mit

1 Päckchen Sahnesteif mischen, einstreuen, die Sahne steifschlagen, mit

Kirschwasser abschmecken, die Hälfte der Schuhsohlen auf der Unterseite mit der Sahne bespritzen, die übrigen darauf legen.

Brandteig

Wichtige Hinweise

Notwendige Vorarbeiten

Brandteig auf einem leicht gefetteten, mit Mehl bestäubten Backblech backen.
Etwas Mehl auf eine Seite des Bleches sieben. Damit das Mehl gleichmäßig und in nicht zu dicker Schicht auf dem Backblech liegt, das Backblech mit der nicht bemehlten Seitenkante auf den Tisch schlagen und das überflüssige Mehl entfernen.

Mehl und Speisestärke sieben.
Das Sieben und Mischen von Mehl und Speisestärke lockert die beiden Zutaten auf und verteilt sie gleichmäßig miteinander. Für den nächsten Arbeitsgang ist es sinnvoll, die beiden Zutaten auf ein Stück Pergamentpapier zu sieben.

Die einzelnen Arbeitsgänge

„Wasser und Fett, am besten in einem Stieltopf, zum Kochen bringen. Dann den Topf von der Kochstelle nehmen, das mit Speisestärke gemischte und gesiebte Mehl auf einmal hineinschütten,…“
Wichtig dabei ist, daß das Mehl-Speisestärke-Gemisch beim Kochen nicht klumpt. Deswegen das kochende Wasser von der Kochstelle nehmen und das mit Speisestärke gesiebte Mehl auf einmal hineingeben, es niemals langsam einstreuen.

„. . . zu einem glatten Kloß rühren . . ."
Sobald Mehl und Speisestärke in das heiße Wasser gegeben werden, kräftig rühren, und zwar so lange, bis ein glatter Kloß entstanden ist.

„. . . und diesen unter Rühren noch etwa 1 Minute erhitzen . . ."
Durch dieses Erhitzen (Abbrennen) wird der Teig fester. Ein Zeichen für genügend langes Abbrennen des Teiges ist eine dünne Haut am Boden des Topfes. Das Abbrennen geschieht bei starker Hitze.

„. . . Den heißen Kloß sofort in eine Schüssel geben . . ."
Zur weiteren Verarbeitung des Teiges mit den Knethaken des Handrührgeräts empfiehlt es sich, den Teigkloß in eine Schüssel zu geben, da er sich so besser weiterverarbeiten läßt.

„. . . und nach und nach die Eier auf höchster Stufe unterarbeiten . . .“
Die Eier werden in den heißen Teig gegeben. Jedes Ei wird über einer Tasse aufgeschlagen und geprüft, ob es gut ist. Ein Ei nach dem anderen in den Teig rühren, weil sie sich dann besser unterarbeiten lassen.

„. . . Weitere Eizugabe erübrigt sich, wenn der Teig stark glänzt und so von einem Löffel abreißt, daß lange Spitzen hängenbleiben . . .“
Da die Größe der Eier verschieden ist, nach der Zugabe des vorletzten Eies die Teigbeschaffenheit prüfen. Sollte der Teig schon stark glänzen und so vom Löffel abreißen, daß lange Spitzen hängenbleiben, darf kein Ei mehr zugegeben werden, denn zu flüssiger Teig ergibt breitgelaufenes Gebäck. Andernfalls das letzte Ei verschlagen und davon nur so viel wie notwendig in den Teig geben.

„. . . Danach das Backin in den erkalteten Teig geben.“
Backin darf niemals vor dem Backen mit warmen Zutaten zusammengebracht werden, da seine Triebkraft dann vorzeitig ausgelöst würde und verlorenginge. Deswegen wird das Backin bei Brandteig nicht mit dem Mehl gemischt sondern zuletzt unter den Teig gearbeitet.

Sollen von dem Teig z. B. Windbeutel gebacken werden, ihn dann mit 2 Teelöffeln in Häufchen auf ein vorbereitetes Backblech setzen oder ihn mit einem Spritzbeutel aufspritzen. Soll der Teig in Fett ausgebacken werden, dann wird er mit 2 Teelöffeln abestochen oder in Form von Kränzchen auf gefettete Papierstückchen (z. B. „Back-Sauber") gespritzt und in das heiße Fett gegeben.

Das Backen von Brandteigen

Alle Brandteige werden nach den Angaben unter den folgenden Rezepten gebacken. Erst gegen Ende der Backzeit darf der Backofen vorsichtig geöffnet und nach dem Gebäck gesehen werden, da es sonst leicht zusammenfällt. Wird der Teig in Fett ausgebacken, sollte dieses vorher genügend erhitzt werden, damit das Gebäck nicht zu viel Fett aufnehmen kann. Das Ausbackfett hat den richtigen Hitzegrad, wenn sich um einen in das Fett gehaltenen Holzlöffelstiel kleine Blasen bilden (s. Fettgebäck S. 228).

Windbeutel

(12 Stück – Abb. S. 510/511)

Backzeit: 25–30 Minuten
Strom: 200–225 (vorgeheizt)
Gas: 5 Minuten vorheizen 4–5, backen 4–5

	Für den Teig
250 ml (¼ l) Wasser **50 g Margarine oder Butter**	am besten in einem Stieltopf zum Kochen bringen
150 g Weizenmehl **30 g Speisestärke Gustin**	mit mischen, sieben, auf einmal in die von der Kochstelle genommene Flüssigkeit schütten, zu einem glatten Kloß rühren, unter Rühren etwa 1 Minute erhitzen, den heißen Kloß sofort in eine Rührschüssel geben, nach und nach
4–6 Eier	mit einem Handrührgerät mit Knethaken auf höchster Stufe unterarbeiten, weitere Eizugabe erübrigt sich, wenn der Teig stark glänzt und so von einem Löffel abreißt, daß lange Spitzen hängenbleiben
3 g (1 gestrichener Teel.) Backpulver Backin	in den erkalteten Teig arbeiten, mit 2 Löffeln oder mit einem Spritzbeutel 12 Teighäufchen auf ein gefettetes, mit Weizenmehl bestäubtes Backblech setzen während der ersten 15 Minuten Backzeit die Backofentür nicht öffnen, da das Gebäck sonst zusammenfällt sofort nach dem Backen von jedem Windbeutel einen Deckel abschneiden
	für die Füllung
500 g Sauerkirschen	waschen, entstielen, entsteinen, mit
50 g Zucker	mischen, einige Zeit zum Saftziehen stehenlassen, nur eben zum Kochen bringen
oder etwa 360 g entsteinte, gedünstete Sauerkirschen	
	die Kirschen abtropfen lassen wenn Saft und Kirschen kalt sind, 125 ml (⅛ l) Saft abmessen (evtl. mit Wasser ergänzen)
15 g Speisestärke	mit dem Saft anrühren, unter Rühren zum Kochen bringen, kurz aufkochen lassen, die Kirschen unterrühren, kalt stellen, mit Zucker abschmecken
500 ml (½ l) Schlagsahne	½ Minute schlagen
25 g Puderzucker	sieben, mit

1 Päckchen Vanillin-Zucker
2 Päckchen Sahnesteif mischen, einstreuen, die Sahne steif schlagen
in jeden Windbeutel etwas von der erkalteten Kirschmasse geben, darauf die Sahne spritzen
auf jeden Windbeutel einen Deckel legen, mit
Puderzucker bestäuben, mit
abgezogenen, gehobelten, gebräunten Mandeln bestreuen.

Flocken-Torte

(Abb. S. 519)

Backzeit: etwa 15 Minuten.
Strom: 200–225 (vorgeheizt)
Gas: 5 Minuten vorheizen 3–4
backen 3–4

Für den Knetteig
150 g Weizenmehl in eine Rührschüssel sieben
40 g Zucker
1 Päckchen Vanillin-Zucker
100 g weiche Butter hinzufügen
die Zutaten mit einem Handrührgerät mit Knethaken zunächst kurz auf niedrigster, dann auf höchster Stufe gut durcharbeiten, anschließend auf der Tischplatte zu einem glatten Teig verkneten, sollte er kleben, ihn eine Zeitlang kalt stellen
den Teig auf dem gefetteten Boden einer Springform (Durchmesser etwa 28 cm) ausrollen, mehrmals mit einer Gabel einstechen, mit Springformring
backen
sofort nach dem Backen das Gebäck vom Springformboden lösen, erkalten lassen, auf eine Tortenplatte legen

für den Brandteig
125 ml (⅛ l) Wasser
25 g Margarine am besten in einem Stieltopf zum Kochen bringen
75 g Weizenmehl mit
15 g Speisestärke mischen, sieben, auf einmal in die von der Kochstelle genommene Flüssigkeit schütten, zu einem glatten Kloß rühren, unter Rühren etwa 1 Minute erhitzen, den heißen Kloß sofort in eine Rührschüssel eben, nach und nach

Fortsetzung Seite 518

2–3 Eier	mit einem Handrührgerät mit Knethaken auf höchster Stufe unterarbeiten, weitere Eizugabe erübrigt sich, wenn der Teig stark glänzt und so von einem Löffel abreißt, daß lange Spitzen hängenbleiben
1½ g (½ gestrichener Teel.) Backpulver	in den erkalteten Teig arbeiten aus dem Teig 3 Böden backen, dazu jeweils ⅓ des Teiges auf einen gefetteten, mit Weizenmehl bestäubten Springformboden (Durchmesser etwa 28 cm) streichen (darauf achten, daß die Teiglage am Rand nicht zu dünn ist, damit der Boden dort nicht zu dunkel wird) jeden Boden ohne Springformring backen, bis er hellbraun ist sofort nach dem Backen die Böden vom Springformboden lösen, einzeln auf einem Kuchenrost erkalten lassen (wichtig, da der Dampf entweichen muß)
	für die Füllung
250 g entsteinte, gedünstete Sauerkirschen	abtropfen lassen, 250 ml (¼ l) Saft abmessen (evtl. mit Wasser ergänzen)
30 g Speisestärke	mit 4 Eßl. von dem Saft anrühren, den übrigen Saft zum Kochen bringen, die Speisestärke unter Rühren in den von der Kochstelle genommenen Saft geben, kurz aufkochen lassen, die Kirschen unterrühren, kalt stellen, evtl. mit
Zucker	abschmecken
500 ml (½ l) Schlagsahne	½ Minute schlagen
25 g Puderzucker	sieben, mit
1 Päckchen Vanillin-Zucker	
2 Päckchen Sahnesteif	mischen, einstreuen, die Sahne steif schlagen den Knetteigboden dünn mit
rotem Johannisbeer-Gelee	bestreichen, mit einem Brandteigboden bedecken, diesen zunächst mit der Hälfte der Kirschmasse, dann mit etwa ⅓ der Sahne bestreichen, darauf den zweiten Brandteigboden legen, mit der restlichen Kirschmasse und Sahne bestreichen, den dritten Boden zerbröckeln, auf der Sahne verteilen, mit
Puderzucker	bestäuben.

Eclairs oder Liebesknochen

Backzeit: etwa 20 Minuten
Strom: 200–225 (vorgeheizt)
Gas: 5 Minuten vorheizen 4–5, backen 4–5

	Für den Teig
125 ml (⅛ l) Wasser	
25 g Margarine oder Butter	am besten in einem Stieltopf zum Kochen bringen mit
75 g Weizenmehl	
15 g Speisestärke	mischen, sieben, auf einmal in die von der Kochstelle genommene Flüssigkeit schütten, zu einem glatten Kloß rühren, unter Rühren etwa 1 Minute erhitzen, den heißen Kloß sofort in eine Rührschüssel geben, nach und nach
2–3 Eier	mit einem Handrührgerät mit Knethaken auf höchster Stufe unterarbeiten, weitere Eizugabe erübrigt sich, wenn der Teig stark glänzt und so von einem Löffel abreißt, daß lange Spitzen hängenbleiben
1 Messerspitze Backpulver Backin	in den erkalteten Teig arbeiten, ihn in einen Spritzbeutel (große gezackte Tülle) füllen, etwa 6 cm lange Streifen auf ein gefettetes, mit Weizenmehl bestäubtes Backblech spritzen oder jeweils zwei fingerlange Streifen nebeneinander, einen dritten darauf spritzen sofort nach dem Backen von jedem Eclair einen Deckel abschneiden
	zum Aprikotieren
etwas Aprikosen-Konfitüre	durch ein Sieb streichen, unter Rühren erhitzen, die Gebäckdeckel dünn damit bestreichen
	für die Füllung
75 g Nuß-Nougat-masse	in einem kleinen Topf im Wasserbad bei schwacher Hitze zu einer geschmeidigen Masse verrühren, etwas abkühlen lassen
250 ml (¼ l) Schlagsahne	½ Minute schlagen
1 Päckchen Sahnesteif	einstreuen, die Sahne steif schlagen, die Nougat-Masse eßlöffelweise vorsichtig unterrühren die Nougat-Sahne in einen Spritzbeutel (gezackte Tülle) füllen, in die Eclairs spritzen, auf jeden einen Deckel legen.

Preiselbeer-Kranz

Backzeit: 20–25 Minuten.
Strom: 200–225 (vorgeheizt)
Gas: 5 Minuten vorheizen 4–5, backen 4–5

	Für den Teig
125 ml (⅛ l) Wasser	
30 g Margarine oder Butter	am besten in einem Stieltopf zum Kochen bringen
100 g Weizenmehl	mit
20 g Speisestärke	mischen, sieben, auf einmal in die von der Kochstelle genommene Flüssigkeit schütten, zu einem glatten Kloß rühren, unter Rühren etwa 1 Minute erhitzen, den heißen Kloß sofort in eine Rührschüssel geben, nach und nach
2–3 Eier	mit einem Handrührgerät mit Knethaken auf höchster Stufe unterarbeiten, weitere Eizugabe erübrigt sich, wenn der Teig stark glänzt und so von einem Löffel abreißt, daß lange Spitzen hängenbleiben
1½ g (½ gestrichener Teel.) Backpulver	in den erkalteten Teig arbeiten, auf einem gefetteten, mit Weizenmehl bestäubten Backblech einen Kreis (Durchmesser etwa 22 cm) markieren den Teig in einen Spritzbeutel (gezackte Tülle) füllen, aus ⅔ des Teiges im Kreisinneren einen Kranz spritzen, den restlichen Teig spiralförmig darauf spritzen während der ersten 15 Minuten Backzeit die Backofentür nicht öffnen, da das Gebäck sonst zusammenfällt sofort nach dem Backen von dem Kranz einen Deckel abschneiden
	für die Füllung
200 g gedünstete Preiselbeeren	gut abtropfen lassen
40 g Zartbitter-Schokolade	reiben
400 ml Schlagsahne	½ Minute schlagen
20 g Zucker	mit
1 Päckchen Vanillin-Zucker	
2 Päckchen Sahnesteif	mischen, einstreuen, die Sahne steif schlagen Preiselbeeren und Schokolade vorsichtig unterrühren die Preiselbeer-Sahne auf die untere Kranzhälfte verteilen, den Deckel darauf legen, mit
Puderzucker	bestäuben.

Käse-Windbeutel

Backzeit: etwa 20 Minuten
Strom: 200–225 (vorgeheizt)
Gas: 5 Minuten vorheizen 4–5, backen 4–5

	Für den Teig
125 ml (⅛ l) Wasser **30 g Margarine oder Butter** **Salz**	am besten in einem Stieltopf zum Kochen bringen mit
75 g Weizenmehl **20 g Speisestärke Gustin**	mischen, sieben, auf einmal in die von der Kochstelle genommene Flüssigkeit schütten, zu einem glatten Kloß rühren, unter Rühren etwa 1 Minute erhitzen, den heißen Kloß sofort in eine Rührschüssel geben, nach und nach
2–3 Eier	mit einem Handrührgerät mit Knethaken auf höchster Stufe unterarbeiten, weitere Eizugabe erübrigt sich, wenn der Teig stark glänzt und so von einem Löffel abreißt, daß lange Spitzen hängenbleiben
1½ g (½ gestrichener Teel.) Backpulver Backin	in den erkalteten Teig arbeiten, ihn in einen Spritzbeutel (enge, gezackte Tülle) füllen, Teighäufchen in Größe einer halben Walnuß auf ein gefettetes, mit Weizenmehl bestäubtes Backblech spritzen während der ersten 15 Minuten Backzeit die Backofentür nicht öffnen, da das Gebäck sonst zusammenfällt sofort nach dem Backen von jedem Windbeutel einen kleinen Deckel abschneiden
	für die Füllung
125 g Butter	geschmeidig rühren
100 g Roquefort	mit einer Gabel zerdrücken, unter die Butter rühren
125 ml (⅛ l) Schlagsahne	knapp ½ Minute schlagen
1 schwach gehäuften Teel. Sahnesteif	einstreuen, die Sahne steif schlagen, unter die Butter-Käsemasse heben die Windbeutel mit Käse-Creme füllen, die Deckel dünn mit Creme bestreichen, mit
gehackter Petersilie **Kümmel** **Mohn**	bestreuen, auf die Unterteile legen.

Fettgebäck

Wichtige Hinweise

Teige zum Ausbacken: Folgende Teigarten können für Fettgebäck verwendet werden:
- Brandteig
- Knetteig
- Quark-Ölteig
- Hefeteig

Fett Ausschlaggebend ist das richtige Fett. Am besten eignet sich ein geschmacksneutrales hundertprozentiges Pflanzenfett (z. B. Kokosfett).

Öl soll allein verwendet werden, niemals mit festem Fett mischen.

Die Friteuse (Fritiertopf) so weit mit Fett füllen, daß die Teigstücke darin schwimmen können.

Unterschiedliches Fritiergut (z. B. Fisch, Gebäck) kann nacheinander in demselben Fettbad ausgebacken werden. Die hohe Temperatur verhindert eine Geschmacksübertragung.

Fett nach jedem Fritieren reinigen. Dazu das Fett durch ein mit Küchenpapier ausgelegtes Metallsieb gießen.

Ausbackfett kann 6–10mal verwendet werden.

Temperatur Beim Einlegen des Teiges darf das Fett weder zu heiß noch zu kalt sein. Bei zu starker Hitze bräunt das Gebäck zu schnell, geht nicht richtig auf und bleibt innen teigig. Ist das Fett zu kalt, dann saugt das Gebäck zuviel Fett auf. Außerdem kann dann das Fett anfangen zu schäumen, sobald der Teig eingelegt wird.

Das Schäumen kann so stark werden, daß empfindliche Gebäckstücke förmlich auseinandergerissen werden. Sobald das Fett anfängt zu schäumen, muß es stärker erhitzt werden. Nicht zuviel Teigstücke auf einmal in das Fett geben. Vorsichtig mit der Zugabe von neuem Teig sein, da dadurch eine weitere Abkühlung des Fettes eintritt. Im übrigen soll vor jeder Teigzugabe das Fett geprüft werden, ob es die richtige Temperatur hat, und zwar müssen sich um einen in das Fett gehaltenen Holzlöffelstiel Bläschen bilden. Die richtige Temperatur liegt zwischen 170–190 °C.

Eberswalder Spritzkuchen

(Abb. S. 524/525)

250 ml (¼ l) Wasser
50 g Margarine
am besten in einem Stieltopf zum Kochen bringen

150 g Weizenmehl
mit
30 g Speisestärke Gustin
mischen, sieben, auf einmal in die von der Kochstelle genommene Flüssigkeit schütten, zu einem glatten Kloß rühren, unter Rühren etwa 1 Minute erhitzen, den heißen Kloß sofort in eine Rührschüssel geben, nach und nach

25 g Zucker
1 Päckchen Vanillin-Zucker
4–6 Eier
mit einem Handrührgerät mit Knethaken auf höchster Stufe unterarbeiten
weitere Eizugabe erübrigt sich, wenn der Teig stark glänzt und so von einem Löffel abreißt, daß lange Spitzen hängenbleiben

3 g (1 gestrichener Teel.) Backpulver Backin
in den erkalteten Teig arbeiten, ihn in einen Spritzbeutel (weite Tülle) füllen, auf gefettete Pergamentpapiere (etwa 10 x 10 cm groß) in Form von Kränzen spritzen
durch Eintauchen der Papiere in siedendes

Ausbackfett (Speiseöl oder Kokosfett)
die Kränzchen lösen, schwimmend auf beiden Seiten hellbraun backen, mit einem Schaumlöffel herausnehmen, auf einem Kuchenrost abtropfen lassen

für den Guß

200 g Puderzucker
sieben, mit

2 Eßl. Zitronensaft
etwa 2 Eßl. heißem Wasser
glattrühren, so daß eine dickflüssige Masse entsteht
das Gebäck damit überziehen.

Silvester-Rosen

250 g Weizenmehl
mit
3 g (1 gestrichener Teel.) Backpulver Backin
mischen, in eine Rührschüssel schieben

1 gestrichenen Eßl. Zucker
1 Päckchen Vanillin-Zucker
½ gestrichenen Teel. Salz
1 Ei
2 Eßl. Weinbrand
2 Eßl. Wasser
hinzufügen
die Zutaten mit einem Handrührgerät mit Knethaken zunächst kurz auf niedrigster,

Fortsetzung Seite 528

	dann auf höchster Stufe gut durcharbeiten, anschließend auf der Tischplatte zu einem glatten Teig verkneten
	den Teig etwa 3 mm dick ausrollen, mit einer runden Form (Durchmesser etwa 8 cm) ausstechen
Milch	die Teigplatten jeweils viermal kreuzförmig bis knapp zur Mitte einschneiden, die Hälfte der Teigplatten in der Mitte mit bestreichen, die übrigen so darauf legen, daß die Einschnitte versetzt sind
Ausbackfett (Speiseöl oder Kokosfett)	die Teigstücke in siedendes geben, sofort mit einem Rührlöffel in der Mitte nach unten drücken, so daß eine Vertiefung entsteht, schwimmend auf beiden Seiten hellbraun backen, das abgetropfte, etwas abgekühlte Gebäck mit
Puderzucker Schlagsahne kandierten Kirschen	bestäuben, nach Belieben mit verzieren.

Fett-Krapfen

	Für den Teig
125 ml (⅛ l) Wasser 30 g Margarine oder Butter	am besten in einem Stieltopf zum Kochen bringen
100 g Weizenmehl 15 g Speisestärke	mit mischen, sieben, auf einmal in die von der Kochstelle genommene Flüssigkeit schütten, zu einem glatten Kloß rühren, unter Rühren etwa 1 Minute erhitzen, den heißen Kloß sofort in eine Rührschüssel geben, nach und nach
2–3 Eier	mit einem Handrührgerät mit Knethaken auf höchster Stufe unterarbeiten, weitere Eizugabe erübrigt sich, wenn der Teig stark glänzt und so von einem Löffel abreißt, daß lange Spitzen hängenbleiben
1 Messerspitze Backpulver	in den erkalteten Teig arbeiten
40 g Rosinen	verlesen, kurz unterarbeiten
Ausbackfett (Speiseöl oder Kokosfett)	erhitzen, mit einem in das heiße Fett getauchten Teelöffel Teigbällchen abstechen, schwimmend in dem siedenden Fett hellbraun backen, mit einem Schaumlöffel herausnehmen, auf einem Kuchenrost abtropfen lassen, mit
Puderzucker	bestäuben.

Hobelspäne oder Räderkuchen

500 g Weizenmehl	mit
3 g (1 gestrichener Teel.) Backpulver Backin	mischen, in eine Rührschüssel sieben
100 g Zucker **1 Beutel Rum-Aroma** **3 Eier** **4 Eßl. Milch oder Wasser** **125 g weiche Margarine oder Butter**	hinzufügen die Zutaten mit einem Handrührgerät mit Knethaken zunächst kurz auf niedrigster, dann auf höchster Stufe gut durcharbeiten, anschließend auf der Tischplatte zu einem glatten Teig verkneten, sollte er kleben, ihn eine Zeitlang kalt stellen den Teig dünn ausrollen, in Streifen rädern, in der Mitte einschneiden, das eine Ende einmal durchziehen die Hobelspäne schwimmend in siedendem
Ausbackfett (Speiseöl oder Kokosfett)	goldbraun backen, mit einem Schaumlöffel herausnehmen, auf einem Kuchenrost abtropfen lassen, mit
Puderzucker	bestäuben.

Quark-Taschen

	Für die Füllung
100 g Speisequark	nach und nach mit
1 schwach gehäuften Eßl. Speisestärke **50 g Zucker** **1 Päckchen Vanillin-Zucker, 1 Ei** **2 Tropfen Backöl Bittermandel** **50 g abgezogenen, gemahlenen Mandeln** **25 g verlesenen Rosinen**	verrühren

Fortsetzung Seite 530

	für den Teig
250 g Weizenmehl	mit
1 Päckchen Backpulver	mischen, in eine Rührschüssel sieben
125 g Speisequark **4 Eßl. Milch** **1 Eigelb** **½ Eiweiß** **4 Eßl. Speiseöl** **1 gestr. Teel. Salz**	hinzufügen die Zutaten mit einem Handrührgerät mit Knethaken auf höchster Stufe etwa 1 Minute verarbeiten, anschließend auf der Tischplatte zu einer Rolle formen den Teig gut 2 mm dick ausrollen, runde Platten (Durchmesser etwa 10 cm) ausstechen, die eine Hälfte jeder Teigplatte mit etwas Füllung belegen, den Rand der Platten mit
Eiweiß	bestreichen, die andere Teighälfte darüber klappen, die Teigränder gut andrücken, die Taschen schwimmend in siedendem
Ausbackfett (Speiseöl oder Kokosfett)	auf beiden Seiten hellbraun backen, mit einem Schaumlöffel herausnehmen, auf einem Kuchenrost gut abtropfen lassen, noch warm in einer Mischung aus
Zucker **gemahlenem Zimt**	wenden.

Mutzenmandeln

500 g Weizenmehl	mit
6 g (2 gestrichene Teel.) Backpulver	mischen, in eine Rührschüssel sieben
150 g Zucker **1 Beutel Rum-Aroma** **3 Eier** **Salz** **150 g weiche Margarine oder Butter**	hinzufügen die Zutaten mit einem Handrührgerät mit Knethaken zunächst kurz auf niedrigster, dann auf höchster Stufe gut durcharbeiten, anschließend auf der Tischplatte zu einem glatten Teig verkneten, sollte er kleben, ihn eine Zeitlang kalt stellen den Teig etwa 1 cm dick ausrollen, Mutzenmandeln ausstechen, schwimmend in siedendem
Ausbackfett	goldgelb backen, mit einem Schaumlöffel herausnehmen, auf einem Kuchenrost gut abtropfen lassen, noch heiß in
Zucker	wälzen.

Weihnachtsgebäck

Wichtige Information

Die typischen Weihnachtsgebäckzutaten sind Honig, Sirup, Mandeln, Nüsse und viele Gewürze, wie z. B. Zimt, Kardamom, Nelken und Muskatnuß. Bei der Verwendung von Honig und Sirup ist zu beachten, daß diese Zutaten zunächst mit Zucker, Fett und Flüssigkeit zerlassen werden. Während des Erkaltens sollte die Honigmasse (Sirupmasse) ab und zu umgerührt werden, damit sie gleichmäßig erkaltet. Die auf Handwärme abgekühlte Masse wird dann mit den übrigen im Rezept angegebenen Zutaten verarbeitet.

Quark-Stollen

(Abb. S. 532/533)

Backzeit: 50–60 Minuten
Strom: Vorheizen 250, backen 160–180
Gas: 5 Minuten vorheizen 2–3, backen 2–3

500 g Rosinen	verlesen, mit
100 ml (1/10 l) Rum	beträufeln, mehrere Stunden (am besten über Nacht) stehenlassen
500 g Weizenmehl	mit
1 Päckchen Backpulver Backin	mischen, in eine Rührschüssel sieben
150 g Zucker **1 Päckchen Vanillin-Zucker** **Salz** **4 Tropfen Backöl Bittermandel** **1 Messerspitze gemahlene Nelken** **1 Messerspitze gemahlenen Kardamom** **1 Messerspitze gemahlenen Ingwer** **1 Messerspitze gemahlene Muskatnuß** **1 Messerspitze gemahlenen Zimt** **etwas abgeriebene gelbe Apfelsinenschale (unbehandelt)** **2 Eier** **175 g weiche Butter** **250 g Speisequark**	hinzufügen die Zutaten mit einem Handrührgerät mit Knethaken zunächst kurz auf niedrigster, dann auf höchster Stufe gut durcharbeiten, anschließend auf der Tischplatte

250 g abgezogene, gemahlene Mandeln
150 g gewürfeltes Zitronat (Sukkade)
100 g gewürfeltes Orangeat und die Rosinen unterkneten, alles zu einem glatten Teig verkneten den Teig zu einem Stollen formen, auf ein mit Papier (s. S. 374) belegtes Backblech legen den Stollen sofort nach dem Backen mit
100 g zerlassener Butter bestreichen, mit
50 g Puderzucker bestäuben.

Marzipan-Monde

Backzeit: 10–12 Minuten
(Plätzchen müssen sich noch feucht anfühlen)
Strom: 150–175 (vorgeheizt)
Gas: 5 Minuten vorheizen 2–3, backen 2–3

200 g Marzipan-Rohmasse mit
75 g gesiebtem Puderzucker
150 g nicht abgezogenen, gemahlenen Mandeln
3 gestrichenen Teel. Speisestärke
1 Eiweiß
30 g feingewürfeltem Zitronat (Sukkade)
2 Teel. Orangen-Likör
1 Beutel Zitronen-Aroma mit einem Handrührgerät mit Knethaken zunächst kurz auf niedrigster, dann auf höchster Stufe zu einer zusammenhängenden Masse verarbeiten, diese auf der mit
Puderzucker bestäubten Tischplatte knapp 1 cm dick ausrollen, Halbmonde ausstechen, auf ein mit Papier (s. S. 374) belegtes Backblech legen die erkalteten Plätzchen mit Puderzucker bestäuben

Nürnberger Elisenlebkuchen

(Teig für etwa 40 Oblaten Durchmesser etwa 6 cm

Backzeit: 25–30 Minuten
Strom: 130–150 (vorgeheizt)
Gas: 1–2 (nicht vorgeheizt)

	Für den Teig
75 g Oraneat oder Zitronat (Sukkade)	sehr fein würfeln
125 g Mandeln	mahlen
2 Eier	mit einem Handrührgerät mit Rührbesen auf höchster Stufe in 1 Minute schaumig schlagen
200 g Farin-Zucker	mit
1 Päckchen Vanillin-Zucker	michen, in 1 Minute einstreuen, dann noch etwa 2 Minuten schlagen
1 Messerspitze gemahlene Nelken ½ Fläschchen Rum-Aroma 1–2 Tropfen Backöl Zitrone	unterrühren, die Mandeln mit
1 Messerspitze Backpulver Backin	mischen, mit dem Orangeat (Zitronat) und so viel von
75–125 g gemahlenen Haselnußkernen*	kurz auf niedrigster Stufe unter die Eiercreme rühren, daß der Teig noch streichfähig ist auf jede Oblate einen gehäuften Teelöffel des Teiges geben, mit einem in Wasser getauchten Messer bergförmig auf die ganze Oblate streichen, auf ein Backblech legen
	für den hellen Guß
150 g Puderzucker	sieben mit
1–2 Eßl. heißem Wasser	glattrühren, so daß eine dickflüssige Masse entsteht
	für den dunklen Guß
75g Schokolade	in einem kleinen Topf mit
10 g Kokosfett	im Wasserbad bei schwacher Hitze zu einer geschmeidigen Masse verrühren die Hälfte der Lebkuchen gleich nach dem Backen mit hellem und den Rest mit dunklem Guß bestreichen.

* Die erforderliche Menge Haselnußkerne hängt von der Größe der Eier ab.

Wespen-Nester

Backzeit: Etwa 25 Minuten
Strom: 130–150 (vorgeheizt)
Gas: 1–2 (nicht vorgeheizt)

3 Eiweiß	mit einem Handrührgerät mit Rührbesen auf höchster Stufe steif schlagen, nach und nach
250 g Zucker **1 Päckchen Vanillin-Zucker**	unterrühren
125 g Schokolade	reiben
250 g abgezogene, gehackte Mandeln	
	beide Zutaten auf den Eierschnee geben, vorsichtig auf niedrigster Stufe unterrühren, den Teig in Häufchen auf ein gefettetes Backblech setzen

Zuckerlis

Backzeit: Etwa 12 Minuten
Strom: 175–200 (vorgeheizt)
Gas: 5 Minuten vorheizen 3–4, backen 3–4

1 Eiweiß	mit einem Handrührgerät mit Rührbesen steif schlagen, nach und nach
75 g Zucker **1 Päckchen Vanillin-Zucker**	unterrühren
25 g Speisestärke **15 g Kakao** **1 Messerspitze gemahlenem Zimt** **1 Messerspitze Backpulver Backin**	mit mischen, sieben
100 g nicht abgezogene, gemahlene Mandeln **1 Eigelb**	
	die Zutaten auf den Eischnee geben, kurz auf mittlerer Stufe unterrühren, von dem Teig haselnußgroße Häufchen abstechen, zu Kugeln formen in
Zucker	wälzen, auf ein mit Papier (s. S. 374) belegtes Backblech legen, die Hälfte der Kugeln nach Belieben mit einer Gabel etwas flachdrücken

Feine Nuß-Plätzchen

Backzeit: 10–15 Minuten
Strom: 175–200 (vorgeheizt)
Gas: 5 Minuten vorheizen 3–4 backen 3–4

250 g Weizenmehl	mit
3 g (1 gestrichener Teel.) Backpulver Backin	mischen, in eine Rührschüssel sieben
150 g Zucker **1 Päckchen Vanillin-Zucker** **3 Tropfen Backöl Bittermandel** **Salz** **4 Eßl. Milch** **100 g weiche Butter oder Margarine** **200 g gemahlene Haselnußkerne**	hinzufügen die Zutaten mit einem Handrührgerät mit Knethaken zunächst kurz auf niedrigster, dann auf höchster Stufe gut durcharbeiten, anschließend auf der Tischplatte zu einem glatten Teig verkneten, sollte er kleben, ihn eine Zeitlang kalt stellen den Teig in kleinen Mengen etwa 3 mm dick ausrollen, runde Plätzchen ausstechen, auf ein Backblech legen, mit
Kondensmilch	bestreichen, mit
halbierten Haselnußkernen	belegen (leicht andrücken)

Liegnitzer

(24 Stück)

Backzeit: 10–15 Minuten.
Strom: 175–200 (vorgeheizt)
Gas: 3–4 (nicht vorgeheizt)

Falls keine Backringe vorhanden sind, lassen sich Backförmchen für „Liegnitzer" auf einfache Weise herstellen: Alufolie so legen, daß 12 mal ein 15 cm langes Stück Folie aufeinanderliegt, auf das oberste Stück Folie 2 Kreise von jeweils 15 cm Durchmesser nebeneinander aufzeichnen, so ausschneiden, daß 24 runde Folienblätter entstehen, diese Folienblätter einzeln mit der blanken Seite auf den Boden eines umgedrehten Bechers (z.B. Joghurtbecher) legen, die überstehende Folie fest andrücken, so daß Förmchen mit einem gleichmäßig hohen Rand entstehen

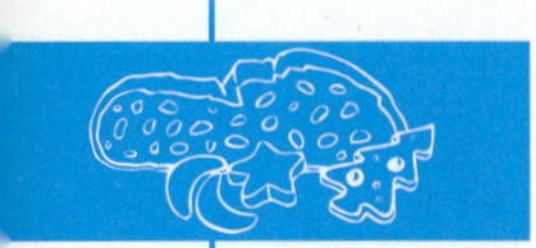

Fortsetzung Seite 541

	für den Teig
200 g Honig oder Sirup **125 g Zucker, Salz** **65 g Margarine oder Butter** **2 Eßl. Milch**	langsam erwärmen, zerlassen, in eine Rührschüssel geben, kalt stellen, unter die fast erkaltete Masse mit einem Handrührgerät mit Rührbesen auf höchster Stufe
2 Eier **¼ Fläschchen Backöl Zitrone** **etwas gemahlenen Kardamom** **½ gestrichenen Teel. gemahlene Nelken** **1 schwach gehäuften Teel. gemahlenen Zimt**	rühren
250 g Weizenmehl **25 g Kakao** **9 g (3 gestrichene Teel.) Backpulver Backin**	mit mischen, sieben, eßlöffelweise auf mittlerer Stufe unterrühren
65 g Korinthen	verlesen
65 g abgezogene, gehackte Mandeln **65 g gewürfeltes Zitronat (Sukkade)**	
	die Zutaten auf mittlerer Stufe unter den Teig rühren, ihn eßlöffelweise auf die gefetteten Folienförmchen verteilen sofort nach dem Backen das Gebäck aus den Förmchen lösen, erkalten lassen
175 g Aprikosen-Konfitüre	durch ein Sieb streichen, mit
2 Eßl. Wasser	unter Rühren aufkochen, das erkaltete Gebäck dünn damit bestreichen
	für den Guß
etwa 200 g Kuvertüre	in einem kleinen Topf im Wasserbad bei schwacher Hitze zu einer geschmeidigen Masse verrühren, die „Liegnitzer“ damit überziehen.

Würzige Kokos-Schnitten

Backzeit: 15–20 Minuten
Strom: 175–200 (vorgeheizt)
Gas: 5 Minuten vorheizen 3–4, backen 3–4

Für den Teig

150 g weiche Butter oder Margarine

mit einem Handrührgerät mit Rührbesen auf höchster Stufe in etwa ½ Minute geschmeidig rühren, nach und nach

2 Eßl. durch ein Sieb gestrichene Aprikosen-Konfitüre
150 g Zucker
1 Päckchen Vanillin-Zucker
Salz
2 Tropfen Rum-Aroma
1 Messerspitze gemahlene Nelken
1 Messerspitze gemahlenen Kardamom
½ gestrichenen Teel. gemahlenen Zimt

unterrühren, so lange rühren, bis eine gebundene Masse entstanden ist, nach und nach

4 Eier

unterrühren (jedes Ei etwa ½ Minute)
mit

175 g Weizenmehl
20 g Kakao
6 g (2 gestrichene Teel.) Backpulver Backin

mischen, sieben, eßlöffelweise mit

1 Eßl. Milch

auf mittlerer Stufe unterrühren, zuletzt

125 g Kokosraspeln

unterrühren
den Teig auf ein gefettetes Backblech streichen, vor den Teig einen mehrfach umgeknickten Streifen Alufolie legen

zum Verzieren

50 g weiße Schokolade

in einem kleinen Topf im Wasserbad bei schwacher Hitze zu einer geschmeidigen Masse verrühren, in kleinen Portionen dünn auf eine Platte streichen, fest werden lassen, mit einem Spachtel dünne Späne abschaben

für den Guß

100 g Zartbitter-Schokolade

in kleine Stücke brechen, mit

etwas Kokosfett

in einem kleinen Topf im Wasserbad bei schwacher Hitze zu einer geschmeidigen Masse verrühren
das abgekühlte Gebäck damit bestreichen, mit den Schokoladenspänen bestreuen
das Gebäck in Vierecke (5 x 5 cm) schneiden.

Zimt-Sterne

(Eiweißverwendung)

Backzeit: 20–30 Minuten
Strom: 130–150 (vorgeheizt)
Gas: 1–2 (nicht vorgeheizt)

3 Eiweiß	mit einem Handrührgerät mit Rührbesen auf höchster Stufe steif schlagen
250 g Puderzucker	sieben, nach und nach unterrühren zum Bestreichen der Sterne 2 gut gehäufte Eßl. Eierschnee abnehmen, unter den übrigen Eierschnee
1 Päckchen Vanillin-Zucker **3 Tropfen Backöl Bittermandel** **1 gestrichenen Teel. gemahlenen Zimt**	und die Hälfte von
275–325 g nicht abgezogenen, gemahlenen Mandeln* **oder gemahlenen Haselnußkernen***	vorsichtig auf niedrigster Stufe rühren von dem Rest der Mandeln so viel unterkneten, daß der Teig kaum noch klebt, ihn auf einer mit
gemahlenen Mandeln oder Haselnußkernen oder gesiebtem Puderzucker	bestreuten Tischplatte etwa ½ cm dick ausrollen, Sterne ausstechen, auf ein mit Papier (s. S. 374) belegtes Backblech legen, mit dem zurückgelassenen Eierschnee bestreichen, der Guß muß so sein, daß er sich glatt auf die Sterne streichen läßt, evtl.
einige Tropfen Wasser	unterrühren
	das Gebäck muß sich beim Herausnehmen noch etwas weich anfühlen die Zimt-Sterne am besten in Kartons aufbewahren.

* Die erforderliche Menge Mandeln (Haselnußkerne) hängt von der Größe der Eier ab.

Früchtebrot

(Abb. nebenstehend)

Backzeit: 70–90 Minuten
Strom: 175–200 (vorgeheizt)
Gas: 2–3 (nicht vorgeheizt)

125 g Hasemußkerne	halbieren
125 g getrocknete Feigen	in Würfel schneiden
250 g Rosinen	verlesen
3 Eier	mit einem Handrührgerät mit Rührbesen auf höchster Stufe in 1 Minute schaumig schlagen
125 g Zucker	mit
1 Päckchen Vanillin-Zucker	mischen, in 1 Minute einstreuen, dann noch etwa 2 Minuten schlagen
½ Fläschchen Rum-Aroma **1 Messerspitze gemahlenen Zimt**	kurz unterrühren
125 g Weizenmehl	mit
50 g Speisestärke Gustin **3 g (1 gestrichener Teel.) Backpulver Backin**	mischen, sieben, alle Zutaten mit
60 g abgezogenen, gehackten Mandeln **125 g gewürfeltem Zitronat (Sukkade)**	auf niedrigster Stufe unter die Eiercreme rühren den Teig in eine mit Papier (s. S. 327) ausgelegte Kastenform (30 x 11 cm) füllen, sofort backen

Nürnberger Lebkuchen

Backzeit: Etwa 12 Minuten
Strom: 175–200 (vorgeheizt)
Gas: 5 Minuten vorheizen 3–4, backen 3–4

	Für den Teig
175 g Honig oder Sirup **50 g Zucker** **Salz** **2 Eßl. Speiseöl** **2 Eßl. Wasser**	langsam erwärmen, zerlassen, in eine Rührschüssel geben, kalt stellen unter die fast erkaltete Masse mit einem Handrührgerät mit Rührbesen auf höchster Stufe

Fortsetzung Seite 546

1 Eigelb	
1 gehäuften Teel. Kakao	
6 Tropfen Backöl Zitrone	
1 Messerspitze gemahlenen Nelkenpfeffer (Piment)	
1 Messerspitze gemahlenen Zimt	rühren
250 g Weizenmehl	mit
9 g (3 gestrichene Teel.) Backpulver Backin	mischen, sieben, ⅔ davon eßlöffelweise auf mittlerer Stufe unterrühren, den Teigbrei mit dem Rest des Mehls,
75 g abgezogenen, gemahlenen Mandeln	
75 g gemahlenen Haselnußkernen	
50 g gewürfeltem Zitronat (Sukkade)	
75 g getrockneten Aprikosen (in Stücke geschnitten)	auf der Tischplatte unter den Teigbrei kneten, gut ½ cm dick ausrollen, mit einer runden Form (Durchmesser etwa 6 cm) ausstechenoder Rechtecke von 9 x 6 cm ausrädern, auf ein gefettetes Backblech legen
	für den Guß
125 g Buderzucker	sieben, mit
1 Eiweiß	glattrühren, ist der Guß zu fest, noch
einige Tropfen Wasser	unterrühren, die Lebkuchen dünn damit bestreichen, sofort mit
Bunt-Zucker	bestreuen.

Haselnuß-Schnitten

Backzeit: Etwa 12 Minuten
Strom: 175–200 (vorgeheizt)
Gas: 5 Minuten vorheizen 3–4, backen 3–4

250 g Weizenmehl	mit
3 g (1 gestrichener Teel.) Backpuler Backin	mischen, in eine Rührschüssel sieben

150 g Zucker **1 Päckchen Vanillin-Zucker** **Salz** **4 Eßl. Milch** **100 g weiche Butter oder Margarine**	hinzufügen die Zutaten mit einem Handrührgerät mit Knethaken zunächst kurz auf niedrigster, dann auf höchster Stufe gut durcharbeiten, anschließend auf der Tischplatte zu einem glatten Teig verkneten etwa ¾ des Teiges mit
100 g gemahlenen Haselnußkernen	verkneten, daraus 2 Rollen (etwa 26 cm lang) formen, sie mit einem großen Messer flachdrücken, so daß die Teigstreifen etwa 4,5 cm breit sind
1 gestrichenen Eßl. Kakao **½ gestrichenen Teel. gemahlenem Zimt**	sieben, mit mischen, mit dem restlichen Teig verkneten, zu einem Rechteck (26 x 18 cm) ausrollen, in 4 Streifen (26 x 4,5 cm) schneiden die Teigstreifen mit
Milch	bestreichen, Unter- und Oberseite der Teigstangen damit belegen, gut andrücken die Stangen kalt stellen, bis sie hart geworden sind, in knapp ½ cm dicke Scheiben schneiden, auf ein Backblech legen

Baiser

(Eiweißverwendung)

Backzeit: 70–100 Minuten
Strom: 110–130 (vorgeheizt)
Gas: 25 Minuten 1, 25 Minuten aus, 25 Minuten 1

4 Eiweiß	mit einem Handrührgerät mit Rührbesen auf höchster Stufe steif schlagen, nach und nach
200 g Zucker	unterrühren die Baisermasse in einen Spritzbeutel füllen, in beliebigen Formen auf ein mit Papier (s. S. 104) belegtes Backblech spritzen oder mit 2 Teelöffeln aufsetzen, das Gebäck darf nur leicht aufgehen und sich schwach gelblich färben

Kokos-Makronen

(Eiweißverwendung)

Backzeit: 20–25 Minuten
Strom: 130–150 (vorgeheizt)
Gas: 1–2 (nicht vorgeheizt)

4 Eiweiß	mit einem Handrührgerät mit Rührbesen auf höchster Stufe steif schlagen, nach und nach
200 g Zucker **1 Messerspitze gemahlenen Zimt** **2 Tropfen Backöl Bittermandel**	unterrühren
200 g Kokosraspeln	vorsichtig auf niedrigster Stufe unter den Eierschnee rühren von dem Teig mit 2 Teelöffeln Häufchen auf ein gefettetes Backblech setzen

Nuß-Printen

Backzeit: Etwa 10 Minuten
Strom: 175–200 (vorgeheizt)
Gas: 5 Minuten vorheizen 3–4, backen 3–4

	Für den Belag
etwa 200 g enthäutete Haselnußkerne	halbieren
	für den Teig
125 g Sirup (Rübenkraut)	mit
50 g Zucker **Salz** **50 g Margarine oder Butter** **2 Eßl. Milch oder Wasser**	langsam erwärmen, zerlassen, in eine Rührschüssel geben, kalt stellen, unter die fast erkaltete Masse mit einem Handrührgerät mit Rührbesen auf höchster Stufe
50 g Grümmel (gestoßener brauner Kandis) **3 Tropfen Backöl Zitrone** **½ gestrichenen Teel. gemahlenen Anis** **½ gestrichenen Teel. gemahlene Nelken** **½ gestrichenen Teel. gemahlenen Zimt**	rühren

250 g Weizenmehl mit
9 g (3 gestrichene Teel.) Backpulver Backin mischen, sieben, 2/3 davon eßlöffelweise auf mittlerer Stufe unterrühren, den Teigbrei mit dem Rest des Mehls auf der Tischplatte zu einem glatten Teig verkneten, sollte er kleben, ihn eine Zeitlang kalt stellen

den Teig etwa 1/2 cm dick ausrollen, Rechtecke (etwa 2 1/2 x 7 cm) daraus schneiden,
auf ein gefettetes Backblech legen, die Haselnußhälften dicht auf die Teigstücke legen

für den Guß

200—250 g Kuvertüre mit
etwas Kokosfett in einem kleinen Topf im Wasserbad bei schwacher Hitze zu einer geschmeidigen Masse verrühren,
die erkalteten Printen damit überziehen.

Mandel-Makronen

(Eiweißverwendung)

Backzeit: 30—35 Minuten
Strom: 130—150 (vorgeheizt)
Gas: 1—2 (nicht vorgeheizt)

2 Eiweiß mit einem Handrührgerät mit Rührbesen auf höchster Stufe steif schlagen, nach und nach

100 g Zucker
1 Messerspitze gemahlenen Zimt
2 Tropfen Backöl Bittermandel unterrühren

100 g abgezogene, gemahlene Mandeln
75 g abgezogene, gehackte Mandeln vorsichtig auf niedrigster Stufe unter den Eierschnee rühren

von dem Teig mit 2 Teelöffeln Häufchen auf ein gefettetes Backblech setzen

Spitzkuchen

Backzeit: Etwa 20 Minuten
Strom: 175–200 (vorgeheizt)
Gas: 5 Minuten vorheizen 3–4, backen 3–4

Für den Teig

175 g Sirup	
50 g Zucker	
Salz	
2 Eßl. Speiseöl	langsam erwärmen, zerlassen, in eine Rührschüssel geben, kalt stellen, unter die fast erkaltete Masse mit einem Handrührgerät mit Rührbesen auf höchster Stufe
1 Ei	
1 gehäuften Teel. Kakao	
6 Tropfen Backöl Zitrone	
1 Messerspitze gemahlenen Nelkenpfeffer (Piment)	
1 gestrichenen Teel. gemahlenen Zimt	rühren
250 g Weizenmehl	mit
9 g (3 gestrichene Teel.) Backpulver Backin	mischen, sieben, ⅔ davon eßlöffelweise auf mittlerer Stufe unterrühren, den Teigbrei mit dem Rest des Mehls,
75 g abgezogenen, gehackten Mandeln	auf der Tischplatte zu einem glatten Teig verkneten, sollte er kleben, ihn eine Zeitlang kalt stellen aus dem Teig knapp 2 cm dicke Rollen in der Länge des Backblechs formen, nicht zu dicht nebeneinander auf ein gefettetes Backblech legen, etwas flachdrücken, hellbraun backen
	die erkalteten Rollen in Dreiecke schneiden

für den Guß

200 g Zartbitter-Kuvertüre	in einem kleinen Topf im Wasserbad bei schwacher Hitze zu einer geschmeidigen Masse verrühren, die Dreiecke damit überziehen.

Tip: Zum Überziehen mit Kuvertüre die Dreiecke auf einen Kuchenrost mit untergelegtem Pergamentpapier oder direkt auf Pergamentpapier setzen.

Zedernbrot

(Eiweißverwendung)

Backzeit: 30–40 Minuten
Strom: 130–150 (vorgeheizt)
Gas: 1–2 (nicht vorgeheizt)

	Für den Teig
3 Eiweiß	mit einem Handrührgerät mit Rührbesen auf höchster Stufe steif schlagen
375 g Puderzucker	mit
1 Päckchen Vanillin-Zucker	mischen, sieben, nach und nach unterrühren
2 Tropfen Backöl Bittermandel abgeriebene gelbe Schale einer halben Zitrone (unbehandelt) 1 Eßl. Zitronensaft	und die Hälfte von
etwa 375 g abgezogenen, gemahlenen Mandeln	vorsichtig auf niedrigster Stufe unterrühren von dem Rest der Mandeln so viel unterkneten, daß der Teig kaum noch klebt, ihn auf einer mit
abgezogenen, gemahlenen Mandeln oder gesiebtem Puderzucker	bestreuten Tischplatte gut ½ cm dick ausrollen, Halbmonde ausstechen, auf ein mit Papier (s. S. 374) belegtes Backblech legen
	für den Guß
150 g Puderzucker	sieben, mit
3–4 Eßl. Zitronensaft	glattrühren, so daß eine dickflüssige Masse entsteht die erkalteten Plätzchen damit bestreichen.

Spekulatius

Backzeit: Etwa 10 Minuten
Strom: 175–200 (vorgeheizt)
Gas: 5 Minuten vorheizen 3–4, backen 3–4

500 g Weizenmehl	mit
6 g (2 gestrichene Teel.) Backpulver Backin	mischen, in eine Rührschüssel sieben
250 g Zucker 1 Päckchen Vanillin-Zucker 2 Tropfen Backöl Bittermandel	

2 Messerspitzen gemahlenen Kardamom
2 Messerspitzen gemahlene Nelken

1 gestrichenen Teel. gemahlenen Zimt
Salz
2 Eier
200 g weiche Butter oder Margarine
100 g abgezogene, gemahlene Mandeln oder Haselnußkerne – hinzufügen

die Zutaten mit einem Handrührgerät mit Knethaken zunächst kurz auf niedrigster, dann auf höchster Stufe gut durcharbeiten, anschließend auf der Tischplatte zu einem glatten Teig verkneten, sollte er kleben, ihn eine Zeitlang kalt stellen

den Teig dünn ausrollen, mit beliebigen Formen (vor allem Tierformen) ausstechen, auf ein Backblech legen

werden Holzmodel benutzt, den Teig in den gut bemehlten Model drücken, den überstehenden Teig abschneiden, die Spekulatiusstücke aus dem Model schlagen

Raspeli

(Eiweißverwendung)

Backzeit: Etwa 25 Minuten
Strom: 130–150 (vorgeheizt)
Gas: 1–2 (nicht vorgeheizt)

3 Eiweiß – mit einem Handrührgerät mit Rührbesen auf höchster Stufe steif schlagen, nach und nach

200 g Zucker
1 Päckchen Vanillin-Zucker – unterrühren
30 g Kakao – auf den Eierschnee sieben
150 g Kokosraspeln – darüber geben, alles vorsichtig auf niedrigster Stufe unter den Eierschnee rühren

von dem Teig mit 2 Teelöffeln Häufchen auf ein gefettetes Backblech setzen

Vanille-Kipferl

(Eigelbverwendung)

Backzeit: Etwa 10 Minuten
Strom: 175–200 (vorgeheizt)
Gas: 5 Minuten vorheizen 3–4, backen 3–4

250 g Weizenmehl	mit
1 Messerspitze Backpulver Backin	mischen, in eine Rührschüssel sieben
125 g Zucker **1 Päckchen Vanillin-Zucker** **Salz** **3 Eigelb** **200 g weiche Butter** **125 g abgezogene, gemahlene Mandeln**	hinzufügen die Zutaten mit einem Handrührgerät mit Knethaken zunächst kurz auf niedrigster, dann auf höchster Stufe gut durcharbeiten, anschließend auf der Tischplatte zu einem glatten Teig verkneten aus dem Teig daumendicke Rollen formen, gut 2 cm lange Stücke davon abschneiden, diese zu etwa 5 cm langen Rollen formen, die Enden etwas dünner rollen, als Hörnchen auf ein Backblech legen
etwa 50 g Puderzucker	sieben, mit
1 Päckchen Vanillin-Zucker	mischen, die noch heißen Kipferl darin wälzen.

Zitronen-Herzen

(Eigelbverwendung)

Backzeit: Etwa 10 Minuten
Strom: 175–200 (vorgeheizt)
Gas: 5 Minuten vorheizen 3–4, backen 3–4

	Für den Teig
3 Eigelb **125 g Zucker** **1 Päckchen Vanillin-Zucker**	mit einem Handrührgerät mit Rührbesen auf höchster Stufe in etwa 1 Minute cremig schlagen
abgeriebene gelbe Schale von einer halben Zitrone (unbehandelt) **1 Messerspitze Backpulver Backin**	und so viel von

200–250 g abgezogenen, gemahlenen Mandeln*
unterrühren, daß ein fester Brei entsteht
von dem Rest der Mandeln so viel unterkneten,
daß der Teig kaum noch klebt,
ihn auf einer mit
abgezogenen, gemahlenen Mandeln oder Puderzucker
bestäubten Tischplatte etwa ½ cm dick ausrollen,
Herzen ausstechen, auf ein mit Papier (s. S. 374) belegtes Backblech legen

für den Guß
100 g Puderzucker
sieben, mit
1–1½ Eßl. Zitronensaft
glattrühren, so daß eine dickflüssige Masse entsteht
sofort nach dem Backen die Plätzchen damit bestreichen.

* Die erforderliche Menge Mandeln hängt von der Größe der Eier ab.

Haferflocken-Plätzchen

Backzeit: 12–15 Minuten
Strom: 175–200 (vorgeheizt)
Gas: 5 Minuten vorheizen 3–4, backen 3–4

75 g Margarine oder Butter
zerlassen
125 g grobe Haferflocken
unter Rühren leicht darin bräunen
1 Eßl. von
75 g Zucker
kurz mitbräunen lassen, die Haferflocken kalt stellen
1 Ei
mit einem Handrührgerät mit Rührbesen in 1 Minute schaumig schlagen,
nach und nach den Rest des Zuckers,
3–5 Tropfen Backöl Bittermandel
hinzugeben, noch etwa 2 Minuten schlagen
50 g Weizenmehl
mit
3 g (1 gestrichener Teel.) Backpulver Backin
mischen, auf die Eicreme sieben, die erkalteten Haferflocken hinzufügen, kurz auf niedrigster Stufe unterrühren
von dem Teig mit 2 Teelöffeln walnußgroße Häufchen auf ein gefettetes Backblech setzen

Brotteige

Wichtige Information

Brot selbst zu backen ist nach wie vor beliebt.

Es kann aus selbst zusammengestellten Zutaten oder aus den im Handel befindlichen Brotmischungen gebacken werden. Weizenbrot wird im allgemeinen mit Hefe, Roggenbrot mit Sauerteig und Mischbrot mit Hefe und Sauerteig zubereitet.

Land-Brot

(Abb. S. 556/557)

Backzeit: Etwa 50 Minuten
Strom: Etwa 200 (vorgeheizt)
Gas: 5 Minuten vorheizen 3–4, backen 3–4

250 g Weizenmehl (Type 1050) **250 g Roggenmehl (Type 1150)** **1 Päckchen Trocken-Backhefe** **1 Teel. Zucker** **2 Teel. Salz** **gemahlenen Pfeffer**	in eine Rührschüssel geben, mit sorgfältig vermischen
4 Eßl. Speiseöl **250 ml (¼ l) lauwarmes Wasser**	hinzufügen, die Zutaten mit einem Handrührgerät mit Knethaken zunächst auf niedrigster, dann auf höchster Stufe verrühren
125 g Sauerteig (vom Bäcker)	hinzufügen, alles in etwa 5 Minuten zu einem glatten Teig verarbeiten, an einem warmen Ort so lange gehen lassen, bis er sich sichtbar vergrößert hat, aus der Schüssel nehmen, **gut** durchkneten aus dem Teig ein rundes Brot formen, auf ein gefettetes Backblech legen, nochmals so lange an einem warmen Ort gehen lassen, bis es sich sichtbar vergrößert hat, die obere Seite des Teiges kreuzweise etwa 1 cm tief einschneiden, mit Wasser bestreichen, mit
Weizenmehl	bestäuben, in den Backofen schieben

Spanisches Brot

Backzeit: 50–60 Minuten
Strom: 220–225 (vorgeheizt)
Gas: 5 Minuten vorheizen 3–4, backen 3–4

Für den Teig

250 g Weizen-Vollkornmehl (Type 1700)
250 g Weizenmehl (Type 405) in eine Rührschüssel geben, mit
1 Päckchen Trocken-Backhefe sorgfältig vermischen
1 Teel. Zucker
2 Teel. Salz
250 ml (¼ l) lauwarme Milch hinzufügen
die Zutaten mit einem Handrührgerät mit Knethaken zunächst auf niedrigster, dann auf höchster Stufe in etwa 5 Minuten zu einem glatten Teig verarbeiten, an einem warmen Ort so lange gehen lassen, bis er sich sichtbar vergrößert hat

für die Füllung

500 g Hähnchenbrustfilet unter fließendem kaltem Wasser abspülen, trockentupfen
25 g Margarine erhitzen, das Fleisch von beiden Seiten darin anbraten, herausnehmen
1 kleine Zwiebel abziehen
1 kleine grüne Paprikaschote halbieren, entstielen, entkernen, die weißen Scheidewände entfernen, die Schote waschen
4 Tomaten waschen, die Stengelansätze herausschneiden
100 g roher Schinken

die 4 Zutaten fein würfeln, zunächst Zwiebel-, Paprika- und Schinkenwürfel in dem Bratfett gut andünsten, dann die Tomatenwürfel hinzufügen, so lange mitdünsten lassen, bis keine Flüssigkeit mehr vorhanden ist, die Masse mit
Pfeffer, Salz
gerebeltem Oregano
gerebeltem Majoran
gerebeltem Thymian
Knoblauchsalz kräftig würzen
das Fleisch in feine Würfel schneiden, zu dem Gemüse geben, nochmals abschmecken, kalt stellen
den gegangenen Teig aus der Schüssel nehmen, **gut** durchkneten, zu einem Rechteck (40 x 32 cm) ausrollen, die Füllung gleichmäßig darauf verteilen, den Teig von der längeren Seite her aufrollen, auf ein gefettetes Backblech legen, nochmals so lange an einem warmen Ort gehen lassen, bis er sich sichtbar vergrößert hat
1 Eigelb mit
1 Eßl. Milch verschlagen, die Rolle damit bestreichen, in den Backofen schieben

Dunkles Sauerbrot

Backzeit: 50–60 Minuten
Strom: Etwa 200 (vorgeheizt)
Gas: 5 Minuten vorheizen 3–4, 3–4

375 g Roggenmehl (Type 1150) **375 g Weizen-Vollkornmehl (Type 1700)**	in eine Rührschüssel geben, mit
2 Päckchen Trocken-Backhefe **1 Päckchen (150 g) Natur-Sauerteig (aus dem Reformhaus)**	sorgfältig vermischen
1 Teel. Zucker **1 gestrichenen Eßl. Salz** **400 ml lauwarmes Wasser**	hinzufügen die Zutaten mit einem Handrührgerät mit Knethaken zunächst auf niedrigster, dann auf höchster Stufe in etwa 5 Minuten zu einem glatten Teig verarbeiten, an einem warmen Ort so lange gehen lassen, bis er sich sichtbar vergrößert hat, aus der Schüssel nehmen, **gut** durchkneten aus dem Teig ein rundes Brot formen, auf ein gefettetes Backblech legen, nochmals so lange an einem warmen Ort gehen lassen, bis es sich sichtbar vergrößert hat die obere Seite des Teiges kreuzweise etwa 1 cm tief einschneiden, mit Wasser bestreichen, mit
Weizenmehl	bestäuben, in den Backofen schieben sofort nach dem Backen die Brotkanten mit Wasser bestreichen.
Veränderung:	Den Teig in einer gefetteten, gesemmelten Kastenform (35 × 11 cm) backen.

Buttermilch-Brot

Backzeit: 50–60 Minuten
Strom: Etwa 200 (vorgeheizt)
Gas: 3–4 (nicht vorgeheizt)

375 g Roggen-Backschrot (Type 1800) **375 g Weizen-Vollkornmehl (Type 1700)**	in eine Rührschüssel geben, mit

2 Päckchen Trocken-Backhefe	sorgfältig vermischen
1 Päckchen (150 g) Natur-Sauerteig (aus dem Reformhaus)	
1 Teel. Zucker	
1 gestrichenen Eßl. Salz	
500 ml (½ l) lauwarme Buttermilch	hinzufügen die Zutaten mit einem Handrührgerät mit Knethaken zunächst auf niedrigster, dann auf höchster Stufe in etwa 5 Minuten zu einem glatten Teig verarbeiten, gegen Ende der Knetzeit
75 g Sesam-Samen	unterkneten den Teig an einem warmen Ort so lange gehen lassen, bis er sich sichtbar vergrößert hat, aus der Schüssel nehmen, **gut** durchkneten aus dem Teig 5 gleich große Kugeln formen, nebeneinander in eine gefettete, mit Semmelmehl ausgestreute Kastenform (35 x 11 cm) legen, den Teig nochmals so lange an einem warmen Ort gehen lassen, bis er sich sichtbar vergrößert hat, jede Kugel der Länge nach etwa 1 cm tief einschneiden, mit Wasser bestreichen, mit
Sesam-Samen	bestreuen, in den Backofen schieben

Griechisches Fladenbrot

Backzeit: Etwa 40 Minuten
Strom: Etwa 200 (vorgeheizt)
Gas: 5 Minuten vorheizen 3–4, backen 3–4

1 Packung (370 g) Brotmischung Zwiebel-Brot	
250 ml (¼ l) lauwarmes Wasser	nach Vorschrift auf der Packung zubereiten, gehen lassen
100 g Walnußkerne	grob hacken
125 g grüne entsteinte, ungefüllte Oliven	
50 g „Kernige“ Hafer-Vollkorn-Flocken	
gemahlener Pfeffer, Knoblauchsalz	die 5 Zutaten auf mittlerer Stufe unter den gegangenen Teig kneten, aus der Schüssel nehmen, **kurz** durchkneten, auf einem gefetteten Backblech zu einem Fladen (Durchmesser etwa 25 cm) drücken, nochmals so lange an einem warmen Ort gehen lassen, bis er sich sichtbar vergrößert hat, die obere Seite des Teiges kreuzweise einritzen, mit Wasser bestreichen, mit
Weizenmehl	bestäuben, in den Backofen schieben

Sesam-Brot
(Abb. nebenstehend)

Backzeit: Etwa 45 Minuten
Strom: Etwa 200 (vorgeheizt)
Gas: 5 Minuten vorheizen 3–4, backen 3–4

500 Weizenmehl (Type 550)	in eine Rührschüssel geben, mit
1 Päckchen Trocken-Backhefe	sorgfältig vermischen
1 Teel. Zucker **gut 1 Teel. Salz** **etwas Glutamat** **250 ml (¼ l) lauwarmes Wasser**	hinzufügen die Zutaten mit einem Handrührgerät mit Knethaken zunächst auf niedrigster, dann auf höchster Stufe in etwa 5 Minuten zu einem glatten Teig verarbeiten, gegen Ende der Knetzeit
3 Eßl. gerösteten Sesam-Samen	unterkneten den Teig an einem warmen Ort so lange gehen lassen, bis er sich sichtbar vergrößert hat, aus der Schüssel nehmen, gut durchkneten, zu einem länglichen Brot formen, auf ein gefettetes Backblech legen, nochmals so lange an einem warmen Ort gehen lassen, bis es sich sichtbar vergrößert hat den Teig mit
Milch	bestreichen, mit
Sesam-Samen	bestreuen, in den Backofen schieben

Zitronen-Apfel-Brot mit Zitronenmelisse

Backzeit: 40–45 Minuten
Strom: Etwa 200 (vorgeheizt)
Gas: 3–4 (nicht vorgeheizt)

500 g Weizenmehl (Type 405)	in eine Rührschüssel sieben, mit
1 Päckchen Trocken-Backhefe	sorgfältig vermischen
3 Teel. Zucker **1½ Teel. Salz** **abgeriebene gelbe Schale von einer Zitrone (unbehandelt)** **1 Becher (150 g) Crème fraîche** **50 g zerlassene, abgekühlte Margarine oder Butter** **125 ml (⅛ l) warme Milch**	hinzufügen

Fortsetzung Seite 564

Confitures

	die Zutaten mit einem Handrührgerät mit Knethaken zunächst auf niedrigster, dann auf höchster Stufe in etwa 5 Minuten zu einem glatten Teig verarbeiten, an einem warmen Ort so lange gehen lassen, bis er sich sichtbar vergrößert hat
1 mittelgroßen Apfel	schälen, vierteln, entkernen, grob raspeln
2 Eßl. feingeschnittene Zitronenmelisse	beide Zutaten auf mittlerer Stufe unter den gegangenen Teig kneten, aus der Schüssel nehmen, **gut** durchkneten aus dem Teig 4 gleich große Kugeln formen, in eine Springform (Durchmesser 26 cm, Boden gefettet) legen den Teig nochmals so lange an einem warmen Ort gehen lassen, bis er sich sichtbar vergrößert hat den Teig mit Wasser bestreichen, mit
Sesam-Samen	bestreuen, in den Backofen schieben

Roggen-Brot mit Käse

Backzeit: 40–50 Minuten
Strom: Etwa 200 (vorgeheizt)
Gas: 5 Minuten vorheizen 3–4, backen 3–4

750 g Roggen-Backschrot (Type 1800) **250 g Weizenmehl (Type 405)**	in eine Rührschüssel geben, mit
2 Päckchen Trocken-Backhefe	sorgfältig vermischen
1 Teel. Zucker **1 gestrichenen Eßl. Salz** **200 g Doppelrahm-Frischkäse** **600 ml lauwarmes Wasser**	hinzufügen die Zutaten mit einem Handrührgerät mit Knethaken zunächst auf niedrigster, dann auf höchster Stufe verrühren
45 g Sauerteig (vom Bäcker)	hinzufügen, alles in etwa 5 Minuten zu einem glatten Teig verarbeiten, an einem warmen Ort so lange gehen lassen, bis er sich sichtbar vergrößert hat

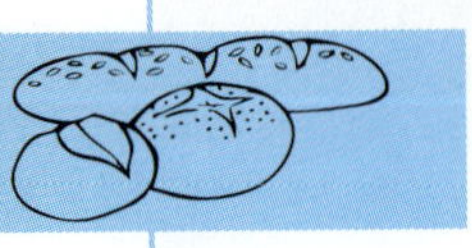

150 g Sonnenblumenkerne (aus dem Reformhaus)	auf mittlerer Stufe unter den Teig kneten, aus der Schüssel nehmen, **gut** durchkneten aus dem Teig ein rundes Brot formen, auf ein gefettetes Backblech legen, nochmals so lange an einem warmen Ort gehen lassen, bis es sich sichtbar vergrößert hat, den Teig mit Wasser bestreichen, in den Backofen schieben sofort nach dem Backen das Brot vorsichtig mit Wasser bestreichen, mit
Weizenmehl	bestäuben.

Anis-Zopf

Backzeit: Etwa 40 Minuten.
Strom: Etwa 200 (vorgeheizt)
Gas: 5 Minuten vorheizen 3–4, backen 3–4

125 g Weizenmehl (Type 405) **375 g Roggen-Backschrot (Type 1800)** **1 Päckchen Trocken-Backhefe** **½ Teel. Zucker, 2 gestrichene Teel. Salz**	in eine Rührschüssel geben, mit sorgfältig vermischen
1 Ei **250 ml (¼ l) lauwarme Schlagsahne** **100 ml (⅒ l) lauwarmes Wasser**	hinzufügen die Zutaten mit einem Handrührgerät mit Knethaken zunächst auf niedrigster, dann auf höchster Stufe in etwa 5 Minuten zu einem glatten Teig verarbeiten, gegen Ende der Knetzeit
15 g Anis-Samen	unterkneten den Teig an einem warmen Ort so lange gehen lassen, bis er sich sichtbar vergrößert hat, aus der Schüssel nehmen, **gut** durchkneten aus ⅔ des Teiges 3 etwa 30 cm lange Rollen formen, als Zopf auf ein gefettetes Backblech legen, von dem Rest des Teiges 2 etwa 35 cm lange Rollen formen, umeinanderschlingen, auf den Zopf legen, diese Enden mit den Zopfenden etwas umschlagen, den Teig nochmals so lange an einem warmen Ort gehen lassen, bis er sich sichtbar vergrößert hat, den Teig mit Wasser bestreichen, mit
Anis-Samen	bestreuen, in den Backofen schieben sofort nach dem Backen das Brot vorsichtig mit Wasser bestreichen.

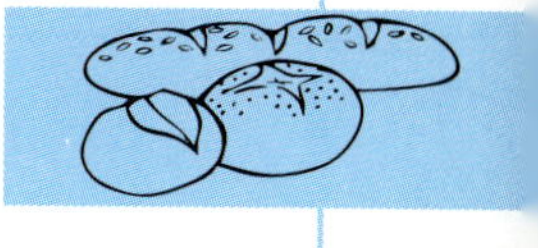

Kräuter-Brötchen

(Abb. nebenstehend)

Backzeit: Etwa 25 Minuten
Strom: 175–200 (vorgeheizt)
Gas: 5 Minuten vorheizen 3–4, backen 3–4

250 g Weizenmehl (Type 550) **250 g Weizenmehl (Type 1050)**	in eine Rührschüssel geben, mit
1 Päckchen Trocken-Backhefe	sorgfältig vermischen
1 Teel. Zucker **knapp 2 Teel. Salz** **frisch gemahlenen Pfeffer** **3 Eßl. Speiseöl** **250 ml (¼ l) lauwarmes Wasser**	hinzufügen die Zutaten mit einem Handrührgerät mit Knethaken zunächst auf niedrigster, dann auf höchster Stufe in etwa 5 Minuten zu einem glatten Teig verarbeiten, gegen Ende der Knetzeit
2 Eßl. gehackte Petersilie **2 Eßl. feingeschnittenen Schnittlauch** **1 Eßl. gehackten Dill**	unterkneten den Teig an einem warmen Ort so lange gehen lassen, bis er sich sichtbar vergrößert hat, aus der Schüssel nehmen, **gut** durchkneten aus dem Teig etwa 12 runde Brötchen formen, auf ein gefettetes Backblech legen, nochmals so lange an einem warmen Ort gehen lassen, bis sie sich sichtbar vergrößert haben die obere Seite der Brötchen kreuzweise etwa 1 cm tief einschneiden
1 Eigelb	mit
1 Eßl. Wasser	verschlagen, die Brötchen damit bestreichen, in den Backofen schieben

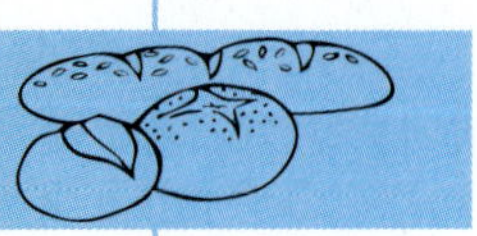

Speck-Brot

Backzeit: 40–50 Minuten
Strom: 200–225 (vorgeheizt)
Gas: 5 Minuten vorheizen 3–4, backen 3–4

150 g durchwachsenen Speck	in Würfel schneiden, auslassen, kühl stellen
1 Packung (370 g) Brotmischung Zwiebel-Brot **250 ml (¼ l) lauwarmes Wasser**	nach Vorschrift auf der Packung zubereiten gegen Ende der Knetzeit den Speck unterkneten den Teig gehen lassen, mit
Weizenmehl	bestäuben, aus der Schüssel nehmen, **kurz** durchkneten aus dem Teig ein rundes Brot formen, auf ein gefettetes Backblech legen, nochmals an einem warmen Ort gehen lassen die obere Seite des Teiges mehrere Male etwa 1 cm tief einschneiden (nicht drücken), mit Wasser bestreichen, mit Mehl bestäuben, in den Backofen schieben

Weizen-Vollkorn-Brot

mit Kräutern der Provence

Backzeit: Etwa 50 Minuten
Strom: Etwa 200 (vorgeheizt)
Gas: 5 Minuten vorheizen 3–4, backen 3–4

175 g Weizen-Vollkornschrot (Type 1700) **250 g Weizenmehl (Type 550)** **1 Päckchen Trocken-Backhefe**	in eine Rührschüssel geben, mit sorgfältig vermischen
1 Teel. Farin-Zucker **knapp 2 gestr. Teel. Salz** **3 Eßl. Speiseöl** **200 ml (⅕ l) lauwarmes Wasser**	hinzufügen die Zutaten mit einem Handrührgerät mit Knethaken zunächst auf niedrigster, dann auf höchster Stufe in etwa 5 Minuten zu einem glatten Teig verarbeiten, gegen Ende der Knetzeit
2 Eßl. Kräuter der Provence	unterkneten den Teig an einem warmen Ort so lange gehen lassen, bis er sich sichtbar vergrößert hat, aus der Schüssel nehmen, **gut** durchkneten

aus dem Teig ein rundes Brot formen, auf ein gefettetes Backblech legen, nochmals an einem warmen Ort gehen lassen
die obere Seite des Teiges mehrere Male etwa 1 cm tief einschneiden (nicht drücken), mit Wasser bestreichen, in den Backofen schieben
den Teig während des Backens ab und zu mit Wasser bestreichen

Käse-Brot

Backzeit: Etwa 50 Minuten
Strom: Etwa 200 (vorgeheizt)
Gas: 3–4 (nicht vorgeheizt)

500 g Weizenmehl (Type 550)	in eine Rührschüssel geben, mit
1 Päckchen Trocken-Backhefe	sorgfältig vermischen
1 Teel. Zucker **1 Teel. Salz** **frisch gemahlenen Pfeffer** **Glutamat** **3 Eßl. Speiseöl** **250 ml (¼ l) lauwarmes Wasser**	hinzufügen die Zutaten mit einem Handrührgerät mit Knethaken zunächst auf niedrigster, dann auf höchster Stufe in etwa 5 Minuten zu einem glatten Teig verarbeiten den Teig an einem warmen Ort so lange gehen lassen, bis er sich sichtbar vergrößert hat, aus der Schüssel nehmen
175 g Emmentaler Käse	in nicht zu kleine Würfel schneiden, zu dem Teig geben, gut unterkneten den Teig in eine gefettete Auflaufform (Durchmesser etwa 20 cm) geben
75 g Emmentaler Käse	in kleine Keile schneiden, in den Teig stecken, nochmals an einem warmen Ort gehen lassen
1 Eigelb	mit
1 Eßl. Wasser	verschlagen, den Teig damit bestreichen die Auflaufform auf dem Rost in den Backofen schieben das Käse-Brot aus der Form nehmen, nach Belieben warm oder kalt servieren.
Tip:	Statt Emmentaler-Käse kann das Brot auch mit Gouda-Käse gebacken werden.

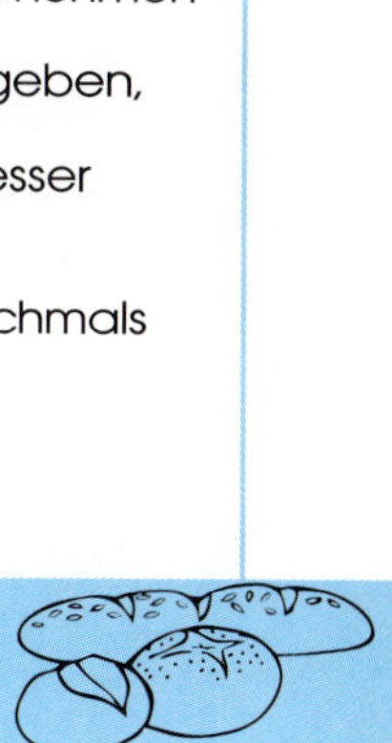

Register

A

B

C

D

E

I

J

K

L

M

S

T

Genehmigte Lizenzausgabe, 1996

Titelfoto: Raymond Nickells

Innenfotos: Arnold Zabert, Hamburg,
Peter Halfar Media GmbH & Co Holding KG,
Remseck bei Stuttgart

Arbeitsphasenfotos: Hans Lewandowski, Bad Salzuflen,
Renate Neetix, Bielefeld,
Christiane Pries, Borgholzhausen,
Foos-Styling: Eike Upmeier-Lorenz

Rezeptentwicklung und -text
Versuchsküche Dr. August Oetker, Bielefeld
Leitung: Liselotte Krätschmer
Rezept-Redaktion: Heide Hagendorf

Kleine Ernährungslehre: Hannelore Blohm, Hamburg

ISBN 3 8122 3400 9